Hartmut Hirsch-Kreinsen
Wirtschafts- und Industriesoziologie

Grundlagentexte Soziologie

Herausgegeben von Klaus Hurrelmann

In den sechziger und siebziger Jahren erschien im Juventa Verlag die Reihe „Grundfragen der Soziologie“. Sie wurde von Dieter Claessens, Sozialanthropologe und Familienforscher an der Universität Münster, später der Freien Universität Berlin, herausgegeben. Die Reihe hatte einen prägenden Einfluss auf die damals noch in den Anfängen stehende Disziplin Soziologie. Viele Bände der Reihe sind bis in die 80er-Jahre hinein Standardlehrbücher geblieben.

Die Reihe „Grundlagentexte Soziologie“ knüpft an diese Tradition an. Die Soziologie hat sich seitdem in Deutschland als theoretisch und empirisch reichhaltiges wissenschaftliches Fach etabliert. Es fehlt ihr aber an Einführungstexten und Übersichtsbänden für den Lehrbetrieb in Universitäten, Fachhochschulen, Fachschulen und anderen Bildungseinrichtungen.

Dieser Herausforderung stellt sich die Reihe „Grundlagentexte Soziologie“. Von fachlich gut ausgewiesenen Wissenschaftlerinnen und Wissenschaftlern werden Texte vorgelegt, die die wichtigsten theoretischen Ansätze des Faches, methodische Zugänge und gesellschaftswissenschaftliche Analysen präsentieren. Die Bände sind so zugeschnitten, dass sie sich als Basislektüre für Vorlesungen, Seminare und andere Lehrveranstaltungen mit einführendem Charakter eignen.

Die Reihe „Grundlagentexte Soziologie“ wird herausgegeben von Klaus Hurrelmann, der als Sozial- und Gesundheitswissenschaftler an der Universität Bielefeld tätig ist.

Hartmut Hirsch-Kreinsen

Wirtschafts- und Industriesoziologie

Grundlagen, Fragestellungen, Themenbereiche

Juventa Verlag Weinheim und München 2005

Der Autor

Hartmut Hirsch-Kreinsen, Dr. rer. pol., Jg, 1948, ist Professor an der Universität Dortmund, Lehrstuhl Wirtschafts- und Industriesoziologie.

Seine Arbeitsschwerpunkte sind wirtschaftlicher Strukturwandel und Entwicklungstendenzen von Arbeit, Unternehmen und Unternehmensnetzwerke sowie Fragen von Technologieentwicklung.

Bibliografische Information Der Deutschen Bibliothek

Die Deutsche Bibliothek verzeichnet diese Publikation in der Deutschen Nationalbibliografie; detaillierte bibliografische Daten sind im Internet über http://dnb.ddb.de abrufbar.

Umschlaggestaltung: Atelier Warminski, 63654 Büdingen
Umschlagabbildung: George Grosz, Detektivgeschichte (Ausschnitt), 1918

Printed in Germany

ISBN 3-7799-1481-6

Inhalt

Vorwort

Bei dem vorliegenden Band handelt es sich um eine Einführung in die Wirtschafts- und Industriesoziologie. Primär soll sie Studierenden, die sich diesen soziologischen Teildisziplinen im Haupt- oder auch im Nebenfach annähern wollen, eine grundlegende Orientierung geben. Zugleich soll sie aber auch dem fachlich interessierten „Laien" eine Einführung in zentrale Fragestellungen und Themenbereiche der Wirtschafts- und Industriesoziologie ermöglichen.

Die Einführung ist einem doppelten Anliegen verpflichtet: Zum einen sollen zentrale Fragestellungen und Themenbereiche aus der Wirtschafts- und Industriesoziologie zusammenfassend dargestellt werden. Zum anderen wird der Versuch unternommen, aus den in der Regel disziplinär getrennten Themen der Wirtschafts- und der Industriesoziologie ein übergreifendes Lehrgebiet zu formen. Zwar existiert bis heute weder für die Wirtschafts- noch für die Industriesoziologie ein allgemein anerkannter Lehrkanon, doch lassen sich relativ schnell eine Reihe grundlegender und von beiden Teildisziplinen behandelter Fragen und Themen ausmachen, die in dem vorliegenden Band zusammengefasst werden. Zugleich hat der Titel des Buches mit seinem Verweis auf Wirtschaftssoziologie *und* Industriesoziologie aber auch einen programmatischen Charakter. Signalisiert werden soll damit, dass eine Trennung beider Teildisziplinen theoretisch wie auch empirisch als kaum mehr sinnvoll angesehen werden kann. Denn zu sehr überschneiden sich Fragestellungen, Themen und Gegenstandsbereiche.

Den „roten Faden" dieser Einführung bildet die grundlegende soziologische Frage, wie eine soziale Ordnung durch koordiniertes Handeln heterogener Akteure – etwa Arbeitskräfte und Management, unterschiedliche Beschäftigtengruppen, konkurrierende Unternehmen, Arbeitgeber und Gewerkschaften – zu Stande kommen kann. Der neueren wirtschaftssoziologischen Debatte folgend wird zunächst kritisch diskutiert, welche Antworten hierauf die neoklassische Ökonomie mit ihrem Rationalitätspostulat zu geben vermag. Im Anschluss daran werden Überlegungen und Kategorien aus der soziologischen Theoriedebatte aufgegriffen, um – ausgehend von einem Modell der Handlungssituation – unterschiedliche Koordinationsformen sozialen und wirtschaftlichen Handelns zu begründen. Dabei stehen die bekannten Kategorien Markt, Netzwerk und Hierarchie im Zentrum der Argumentation. Verfolgt wird damit weder eine ausschließlich strukturtheoretische Sicht, noch wird von einer Mikrofundierung gesellschaftlicher Prozesse ausgegangen, wohl wird aber der wechselseitige Zusammenhang sozialer

Handlungen mit ihrem institutionellen Kontext betont. Oder mit den berühmten Worten von Karl Marx aus dem „18. Brumaire des Louis Bonaparte“: „Die Menschen machen ihre eigene Geschichte, aber sie machen sie nicht aus freien Stücken, sondern unter unmittelbar vorgefundenen, gegebenen und überlieferten Umständen.“ Dass eine gesellschaftlich Ordnung stets eine von Menschen erzeugte, aber eben für sie unhintergehbare Wirklichkeit ist, ist sicherlich für Wirtschafts- und Industriesoziologen nicht sonderlich neu, vermutlich aber auch nicht ganz trivial.

Diese Sichtweise wird, soweit es im Rahmen einer Einführung möglich ist, bei der Analyse wichtiger Themenbereiche der Wirtschafts- und Industriesoziologie verfolgt. Es handelt sich dabei um Themen wie Arbeit und Arbeitsorganisation, Formen von Unternehmensorganisation und Unternehmensnetzwerke, Strukturen des Arbeitsmarktes, Grundlagen der industriellen Beziehungen sowie Prozesse technischer Innovationen. Ein besonderes Augenmerk liegt auf dem Phänomen der Globalisierung und den damit verbundenen sozialen und ökonomischen Wandlungsprozessen. Grundlage dieser Einführung ist eine kritische Sichtung der neueren Forschungsergebnisse beider Teildisziplinen.

Der vorliegende Band basiert auf einer Vorlesung „Einführung in die Wirtschafts- und Industriesoziologie“, die ich seit einigen Jahren an der Wirtschafts- und Sozialwissenschaftlichen Fakultät der Universität Dortmund halte. Eine Reihe von Kollegen/innen haben sehr kritisch das gesamte oder Teile des Manuskripts gelesen. Danken möchte ich deshalb besonders Gerd Bender, Tabea Bromberg, Katrin Hahn, Christoph Köhler, Eberhard Mühlich und Johannes Weyer. Martina Höffmann hat sich geduldig auf die Korrektur des Manuskripts eingelassen, nicht wenige Schachtelsätze auseinander genommen und vor allem auch das endlose Literaturverzeichnis organisiert, wofür ihr besonders gedankt sei. Schließlich sei an dieser Stelle dem Herausgeber der Buchreihe Grundlagentexte Soziologie Klaus Hurrelmann und dem Juventa Verlag, namentlich Herrn Schweim, für ihr Interesse an dieser Buchpublikation gedankt.

Darmstadt und Dortmund im Frühjahr 2005
Hartmut Hirsch-Kreinsen

1. Einführung

Eine Grundfrage sozialwissenschaftlicher Analyse ist, wie dauerhafte soziale Ordnungen durch das Handeln verschiedenster Akteure mit unterschiedlichen Interessen und Ressourcen entstehen können. Wirtschafts- und Industriesoziologie beziehen diese Frage auf wirtschaftliche Prozesse. Die *Wirtschaftssoziologie* – ein Begriff, der auf Max Weber und Emile Durkheim zurückgeht – thematisiert das Verhältnis zwischen Wirtschaft und Gesellschaft und umfaßt die Untersuchung ökonomischer Phänomene, Prozesse der Produktion, Verteilung, Austausch und Konsumtion von knappen Gütern und Diensten in soziologischer Perspektive. Folgt man der neueren Diskussion, so ist das zentrale Untersuchungsinteresse die Analyse wirtschaftlichen Handelns verschiedenster *Akteure*, von Individuen über Gruppen bis hin zu Organisationen und Unternehmen und die Frage, welche Formen von Austauschprozessen sich zwischen ihnen einspielen. Dabei werden besonders Marktprozesse, soziale Netzwerke und Kooperationsbeziehungen, die Bedeutung von Normen und Institutionen und Phänomene der Globalisierung in den Blick genommen (Smelser/Swedberg 1994, S. 3f.; Swedberg/Granovetter 2001, S. 8ff.).

Akteure, gleich welcher Art, zeichnen sich durch bestimmte Fähigkeiten, Orientierungen und Präferenzen aus. Fähigkeiten sind dabei immer in Bezug auf bestimmte Anforderungen zu verstehen. Mit dem Begriff der Fähigkeiten werden alle Handlungsressourcen bezeichnet, die es einem Akteur möglich machen, ein Ereignis in bestimmter Hinsicht und zu einem gewissen Grad zu beeinflussen. Diese Ressourcen umfassen, im Fall individueller Akteure unter anderem, persönliche Merkmale physischer und psychischer Art, materielle Ressourcen wie Geld und Land oder auch einen bestimmten Zugang zu Informations- und Wissensbeständen (Scharpf 2000, S. 86 – Kap. 2.2.2).

Richten sich die Themen der Wirtschaftssoziologie eher auf generelle sozio-ökonomische Strukturen und Prozesse, so thematisiert die *Industriesoziologie* die Entwicklung von Arbeit im Kontext gesellschaftlichen Wandels. Entlang der herkömmlichen teildisziplinären Grenzziehungen war und ist allerdings die Industriesoziologie insbesondere in Deutschland eine eigenständige soziologische Teildisziplin von einigem Gewicht innerhalb der Sozialwissenschaften insgesamt. Oftmals wird eine mehr oder weniger geradlinige Entwicklung industriesoziologischen Denkens und Forschens postuliert, dessen Beginn – je nach Standort – auf Karl Marx, Thorstein Veblen oder Max Weber zurückgeführt wird (Lutz/Schmidt 1977, S. 103). Hauptgegenstand der Industriesoziologie ist die Analyse von Arbeitsprozessen in der Industrie, im Dienstleistungsbereich und in der öffentlichen Verwaltung, also in Organisationen, deren Struktur in engem Zusammenhang mit dem Erfordernis der Rentabilität steht.[1] Die industriesoziologische Analyse richtet sich in besonderer Weise auf die Entwicklung von Arbeitsprozessen und fragt beispielsweise nach dem Zusammenhang zwischen technisch-organisatorischen Strukturen einerseits und den Tätigkeiten und Qualifikationen der Beschäftigten andererseits, nach den Bestimmungsgründen und Verlaufsformen des organisatorischen Wandels und den damit zusammenhängenden Unternehmensstrategien. Stets geht es dabei um die „sozialen Folgen" für die Beschäftigten, insofern als die Entwicklung von Arbeit, damit einhergehende Konfliktmuster und der Wandel betrieblicher Herrschaftsformen thematisiert werden. Unverzichtbar für die fundierte Analyse von Arbeitsprozessen ist darüber hinaus die Berücksichtigung ihres wechselseitigen Zusammenhangs mit gesellschaftlichen Strukturen wie industrielle Beziehungen und Arbeitsmarkt (Kap. 6/7) – berührt werden damit Aspekte, die auch von der Wirtschaftssoziologie behandelt werden. Grundlegend wird dabei nach den gesellschaftlichen Einflüssen auf die Gestaltung von Arbeitsprozessen und umgekehrt nach den Konsequenzen der Entwicklung von Arbeitsprozessen für den Wandel der Gesellschaft insgesamt gefragt. Daher erscheint, wie im Folgenden versucht, eine Verknüpfung beider soziologischer Teildisziplinen theoretisch und empirisch durchaus sinnvoll und weiterführend.

Historischer Ausgangspunkt wirtschafts- und industriesoziologischer Forschung ist die Durchsetzung der industriell-kapitalistischen Produktionsweise seit dem 18. Jahrhundert, ihre fortschreitende Verästelung in Branchen und Teilbranchen und die damit zusammenhängenden gesellschaftlichen Strukturveränderungen; beispielsweise die Entstehung des Industrieproletariats und die „soziale Frage" im 19. Jahrhundert, die Folgen der fortschreitenden Arbeitsteilung und Maschinisierung für die Arbeit, das Aufkommen der Massenproduktion im 20. Jahrhundert, wirtschaftliche Krisen und Arbeitslosigkeit wie auch die Konsequenzen der wachsenden Bedeutung von Wissenschaft und Bildung.[2] Aktueller Gegenstand der Industriesoziologie sind neben der industriellen Produktion in ihren vielfältigen Formen auch Dienstleistungsprozesse der verschiedensten Art, die eine wachsende Bedeutung für die ökonomische Entwicklung der westlichen Gesellschaften haben. Dabei geht es unter anderem um die Entwicklung hin zur Dienstleistungs- und Wissensgesellschaft (z.B. Kap. 8.4), die Gründe und

---

1 Verschiedentlich wird auch von Arbeitssoziologie (z.B. Mikl-Horke 1997), früher von Betriebssoziologie (z.B. Dahrendorf 1956; Briefs 1959/1931) gesprochen. Allerdings haben sich mit diesen Begriffen oftmals empirische wie auch konzeptionelle Engführungen verbunden, so dass hier der Terminus Industriesoziologie vorgezogen wird (Deutschmann 2002, S. 13ff.).

2 Zur Entwicklung der Industriesoziologie vgl. insbesondere Lutz und Schmidt (1977) und Deutschmann (2002, Kap. 2). Zur Tradition der Wirtschaftssoziologie vgl. etwa Heinemann (1987), Reinhold (1997, Teil I) sowie die Übersichtsaufsätze von Smelser und Swedberg (1994) und Swedberg und Granovetter (2001).

Verlaufsformen der ökonomischen Krise, insbesondere der Massenarbeitslosigkeit seit dem Ende der 1970er Jahre (Kap. 7.4), die Globalisierung und die damit zusammenhängende Bedeutung von Regionen (Kap. 9) – um nur einige Stichworte zu nennen. Daher darf der Begriff „Industrie" nicht wie in seiner Alltagsbedeutung zu eng gefasst und nur mit materieller, fabrikmäßig organisierter Produktion gleichgesetzt werden. Vielmehr ist von einer weiten Begriffsbedeutung auszugehen, die auf einen Gesamtkomplex vielgestaltiger Arbeitsformen und wirtschaftlichen Handelns in entwickelten kapitalistischen Gesellschaften verweist.[3]

Mit diesen Themen und Fragen stellen Wirtschafts- und Industriesoziologie einerseits im Einzelnen durchaus abgrenzbare Teildisziplinen innerhalb der Soziologie insgesamt dar. Andererseits sind solche Grenzen aber fließend und oft wenig sinnvoll. So lassen sich viele Forschungsfragen kaum von denen der Organisationssoziologie, der Wissenschafts- und Techniksoziologie und der Gesellschaftstheorie trennen.[4] Zudem berühren Wirtschafts- und Industriesoziologie Gegenstandsbereiche, mit denen sich zugleich eine ganze Reihe weiterer Wissenschaften befassen. Zu nennen sind hier besonders die Volkswirtschaftslehre und die Betriebswirtschaftslehre wie aber auch die Arbeitspsychologie und die Arbeitswissenschaft, verschiedentlich sogar Technik- und Ingenieurwissenschaften. Insofern müssen sich Wirtschafts- und Industriesoziologie nicht nur mit den Ergebnissen dieser Wissenschaften auseinander setzen, sondern sie benötigen gegebenenfalls deren Konzepte und Forschungsergebnisse für die Analyse und Erklärung bestimmter Zusammenhänge.

1.1 Soziales und wirtschaftliches Handeln

Die eingangs formulierte soziologische Grundfrage nach der Konstitution sozialer Ordnungen zielt auf die Fragen, wie aufeinander abgestimmtes Handeln verschiedener Akteure zu Stande kommt, welche Formen sich hierbei einspielen und welche Bedingungen dafür relevant sind. In diesem Sinn richtet sich soziologische Analyse nicht auf die Handlungen einzelner Akteure, sondern auf ihre Generalisierung in wiederkehrenden *Handlungsmustern* oder mit den Worten Max Webers: „Mit ... *Typen* des Ablaufs von Handeln befasst sich die Soziologie ..." (1976, S. 14 – Hervorh. im Orig.). Ausgangspunkt für diese Analyse ist der Begriff soziales Handeln, der wirtschaftliches Handeln im Regelfall einschließt.

---

3 Zu den Begriffen Industrie, Industrialisierung, Industriegesellschaft vgl. ausführlich Schmidt (1998).

4 Zu einer neueren Übersicht über Themen und Konzepte der verschiedenen soziologischen Teildisziplinen vgl. den Sammelband „Soziologische Forschung: Stand und Perspektiven" (Orth u.a. 2003).

Diese abstrakten Zusammenhänge sollen zunächst anhand eines Beispiels konkretisiert werden. Handeln, jedoch zunächst kein soziales Handeln, beschreibt der folgende Fall:[5]

Ein Angler bahnt sich einen Weg durch dichtes Gestrüpp hindurch und sucht einen schattigen Platz an einem Teich. Er unternimmt das, weil ihm das Angeln Freude macht, weil er sich gerne in den Besitz einer reichen Beute bringen will und weil, seiner Meinung nach, an einer schattigen Stelle die Aussichten auf das Anbeißen der Fische günstig sind. Die Fische wissen nun, das kann angenommen werden, von dem Angler und seinen fischverachtenden räuberischen Absichten nichts. Und der Angler muss für den Erfolg seines Tuns nicht beachten, dass die Fische in Rechnung stellen könnten, er wäre hinter ihnen her. Er weiß, dass sie so schlau nicht sind. Er muss nur vorsichtig sein und darf sie nicht durch das Knacken im Gebüsch verschrecken. Der einsame Angler befindet sich in einer keineswegs seltenen Art von Situation. Er verfolgt mit seinem Handeln einen bestimmten Zweck, nämlich Fische fangen und setzt sich dabei mit der Natur auseinander, mit widerspenstigen Brombeerbüschen, mit dem stummen Teich und mit (möglicherweise) dummen Fischen. Es gibt aber keine Personen, die auf ihn, seine Absichten und sein Tun als sinnhaft handelnde Subjekte reagieren und auf die er sich umgekehrt einstellen muss.

Der einsame Angler interagiert zweckorientiert mit der Natur, nicht jedoch mit einem anderem menschlichen Akteur, einem anderen Angler oder gar einem Angelscheinkontrolleur. Mit seinem Verhalten verfolgt er zwar einen bestimmten durchaus sozial bestimmten Sinn, er bezieht sich dabei jedoch nicht auf das Verhalten anderer und orientiert sich nicht daran. Anders ist die Situation in der folgenden Fortsetzung des Beispiels:

Der Angler fängt nun überraschenderweise mehr Fische als er für seinen Eigenbedarf benötigt und beschließt daher, die überschüssigen Fische auf einem nahe gelegenen Wochenmarkt anzubieten und zu verkaufen. Dies setzt allerdings voraus, dass er bestimmte Marktregeln erfüllt, die ggf. vom zuständigen Ordnungsamt kontrolliert werden: er benötigt einen Gewerbeschein, er muss vermutlich Standgebühren bezahlen und die Größe seines Verkaufsstandes darf eine vorgegebene Größe nicht überschreiten. Zudem muss er sicherlich bestimmte Hygienevorschriften erfüllen. Weit wichtiger für den beabsichtigten Verkauf ist aber die Höhe des Preises, den er für die Fische verlangt. Ihn kann er nicht ohne weiteres nach eigenem Gutdünken, etwa nach Abschätzung seines Aufwandes für das Fangen der Fische oder seinem Bedarf an Geld festlegen, sondern er sollte sich auch an den Preisen der Waren seiner Konkurrenten orientieren. Er sollte vom gerade herrschenden Preisniveau für Fische bestimmter Art nicht allzu flagrant nach oben wie aber auch nach unten abweichen. Und schließlich ist die Interaktion mit potentiellen und tatsächlichen Käufern entscheidend: Er muss bereit sein, sich auf diese einzustellen, auf ihr Verhalten reagieren und es im Sinne seiner Verkaufsabsicht zu beeinflussen suchen. Wenn der Angler geschickt agiert und die Nachfrage vorhanden ist, hat er bald seinen Fang an die Frau und an den Mann gebracht.

---

5 Der erste Teil dieses Beispiels ist von Esser (2000, S. 1) übernommen, der damit seine Ausführungen zu sozialem Handeln einleitet. Die Fortsetzung des Beispiels ist davon inspiriert worden.

Der Angler agiert nun nicht mehr einsam in und mit der Natur, sondern in einer Situation, in der außer ihm auch noch andere Akteure – Marktkontrolleure, Konkurrenten und Käufer – vorkommen. Sie wissen nicht nur voneinander, sondern beziehen ihr Handeln aufeinander, um bestimmte Ziele zu erreichen. Sie stellen sich dabei auf das erwartete und tatsächliche Handeln anderer Akteure ein und befolgen zugleich mehr oder weniger reflektiert bestimmte Regeln für ihr Handeln. Kurz, ihr Handeln folgt einem bestimmten Muster wie es für einen Wochenmarkt typisch ist und an das sich jeder, der auf dem Wochenmarkt aktiv ist, mehr oder weniger hält. Wiederum Max Weber folgend kann Handeln in solchen Situationen als *soziales Handeln* gefasst werden: „‚Soziales' Handeln ... soll ein solches Handeln heißen, welches seinem von dem oder den Handelnden gemeinten Sinn nach auf das Verhalten *anderer* bezogen wird und daran in seinem Ablauf orientiert ist." (Weber 1976, S. 1 – Hervorheb. im Orig.)

Die „anderen" Akteure können konkrete einzelne und dem Handelnden unmittelbar bekannte Personen sein, es können aber auch unbestimmt viele und gänzlich Unbekannte sein. Max Weber verdeutlicht diesen Zusammenhang am Beispiel des Geldes, welches der Handelnde beim Tausch deshalb annimmt, weil er die Erwartung hat, dass sehr zahlreiche, ihm aber unbekannte und unbestimmte „andre" es ihrerseits künftig in Tausch zu nehmen bereit sind (ebd., S. 11). Für soziales Handelnd reicht es daher aus, dass der oder die Handelnde sich mögliche Handlungsweisen der anderen nur vorstellt und den Sinn und Zweck des Handelns darauf abstellt. Es können abstrakte Akteure, Gruppen einzelner Akteure und komplette soziale Gebilde sein: eine Universität, das Finanzministerium oder ein Unternehmen. Grundsätzlich ist soziales Handeln der Regelfall des gesellschaftlichen Alltags. Fast immer haben es die Akteure, wenn sie bestimmte Absichten verfolgen mit anderen Akteuren zu tun, die ebenfalls bestimmte Ziele und Interessen verfolgen (Esser 2000, S. 5). Erforderlich ist daher Abstimmung und Koordination, wobei Konflikte und Probleme unvermeidlich sind.

Wirtschaftliches Handeln kann ebenso als soziales Handeln begriffen werden, sofern – was wohl die Regel ist – dabei andere mit in Betracht gezogen werden. Mit Max Weber gesprochen,

> „... indem es auf die Respektierung der eigenen faktischen Verfügungsgewalt über wirtschaftliche Güter durch Dritte reflektiert. In materialer Hinsicht: indem es z.B. beim Konsum den künftigen Begehr Dritter mit berücksichtigt und die Art des eigenen ‚Sparens' daran mitorientiert. Oder indem es bei der Produktion einen künftigen Begehr Dritter zur Grundlage seiner Orientierung macht ..." (Weber 1976, S. 11).

Aktivitäten auf einem Markt beim Kauf einer Ware, die Anlage von Geld bzw. Kapital, das Erwirtschaften von Gewinn in einem Unternehmen sind alles Aktivitäten, die direkt oder auch indirekt auf andere Handelnde bezogen sind und mit ihnen abgestimmt werden müssen. Folgt man weiterhin

Max Weber, so kann ein Handeln dann als „wirtschaftlich orientiert“ bezeichnet werden, wenn es an einem „Begehr nach Nutzleistungen“ orientiert ist; anders formuliert, es geht um die Verfügungsgewalt über Sachgüter und Leistungen, die als Mittel für Bedürfnisbefriedigung wie aber auch als Handlungsressourcen zu begreifen sind. Insgesamt gesehen umfasst wirtschaftliches Handeln sowohl Prozesse des Tauschs von Gütern und Ressourcen als auch der kollektiven Produktion von Gütern und Ressourcen (Esser 2000, S. IX). Insofern kann es als eine wesentliche Grundlage für die Reproduktion von Mensch und Gesellschaft angesehen werden. Wirtschaftliches Handeln erfolgt dabei in hohem Maße, vielfach im Unterschied zu weiteren Formen sozialen Handelns zweckrational, d.h. die Mittel und die Zwecke der Aktivitäten werden „planvoll“ gegeneinander abgewogen (Weber 1976, S. 31/34 – Kap. 1.4).

Fraglos handelt es sich dabei um eine besondere Form sozialen Handelns, die hier im Vordergrund steht und die auch als *Transaktion* bezeichnet wird und bei der es um den Tausch materieller und immaterieller Güter, Leistungen und Rechte geht. Davon zu unterscheiden ist *Interaktion* als eine weitere Form sozialen Handelns, die wechselseitige kommunikative, symbolische, kulturelle und normativ geprägte Beziehungen bezeichnet und die sich nicht nur auf den gezielten Tausch von Ressourcen richten, diesen aber einschließen kann (Esser 2000, S. 16ff.). Dabei sind Transaktionen stets mit Interaktionen verschränkt, insofern als kulturelle und normative Bedingungen die unentbehrliche Voraussetzung für wirtschaftliches Handeln sind.

Die Frage ist nun, wie sich soziales und wirtschaftliches Handeln einspielen und wie sich wiederkehrende Handlungsmuster ergeben können. Denn mit sozialem Handeln können sich vielfältige Probleme verbinden, die für die beteiligten Akteure nicht ohne weiteres übergehbar sind und die aufeinander abgestimmtes und regelhaftes Handeln sehr erschweren.

Als Grundprobleme können hier die folgenden hervorgehoben werden (Esser 2000, S. 56ff.): Zum einen ist das Problem der Kooperation zu nennen, das heißt Akteure können ihre Ziele nur erreichen, wenn sie sich abstimmen und längere Zeit zusammenarbeiten. Ein Beispiel hierfür ist der viel diskutierte Fall von Innovationsnetzwerken (Kap. 8.3.3), in deren Rahmen verschiedene Unternehmen versuchen, bestimmte Entwicklungsziele über längere Zeit gemeinsam zu realisieren. Wie nicht nur jeder Betriebspraktiker weiß, kommen solche Kooperationen in der Regel nicht ohne weiteres zu Stande. Denn entweder sind die Interessen der Beteiligten unklar, oder, gravierender, sie sind widersprüchlich, weil die Netzwerkpartner zugleich, etwa in einem anderen Geschäftsfeld, Konkurrenten sind. Zum Zweiten geht es um die Lösung von Dilemmata. Diese treten dann auf, wenn Akteure die Wahl zwischen gleich problematischen Lösungen haben; entweder man läuft bei bestimmten mit anderen abgestimmten und koordinierten Aktivitäten Gefahr, von einem anderen ausgenutzt zu werden, oder man verzichtet aus diesem Grund darauf und kann deswegen seine eigentlichen Interessen nicht realisieren. Im Fall von Innovationsvorhaben heißt das, dass man einerseits Engagement und Investitionen in Netzwerkbeziehungen zu anderen Unternehmen vermeidet, um die Gefahr eines „Know-how-Diebstahls“ durch die anderen von vornherein zu vermeiden. Man verzichtet damit andererseits auf Entwicklungsvorhaben, die man eigentlich verfolgen wollte, aber allein nicht realisieren kann. Im Sinne der Rationalitätshypothese (s.u. Kap. 1.2.1) handelt es sich hierbei um eine Strategie, die Gefahr opportunistischen Handelns von Akteuren zu vermeiden, die ihren eigenen Nutzen auf Kosten anderer zu maximieren suchen.[6] Drittes Grundproblem sind Konflikte, die auftreten, wenn die Interessen der beteiligten Akteure auseinander fallen. Ein aufeinander abgestimmtes koordiniertes Handeln ist hier nur schwer möglich; im Fall des völligen Auseinanderfallens der Interessen ist die Folge eher Anarchie denn ein stabiles Handlungsmuster.

Die Bewältigung dieser Probleme erfordert ganz offensichtlich Regelungen, Übereinkünfte oder auch Normen. Kurz, es geht um die Frage, in welcher Weise Handeln, insbesondere wirtschaftliches Handeln angesichts der skizzierten Probleme koordiniert werden kann. Mit dem Begriff der *Koordination* sollen grundlegend die Mechanismen der wechselseitige Abstimmung von Handeln verschiedener Akteure und die Bewältigung damit verbundener Abstimmungsprobleme, Dilemmata und Konflikte bezeichnet werden.[7] Anders formuliert, es geht um die Frage, wie die Ungewissheit darüber, wie der jeweils andere reagiert und welche Handlungsresultate tatsächlich eintreten, reduziert werden kann, so dass kalkulierbares und aufeinander abgestimmtes Handeln möglich wird. Wie später noch gezeigt werden soll (Kap. 2) kann die Lösung dieser Probleme die Emergenz bestimmter dauerhafter Koordinationsformen implizieren, die wiederum als objektive Handlungsbedingungen den einzelnen Akteuren gegenübertreten und damit maßgeblich soziales Handelns beeinflussen. Dieses Koordinationsproblem und die Analyse und Erklärung je verschiedener Koordinationsmuster stehen im Zentrum der folgenden Ausführungen.

1.2 Ökonomische Theorie und Wirtschaftssoziologie

Versucht man dieser Frage genauer nachzugehen, so liegt es im gegebenen Rahmen nahe, der neueren wirtschaftssoziologischen Debatte zu folgen.[8] Ihr theoretischer Ausgangspunkt ist die Auseinandersetzung mit den neoklassischen „mainstream economics" (Smelser/Swedberg 1994, S. 3), die in den letzten Jahrzehnten wissenschaftlich wie auch politisch sehr einflussreich geworden sind. Daher sollen im Folgenden zunächst diese Debatte und ihre Ergebnisse resümiert werden. Zwar lässt sich die neoklassische Theorie streng genommen kaum auf ein konsistentes theoretisches Lehrgebäude zurückführen, doch weist es durchaus einen paradigmatischen Kern auf. Er lässt sich zurückverfolgen bis zur Gründungsphase der modernen Wirtschaftswissenschaften in der zweiten Hälfte des 18. Jahrhunderts, bis

---

6 Spieltheoretisch wird diese Dilemmasituation mit dem berühmten Gefangenendilemma modelliert (z.B. Axelrod 1987).

7 Vgl. zu diesem Begriff beispielsweise die neuere institutionentheoretische Governancedebatte (z.B. Hollingsworth/Boyer 1997 – Kap. 2).

8 Vgl. dazu z.B. Granovetter (1985), Friedland/Robertson (1990) und Smelser/Swedberg (1994).

hin zu Adam Smith. Folgt man dem klassischen Lehrbuch der Volkswirtschaftslehre von Samuelson und Nordhaus, so bezeichnet die Volkswirtschaft die Wissenschaft vom Einsatz knapper Ressourcen durch die Gesellschaft zur Produktion wertvoller Wirtschaftsgüter und von der Verteilung dieser Güter unter ihren Mitgliedern (1998, S. 28). In dieser Definition verbirgt sich durchaus das oben angesprochene Problem der Handlungskoordination: Nach welchen Kriterien und Mustern regelt sich wirtschaftliches Handeln und welche typischen Handlungsmuster bilden sich dabei heraus und nach welchen Regeln werden dabei Ressourcen verteilt?

Konstitutiv für die neoklassische Herangehensweise an dieses Problem ist ihre Mikrofundierung, das heißt wirtschaftliche Prozesse auf den unterschiedlichsten sozialen und ökonomischen Ebenen werden stets als Folge von individuellen Entscheidungen und Handlungen erklärt (ebd., S. 29). Die Basis hierfür sind zwei Hypothesen: Die *Rationalitätshypothese* und die *Markthypothese*, die im Folgenden kritisch resümiert werden sollen.

1.2.1 Zur Rationalitätshypothese

Der Rationalitätshypothese zufolge suchen Akteure unter den Bedingungen knapper Ressourcen stets ihren Nutzen zu maximieren und verhalten sich in diesem Sinn rational. Danach ist jeder Akteur mit einer eindeutig definierten und überschaubaren Menge von Entscheidungsalternativen konfrontiert, von denen er je nach den ihm zur Verfügung stehenden Ressourcen eine auswählt. Diese Wahl trifft er auf der Grundlage einer konsistenten Ordnung von Präferenzen, die für alle denkbaren Situationen nutzbar sind. Weiterhin ist der Akteur in der Lage, die Wahrscheinlichkeit der Konsequenzen seiner Entscheidungen in der Zukunft genau einzuschätzen. Er ist dabei vollständig informiert.

Unter diesen Voraussetzungen kann ein Akteur diejenige Alternative auswählen, die gemessen an seinen Präferenzen, seinen verfügbaren Ressourcen und den möglichen Konsequenzen seinen Nutzen maximiert; bzw. umgekehrt, versucht einen bestimmten Nutzen mit möglichst wenig Ressourceneinsatz zu erreichen. Zu berücksichtigen ist dabei allerdings das Prinzip des sinkenden Grenznutzens. Danach verringert jeder Schritt der Nutzenrealisierung die Bedeutung des nächsten, einfach weil ein Akteur mit jedem Schritt seinen Nutzen zunehmend realisiert und der jeweils nächste Schritt für ihn weniger einbringt; vice versa gilt diese Betrachtung für den Aufwand bzw. den Preis, den ein Akteur für einen jeweils weiteren Schritt der Nutzenrealisierung bereit ist zu zahlen (Frank 1997, S. 21f.).

Sehr zugespitzt lässt sich die Rationalitätsannahme im bekannten Handlungsmodell des *Homo Oeconomicus* bündeln: Er richtet seine Entscheidungen und Handlungen einzig und allein an den damit verbundenen Kosten und Nutzen aus. Es dominiert eine nutzenorientierte bzw. *utilitaristische* Handlungsperspektive und Sentimentalität, Moral oder gemeinschaftlich orientiertes Handeln interessieren ihn nicht. So wird dieser Mensch eine verloren gegangene Brieftasche, die er gefunden hat, allein aus Uneigennützigkeit nicht an den Eigentümer zurückgeben. Er wird freiwillig keine Spenden an soziale oder öffentliche Einrichtungen geben und er hält Versprechungen nur ein, wenn diese Haltung sich für ihn auszahlt. Schließlich wird er an seinem Auto, sofern er nicht zur Verwendung des Katalysators gezwungen wird, ohne Rücksicht auf mögliche Umweltschäden diesen funktionsunfähig machen, um Benzin zu sparen usw. usw. (Frank 1997, S. 20). Es handelt sich hierbei um den klassischen Fall *opportunistischen Handelns* oder *Trittbrettfahrerhandelns*, indem Einzelne ihren Nutzen auf Kosten anderer und der Allgemeinheit zu maximieren suchen.

Dieses Konzept der Erklärung sozialer Sachverhalte durch rationales Handeln individueller Akteure wird zusammenfassend auch als das der *Rationalen Wahl* bzw. *Rational Choice* bezeichnet. Das Handlungsprinzip der Nutzenmaximierung wird dabei, folgt man den einschlägigen Lehrbüchern, als Gesetzmäßigkeit der menschlichen Natur, ja als psychologischer Sachverhalt, unhinterfragt vorausgesetzt.

Die Rationalitätshypothese ist seit langer Zeit Gegenstand kritischer Diskussionen gerade auch innerhalb der ökonomischen Theorie, die zu vielfältigen Modifikationen und begrifflichen Erweiterungen geführt hat. Gleichwohl wird ihr nach wie vor ein großer Stellenwert in der ökonomischen Theorie eingeräumt, denn sie wird als eine der konzeptionellen Voraussetzungen für die flexible Modellierbarkeit ökonomischer wie aber auch generell sozialer Zusammenhänge und ein darauf basierendes konsistentes theoretisches Lehrgebäude angesehen (The Economist 2003). Die kritischen Argumente lassen sich wie folgt bündeln:

Erstens ist auf den von dem Kognitionspsychologen, Informatiker und Ökonomen Herbert A. Simon geprägten Begriff der *begrenzten Rationalität* (bounded rationality) zu verweisen (1945; 1955). Danach sind Akteure zwar an optimalen Handlungsresultaten interessiert, doch ist es für sie auf Grund ihrer begrenzten kognitiven Kapazitäten nicht möglich, die Komplexität ihrer Situation wirklich zu durchschauen und alle Handlungsalternativen abzuwägen. Wirklich optimale Entscheidungen i.S.d. obigen Grundannahmen werden deshalb als extrem unwahrscheinlich angesehen. Stattdessen wird angenommen, dass Akteure bereits mit einer Entscheidung zufrieden sind, die gemessen an ihrem Anspruchsniveau eine befriedigende Alternative darstelle. Solche Wahlentscheidungen sind dieser Annahme zufolge sowohl von persönlichen wie auch sozialen Kriterien wie Lebenseinstellung oder gesellschaftliche Position abhängig und das Wahlkriterium ist nicht die Maximierung des Nutzens, sondern die Möglichkeit, dass sich ein Akteur erhalten und reproduzieren kann. Entscheidend ist danach das jeweilige Anspruchsniveau des Akteurs, das von aktuellen Bedürfnissen, Traditionen und Erwartungen – mithin nicht-ökonomischen Einflüssen – bestimmt wird.

Zweitens wird die Frage formuliert, inwieweit der ökonomische Rationalitätsbegriff wirtschaftliches Verhalten wirklich hinreichend erfasst, verschiedentlich wird auch in der ökonomischen Debatte vom „naiven Rationalismus“ gesprochen (Selten 2001, S. 13). Denn Marktteilnehmer müssen als Akteure mit unterschiedlichen Ambitionen, Wertvorstellungen und Informationshorizonten begriffen werden, die keinesfalls in einem eng gefassten auf Nutzenmaximierung abstellenden Handlungsbegriff aufgehen. Man stelle sich nur einmal Unternehmer vor, ein kaum eindeutig zu definierender Akteurstypus. Vielmehr reicht hier das Spektrum von Großindustriellen, Tycoons wie Rockefeller über Spitzenmanager großer Aktiengesellschaften bis hin zu mittelständischen Patriarchen, Handwerkern und Kleingewerbebetreibenden, die in völlig unterschiedlichen Situationen agieren und völlig unterschiedliche Entscheidungspräferenzen haben; so versuchen die einen den Umsatz zu vergrößern, andere streben nach einem möglichst hohen Gewinn. Zudem zeigen viele Beobachtungen, dass, entgegen den Vorhersagen der ökonomischen Theorie, Akteure Kosten freiwillig auf sich nehmen, oder aber günstige Gelegenheiten für eine Nutzenmaximierung nicht wahrnehmen. Und sie handeln oftmals so, obwohl sie auf die vermeintliche Irrationalität ihres Handelns aufmerksam gemacht worden sind. Viel zitiertes Beispiel hierfür ist das Bezahlen eines Trinkgeldes in einem Restaurant, das man sicherlich nicht noch einmal besuchen wird (z.B. Granovetter 2000, S. 184). Solche Beispiele verweisen darauf, dass rationales Handeln und die ihm zugrunde liegenden Präferenzen als Variable verstanden werden müssen und nicht als konstantes Set zu begreifen sind. Neben rein utilitaristischen Motiven ist die Welt der Ideen, Werte, Normen und kulturellen Überzeugungen zu sehen, die als nicht-ökonomische Motive ökonomische Entscheidungen und Handlungen prägen – ein Bündel von Faktoren, das das Rational-Choice-Konzept nur schwer erfassen kann (Münch 2003, S. 124ff.).

Drittens ist nach den von den ökonomischen Annahmen völlig ausgeblendeten Konstitutionsbedingungen rationalen Handelns zu fragen (z.B. Granovetter 2000; Mayntz 1999). Denn nicht erklärt wird, *warum* ein Akteur einen bestimmten Zweck verfolgt, wo er doch auch andere hätte verfolgen können. Warum will beispielsweise ein Unternehmer sein Unternehmen durch Zukauf eines anderen vergrößern, anstatt die Kosten und die Preise seiner Produkte zu senken? Für die neoklassische Ökonomie sind die Präferenzen, Alternativen und die Nutzeneffekte der Alternativen gegebene Größen, deren Beschaffenheit sie nicht erklären kann. Für eine soziologische Analyse aber ist der wechselseitige Zusammenhang von Handlungsmotiven und -zielen Einzelner mit ihren sozialen, kulturellen oder institutionellen Kontextbedingungen in die Betrachtung einzubeziehen.

1.2.2 Zur Markthypothese

Unmittelbar mit der Rationalitätsannahme ist die Markthypothese verknüpft (z.B. Samuelson/Nordhaus 1998, S. 50f.; Homann/Suchanek 2000, S. 254ff.). Koordiniert werden rational handelnde Akteure durch den Preismechanismus auf einem *perfekten Markt*, insofern als sie über den preisvermittelten Austausch von Gütern, Dienstleistungen und Geld ihren jeweiligen Nutzen zu maximieren suchen. Angenommen wird dabei, dass die Marktteilnehmer vollständig über alle Marktvorgänge informiert und in der Lage sind, ohne Zeitverzögerung auf eine Änderung der Marktlage zu reagieren. Es herrscht das Äquivalenzprinzip, d.h. es findet ein zeitlich punktueller Austausch möglichst vollständig spezifizierter Leistungen statt. Hinzu kommt, dass keine Störungen von außen an einen Markt herangetragen werden. Denn, so die Annahmen weiter, Märkte funktionieren umso besser, je unbeeinflusster von politischen Faktoren und weiteren nicht-ökonomischen Einflüssen sie sind (Samuelson/Nordhaus 1998, S. 318ff.). Dabei wird postuliert, dass unter den Bedingungen eines perfekten Marktes rationales Handeln nicht nur die Interessen einzelner Akteure zufrieden stellt, sondern auch zu einer Situation, in der kein Beteiligter besser gestellt werden kann, ohne dass zugleich ein anderer Beteiligter schlechter gestellt werden würde. Die Gleichgewichtsprozesse tendieren danach zu einer Ordnung, die als „effizient" bzw. „pareto-optimal" bezeichnet wird. Den neoklassischen Grundannahmen zufolge handelt es sich dabei zwar um eine Situation eines allgemeinen und allseitigen Ausgleichs von Interessen, jedoch verbinden sich damit nicht unbedingt „sozial gerechte" oder „wünschenswerte" ökonomische und soziale Zustände wie etwa Verteilungsgerechtigkeit. Diese Frage klammert die ökonomische Theorie aus und verweist auf ihren theoretisch nicht lösbaren, politisch-normativen Charakter (ebd., S. 176ff.).

Metaphorisch wird die Verknüpfung der individuellen nutzenmaximierenden Entscheidungen mit den aggregierten Gleichgewichtseffekten Adam Smith folgend mit der Vorstellung von der „invisible hand" umschrieben. Danach sind individuell-nutzenmaximierende Akteure sich völlig im Unklaren über die kollektiven Effekte ihres Handelns, sie produzieren aber zugleich dabei unbeabsichtigt größten sozialen Nutzen. Zur Erläuterung dieses Zusammenhangs wird verschiedentlich auf ein prominentes Beispiel aus Adam Smith' „The Wealth of Nations" (1776) verwiesen, wonach kein Metzger, Bierbrauer oder Bäcker aus Motiven der Menschlichkeit und Nächstenliebe andere Leute mit einem Dinner versorgt, vielmehr aus Eigeninteresse und zum eigenen Nutzen.

Im ökonomischen Marktmodell werden demnach Einzelhandlungen unmittelbar zu einem makroökonomischen Gleichgewicht aggregiert. Beide Ebenen, die Handlungsebene und die ökonomische Makroebene, fallen tendenziell zusammen und das Problem der Aggregation von Einzelhandlungen stellt sich nicht, sondern wird mit dem Verweis auf die Metapher der „invisible hand" als gelöst angesehen (Frank 1997, S. 26f.). Freilich verweist die ökonomische Theorie selbst darauf, dass dieses Marktmodell kritisch zu betrachten sei. Unter dem Stichwort *Marktversagen* wird vor allem auf folgende Aspekte verwiesen:[9] Zum einen können durch Marktprozesse marktexterne Effekte bzw. *Externalitäten* entstehen, die durch den Markt nicht kompensiert werden und u.U. zu nicht beabsichtigten im ökonomischen Sinn Inneffizienzen führen. Als typisches Beispiel für solche negativen externen Effekte wird die Umweltverschmutzung angeführt. Denn der Preismechanismus bewirkt keine Kontrolle von Umweltverschmutzern, die zu Lasten Dritter ihre Abfälle kostenfrei zu entsorgen suchen.[10] Damit zusammenhängend wird zum Zweiten das Problem der kollektiven bzw. *öffentlichen Güter* diskutiert,[11] die, wie eine saubere Umwelt, jedem Marktteilnehmer kostenfrei zur Verfügung stehen und vielfach Voraussetzung für Markteffizienz sind. Das Problem ist, dass der Erhalt solcher Güter zwar an Investitionen Einzelner gebunden ist, doch Marktprozesse können solche Investitionen nicht erzwingen und opportunistisches Handeln, unentgeltlich an diesen Gütern zu partizipieren, nicht verhindern. Zum Dritten wird auf das Problem einer asymmetrischen Verteilung von Informationen zwischen Marktpartnern hingewiesen, d.h. eine Situation, in denen ein Tauschpartner über Informationen verfügt, die für den anderen nicht zugänglich sind. Denn eine einseitig verteilte Verfügung über bestimmte für Marktprozesse relevante Informationen eröffnet Machtpotentiale, die beispielsweise zum Aufbau von Oligopolen und Monopolen genutzt werden können. Ein gewiss extremes Beispiel für die dysfunktionalen Wirkungen von Informationsasymmetrien auf Marktprozesse ist der sog. Insiderhandel an einer Börse, bei dem mit bestimmten Unternehmensinterna Vertraute ihren Informationsvorsprung nutzen, um auf Kosten anderer Anleger Spekulationsgewinne zu realisieren. Schließlich ist die Triftigkeit des Marktmodells angesichts des Problems der *Ungewissheit* wirtschaftlichen Handelns in Frage zu stellen (z.B. Beckert 1997, S. 60ff.). Gemeint ist damit einerseits eine Situation, in der ein Akteur nicht die mit verschiedenen Handlungsalternativen verbundenen Kosten und Nutzen abwägen und daher keine optimalen Entscheidungen treffen kann.[12] Andererseits können die Kosten, die bei der Beschaffung der erforderlichen Informationen und der Bewertung von Entscheidungsalternativen so hoch sein, dass ein Akteur auf seine Teilnahme

---

9 Vgl. hierzu z.B. Samuelson/Nordhaus (1998, S. 189ff.), Fritsch u.a. (2003), Berg u.a. (2003, S. 193ff.).

10 Grundsätzlich müssen allerdings auch positive externe Effekte in Rechnung gestellt werden, die allerdings nicht als Marktversagen begriffen werden, sondern als Steigerung allgemeiner Wohlfahrt. Als Beispiel hierfür kann man die durch Marktprozesse angestoßene Innovation neuer Produkte ansehen.

11 Bezeichnet werden damit Güter, die man nicht einfach kaufen kann und die nicht privat erbracht werden, ihr Nutzen gleichwohl eine wichtige Voraussetzung für wirtschaftliches Handeln ist und von denen niemand ausgeschlossen werden kann (Samuelson/Nordhaus 1998, S. 61).

12 Während mit dem Begriff Risiko (oder Unsicherheit) ein zufällig eintretender Fall mit dann bekannten Konsequenzen angesprochen wird, stellt der Begriff Ungewissheit auf eine Situation mit völlig unbekannten Konsequenzen und Ausgängen ab (z.B. Amit u.a. 1993, S. 824).

am Marktprozess verzichtet und bestimmte Transaktionen anderen überlässt.[13] Typisch hierfür ist etwa die komplexe Situation des Innovationsprozesses eines neuen Produktes, dessen Verlauf und Resultat technisch wie ökonomisch oftmals sehr vielfältige Risiken und Ungewissheiten impliziert, die im Kontext von Marktprozessen kaum bewältigt werden können, sondern andere Formen der Koordination nahe legen (Kap. 8.3).

Insgesamt sollte damit deutlich geworden sein, dass Marktprozesse auf zusätzliche, nicht-ökonomische Regelungsmechanismen angewiesen sind, um negative Externalitäten zu kompensieren, öffentliche Güter zu erhalten und opportunistisches Handeln zu vermeiden. Schon Adam Smith bestreitet in seiner „Theory of Moral Sentiments" aus dem Jahr 1759 nicht, dass für das Zustandekommen von Gleichgewichtseffekten allein durch den Preis abgestimmte eigennützige Handlungsmotive nicht ausreichend seien. Danach sind Märkte auch eingebunden in „natürliche Gefühle" der gegenseitigen Sympathie, des Bedürfnisses nach sozialer Anerkennung sowie des Pflichtgefühls gegenüber allgemein einsichtigen Regeln ethischen Verhaltens.[14] Die ökonomische Diskussion verweist darüber hinaus besonders auf die regulative Rolle des Staates, um etwa öffentliche Güter wie eine saubere Umwelt zu schützen. Das Marktmodell und die ihm implizite Rationalitätshypothese können demnach die Voraussetzungen für koordiniertes wirtschaftlichen Handelns bestenfalls für sehr genau zu spezifizierende Transaktionen erfassen, insgesamt aber können sie als unterkomplexes Modell wirtschaftlicher Realität angesehen werden. Denn es ist davon auszugehen, dass wirtschaftliches Handeln an sehr verschiedene ökonomische und nichtökonomische Voraussetzungen gebunden ist und dass es auch in nichtmarktlichen Kontexten stattfinden kann, soll es zu ökonomisch effizienten Ergebnissen führen.

Im Kontext der ökonomischen Theoriediskussion wird dieser Zusammenhang seit längerem von der sog. *Neuen Institutionellen Ökonomie* thematisiert. In kritischer Auseinandersetzung mit dem neoklassischen Axiom vollständig informierter und rational handelnder Akteure, die vermittelt über den Preismechanismus jederzeit ihren Nutzen maximieren, verweist dieses auf Ronald H. Coase (1937; 1984) und Oliver E. Williamson (1975; 1985) zurückgehende Konzept auf die große Bedeutung institutioneller Regelungen und nicht-marktförmiger, nämlich hierarchisch

13 Angesprochen ist hier das Problem der Transaktionskosten. Sie werden als die Kosten der „Produktion" einer Koordinationsleistung verstanden, d.h. sie umfassen beispielsweise die Kosten der Information, Kommunikation und des Managements, die zur Vorbereitung, Durchführung und Überwachung einer Transaktion erforderlich sind (Picot u.a. 1996, S. 22 – Kap. 2.3).

14 Dieser Zusammenhang werde von modernen Ökonomen, so diese verschiedentlich durchaus selbstkritisch, zugunsten der analytischen Präzision ihrer Modelle vielfach vernachlässigt (Frank 1997, S. 16f.; Samuelson/Nordhaus 1998, S. 53ff.). Zudem liefere das Marktmodell durchaus schlüssige Erklärungen, da es zeige, dass bessere Entscheidungen getroffen werden könnten, wenn die Fallgruben der Realität vermieden würden (Frank 1997, S. 267).

verfasster Koordinationsmechanismen für die Effizienz wirtschaftlichen Handelns (dazu Kap. 2.3).

1.3 Soziale „Einbettung“ wirtschaftlichen Handelns

In wirtschaftssoziologischer Perspektive wird nun der Zusammenhang des Handelns mit den sozialen, kulturellen oder institutionellen Bedingungen der jeweiligen Handlungssituation, generell dem gesellschaftlichen und sozialen Kontext verknüpft. Zentrale Kategorie ist die der sozialen *Einbettung* (embeddedness) wirtschaftlichen Handelns. Mit Rückgriff auf Karl Polanyi wird damit auf die Bedeutung von formalen und informellen institutionellen Regeln, sozialen Netzwerkstrukturen sowie Macht als regulative Bedingungen für wirtschaftliches Handeln abgestellt. Freilich bleibt diese Kategorie der Einbettung zunächst unpräzise, ja sie kann als Metaphorik begriffen werden. Im Folgenden sollen daher einige grundlegende soziologische Kategorien diskutiert werden, mit deren Hilfe dieser Zusammenhang präzisiert werden kann.

1.3.1 Tradition, Gewohnheiten und Routinen

Die Kategorie des gewohnheitsmäßigen Handelns kann als eines der zentralen Konzepte zur Erklärung von stabilen Handlungsmustern angesehen werden. Indem Akteure im Rahmen von Gewohnheiten und eingespielten Routinen handeln, vermeiden sie Organisations- und Kalkulationskosten, also Transaktionskosten und machen damit ihr Handeln für Dritte berechenbar. Zudem stabilisieren Routinen soziale Interaktionen, da sie die Reflexion und Entscheidungen über Handlungsalternativen weitgehend unnötig machen. Tradition meint in diesem Kontext, dass sich bestimmte Handlungsweisen an als richtig erachteten überlieferten Regeln orientieren. So sah Max Weber die Beziehungen zwischen wirtschaftlichen Akteuren durch Tradition und Gewohnheit stark bestimmt und seine Definition traditionellen Handelns besagt, dass dieses Handlungsmuster „durch eingelebte Gewohnheit“ bestimmt sei (Weber 1976, S. 12).

Insbesondere Gewohnheiten und Routinen erweisen sich beispielsweise im Fall von Innovationsprozessen, in deren Rahmen neue Produkte entwickelt werden, als Effizienz steigernd. Denn durch den Rückgriff auf den „Stand der Technik“ und eingespielte Entwicklungsmethoden, Arbeitsweisen und Erfahrungen können beispielsweise die Neukonstruktion einzelner Produktkomponenten und bestimmte Organisationsmaßnahmen von früher übernommen werden und dadurch der Entwicklungsprozess vereinfacht und beschleunigt werden. Einfacher gesagt, jedes Mal das „Rad neu zu erfinden“ ist sicherlich sehr viel teurer als auf vorhandene Konstruktionen zurückzugreifen.

1.3.2 Institutionen

Der Begriff der Institution bezeichnet ein grundlegendes Konzept soziologischen Denkens seit der Entstehung der Disziplin. In einer weiten Definition (Scott 2001, S. 48) werden mit diesem Begriff soziale Strukturen bezeichnet, die sich durch ein hohes Maß an Stabilität auszeichnen, zugleich aber auch inkrementellen wie diskontinuierlichen Wandlungsprozessen zugänglich sind. Sie umfassen regulative, normative und kulturelle Aspekte (ebd., S. 51ff.; Kap. 2.1), die in Wechselwirkung mit bestimmten Handlungsmustern, sozialen Ordnungen Stabilität und Sinn verleihen.[15] Der Erhalt der sozialen Ordnung wird sowohl durch ein je spezifisches Sanktionspotential als auch die Legitimität und Anerkennung, die sich mit Institutionen verbinden, gewährleistet. Sie werden durch Normen, Artefakte, Rollen und Routinen repräsentiert und auf diese Weise zu erfahrbarer Realität. Ungewissheit, Risiken und Komplexität sozialen Handelns werden durch institutionalisierte Regelungen und daran geknüpfte Erwartungen, dass die Regeln eingehalten werden, reduziert. In diesem Sinn kann Institutionen eine Orientierungs-, eine Ordnungs- und eine Sinnstiftungsfunktion zugeschrieben werden (Esser 2000a, S. 14ff.).

Zugleich haben Institutionen aber auch prozessuale Eigenheiten, und zwar nicht nur in dem Sinn, dass sie sich selbst verändern (können), sondern auch, weil sie als relationale Systeme von Erwartungsmustern die Verhaltensweise von eigensinnigen Akteuren sowohl begrenzen als auch ermöglichen. „Normative und kognitive Erwartungen, von denen man weiß, dass andere um sie wissen, regulieren das gesellschaftliche Miteinander auf grundlegende Weise.“ (Hasse/Krücken 1999, S. 54)

Typisches Beispiel der Wirkungen von Institutionen sind Handelsgeschäfte, die von Prinzipien wie „Treu und Glauben“ oder der „Ehrbarkeit eines hanseatischen Kaufmanns“ bestimmt werden. Mit dem Verweis auf solche Normen und Konventionen kann die Sicherheit eines Geschäftes hergestellt werden. Denn im Fall, dass ein Handelspartner eingegangenen Verpflichtungen nicht nachkommt, drohen ihm nicht nur rechtliche Sanktionen, sondern insbesondere der Verlust seiner Reputation. Handelsgeschäfte wird mit ihm dann wohl kaum noch jemand aus dem früheren Kreis seiner Geschäftspartner abschließen.

Ein Beispiel für eine ökonomische Transaktion unter den Bedingungen fehlender Verlässlichkeit der Akteure und nicht vorhandener institutioneller Regulationsbedingungen ist der sog. Doppelgriff der Schwarzhändler, ein Phänomen das in der völlig chaotischen Zeit nach dem Zweiten Weltkrieg anzutreffen war: amerikani-

---

15 Verschiedentlich wird in einer sehr weiten Fassung der Begriff der Institution auch auf soziale Entitäten ausgeweitet, die über die Fähigkeit zu zweckorientierten Handeln verfügen und einen angebbaren Mitgliederkreis haben. Für diese Bedeutung soll im Folgenden der Begriff der Organisation bzw. des korporativen Akteurs und expliziter Abgrenzung zum Institutionenbegriff verwendet werden (Kap. 2.2.2). Freilich können Organisationen, wie andere Akteure auch, institutionelle Regelungen gleichsam übernehmen und reproduzieren.

sche Zigaretten wurden dem Tauschpartner genau in dem Moment in die Hand gegeben, in dem der Händler mit der anderen Hand den Geldschein entgegennahm. Niemand hätte riskiert, dem unbekannten Partner beide Dinge gleichzeitig in die Hand zu geben. Der ganze Tausch war illegal, es gab keine (legalen) Regelungen und keine Überwachungsinstanz (Bahrdt 1987, S. 118f.). Dieser Markt basierte auf ungeregelten Machtverhältnissen, Not und Misstrauen. Das heißt, die Funktionsfähigkeit dieses Marktes war extrem begrenzt. Allenfalls war eine Ad-hoc-Versorgung möglich, aber keine längerfristige ökonomische Entwicklung.

1.3.3 Macht

Traditionen, Gewohnheiten, Routinen wie insbesondere Institutionen sind immer auch mit Macht verbunden. Denn damit werden oftmals Handlungserwartungen und Regeln transportiert, die im Interesse nur bestimmter Akteure liegen und von diesen daher erhalten und ausgebaut werden. Von anderen Akteuren hingegen werden sie möglicherweise nur sehr widerwillig und unter dem Druck drohender Sanktionen akzeptiert, letztlich strukturiert aber Macht Handeln.

Mit den Begriffen Macht und Herrschaft werden ganz generell asymmetrische soziale Beziehungen angesprochen. Der klassischen Definition von Max Weber folgend, meint *Macht* „... jede Chance, innerhalb einer sozialen Beziehung den eigenen Willen auch gegen Widerstreben durchzusetzen, gleichviel worauf diese Chance beruht“ (1972, S. 28). Gemeint ist hiermit Macht über Menschen, die sich gegebenenfalls, nicht immer gegen den Widerstand von Menschen, durch soziales Handeln durchsetzt. Hervorzuheben ist der amorphe Charakter des Machtbegriffs. Es kann sich um ökonomische Macht in Form eines Monopols oder Oligopols auf dem Markt handeln, die Anbieter über längere Zeit in die Lage versetzt, Nachfragern bestimmte Kaufbedingungen aufzuzwingen. Die oben erwähnte Informationsasymmetrie zwischen verschiedenen Akteuren auf einem Markt kann zu ganz erheblichen Machtungleichgewichten führen. Macht kann aber auch aus dem Eigentum über Produktionsmittel resultieren, welche diejenigen, die keine besitzen, zwingt, ihre Arbeitskraft an den Produktionsmittelbesitzer zu verkaufen und ein Beschäftigungsverhältnis einzugehen (Bahrdt 1987, S. 163).

In vielen Fällen verfestigt sich Macht zu *Herrschaft*. Max Weber: „Herrschaft soll heißen die Chance, für einen Befehl bestimmten Inhalts, bei angebbaren Personen Gehorsam zu finden.“ (1976, S. 28) Zu Herrschaft gehört eine gewisse Dauerhaftigkeit, die in vielen Fällen, Anerkennung und Akzeptanz des Herrschaftsverhältnisses bei den Beherrschten einschließt. In der Soziologie wird dann von legitimer Herrschaft gesprochen, wenn die Beherrschten die Ausübung von Herrschaft einer bestimmten Form und einem Inhalt nach in einer bestimmten Situation als gerechtfertigt erachten und die Herrschenden versuchen, Legitimität herzustellen (Bahrdt 1987, S. 166ff.).

Herrschaft umfasst daher stets ein zweiseitiges Verhältnis: die Anweisungsbefugnis vorgesetzter Personen und die Akzeptanz und das „Mitspielen“ der Untergebenen. Bei einem Herrschaftssystem handelt es sich also nicht um ein offenes Machtverhältnis, sondern um eine eingespielte soziale Beziehung, die auf bestimmten allgemein akzeptierten Regeln und Konsens zwischen „Herrschern“ und „Beherrschten“

basiert. Offene Machtausübung ist dabei immer nur das letzte Mittel, ein Herrschaftssystem aufrechtzuerhalten. Funktionierende Herrschaft bedarf allerdings der strukturellen Absicherung durch organisatorische und bürokratische Regeln. Zudem ist Herrschaft an *Autorität* gebunden: der Anerkennung und Zuschreibung bestimmter Fähigkeiten, um eine hierarchisch herausgehobene Position auch tatsächlich ausführen zu können.

Die Kategorie der Macht spielt in der ökonomischen Debatte kaum eine Rolle. Unter den klassischen Soziologen betonte insbesondere Max Weber die Bedeutung von Staatsmacht, Herrschaftsbeziehungen und Marktmacht als zentral für das Verständnis wirtschaftlicher Prozesse. Einerseits reduziert Macht des einen Akteurs über den anderen Handlungsmöglichkeiten und macht Verhalten vorhersehbar. Die Androhung von Zwang begrenzt Wahlmöglichkeiten des anderen ganz erheblich und lässt ihm nur noch die Wahl zwischen Fügsamkeit oder Widerstand (Beckert 1996, S. 142). Andererseits kommt ungleichen Machtbeziehungen insofern eine Austauschbeziehungen regulierende und stabilisierende Funktion zu, als die Vorgaben dominanter Akteure für weniger Mächtige Komplexitäten und Unsicherheiten reduzieren. Ja, für die schwächeren Partner können die Vorgaben und die Verlässlichkeit des stärkeren eine wichtige Ressource, vielleicht eine Überlebensgarantie sein; denn sie kann ihm Risiken und Kosten ersparen, die er als unabhängig agierender Akteur bewältigen müsste.

1.4 Handlungssituation und Rationalität

Grundsätzlich ist nun davon auszugehen, dass das Zusammenspiel dieser sozialen Strukturbedingungen das Handeln verschiedenster Akteure in einer Weise beeinflusst, dass koordiniertes Handeln zu Stande kommt. Wie dies geschieht, lässt sich grundlegend anhand eines analytischen Modells erläutern, das die jeweilige *soziale Situation* als Ausgangspunkt für die Analyse von Handlungskoordination nimmt.[16] Danach ist ihr zentrales Merkmal eine bestimmte *Logik*, die in spezifischer Weise die strukturellen Bedingungen mit typischen Handlungsmustern verknüpft. Anders formuliert, es geht um ein dialektisches Verhältnis zwischen dem Menschen und den ihn umgebenden sozialen Bedingungen, letztlich der Gesellschaft. Das Handeln von Akteuren erklärt sich damit nicht wie in der strengen Fassung des Rational-Choice-Konzepts letztlich aus der psychischen Verfasstheit Einzelner und sich darin begründenden Annahmen über utilitaristisches Verhalten. Sondern in der hier vertretenen Perspektive wird Handeln stets mit den Bedingungen einer spezifischen Situation, eben ihrer Logik verbunden. Sie bezeichnet die jeweilige gesellschaftliche Lage von Akteuren, in deren Rahmen sie Probleme ihres Alltags lösen müssen. Sie prägt, was die Akteure

16 Die folgenden Überlegungen beziehen sich besonders auf das zuletzt von Hartmut Esser (1999) präzisierte Konzept der Situationsanalyse als ein Modell soziologischer Erklärung, das an Max Weber und Karl R. Popper anknüpft.

wollen, was sie können und wie sie die Welt subjektiv sehen (Esser 1999, S. 399).

Eine der theoretischen Grundfragen der Soziologie ist damit angesprochen, nämlich das *Verhältnis von Struktur und Handlung:* eine gesellschaftliche Ordnung wird als objektive Struktur bezeichnet, die für das Handeln Einzelner bestimmend ist. Generell (und ohne auf theoretische Differenzierungen eingehen zu können) werden folgende Merkmale mit dem Begriff *Struktur* verbunden: eine Zahl von Elementen ist in einer nicht zufälligen Weise miteinander verbunden, wobei sich Regelmäßigkeiten bzw. eine bestimmte Ordnung zeigen (Bahrdt 1987, S. 108). Es geht um relativ stabile, konstante überpersönliche, objektive Zusammenhänge. Ein Beispiel hierfür ist der Begriff der objektiven Gesellschafts- und Sozialstruktur. Mit dem Begriff Struktur wird oftmals in einer relativ simplen Weise ein Bild verknüpft, das dem Skelett oder dem Tragbalken eines Gebäudes ähnelt. Struktur erscheint als dem menschlichen Handeln äußerlich, als eine Quelle von Einschränkungen der Spontaneität des Subjekts.

Eine avancierte und wohl auch sozialen Realitäten angemessenere Perspektive ist die hier vertretene: Strukturen stellen Handlungsopportunitäten und -restriktionen der verschiedensten Art dar, die von Akteuren in ihrem Interesse genutzt werden und dabei zugleich verändert und weiterentwickelt werden. Das heißt, Akteure beziehen sich einerseits auf Strukturen und verändern sie zugleich durch ihr zielgerichtetes Handeln. Gesprochen wird auch von der „Dualität von Strukturen“: Sie sind zugleich Voraussetzung und Resultat von Handlungen; sie bestimmen Handlungen bzw. geben ihnen eine bestimmte Richtung vor und werden zugleich durch diese verändert (Giddens 1988).

Davon ausgehend kann nun ein analytisches Modell entworfen werden, welches eine soziale Ordnung durch und auf dem Weg über das Handeln von Akteuren zu verstehen sucht.[17] Drei Schritte sind hierzu notwendig, die den Zusammenhang grob aufschließen: erstens die Rekonstruktion der strukturellen Bedingungen einer spezifischen sozialen Situation, zweitens die Analyse und Interpretation des Handelns von Akteuren in dieser Situation und drittens die Untersuchung der Konsequenzen der Handlungen für die soziale Situation und ihrer strukturellen Bedingungen. In seiner grundlegenden Struktur lässt sich ein solches Erklärungsmodell graphisch wie in der folgenden Abbildung 1 darstellen.

17 Vgl. zum Folgenden insbesondere Esser (1999, S. 15ff. und 385ff.) sowie Hedström/Swedberg (1998).

Abb. 1: Modell der Handlungssituation

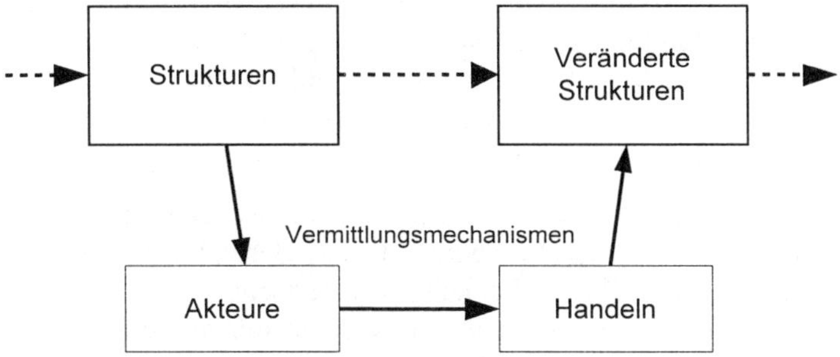

Die Frage nach den *Vermittlungsmechanismen* zwischen den Bedingungen der Ausgangssituation, den Handlungsmustern von Akteuren und den aggregierten Konsequenzen für die dann veränderte Situation bezeichnet das zentrale Analyse- und Erklärungsproblem des Modells.[18] Wesentlich sind in dem Modell drei voneinander unterscheidbare Mechanismen: zum einen jener, der den Zusammenhang der strukturellen Gegebenheiten einer Situation, Traditionen, Konventionen, Institutionen, Machtverhältnisse etc. mit den Orientierungen, Interessen und Handlungen der Akteure verknüpft – auch als *situativer Mechanismus* bezeichnet; zum Zweiten der Mechanismus, der die situationsorientierten Handlungsentscheidungen der Akteure erklärt – *handlungsgenerierender Mechanismus* – und zum Dritten der Vermittlungsmechanismus oder *Transformationsmechanismus*, der angibt, wie die Handlungen der Akteure sich auf die strukturellen Gegebenheiten einer Situation auswirken bzw. sich zu Strukturbedingungen verdichten. Die Beschreibung und Analyse der drei Vermittlungsmechanismen müssen dabei stets die speziellen strukturellen und historischen Bedingungen der je konkreten Situation berücksichtigen. Sie prägen nicht nur die Handlungsmöglichkeiten, sondern auch die Interessen und Überzeugungen der Akteure.

Zugleich werden freilich in der Literatur einige Hinweise auf generelle Zusammenhänge gegeben: So sind zwar die Beeinflussung und Veränderung der strukturellen Gegebenheiten einer Situation durch Akteure nicht unmöglich, jedoch ist dies in der Regel schwierig und langwierig. Einerseits kommen diese Gegebenheiten zu Stande als Resultat von Entscheidungen und des Handelns verschiedener Akteure im Zusammenhang mit ihren laufenden sozialen und wirtschaftlichen Aktivitäten. Insofern sind Anpassungen und Veränderungen an jeweils neue Probleme unvermeidlich. Andererseits aber hat die soziale Situation oftmals einen ausgeprägt institutionali-

18 Mit dem Begriff „Mechanismus“ sollen wiederkehrende Prozesse bezeichnet werden, die bestimmte Ursachen mit bestimmten Wirkungen verbinden. Thematisiert wird damit, im Unterschied zu einer statischen Analyse von Kausalzusammenhängen, der zeitliche und dynamische Charakter sozialer Wirkungszusammenhänge (Mayntz 2002, S. 24f.).

sierten Charakter und zeigt mithin Momente einer sozialen Ordnung, die dem Einfluss Einzelner kaum zugänglich sind. Diesen rekursiven Zusammenhang zwischen Handlungsvoraussetzungen, Handlungen und ihren strukturellen Effekten hat Max Weber geradezu apokalyptisch in seiner Interpretation des Einflusses religiöser Motive auf die Entwicklung der kapitalistischen Gesellschaft beschrieben:

> „Der Puritaner *wollte* Berufsmensch sein – wir *müssen* es sein. Denn indem Askese aus den Mönchszellen heraus in das Berufsleben übertragen wurde und die innerweltliche Sittlichkeit zu beherrschen begann, half sie in ihrem Teile mit daran, jenen mächtigen Kosmos der modernen, an die technischen und ökonomischen Voraussetzungen mechanisch-maschineller Produktion gebundenen, Wirtschaftsordnung erbauen, der heute den Lebensstil aller Einzelnen, die in dieses Triebwerk hineingeboren werden – *nicht* nur der direkt ökonomisch Erwerbstätigen -, mit überwältigendem Zwange bestimmt und vielleicht bestimmen wird... Indem die Askese die Welt umzubauen und in der Welt sich auszuwirken unternahm, gewannen die äußeren Güter dieser Welt zunehmende und schließlich unentrinnbare Macht über den Menschen, wie niemals zuvor in der Geschichte." (Weber 1988, S. 203f. – Hervorheb. im Orig.)

Man mag dieser Interpretation, wonach der moderne Kapitalismus ein unentrinnbares „stahlhartes Gehäuse" sei, nicht unbedingt folgen, doch lässt sich mit diesem Beispiel verdeutlichen, dass es sich dabei um eine objektive Wirklichkeit handelt, mit der Akteure konfrontiert sind und an der sie sich in spezifischer Weise mit ihren Handlungen orientieren. Gleichwohl, auch wenn Akteure gegebene strukturelle Regelungen weitgehend habitualisiert „abspulen", sind sie doch auch in der Lage, damit verbundene Handlungsroutinen zu reflektieren, diese unter bestimmten, etwa krisenhaften Bedingungen zu verlassen und neue zu schaffen.

Dies kann mit einem soziologischen Begriff von Handlungsrationalität gefasst werden: Akteure handeln situationsorientiert, indem sie sich einerseits an den gegebenen Bedingungen orientieren, andererseits aber auch versuchen, eigene Interessen zu realisieren. Sie handeln dabei rational im Sinne Max Webers, indem sie bestimmte Absichten *intentional* verfolgen. Allerdings folgen sie dabei einer „Pluralität von Präferenzen und Bewertungsmaßstäben" (Wiesenthal 1987, S. 443), die sie situationsbedingt variieren. So kann zwar davon ausgegangen werden, dass wirtschaftliches Handeln generell zweckorientiert, das heißt im weitesten Sinn durchaus nutzenorientiert ausgerichtet ist (Mayntz 1999, S. 8ff.). Doch lässt sich diese Zweckorientierung allenfalls abstrakt als funktionaler Imperativ bestimmen und erst mit Bezug auf eine konkrete Situation lässt sich klären, was Rationalität dann genau bedeutet, erst in einer bestimmten Situation und ihrer Logik konkretisieren sich die Interessen, Ziele, Bewertungen und Erwartungen von Akteuren, die zu bestimmten Handlungsentscheidungen führen. Das

Handeln von Akteuren ist allerdings keineswegs nur als an objektive Bedingungen sich anpassendes, adaptives Verhalten zu verstehen, sondern auch als *strategisches* Handeln, das durch seine Zielsetzungen gegebene Strukturbedingungen in Frage stellt und jenseits eines dadurch begründeten Spektrums von Handlungsalternativen bestimmte Ziele verfolgt (Wiesenthal 1987, S. 444) – in der sozialwissenschaftlichen Debatte als *choice* gefasst. Im Kern meint dann zweckrationales Handeln, dass ein Akteur die möglichen Folgen seines situationsbezogenen Handelns anhand des Kriteriums des möglichen Nutzens beurteilt und entsprechend Handlungsalternativen auswählt (Esser 1999, S. 248f.).

Ein augenfälliges Beispiel für situationsspezifisch zweckorientiertes Handeln ist der empirische Befund, wonach technologisch durchaus vergleichbare Unternehmen aus verschiedenen Ländern, die auf dem gleichen Weltmarktsegment agieren, im Einzelnen sehr verschiedene Strategien verfolgen und Strukturen aufweisen. Sie reichen von weitreichender Dezentralisierung und Fokussierung auf sog. Kernkompetenzen bis hin zu den ausgeprägt hierarchischen Strukturen eines klassischen Konglomerats. Der Grund hierfür ist, dass die Unternehmen in sehr unterschiedlichen Situationen agieren, in denen sich die generellen Strukturbedingungen des Weltmarktes, insbesondere auch von Kapitalmarktstrukturen mit den je spezifischen Bedingungen ihrer Home base wie die Regulation von Arbeitsmärkten, industrielle Beziehungen oder spezifische Formen der Corporate Governance verschränken. Die daraus sich ergebende spezifische Handlungssituation prägt nicht nur die vom Management der Unternehmen jeweils erwarteten Entscheidungen und Strategien, sondern auch die konkrete Definition von Aufgaben und Zielen und die damit verbundenen von einflussreichen Akteuren wie Beratungsunternehmen, Investmentbanken oder institutionellen Anlegern als legitim erachteten Wege, Ressourcen einzusetzen.

Es ist daher Granovetter (2000, S. 202f.) zuzustimmen, wenn er feststellt, dass Rationalitätsannahmen durchaus dann eine sinnvolle Arbeitshypothese darstellen können, wenn man bei der Analyse die situationalen Bedingungen berücksichtigt. Danach lässt sich wirtschaftliches Handeln weniger als eine Anwendung von generellen Rationalitätskriterien als vielmehr die „vernünftige“ Reaktion auf die Bedingungen der jeweiligen Situation begreifen. Zweckorientierung des Handelns umfasst danach nicht nur unmittelbar ökonomische Ziele, sondern es geht auch um Fragen von Anerkennung, Status, Macht und, durchaus auch im normativen Sinn, um ein einer Situation angemessenes Handeln (Scott 2001, S. 67f.).

In diesem Sinn intentionales Handeln kann schließlich unintendierte Folgen nach sich ziehen, die die Strukturbedingungen aus der Sicht der Akteure unbeabsichtigt verändern. Gemeint ist damit, dass der Wandel der strukturellen Gegebenheiten einer Situation nicht Ergebnis absichtsvollen Handelns ist, sondern stets das indirekte und ungeplante Resultat solcher Handlungen. Es handelt sich dabei um eine „unentrinnbare Eigenlogik“ der Handlungsfolgen, „... die dafür sorgt, dass sich die sozialen Prozesse oft genug auch *gegen* die Absichten, Wünsche und Bedürfnisse der Menschen nachhaltig *durchsetzen* ..." (Esser 1999, S. 390 – Hervorheb. im Orig.).

Dass Handeln unbeabsichtigte Folgen hat, ist im Grunde eine alltägliche Erfahrung. Gleichwohl kommt diesem Tatbestand in der soziologischen Theorie eine prominente Rolle zu, da er eine systematische Verknüpfung von Handlungen und Strukturen erlaubt.[19] Ein instruktives Beispiel hierfür findet sich bei Robert K. Merton, der den unerwarteten Niedergang der Millingville Bank in den USA im Jahr 1932 beschreibt. Es handelte sich eigentlich um ein florierendes Unternehmen mit ausreichender Liquidität. Infolge des Zusammenbruchs verschiedener benachbarter Fabriken kam nun ein Gerücht über die drohende Zahlungsunfähigkeit auch der Bank auf. Die Folge waren ständig länger werdende Schlangen angstvoller Kunden, die alle fieberhaft versuchten, ihr bei der Bank angelegtes Geld abzuziehen und zu retten. Dies führte dazu, dass sich trotz der günstigen Liquiditätslage der Bank innerhalb von zwei Tagen sich ihre Zahlungsunfähigkeit einstellte. Merton resümiert: „Die stabile Finanzstruktur der Bank war abhängig von einer ganz bestimmten Situationsdefinition gewesen: von dem Glauben an die Verlässlichkeit jenes Systems der ineinander greifenden ökonomischen Versprechungen, von dem die Menschen leben. Hatten die Anleger die Situation erst einmal anders definiert, stand die Wahrscheinlichkeit, diese Versprechungen erfüllt zu sehen, in Frage ..." (1995, S. 400). Keiner der Anleger hatte die Absicht, die Bank in die Pleite zu drängen, jeder einzelne wollte nur sein vermeintlich gefährdetes Geld retten. Das unbeabsichtigte kollektive Resultat der vielen einzelnen Handlungen war der Niedergang der Bank, in den damaligen Zeiten der Weltwirtschaftskrise beileibe kein Einzelfall. Diesen Fall sah Merton als exemplarisch für ein grundlegendes Problem an, dem er einen berühmt gewordenen Namen gab: *Self-fulfilling prophecy*. Er bezog sich damit auf das sog. Thomas-Theorem mit seiner ebenso berühmt gewordenen Formulierung: „If men define situations as real, they are real in their consequences."[20]

Durch Handeln werden mithinfolgen erzeugt, die in ihren Wirkungen ungeplant sind und die Akteure selbst nicht mehr unter Kontrolle haben. Es handelt sich, diesmal im soziologischen und nicht nur im ökonomischen Sinn (s.o. Kap. 1.2.2), um *externe Effekte* des Handelns, die sich in Strukturveränderungen einer Situation niederschlagen.

Zusammengefasst: mit dem skizzierten Modell einer sozialen Situation werden drei grundlegende miteinander verschränkte Sachverhalte angesprochen, die Gegenstand soziologischer Analyse sind:

- Zum einen geht es um alle jene strukturellen Gegebenheiten, mit denen Akteure konfrontiert sind, seien es die erwähnten Traditionen, Gewohnheiten und Routinen, Machtbeziehungen, bestimmte Institutionen oder auch unübergehbare technische Bedingungen. Der Straßenverkehr und seine verschiedensten Anforderungen, Regeln und Restriktionen, die dem Einzelnen vorgegeben sind, sind hierfür ein instruktives Beispiel.

19 Zur Begründung dieses Konzepts der „unanticipated consequences of purposive action" vgl. Merton (1936).

20 Zur soziologischen Bedeutung und den verschiedenen Lesarten des Thomas-Theorems vgl. beispielsweise Esser (1999, S. 63ff.).

Oder im obigen Anglerbeispiel sind es die vom Ordnungsamt überwachten und durchgesetzten Marktregeln und die eingespielten Verhaltensweisen der Marktbeteiligten, über die sich der Angler kaum hinwegsetzen kann, will er seinen Fang wirklich verkaufen.

- Zum Zweiten werden Akteure mit ihren Interessen und Handlungsweisen durch die strukturellen Bedingungen einer bestimmten Situation erst konstituiert. Verkehrsteilnehmer werden erst zu einem solchen, wenn sie sich in den Verkehr begeben, mit den Gegebenheiten des Verkehrs konfrontiert werden und in der Regel abgestimmt handeln. Gleiches gilt für den Fischverkäufer, der ohne die skizzierten Marktbedingungen überhaupt nicht denkbar wäre.
- Zum Dritten konkretisiert sich eine solche Situation mit ihren strukturellen Bedingungen erst in der subjektiven Wahrnehmung und der Deutung der durch die damit konfrontierten Akteure und deren Handeln, mit dem sie bestimmte Absichten und Ziele verfolgen. Verkehrsregeln oder Verhaltensnormen stehen nicht unverrückbar fest. Sie bilden selten eindeutige Handlungsrestriktionen, sondern sind oft widersprüchlich und bedürfen der Interpretation und sind auf diesem Wege einer subjektiven Beeinflussung durch Akteure zugänglich.

Insgesamt wird damit eine soziale Situation geschaffen, die durch spezifische strukturelle Umstände und durch die daran ausgerichteten und koordinierten Handlungsweisen von Akteuren gekennzeichnet ist. Peter L. Berger und Thomas Luckmann sprechen von drei dialektisch zusammen wirkenden Elementen der gesellschaftlichen Wirklichkeit: „Jedes von ihnen ist ein wesentliches Merkmal der sozialen Welt. *Gesellschaft ist ein menschliches Produkt. Gesellschaft ist eine objektive Wirklichkeit. Der Mensch ist ein gesellschaftliches Produkt.*“ (1977, S. 65 – Hervorheb. im Orig.)

Weiterführende Literatur zu Kapitel 1

Esser, H. 1993: Soziologie. Allgemeine Grundlagen. Frankfurt/New York, insbesondere Kap. 6

Deutschmann, C. 2002: Postindustrielle Industriesoziologie. Weinheim/München, Kap. 2

Hirsch-Kreinsen, H. 2003: Renaissance der Industriesoziologie? In: Orth, B.; Schwietring, T.; Weiß, J. (Hrsg.): Soziologische Forschung: Stand und Perspektiven. Opladen, S. 67-80

Mikl-Horke, G. 1997: Industrie- und Arbeitssoziologie. 4. Aufl., München/Wien

Reinhold, G. (Hrsg.) 1997: Wirtschaftssoziologie. 2. Aufl., München/Wien

Smelser, N. J.; Swedberg, R. 1994: The Sociological Perspective on the Economy. In: Smelser, N. J.; Swedberg, R. (Hrsg.): The Handbook of Economic Sociology. Princeton/New York, S. 3-23

Weber, M. 1976: Wirtschaft und Gesellschaft, Studienausgabe. Tübingen, Kap. II: Soziologische Grundlagen des Wirtschaftens

2. Grundlagen: Soziale Systeme und Koordinationsformen

2.1 Die Bedeutung von Institutionen

Als Dreh- und Angelpunkt für die Antwort auf die Frage, wie wirtschaftliches Handeln abgestimmt und koordiniert wird, kann der Begriff der Institutionen angesehen werden; dieser Begriff erfährt seit geraumer Zeit in der Soziologie, aber auch in Teilen der ökonomischen Wissenschaften eine wachsende Aufmerksamkeit.[1] Institutionen sind, wie gezeigt, in ihren verschiedenen Dimensionen verschränkt mit Macht- und Herrschaftsbeziehungen und sie können als Bezugspunkt für Traditionen, Gewohnheiten und Routinen angesehen werden. So ist gewohnheitsmäßiges und routinisiertes Handeln oftmals verbunden mit stabilen regulativen Kontexten, Traditionen basieren auf fest gefügten und dauerhaft existierenden Normen. Institutionen konstituieren bestimmte Handlungssituationen, die wiederkehrende und typische Handlungsmuster induzieren. In den Worten Essers: „Praktisch *alle* sozialen Gebilde und Strukturen haben deshalb zwingend in irgendeiner Weise mit institutionellen Regeln zu tun." Und: „Die institutionellen Regeln sind der Kern aller gesellschaftlichen Strukturen und der wohl wichtigste Aspekt der Logik der Situation für die Akteure." (Esser 2000a, S. 6/7 – Hervorheb. im Orig.)

Fragt man nach den Vermittlungsmechanismen zwischen Institutionen und Handlungsmustern, so lässt sich festhalten: In der insgesamt recht breiten institutionentheoretischen Debatte besteht weitgehend Übereinstimmung darüber, dass Institutionen keineswegs – wie etwa bei Talcott Parsons (z.B. 1973) – nur als Handlungen determinierende Faktoren zu betrachten sind. Vielmehr geht man auch davon aus, dass die handlungsleitenden Effekte von Institutionen einerseits über Wahrnehmungsfokussierung, Appelle und Anreize an Akteure vermittelt, andererseits durch die daran orientierten Handlungen reproduziert und weiterentwickelt werden. Akteure werden hierbei insofern als eigensinnig begriffen, als sie trotz regulativer, kognitiver, kultureller und normativer Beeinflussung im institutionellen Kontext zu strategischem und interessengeleitetem Handeln in der Lage sind. Anders formuliert, es ist generell von einer losen Kopplung zwischen dem in-

1 Vgl. hierzu z.B. den schon mehrfach zitierten zusammenfassenden Band „Institutions and Organizations" von Scott (2001) und den Sammelband „Ökonomischer und soziologischer Institutionalismus", herausgegeben von Schmid und Maurer (2003).

stitutionellen Rahmen und seinen Handlungseffekten auszugehen (Hasse/Krücken 1999, S. 56f.).

Welche Mechanismen sich hier im Einzelnen einspielen, wird freilich vom je spezifischen Charakter der Institution geprägt. Einen Hinweis darauf geben die verschiedenen Dimensionen, mit denen W. Richard Scott den Begriff der Institution präzisiert (2001, S. 51ff.): Erstens *die regulative Dimension,* die den Zwangscharakter von Institutionen unterstreicht. Sie reglementieren Verhalten dadurch, dass sie Regeln für Handeln setzen, deren Einhaltung überwacht und – positiv und negativ – sanktioniert wird. Dies kann durch eher diffuse, informelle Mechanismen wie Sitten und Gebräuche geschehen oder durch hochformalisierte Verfahren und für deren Durchsetzung zuständige Akteure wie die Polizei oder Gerichte. Zweitens *die normative Dimension,* die Werte und Normen umfasst. *Werte* sind danach Vorstellungen darüber, was angemessenes Handeln ist, *Normen* spezifizieren genauer, wie gehandelt werden sollte. Institutionelle Werte und Normen richten sich in vielen Fällen nur an ausgewählte Akteure oder Positionen und sind dann eine Grundlage der Herausbildung von Rollen, die von den Rolleninhabern als externer Anpassungsdruck erfahren werden. Normative Systeme üben aber nicht nur Verhaltenszwänge aus, sie ermächtigen zugleich auch zu bestimmten Formen sozialen Handelns.

Typisches Beispiel hierfür ist, dass die Rollen und Verhaltensmaximen von Managern insbesondere großer und internationaler Unternehmen seit längerem eine ausgeprägte Orientierung an den Prinzipien des sog. Shareholder Value, d.h. einer möglichst kontinuierlichen Steigerung der Rendite und der Aktienkurse nicht nur unabdingbar nahe legen, sondern die Manager auch geradezu legitimieren, diese unter Umständen zu Lasten der Beschäftigten, ihrer Einkommen und Arbeitsplatzsicherheit, in Unternehmen durchzusetzen. Zugleich treibt die Konkurrenz der Unternehmen auf dem Kapitalmarkt und um die Gunst der Anleger dazu, dass sich diese Prinzipien verfestigen und sich weiter generalisieren, nämlich für immer mehr Manager und Unternehmen handlungsleitenden Charakter gewinnen (Kap. 4).

Drittens *die kulturell-kognitive Dimension*: Um Handeln erklären zu können, genügt es nicht, die objektiven Handlungsbedingungen zu kennen. Erforderlich ist auch, wie das obige Erklärungsmodell der sozialen Situation (Kap. 1.4) nahe legt, eine Rekonstruktion der subjektiven Interpretationen dieser Bedingungen durch die Handelnden. Denn zwischen den institutionellen Bedingungen einer Situation und den Reaktionen von Akteuren auf sie vermitteln bestimmte Perzeptionen und Deutungsmuster, die ihrerseits wiederum durch Institutionen geprägt sind. Als solche bilden sie einen kognitiven Orientierungsrahmen, in dem Bedeutung, Angemessenheit von Handlungen und auch Interessen bestimmt und ausgehandelt werden.

Zusammengefasst, mit Institutionen und ihren verschiedenen Dimensionen verbinden sich Regeln, Erwartungen und Praktiken, die auf unterschiedliche Weisen, durchaus auch in Konkurrenz und Widerspruch zueinander, wirksam werden können. Institutionen stiften einen regulativ, normativ und kulturell-kognitiv stabilisierten sozialen Zusammenhang, der ein Repertoire von rationalen Interpretationen und Handlungsmöglichkeiten zur Verfügung stellt, das Akteure für Problemlösungen nutzen können. Kurz, die Interaktion unterschiedlicher, eben eigensinniger Akteure wird in spezifischer Weise institutionell *koordiniert.*

2.2 Soziale Systeme

Das Zusammenspiel eines bestimmten Arrangements institutioneller Regelungen und daran ausgerichtetem Handeln von Akteuren konstituiert eine soziale Situation wie sie oben grundlegend skizziert worden ist (Kap. 1.4). Als analytisch präziser kann für diesen Zusammenhang der Begriff des *sozialen Systems* angesehen werden (Esser 2000b, S. 31ff.). Bezeichnet wird mit diesem Begriff ein Ineinandergreifen von institutionellen Strukturen und Handeln, das stets einen ganz bestimmten abgrenzbaren sozialen Bereich mit einem spezifischen sozialen Sinn und einer besonderen Handlungslogik umfasst. Beispiele hierfür sind der erwähnte Wochenmarkt mit Fischverkäufern und Kunden, Wirtschaftsunternehmen mit ihren Businessmen oder das Gesundheitswesen mit Ärzten, Krankenschwestern und Patienten. Dieser Zusammenhang kann in Anlehnung an das unten skizzierte Modell der Handlungssituation wie folgt schematisch dargestellt werden:

Abb. 2: Soziales System

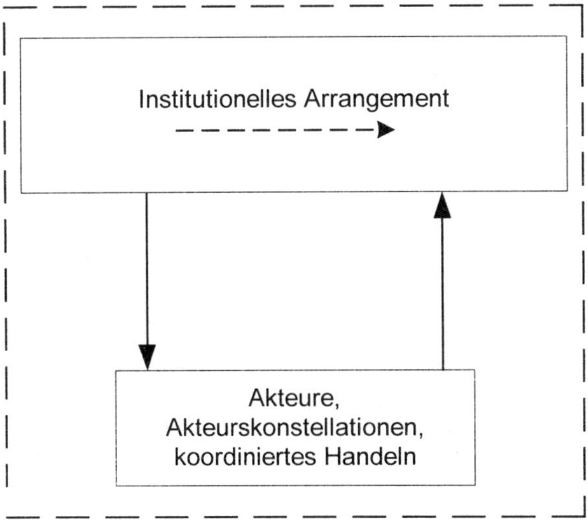

2.2.1 Funktionelle Teilsysteme

Anknüpfend an Renate Mayntz kann auch von *funktionellen Teilsystemen* gesprochen werden, die als institutionalisierte Handlungszusammenhänge definiert werden (1988, S. 17). Von Teilsystemen ist deshalb die Rede, da mit diesem Begriff immer nur funktionsspezifische Zusammenhänge oder auch (Sub-) Systeme innerhalb eines umfassenden sozialen Systems wie einer ganze Gesellschaft angesprochen werden und gefragt wird, wie sich bestimmte Teilsysteme innerhalb eines größeren sozialen Ganzen bilden und entwickeln. In einer handlungstheoretischen Abgrenzung gegenüber dem akteurslosen Systembegriff Luhmannscher Prägung, sind in der hier verfolgten Konzeption Akteure und Akteurskonstellationen stets Elemente eines solchen Teilsystems und weisen mit ihren Orientierungen und Handlungen Bezug auf seine Strukturbedingungen auf. Das sich daran orientierende und dadurch abgestimmte Handeln von Akteuren ist bestimmend für das jeweilige Teilsystem:

> „... die Identitäten und das Handeln der Akteure (sind) nicht ohne deren Einbettung in solche sozialen Systeme zu denken ..., ebenso wenig wie sich die sozialen Systeme ohne die Identitäten und das Handeln der Akteure bilden können... Der Akteur ist immer *Mitglied* eines bestimmten sozialen Systems (oder auch mehrerer) und er unterhält in seinen Orientierungen und Handlungen gleichzeitig einen *Bezug* auf bestimmte soziale Systeme. Mitgliedschaft, Bezug und das sich daran orientierende Handeln einer Mehrzahl von Akteuren konstituieren die jeweiligen sozialen Systeme, wie die wiederum die Identität der Akteure und die damit verbundenen Orientierungen konstituieren." (Esser 2001, S. 415 – Hervorheb. im Orig.)

Ein funktionales Teilsystem kann daher als institutionalisierter Handlungszusammenhang bezeichnet werden, dessen Spezifikum die sinnhafte Spezialisierung des Zusammenspiels seiner zentralen Elemente – institutionelle Regelungen, Akteure, vermittelnde Mechanismen – ist. So wird im Folgenden beispielsweise zwischen so unterschiedlichen Teilsystemen wie Arbeitssystemen (Kap. 3), dem System der industriellen Beziehungen (Kap. 6) und Innovationssystemen (Kap. 8) unterschieden.

Es liegt auf der Hand, dass Akteure in mehreren Teilsystemen agieren können, ein Umstand, mit dem sich häufig widersprüchliche Anforderungen und Konfliktsituationen verbinden. Typisches Beispiel hierfür ist, dass heutzutage karriereorientierte Manager in Konflikt mit den Anforderungen einer Familie und denen einer emanzipierten und ebenfalls berufsorientierten Partnerin geraten können. Beide Lebenszusammenhänge bilden spezifische Teilsysteme mit ebenso spezifischen Handlungsbedingungen und Erwartungen für bestimmte Handlungsweisen, die etwa in Hinblick auf ihre zeitliche Struktur und emotionale Anforderungen sehr widersprüchlich sind. Die Managementforschung spricht in diesem Zusammenhang ziemlich treffend von „double-squeeze"-Situationen zwischen beruflichen und privaten Anforderungen (Ellguth u.a. 1998).

Der spezifische Charakter funktioneller Teilsysteme impliziert, dass es sehr verschiedene Typen solcher Systeme gibt, deren Unterscheidung dann wichtig ist, wenn man die Genese, Beschaffenheit und Entwicklungstendenzen bestimmter sozialer Bereiche und deren Verhältnis zueinander genauer untersuchen will. Zur Unterscheidung verschiedener sozialer Teilsysteme können die folgenden Merkmale angegeben werden:[2] ihr Entstehungsmodus, die Eigenart ihrer Konstitutionsbedingungen, der Grad ihrer strukturellen Verfestigung, die Charakteristika ihrer Binnenstruktur, und schließlich die Besonderheiten der Systemgrenzen. Der Begriff der Binnenstruktur stellt auf die Spezifika der Systemfunktion und die damit zusammenhängende Art der Akteurskonstellation, die institutioneller Regelungen, die hier wirkenden Vermittlungsmechanismen ab. Eine genauere Bestimmung von Teilsystemen erfordert zudem auch ihre Abgrenzung nach außen, die über den Aspekt der Funktion und der darüber zu erbringenden Leistungen erfolgen kann. Im Fall, dass bestimmte Funktionen und Leistungen arbeitsteilig erbracht werden, bedeutet das, dass alle daran beteiligten Akteure zu einem bestimmten Teilsystem gehören. Danach gehören sowohl der Automobilarbeiter wie der Manager eines Automobilwerkes, wie aber auch der Finanzberater, der Kunden beim Kauf eines Autos berät, gleichermaßen zum Industriesystem bzw. zur Automobilbranche, die als Teilsystem betrachtet werden kann. Umgekehrt muss eine Bank, die einem Automobilwerk einen Kredit einräumt, zur Umwelt des Industriesystems gerechnet werden, da sie als Finanzdienstleister an spezifisch andere Funktionen und Leistungskriterien gebunden ist.

Freilich sind diese Grenzen nicht unverrückbar gezogen. Zum einen existieren vielfältige Abgrenzungsprobleme zwischen verschiedenen Teilsystemen; so kann beispielsweise nicht immer eine eindeutige Grenze zwischen dem Industrie- und dem Dienstleistungssystem gezogen werden. Auch ist es oftmals schwierig, Grenzen zu übergeordneten Systemen zu ziehen. Beispielsweise kann der Übergang zwischen einem Arbeitssystem und einen Teilarbeitsmarkt fließend sein. Zum anderen unterliegen Teilsysteme Entwicklungs- und Veränderungsprozessen, die gleichermaßen auf dem Wege der Innendifferenzierung wie auch Ausdifferenzierung verlaufen können. Auf lange Sicht kann sich auf Grund interner wie auch externer Einflussgrößen dabei durchaus die Funktion eines Teilsystems verschieben. Als typisches Beispiel der Innendifferenzierung kann der weiter unten noch genauer zu diskutierende Fall des Wandels von Arbeitssystemen von etwa tayloristischen hin zu eher integrativen angesehen werden (Kap. 3.4). Ein Fall von Ausdifferenzierung wäre hingegen dann gegeben, wenn bestehende Arbeitssysteme etwa infolge einer fortschreitenden Verringerung der Fertigungstiefe und des „Outsourcings“ von Unternehmensbereichen nicht nur ihre Funktion nachhaltig verändern und möglicherweise reduzieren, sondern vor allem Teile ihrer bisherigen Funktionen an Unternehmen aus anderen industriellen Sektoren abgeben. Der Prozess der Ausdifferenzierung bestehender Teilsysteme bezieht sich allerdings nicht nur auf Funktionsverschiebungen zwischen bestehenden Systemen, sondern kann auch die

2 Vgl. hierzu und zum Folgenden insbesondere Mayntz (1988).

Entstehung neuer spezialisierter Teilsysteme umfassen. Eine wichtige Rolle spielt bei solchen Prozessen der Einsatz und die Entwicklung neuer Technologien.[3] Einerseits sind technologische Innovationen in vielen Fällen verschränkt mit Prozessen der fortschreitenden Binnendifferenzierung von Systemen, man denke nur an den Einsatz neuer Produktionstechniken und ihre Wirkungen auf den Wandel von Arbeitssystemen. Andererseits sind sie nicht selten Auslöser für die Entwicklung neuer Funktionssysteme mit entsprechend spezifischen und neuen institutionellen Bedingungen: Historisches Beispiel hierfür ist die Entwicklung der Eisenbahnen, welche das Verkehrswesen Mitte des 19. Jahrhunderts geradezu revolutionierte und ein eigenes Verkehrssystem mit spezifischer Strukturlogik schuf, das bis heute eine nachhaltige Stabilität aufweist.

Der Begriff des Teilsystems soll die folgende Darstellung wirtschafts- und industriesoziologischer Themen und Fragestellungen strukturieren. Denn, wie schon angesprochen, erlaubt dieser Begriff zum einen die Präzisierung des Modells der sozialen Situation für jeweils spezifische soziale Gegenstandsbereiche und damit vor allem ihre systematisch angeleitete empirische Analyse. Zunächst allerdings sind noch einige weitere Aspekte grundlegend zu klären.

2.2.2 Akteure und Akteurskonstellationen

Je nach Teilsystem sind unterschiedliche Akteure und Konstellationen von Akteuren von Relevanz. Unterscheidendes Kriterium ist dabei die Art und Reichweite der Beteiligung individueller Akteure. In Hinblick auf wirtschaftliche Prozesse lassen sich zusammenfassend eine Reihe von Typen beschreiben, die einerseits als Element bestimmter Teilsysteme anzusehen sind, andererseits selbst solche darstellen können.[4]

Soziale Aggregate

Bei sozialen Aggregaten handelt es sich um Mengen von Akteuren, die durch wechselseitige Beeinflussung ihres Handelns miteinander verbunden sind, ansonsten aber nichts weiter miteinander zu tun haben. Ein Beispiel hierfür sind individuelle Akteure auf einem Markt, bei dem auf das Angebot oder die Nachfrage anderer Akteure reagiert wird, aber auch Prozesse der Verbreitung von Informationen, Gerüchten und Neuerungen, durch die Akteure miteinander in Kontakt kommen und aufeinander reagieren. Den Rahmen hierfür bilden die institutionellen Regeln eines Marktes oder die eines Verhandlungssystems innerhalb staatlicher Institutionen. Deutlich wird wiederum, dass ein jeweiliges institutionelles Arrangement und die

---

3 Ein Aspekt, der in der Soziologie oft vernachlässigt wird, für die Analyse und Erklärung sozialer Entwicklungsprozesse aber unverzichtbar ist (vgl. Kap. 8).

4 Zum Folgenden vgl. Esser (2000b, S. 47ff.) und Scharpf (2000, S. 95ff.).

dazu gehörige Akteurskonstellation realiter eng verschränkt sind und nur analytisch zu trennen sind.

Kollektive Akteure

Angesprochen werden mit dieser Kategorie Mengen von Akteuren, die explizit koordiniert handeln und nach außen als Kollektiv agieren. Typische Formen sind beispielsweise Koalitionen, Klubs und (soziale) Bewegungen. Von besonderem Interesse für die wirtschafts- und industriesoziologische Analyse sind *Verbände,* insbesondere Gewerkschaften und Arbeitgeberverbände, aber auch Parteien. Sie werden gegründet zur Durchsetzung übergreifender kollektiver Interessen eines Aggregats individueller Akteure. Sie können eng mit Koordinationsformen wie Assoziationen oder Netzwerken (Kap. 2.3.3) verschränkt sein, insofern sie intern nur lockere Formen der Abstimmung und Systembildung aufweisen. Zugleich jedoch sind sie deutlich von diesen zu unterscheiden, da kollektive Akteure als ganze, beispielsweise Gewerkschaften und Arbeitgeberverbände, eigenständig etwa auf Märkten oder im Rahmen des politischen Systems strategisch agieren können.

Korporative Akteure

Die Besonderheit dieses Akteurstypus ist, dass hier ein Entscheidungszentrum, ein Prinzipal existiert. Dadurch wird es einem korporativen Akteur möglich, sich als Subjekt wie eine natürliche Person zu verhalten. Typisch hierfür sind Korporationen, also Organisationen und vor allem Unternehmen, die im Zentrum der weiteren wirtschafts- und industriesoziologischen Analyse stehen. Ihr charakteristisches Kennzeichen sind typischerweise „Top-down"-Strukturen, die von einer hierarchischen Führung gesteuert werden. Ihre Handlungsfähigkeit basiert dabei wesentlich auf der Zusammenlegung der Ressourcen eines Kollektivs individueller Akteure, der Organisationsmitglieder (oder auch weiterer korporativer Akteure, wenn es sich um einen ganzen Unternehmensverbund handelt), wodurch eine überindividuelle handlungsfähige Einheit entsteht. „Als einem Akteur sui generis sind ihr – wie Individuen – Handlungen und Entscheidungen, aber auch Erwartungen und Ziele zuzurechnen." (Müller-Jentsch 2003, S. 18) Diese sind freilich, so ist hinzuzufügen, immer zurückzuführen auf innerorganisationale Handlungen und Entscheidungen ganzer Gruppen oder einzelner individueller Akteure; insofern sind Organisationen und Unternehmen zugleich als spezifische funktionelle Teilsysteme mit einer ebenso spezifischen internen Handlungslogik zu begreifen (z.B. Kap. 4).

Beispiele sind Unternehmen, bei denen wesentliche Entscheidungen durch die Eigentümer und das Management getroffen werden. In diesem Sinn ist auch die Bundesregierung ein korporativer Akteur mit dem Kanzler und dem Regierungssprecher an der Spitze, die beispielsweise im Namen einer Mehrheitspartei agieren. Sie handeln wie Individuen sozial aufeinander bezogen: DaimlerChrysler warnt die Regierung in Berlin, die Steuerreform nicht weiter hinauszuzögern. Die Regierung antwortet, sie lasse sich von einem Global Player nicht unter Druck setzen usw. usw.

Korporative Akteure können also wie Menschen handeln, sind aber gleichwohl von ihnen sehr verschieden: Sie sind „unsterblich", und in ihrem Inneren herrschen in der Regel konfliktorische Beziehungen. Grundlegend hierfür ist beispielsweise der Interessenkonflikt zwischen Eigentümern, die ihre Rendite maximieren wollen, und Beschäftigten, die ihr Gehalt mit möglichst wenig Aufwand ebenfalls maximieren wollen und daher an der Rendite der Eigentümer nur ein abgeleitetes Interesse haben. Daraus erwächst ein sehr grundlegendes Koordinationsproblem in Unternehmen, das auf sehr verschiedenem Wege gelöst werden kann (Kap. 3/4).

2.2.3 Ebenen sozialer Systeme

Soziale Systeme sind auf verschiedenen Ebenen „des Sozialen" oder „des Ökonomischen" zu verorten (Esser 2000b, S. 59ff.; Scott 2001, S. 83ff.). Geht man einmal von individuellen Akteuren aus, so lassen sich diese auf der *Mikroebene*, in ihren unmittelbar und alltäglich bedeutsamen sozialen Umgebungen verorten – also im Büro und der Arbeitsgruppe oder auch in der Familie und im Freundeskreis. Diese Ebene kann auch als unterste Stufe der Systembildung verstanden werden, insofern als hier nur sehr begrenzte und oftmals wenig strukturierte Handlungszusammenhänge anzutreffen sind (Mayntz 1988, S. 20ff.). Diese Mikroebene ist stets eingebettet in einen Kontext mit umfassenderen sozialen und ökonomischen Bezügen – in der Regel als *Makroebene* bezeichnet. Angesprochen werden hier gesellschaftliche Teilsysteme, die in der Regel als institutionell verfestigt angesehen werden können und die zumeist durch Akteure gekennzeichnet sind, die über ein hohes Maß an Einfluss auf die systeminternen Prozesse verfügen. Typischerweise handelt es sich hier um korporative oder kollektive Akteure wie Verbände, die auch Interessenvertretungsbefugnisse nach außen beanspruchen und unter Umständen Abschottungsprozesse gegenüber Außenstehenden anstoßen – soziologisch als das Phänomen der sozialen Schließung bezeichnet.[5] Es handelt sich hier um Merkmale, die sich beispielsweise bei den verschiedenen Formen der Systeme industrieller Beziehungen mehr oder weniger ausgeprägt finden lassen (Kap. 6). Ein weiterer Makrokontext ist die Gesellschaft als ganze – hier kann man kaum mehr von einem Teilsystem reden. Allenfalls in Bezug auf weitere supranationale Zusammenhänge und in Abgrenzung zu anderen (nationalen) Gesellschaften können hier noch Spezifika ausgemacht werden, die sich ihrerseits aus

5 Mit Schließung wird jener Prozess bezeichnet, der den Zugang zu bestimmten Gruppen für Außenstehende auf Grund bestimmter sozialer Regeln einschränkt, an bestimmte Bedingungen knüpft oder gar verwehrt. Für Max Weber handelt es sich dabei um einen grundlegenden sozialen Mechanismus, der soziale Ordnungen konstituiert (1976, S. 23ff.).

der Kombination einzelner funktioneller Teilsysteme ergeben können – weiter unten (Kap. 2.4) wird in diesem Zusammenhang von sozialen Systemen der Produktion gesprochen. Danach würde dann lediglich die Weltgesellschaft die oberste denkbare Grenze des sozialen und ökonomischen Geschehens darstellen, jenseits derer kein weiterer sozialer Kontext denkbar ist.

Der Begriff der *Gesellschaft* bezeichnet wohl eine der schwierigsten Kategorien der Soziologie. In einer sehr groben Definition kann unter Gesellschaft zunächst einmal ein besonderes soziales Gebilde verstanden werden, das mehr ist als nur die Summe seiner Teile. Gesellschaft bildet den grundlegenden makrostrukturellen Kontext menschlichen Handelns. Es handelt sich um eine umfassende soziale Einheit, mit mehr oder weniger autarkem Charakter, die sich durch ein übergreifend geregeltes und verfasstes institutionelles Gefüge auszeichnet, eine mehr oder weniger ausgeprägte territoriale, historische und kulturelle Kontinuität aufweist und als zentraler Bereich der Produktion und Reproduktion sozialer Zusammenhänge anzusehen ist. Insgesamt kann Gesellschaft als grundlegender institutioneller Rahmen für soziale Prozesse – als *gesellschaftliche Totalität* begriffen werden (z.B. Bahrdt 1987, S. 181 ff.; Giddens 1988, S. 51ff.; Esser 1993, S. 326 ff.).

Unübersehbar ist dabei, dass zwischen Mikro und Makro verschiedenste Zwischen- und Vermittlungsebenen existieren. So steht das koordinierte Handeln einzelner Arbeitsgruppen zwar in unmittelbaren Zusammenhang mit der Organisation einer Abteilung, eines ganzen Betriebes oder gar eines Unternehmensverbundes, jedoch weniger direkt mit der Gesellschaft als ganzer. Diese Zwischenebene zwischen der Mikroebene individueller Akteure und irgendeiner Makroebene wird üblicherweise als *Mesoebene* bezeichnet. In industriesoziologischer Perspektive können als Mesoebene der Koordination wirtschaftlichen Handelns beispielsweise Unternehmensnetzwerke, die Ebene einer Wirtschaftsbranche mit ihren spezifischen ökonomischen, technologischen oder auch arbeitspolitischen Regeln und Praktiken angesehen werden und eine bestimmte Wirtschaftsregion mit ihren charakteristischen Konstellationen verschiedenster Akteure von Unternehmen bis hin zu regionalpolitischen Einrichtungen und spezifischen institutionellen Regelungen wie eingespielten regionalen Milieus. Es handelt sich dabei jeweils um funktionelle Teilsysteme unterschiedlicher Ausprägung und Strukturierung sowie je spezifischen Handlungslogiken.

Sehr vereinfacht kann dieser Zusammenhang wie in der folgenden Abbildung dargestellt werden; auf die in der Abbildung genannten konkreten Dimensionen der verschiedenen Analyseebenen und ihrer Wechselwirkung wird in den späteren Kapiteln noch genauer eingegangen.

Abb. 3: Ebenen funktioneller Teilsysteme

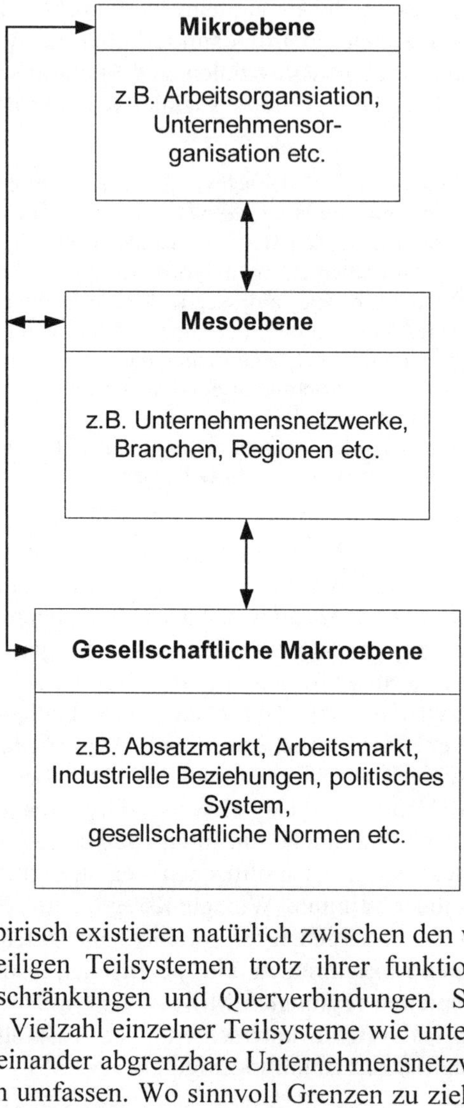

Empirisch existieren natürlich zwischen den verschiedenen Ebenen und den jeweiligen Teilsystemen trotz ihrer funktionalen Abgrenzung vielfältige Verschränkungen und Querverbindungen. So kann eine Industriebranche eine Vielzahl einzelner Teilsysteme wie unterschiedliche Teilbranchen und voneinander abgrenzbare Unternehmensnetzwerke mit spezifischen Funktionen umfassen. Wo sinnvoll Grenzen zu ziehen sind und eine Analyse abzubrechen ist, ist stets abhängig von der Fragestellung einer Untersuchung und dem damit verbundenen Erklärungsinteresse.

2.3 Koordination ökonomischer Akteure

Je nach Funktion und Handlungslogik zeichnen sich Teilsysteme durch verschiedene Koordinationsformen sozialen und wirtschaftlichen Handelns aus. Sie repräsentieren damit eine jeweils typische Art sozialer Ordnung, mit der ebenso typische Handlungsmuster einhergehen (Esser 2000b, S. 37). Die

Frage, welche Koordinationsformen aus wirtschaftssoziologischer Sicht als besonders typisch zu erachten sind, ist Gegenstand einer breiten sozialwissenschaftlichen Debatte und Thema dieses Kapitels. Hervorzuheben sind hier besonders die Thesen des sog. Governance-Ansatzes,[6] der verschiedene Formen der institutionellen Steuerung ökonomischer Akteure thematisiert.[7] Unter *Governance* versteht man, im Sinne des hier verwendeten Koordinationsbegriffs (Kap. 1.1), den Prozess des Steuerns und Regelns sozialer Zusammenhänge, wobei ex ante offen ist, welche konkreten Einflussgrößen und Mechanismen – Institutionen, Akteure, Vermittlungsprozesse – am Werke sind, um die jeweilige Koordinationsleistung zu erbringen (Kenis/Schneider 1996, S. 10f.). Dieser Ansatz geht davon aus, dass ökonomisches Handeln in ein Bündel marktförmiger und nicht-marktförmiger Koordinationsformen wie Hierarchien, Netzwerke, Gemeinschaften (s.u.) eingebettet ist und fragt in komparativer Perspektive, welche Formen sich konkret, etwa in verschiedenen Wirtschaftssektoren oder einzelnen Ländern durchsetzen und welche ökonomische Leistungsfähigkeit sich jeweils damit verbindet.

An dieser Stelle ist auf Überlegungen der schon erwähnten (Kap. 1.2.2) *Neuen Institutionellen Ökonomie* zurückzukommen, die ähnlich wie der soziologische Governanceansatz verschiedene Koordinationsformen wirtschaftlicher Prozesse thematisiert. In diesem ökonomischen Theoriekontext hat der Institutionenbegriff in den letzten Jahrzehnten in Teilen der Wirtschaftswissenschaften systematische Aufmerksamkeit gefunden. In kritischer Auseinandersetzung mit den neoklassischen Axiomen wird hier die regulative, Unsicherheiten reduzierende und Effizienz sichernde, ja Effizienz steigernde Wirkung von gesellschaftlichen Institutionen herausgearbeitet (Williamson 1985; North 1990).[8] Williamsons Konzept geht zum einen davon aus, dass Transaktionen mit hoher Unsicherheit über ihre Resultate und hohen Transaktionskosten wie Anbahnungs- oder Kontrollaufwand marktförmig nicht sehr effizient erbracht werden können und daher mit großer Wahrscheinlichkeit in hierarchisch organisierten Unternehmen durchgeführt werden. Transaktionen finden zum Zweiten auch dann in Hierarchien bzw. Unternehmen statt, sobald eine Vielzahl sich wiederholender Transaktionen auftritt, dazu spezifisches Wissen erforderlich ist und dieses durch besondere Formen der Organisation und Kontrolle abgesichert werden muss. Einfachere Transaktionen hingegen, die sich nicht wiederholen und die keine spezifischen Transaktionskosten erfordern, finden den Annahmen des Konzepts zufolge auf Märkten statt. Als bestimmender Faktor für eine Koordinationsform wird die *Spezifität* der Transaktion bzw. des Leistungsaustauschs angesehen. Danach ist der Spezifitätsgrad einer Transaktion umso höher, je größer der Wertverlust ist, der entsteht, wenn inadäquate Koordinationsformen Platz greifen. Spezifität kann sich dabei auf das erforderliche Know-how, auf zu

---

6 Z.B. Streeck/Schmitter (1995), Powell (1996), Crouch/Streeck (1997), Hollingsworth/Boyer (1997), zusammenfassend: Lütz (2003).

7 Daher an anderer Stelle auch als „politökonomischer Institutionalismus“ bezeichnet (Werle 2003).

8 Vgl. zum Folgenden Jacobson/Andréosso-O'Callaghan (1996, S. 38ff.) und Picot u.a. (1996, S. 41ff.).

tätigende Investitionen oder auch auf besondere Geheimhaltungserfordernisse beziehen.

Koordinationsprobleme und damit zusammenhängende Transaktionskosten entstehen besonders in Verbindung *mit beschränkter Rationalität und Opportunismus* der Akteure – beides Grundannahmen dieses Ansatzes. Betont wird, dass das rationale Streben ökonomischer Akteure nach eigenem Vorteil mit allen zur Verfügung stehenden Mitteln, einschließlich Betrug und Arglist durch hierarchische Beziehungen, organisatorische Regelungen und die Identifikation von Akteuren mit einer Organisation kontrollierbar seien. Im Zweifel werden dann die möglicherweise höheren Kosten einer Organisation gegenüber den niedrigeren Kosten einer Markttransaktion bevorzugt. Freilich betont das Transaktionskostenkonzept, dass zwischen den beiden Extremformen Markt und Hierarchie je nach Konstellation der verschiedenen Einflussfaktoren vielfältige Zwischenformen der Koordination existieren. Diese vereinigen dann sowohl Elemente marktlicher als auch hierarchischer Koordination.

Die soziologische Kritik an diesem Ansatz macht sich daran fest, dass auch für ihn ein als verkürzt angesehener Rationalitätsbegriff konstitutiv ist. Zudem wird darauf verwiesen, dass die Entstehung der verschiedenen Koordinationsformen allein funktionalistisch durch Effizienzerfordernisse erklärt wird und die hierfür unter Umständen entscheidenden gesellschaftlichen Prozesse von Machtauseinandersetzungen und Konflikten übersehen werden (z.B. Mahnkopf 1994; Sydow 1999). Hinzu kommt: In der dichotomischen Gegenüberstellung von Markt und Hierarchie erscheinen Unternehmen als losgelöst von größeren sozialen Zusammenhängen. Ihre Außengrenzen werden allein durch konkurrierende Unternehmen definiert, in den Binnenbeziehungen praktiziert das Management sein Anweisungsrecht gegenüber den Mitarbeitern. Es entsteht damit ein Bild von Unternehmen als „Inseln geplanter Koordination in einem Meer von Marktbeziehungen" (Powell 1996, S. 215), das institutionelle und gesellschaftliche Einflussfaktoren auf Unternehmen weitgehend ausblendet.

Den Überlegungen des Governance-Konzeptes zufolge, muss von einer ganzen Bandbreite verschiedener Koordinationsformen wirtschaftlichen Handelns ausgegangen werden. Fasst man die Debatte vereinfachend zusammen, so können entlang der Dimensionen *institutionelle Regelungsdichte* und *Interdependenz* der beteiligten Akteure grundlegend verschiedene soziale Teilsysteme mit je unterschiedlichen Koordinationsformen unterschieden werden. Mit dem Begriff der Interdependenz sollen die aufeinander bezogenen Interessen der beteiligten Akteure und ihre jeweilige gegenseitige Abhängigkeit bezeichnet werden. Dabei können drei Arten der Interdependenz unterschieden werden: zum einen konvergente Interessen, zum Zweiten antagonistische Interessen, zum Dritten divergierende Interessen. Davon ausgehend lassen sich drei in der einschlägigen Debatte als besonders relevant erachtete Koordinationsformen festmachen – Markt, Hierarchie bzw. Organisation und Assoziation bzw. Netzwerk:[9]

---

9 Vgl. hierzu insbesondere wiederum Esser (2000b, S, S. 37ff.) sowie Scharpf (2000, S. 90ff.).

Abb. 4: Koordinationsformen

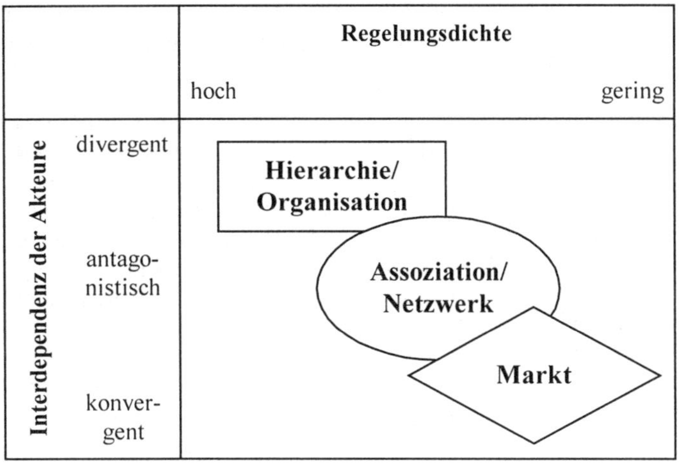

2.3.1 Markt

Entsprechend dem oben skizzierten ökonomischen Modell (Kap. 1.2.1) konstituiert sich ein Markt über zweckorientiertes Handeln und horizontale Austauschbeziehungen. Es besteht eine hohe Konvergenz der Interessen der Beteiligten, insofern als die Akteure grundsätzlich nur das tun, was ihnen aus ihrer jeweiligen Sicht am vorteilhaftesten erscheint, ohne besonders und längerfristig auf die Motive der anderen Akteure einzugehen (Esser 2000b, S. 37f.). In besonderer Weise spielt das preisvermittelte und flüchtige Verhältnis von Angebot und Nachfrage eine koordinierende Rolle. Grob vereinfacht lässt sich ein Markt als Koordinationsmechanismus mit Begriffen fassen, die von Marx bis Hayek nahezu immer gleich lautend verwendet worden sind: Selbstregulation und unpersönliche Ordnung (Berger 1992, S. 176). Die institutionelle Regelungsdichte bleibt gering, jedoch sind soziale Bedingungen für die Funktionsfähigkeit von Märkten, wie schon diskutiert (Kap. 1.2.2), unverzichtbar. Staatliche Intervention, personelle Beziehungen und Vertrauen sind notwendig. Kaufverträge werden vor allem durch rechtliche Regelungen und moralische Normen abgesichert, Machtkonzentrationen und die Auswüchse opportunistischen Verhaltens müssen kontrolliert und begrenzt, Eigentumsrechte müssen gesichert und kollektive Güter durch staatliche Intervention hergestellt und gesichert werden. Genereller formuliert, Tauschakte auf Märkten sind nicht normfrei. „Selbst der simpelste ‚Händewechsel der Ware' (Marx) ist mit normativen Vorstellungen besetzt. Zum einen beruhen Kontrakte auf nicht-kontraktuellen normativen Grundlagen, die zu einem guten Teil die Bindungsfähigkeit vertraglicher Vereinbarungen erklären können. Zum anderen formuliert jeder Vertrag moralische Anforderungen an die Vertragspartner: von ihnen wird etwa die den Gewaltverzicht einschließende wechselseitige Anerkennung als

Subjekte sowie das Versprechen verlangt, geschlossene Verträge auch einzuhalten." Ein Markt ist also keineswegs eine moralfreie Zone, im Vergleich zu anderen Koordinationsformen ist er jedoch „sittlich ausgedünnt" (Berger 1992, S. 169).[10]

Die Realität ist freilich komplexer. De facto existiert ein weites Spektrum von Marktformen: von dem Modell eines perfekten Marktes recht nahe kommenden, wie z.B. die Börse oder „spot markets" bis hin zu „managed markets", die hierarchische Momente aufweisen. Verschiedene Formen des Wettbewerbs, Oligopole und das Monopolproblem sind bekanntlich zentrale Themen ökonomischer Analyse (Samuelson/Nordhaus 1998, S. 189ff.). Denn Marktteilnehmer sind nicht nur (atomisierte) Individuen, sondern vor allem auch Organisationen bzw. Unternehmen als mächtige kollektive Akteure, die bekanntlich oftmals versuchen, Märkte zu kontrollieren. Und insbesondere auch in historischer Perspektive lassen sich eine Vielzahl von Marktformen mit teilweise sehr unterschiedlichen Mustern von Konkurrenz und Austausch unterscheiden (Swedberg 1994, S. 273f.).

Ökonomisch gesehen verbinden sich mit Märkten zweifellos mächtige Anreizfunktionen, denn sie stellen die Arena dar, in der jeder Akteur – zumindest dem Modell nach – weitgehendst seine selbst definierten Ziele und Interessen realisieren kann. Märkte bieten Gelegenheiten, Auswahl und Flexibilität und die Möglichkeit für schnelle Kommunikation. Preise sind allerdings einfache Koordinationsmechanismen, da mit ihnen nur relativ eindeutig definierbare Transaktionen erfasst werden können. Komplexe, dynamische und nur schwer spezifizierbare Transaktionen lassen sich, wie auch die Überlegungen der Neuen Institutionellen Ökonomie nahe legen (s.o.), auf Grund ihrer Risiken und Ungewissheiten hingegen kaum ausschließlich über Marktpreise erfassen und koordinieren. Zudem lässt sich unter solchen Bedingungen opportunistisches Handeln nur schwer kontrollieren. Greifbar wird dies insbesondere im Fall von Entwicklungs- und Innovationsprozessen (Kap. 8), deren Voraussetzung der Austausch von Know-how ist, das sich einzelne Partner in ihrem Interesse und zu Lasten der anderen Beteiligten aneignen können. Genereller, bei vielschichtigen und komplexen Transaktionen steigen die Überwachungs- und Durchführungskosten u.U. sehr stark, was zumindest aus ökonomischer Sicht andere Formen der Koordination nahe legt.

2.3.2 Hierarchie

Vom Markt zu unterscheiden ist eine Koordinationsform, in deren Rahmen Handeln durch mehr oder weniger ausgeprägte vertikale Machtbeziehungen abgestimmt wird. Hierarchie ist hier der grundlegende Begriff, anzutreffen sind hierarchische Beziehungen zumeist in Organisationen. Die Akteure, so Beschäftigte in einem Unternehmen, handeln zweckorientiert auf der Basis

10 Vgl. hierzu die Ausführungen zu realen, sozial eingebetteten Märkten bei Granovetter (2000, S. 191f.).

fixierter Handlungsregeln, Verantwortlichkeiten und Autoritätsverhältnissen. Mit Hilfe dieser Regelungen werden die oftmals divergierenden Handlungsinteressen der verschiedenen Organisationsmitglieder aufeinander abgestimmt. Festgelegt wird dadurch letztlich eine *Mitgliedschaftsrolle*, die definiert, welche Leistungen Organisationsmitglieder zu erbringen haben und welche Gegenleistungen sie dafür erhalten. Die Besonderheit von Organisationen ist die vorrangige Bedeutung von Weisungen, das heißt eine ungleiche Verteilung von Interessen und Macht und in der Regel deren klaglose Akzeptanz (Esser 2000, S. 41).

Beim Versuch, Organisation genauer zu spezifizieren, wird das weite Feld der Organisationswissenschaften berührt: Organisationspsychologie, betriebswirtschaftliche Organisationslehre und eine ganze Reihe ökonomischer Organisationstheorien bis hin zur Organisationssoziologie in ihren verschiedensten Spielarten.[11] Oftmals werden Organisationen mit Institutionen gleichgesetzt. Allenfalls umfasst eine Organisation Aspekte von Institution, insofern als Organisationen als spezifische Manifestation institutioneller und kultureller Ordnungen und Normen anzusehen sind (Müller-Jentsch 2003). Zurückgegriffen sei auf eine kurze, aber präzise Definition: *Organisationen sind zielorientierte soziale Gebilde mit einem angebbaren Mitgliederkreis* (Mayntz 1963). In diesem Sinn weisen Organisationen als korporative Akteure eine eigenständige Handlungsfähigkeit auf und sie haben gleichzeitig handlungskoordinierenden Charakter gegenüber ihren Mitgliedern.

In ökonomischer Hinsicht erweisen sich Organisationen als besonders leistungsfähig, wenn es um die Bewältigung komplexer und sich wiederholender Transaktionen geht und damit Transaktionskosten begrenzt werden können. An die Stelle der „invisible hand“ des Marktes tritt die „visible hand“ des Managements eines Unternehmens, welches die unternehmensinternen Transaktionen, d.h. den Produktionsprozess, administrativ-hierarchisch organisiert und überwacht. In einer Hierarchie handeln individuelle Akteure innerhalb eines Systems administrativer Verfahren und Aufgabenteilung, das durch Vorgesetzte definiert wird. Die Stärken einer hierarchischen Organisation sind: die Zuverlässigkeit, eine große Anzahl von Gütern und Dienstleistungen mit bestimmter Qualität und zu niedrigen Kosten dauerhaft zu fertigen, klare Regelungen von Verantwortlichkeiten und die Fähigkeit zur Dokumentation der Mittelverwendung, d.h. Planung und Berechenbarkeit als Ausdruck ökonomischer Rationalität. Erst wenn solche Organisationen bzw. Unternehmen mit starken Schwankungen der Nachfrage konfrontiert werden, treten spezifische Schwächen zu Tage: Inflexibilität, begrenzte Lernfähigkeit, zu hohe Overheadkosten, organisatorische Komplexität etc. Diese Situation erweist sich angesichts wachsender Konkurrenz, stagnierender Märkte, steigenden Innovationsdrucks etc. in den letzten zwei Jahrzehnten insbesondere als Problem großer Unternehmen.

---

11 Zu einer knappen, aber instruktiven Einführung in die Organisationssoziologie vgl. Müller-Jentsch (2003).

2.3.3 Assoziation und Netzwerk

Als eine zwischen Markt und Hierarchie anzusiedelnde Kooperationsform ist die Assoziation zu begreifen, bei der Akteure mit teilweise konvergierenden, teilweise divergierenden, insgesamt antagonistischen Interessen beteiligt sind. Spieltheoretisch wird auch von *antagonistischer Kooperation* gesprochen und damit das Grundproblem jeglicher Netzwerkkoordination, nämlich die Abstimmung von Konkurrenz und Kooperation, bezeichnet. Essentielle Voraussetzung für entstehende Kooperationsbeziehungen sind soziale Bindungen und objektivierte Regeln – allgemein, eine relative Dichte institutioneller Regelungen –, an denen sich Handeln orientiert. Es handelt sich um eine Koordinationsform, die mehrere, teilweise einander widersprechende Momente zur Übereinstimmung bringt: zum einen integriert sie zweckorientiertes und durchaus marktvermitteltes Handeln mit hierarchischen Koordinationsprozessen, zum anderen basiert sie auf informellen Übereinkünften und Handlungsroutinen, die auf wechselseitigen sozialen Verpflichtungen, übereinstimmenden normativen Orientierungen und gemeinsamen Ansichten und Erfahrungen der beteiligten Akteure beruhen. Typische Beispiele für soziale Systeme, die als Assoziation begriffen werden können, sind Verbände mit freiwilliger Mitgliedschaft wie Gewerkschaften und Arbeitgeberverbände (Kap. 6.3.3). Das grundlegende Koordinationsprinzip ist Verhandlung zwischen den beteiligten Akteuren zur Abstimmung ihrer konkreten Handlungsinteressen, wobei stets unterschiedliche Machtrelationen in Rechnung zu stellen sind. Ein viel diskutierter Typ einer Assoziation ist das *Netzwerk.*

Zusammenfassend lässt sich ein Netzwerk wie folgt definieren: Es umfasst eine begrenzte Zahl von (heterogenen) Partnern. Idealerweise bestehen zwischen den Partnern gleichberechtigte Machtverhältnisse im Rahmen lockerer, aber dauerhafter und intensiver Beziehungen. Der Leistungsaustausch ist durch hohe Unbestimmtheit und Interdependenz gekennzeichnet, auch als „generalized exchange“ im Unterschied zum strikten Äquivalenztausch des Marktes bezeichnet. Die Austauschbeziehungen zwischen den Partnern beruhen auf Gegenseitigkeit bzw. Reziprozität. Es existiert keine strikte Relation von Leistung und Gegenleistung, sondern die beteiligten Akteure haben die begründete Erwartung, dass auch bei temporärer „Mehrleistung“ oder „Vorleistung“ eines Partners auf längere Sicht auch der andere Kooperationspartner nicht nur die entsprechende Gegenleistung, sondern auch seinerseits eine Mehrleistung einbringen wird (Mahnkopf 1994, S. 71ff.). Als die soziale Basis hierfür wird *Vertrauen* angesehen, d.h. wechselseitige Verlässlichkeit, Loyalität, und gemeinsame Orientierungen, die Interessendivergenzen zwischen den Austauschpartnern nicht in Konflikte umschlagen lassen.[12]

---

12 Konkrete Beispiele finden sich in Kap. 4.3.2 über die verschiedenen Formen von Unternehmensnetzwerken.

Der Netzwerkbegriff ist in den letzten Jahren zum prominenten Konzept der Analyse ökonomischer Austauschprozesse auf den unterschiedlichsten Ebenen avanciert, ja ihm kommt ein überaus hoher Stellenwert für sozialwissenschaftliche Gegenwartsdiagnosen generell zu. So wird verschiedentlich in gesellschaftstheoretischer Perspektive davon ausgegangen, dass die verschiedenen Netzwerkformen Moment einer aufkommenden „Network Society" seien und die Regulationsformen zukünftiger sozio-ökonomischer Prozesse nachhaltig prägen (z.B. Mayntz 1992; Castells 1996; Wolf 2000). Allerdings verbindet sich mit dem Netzwerkbegriff ein breites Spektrum unterschiedlichster Konnotationen, Definitionen und Analysekonzepte.

Folgt man dem „state of the art", so lassen sich verschiedene grundlegende Konzepte der Netzwerkforschung unterscheiden:[13] Auf der einen Seite finden sich Konzepte einer formal ausgerichteten Analyse sozialer Beziehungsgeflechte individueller und korporativer Akteure, die sich vornehmlich auf die Beschreibung und Klassifikation von Interaktionsmustern und ihrer sozialen Konstitutionsbedingungen richten. Diese Konzepte stellen die Formen der sozialen Beziehungen ins Zentrum ihrer Analyse, liefern ein mehr oder weniger statisches Abbild eines Zustandes und blenden Bedingungen und Einflussfaktoren weitgehend aus. Auf der anderen Seite werden Netzwerke wie in der hier verfolgten Argumentation als spezifische Form der Koordination sozialer und ökonomischer Austauschprozesse begriffen und untersucht. Netzwerke werden hierbei als das Resultat der zielgerichteten Kooperation von Akteuren verstanden, die damit bestimmte Interessen verfolgen. Typischerweise wird dabei eine interorganisatorische Perspektive verfolgt und im Zentrum des analytischen Interesses stehen vielfach die Strategien korporativer Akteure.

Grundannahme der Netzwerkdebatte ist, dass einzelne Partner von den Kompetenzen und Ressourcen der anderen abhängig sind und dass durch ihre dauerhafte und zielgerichtete Kombination Vorteile für alle Beteiligten erzielt werden können. Netzwerke erweisen sich danach als besonders brauchbar für Austauschbeziehungen, deren Wert nicht einfach ex ante zu bemessen ist, wie es etwa im Fall der schon erwähnten Innovationsprozesse mit ihren hohen Unsicherheiten anzutreffen ist. Die offenen Strukturen von Netzwerken und ein auf Gegenseitigkeit beruhendes Verhalten der Akteure sind, den Argumenten aus der Netzwerkdebatte zufolge, besonders gute Voraussetzungen zum Lernen und zur Vermittlung von neuem Wissen – zusammengefasst in der prominenten Formel: „Netzwerke sind leichtfüßiger als Hierarchien" (Powell 1996, S. 224). Angesichts wachsender Flexibilitätsanforderungen der Märkte, einem wachsenden Konkurrenz- und Kostendruck und einem immer schnelleren technologischen Wandel gewinnen der Netzwerkdebatte zufolge Netzwerke der verschiedensten Art, insbesondere Unternehmensnetzwerke eine wachsende Bedeutung für die Koordination sozialen und wirtschaftlichen Handelns (Kap. 4.3).

In der einschlägigen Debatte werden diese drei Koordinationsformen – Markt, Hierarchie und Assoziation – wirtschaftlichen Handelns zentral gestellt. Daneben sind jedoch auch noch weitere zu nennen: Zum einen der Koordinationsmodus *Gemein-*

---

13 Vgl. hierzu insbesondere Powell/Smith-Doerr (1994) und Weyer (2000) sowie die jeweils dort angegebene Literatur.

schaft; angesprochen ist damit das Prinzip informeller, spontaner, autonomer Austauschprozesse zwischen Akteuren. Die Austauschprozesse sind nicht durch primär ökonomische Interessen, sondern durch spontane solidarische Beziehungen, soziale Wertschätzung und wechselseitige Verpflichtung sowie das Interesse an sozialer Zugehörigkeit und Reputation geprägt. Typischerweise finden sich solche Gemeinschaften im Rahmen sozialer Einheiten wie Familien, „Clans“, regionalen Milieus oder örtlichen Gemeinschaften, generell Situationen, die durch ausgeprägte soziale Bindungen, Vertrauen und Verpflichtungen geprägt sind und offensichtlich strategisches ökonomisches Handeln und die damit einhergehenden konkurrenziellen Beziehungen zumindest stark einschränken. Verschiedentlich finden sich Momente solcher vergemeinschafteten Beziehungen auch in Netzwerken.

Zum anderen ist gewissermaßen als übergreifender institutionalisierter Rahmen der *Staat* zu nennen. Ohne an dieser Stelle die vor allem politikwissenschaftliche Debatte über Staat und Staatsfunktionen aufgreifen zu können,[14] lässt sich vereinfacht als Hauptmerkmal dieser Koordinationsform Hierarchie, d.h. Anordnung und Kontrolle bezeichnen. Staatsbürger ebenso wie die Mitglieder des Staatsapparats befolgen festgelegte Regeln und Verfahren. Im Unterschied zu anderen hierarchischen Koordinationsformen kann sich der Staat in der Regel aber auf ein als legitim erachtetes Machtmonopol stützen und er verfügt damit über ein Sanktionspotential, das weit über das von Organisationen und Unternehmen hinausgeht – im Sinne von Scott handelt es sich um die regulative Seite institutioneller Arrangements (Kap. 2.1). Der Staat spielt fraglos gegenüber allen anderen Koordinationsformen eine herausgehobene Rolle, weil er regulative Minimalbedingungen setzt, ohne die nicht nur Märkte, sondern auch Unternehmen und Netzwerke kaum funktionsfähig wären. Obgleich je nach Situation durchaus unterschiedlich, sind die weiteren Koordinationsformen daher stets mit staatlichen Institutionen verknüpft. Der Staat definiert Eigentumsrechte, Vertragsrechte und beeinflusst etwa über wettbewerbspolitische Regelungen Marktprozesse, indem er gegen Monopolbildungen vorgeht.

2.3.4 Zwischenresümee

Festhalten lässt sich Folgendes: Jede dieser verschiedenen Koordinationsformen hat ihre eigene Handlungslogik – Regeln, Normen, Sanktionsmechanismen etc. –, in deren Rahmen Ungewissheiten, Risiken und Komplexitäten beherrschbar und geregeltes Handeln möglich werden – im ökonomischen Sinn Kosten reduziert werden (Hollingsworth/Boyer 1997, S. 14). Dabei darf allerdings nicht, wie etwa im Konzept der Neuen Institutionellen Ökonomie, davon ausgegangen werden, dass die Existenz einer bestimmten Koordinationsform, ausschließlich von ihrer spezifischen Leistungs- und Problemlösungsfähigkeit im Kontext bestimmter ökonomischer oder gesellschaftlicher Anforderungen bestimmt wird. Vielmehr sind hierbei die je konkreten historischen, politischen, generell gesellschaftlichen Bedingungen maßgeblich dafür, welche konkrete Koordinationsform wirtschaftlichen Handelns sich durchsetzt. Wie viele empirische Belege zeigen, führt beispielsweise der Umstand, dass Unternehmensnetzwerke unter den Bedin-

14 Vgl. zum Folgenden Lütz (2003, S. 10f.) und den Überblick bei Benz (2001).

gungen turbulenter Absatzmärkte flexibler und effizienter sind als große zentral gesteuerte Unternehmen, nicht dazu, dass diese sich naturwüchsig als der „one best way“ der Unternehmensorganisation durchsetzen. Zudem tragen Netzwerke sicherlich zur Lösung bestimmter Koordinationsprobleme bei, sie erzeugen aber gleichzeitig spezifisch neue Problemlagen (Kap. 4).

Ohne Frage spielen die Zusammenhänge zwischen Anforderungen und spezifischer Leistungsfähigkeit eine Rolle. Jedoch existieren immer Handlungsalternativen. Denn wie oben grundsätzlich ausgeführt, sind institutionelle Arrangements und damit auch die je gegebenen Koordinationsformen stets dem Einfluss und den Entscheidungen zweckrational und strategisch handelnder Akteure zugänglich. Das bedeutet, dass die Existenz und Durchsetzung einer bestimmten Koordinationsform ebenso auch das Resultat von Machtasymmetrien zwischen verschiedenen Akteuren, Interessenabstimmungen, impliziten Einverständnissen und von Vereinbarungen zwischen beteiligten Akteuren ist. Diese Sichtweise impliziert die Möglichkeit, dass verschiedene Koordinationsformen koexistieren. Markt, Hierarchie und Netzwerk sind stets Teile eines größeren Puzzles, das die Wirtschaftsgesellschaft darstellt (Powell 1996, S. 220). Und es muss die Möglichkeit ins Auge gefasst werden, dass oftmals auch Zufälle die Durchsetzung bestimmter Koordinationsformen beeinflussen und es wird einmal mehr der Blick auf das dialektische Verhältnis von wirtschaftlichem Handeln und sozialer Ordnung freigelegt (Braczyk 1997, S. 559). Der entscheidende Punkt für die weitere Analyse wirtschaftlicher Prozesse ist daher auch, dass es bei den verschiedenen Koordinationsformen in keinem Fall um ein Entweder-oder gehen kann. Es geht vielmehr um eine ganze Reihe konkreter Fragen wie z.B.: in welcher Konfiguration treten die verschiedenen Koordinationsformen historisch und empirisch auf, wie spielen sie konkret zusammen und wie verändern sie sich, auf welchen sozialen und ökonomischen Ebenen sind sie jeweils von Relevanz, in welcher Weise spielt sich dabei wirtschaftliches Handeln ein, welche Gründe sind hierfür maßgeblich und welche Konsequenzen gehen damit für die soziale und ökonomische Entwicklung einer Gesellschaft insgesamt einher.

Die Hauptmerkmale der drei zentralen Koordinationsformen können wie folgt zusammengefasst werden (Tab. 1):

Tab. 1: Koordinationsformen im Überblick

	Markt	Hierarchie-Organisation	Netzwerk
Koord. mechanismus	Preis, Äquivalenttausch	Anweisungen, Regeln, Kontrolle	Reziprozität, genereller Tausch
Basis der Mitgliedschaft	Vertrag, Eigentumsrechte	Beschäftigungsverhältnis, Legitimität	Vertrauen, Zugehörigkeit
Interessenkonstellation	anonym, konvergierend	nicht-anonym, divergierend	nicht-anonym, anatgonistisch
Konfliktregelung	Recht, generelle Normen	Anweisung, Akzeptanz, Loyalität	Diskurs, Verhandlung
Zeithorizont des Tauschs	kurzfristig	dauerhaft	mehr oder weniger dauerhaft
Vorteile	effiziente Allokation bei spezifizierten Bedingungen, freier Zugang	Effizienz bei komplexen, sich wiederholenden Transaktionen, geregelter Zugang	Effizienz bei Transaktionen hoher Unsicherheit und Flexibilität
Nachteile	Versagen bei hoher Komplexität des Tauschs	begrenzte Flexibilität, organisatorische Komplexität	Ausgrenzung, Tendenz zur Schließung

Nach: Powell (1996), Weyer (2000), Lütz (2003)

2.4 Soziale Systeme der Produktion

Folgt man an dieser Stelle weiterhin dem institutionalistischen Governance-Ansatz, so kann eine bestimmte Konfiguration verschiedener sozialer Teilsysteme mit ihren je spezifischen Koordinationsformen insgesamt als *soziales System der Produktion* (social systems of production) gefasst werden (z.B. Hollingsworth/Boyer 1997, S 19ff.). Der Begriff Produktion ist dabei weit zu verstehen und er stellt ab sowohl auf Prozesse des Tauschs von Gütern und Ressourcen als auch auf die der kollektiven Produktion von Gütern und Ressourcen (Kap. 1.1). Die Kategorie soziales System ist ebenfalls im oben definierten Sinn zu begreifen, nämlich als ein Ineinandergreifen bestimmter institutioneller Arrangements mit dem Handeln ökonomischer Akteure innerhalb abgrenzbarer gesellschaftlicher Bereiche mit spezifischen Funktionen.

Unterschieden werden können hier im Wesentlichen drei Konzepte, die in verschiedener Weise ausgearbeitet, sich relativ eng aufeinander beziehen. Zum einen das erwähnte Konzept der *sozialen Systeme der Produktion*, das ausgeprägt auf systematische Zusammenhänge, etwa Fragen der Genese, des Wandels und der Entwicklungsrichtungen der Systeme abstellt und auf Autoren wie Roger J. Hollingsworth, Robert Boyer und Wolfgang Streeck zurückgeht (Hollingsworth/Schmitter/Streeck 1994; Hollingsworth/Boyer 1997). Das Konzept der *Varieties of Capitalism*, das sehr viel stärker auf komparative Fragen der Entwicklung der Institutionensysteme verschiedener Länder und der damit einhergehenden sehr unterschiedlichen ökonomischen Leistungsfähigkeit abstellt (z.B. Hall/Soskise 2001; Kap. 10). Dieses Konzept wird als das am besten ausgearbeitete angesehen, werden hier doch systematisch institutionelle Arrangements und Akteurshandeln aufeinander bezogen (Werle 2003). Schließlich ist das Konzept der *Business Systems* von Richard Whitley (1992; 1999) zu nennen, das die Kategorien und Dimensionen der beiden anderen Ansätze weiter gehend differenziert und vor allem auf Koordinationsmodi von Unternehmen im Rahmen unterschiedlicher Eigentumsstrukturen und Arbeitgeber-Arbeitnehmerbeziehungen eingeht – Aspekte, die weiter unten noch von großem Interesse sein werden (Kap. 4 und 5).

Trotz kategorialer Unterschiede und analytischer Schwerpunkte im Einzelnen können als gemeinsamer Kern der verschiedenen Konzepte folgende Aspekte angesehen werden: Erstens wird die je unterschiedliche Konfiguration verschiedener Koordinationsformen ökonomischer Akteure als zentrales Merkmal eines sozialen Systems der Produktion begriffen und als wesentlich für das Verständnis sozio-ökonomischer Prozesse und ihrer jeweiligen ökonomischen Leistungsfähigkeit angesehen (Hollingsworth 2000, S. 616). Zweitens stehen dabei die verschiedenen Ebenen sozialer und ökonomischer Prozesse und deren wechselseitiges Zusammenspiel im Blick (Kap. 2.2.3). Konkret geht es hier neben der komparativen Analyse nationalstaatlicher Zusammenhänge auch um die Untersuchung ökonomischer Gegebenheiten auf regionalen, sektoralen und internationalen bzw. transnationalen Ebenen, die sich insgesamt durch je unterschiedliche Systemzusammenhänge auszeichnen können (Hollingsworth/Boyer 1997, S. 25). Drittens stehen im Zentrum der Analyse korporative Akteure, nämlich Unternehmen, die als die Hauptakteure in kapitalistischen Ökonomien angesehen werden: „They are the key agents of adjustment in the face of technological change or international competition whose activities aggregate into overall levels of economic performance.“ (Hall/Soskice 2001, S. 6) Viertens wird davon ausgegangen, dass sich in bestimmten sozialen Bereichen besondere Koordinationsprobleme stellen, die von Unternehmen bewältigt werden müssen, wollen sie strategiefähig sein. Insgesamt geht es dabei um das Grundproblem, wie die notwendigen Ressourcen – Qualifikationen, Kapital, Technologie – beschafft werden können und welche Abstimmungserfordernisse mit weiteren Akteuren daraus erwachsen. Hervorgehoben werden hier beispielsweise die folgenden ökonomischen Teilsysteme: die Gestaltung des Arbeitsprozesses und der Einsatz von Personal, die Strukturen des Arbeitsmarktes und das Schul- und Berufsbildungssystem, das System der industriellen Beziehungen, das System der Finanzierung und der Eigentumsverhältnisse von Unternehmen zusammengefasst mit dem Terminus *Corporate Governance* und die Form der unternehmensübergreifenden Beziehungen im Rahmen von Absatz- und Beschaffungsmärkten (ebd., S. 6f.). Fünftens wird als konstitutiv für ein soziales System der Produktion die Kohärenz der genannten verschiedenen Teilsysteme angesehen, das heißt, es wird davon ausgegangen, dass sie in ihrer Funktionsweise relativ eng und störungsfrei miteinander verkoppelt und oftmals interdependent und komplementär angelegt sind (Hollingsworth 2000, S. 614ff.). Als Beleg hierfür wird vor allem das fordistische System der Massenproduktion in den 50er und 60er Jahren des letzten Jahrhunderts angesehen, dass sich durch eine eng aufeinander abgestimmte und spezifische Funktionsweise verschiedener Teilsysteme wie eine über lange Zeit kontinuierlich steigende Nachfrage nach industriell hergestellten Standardgütern und entsprechende, auf Großserienfertigung ausgerichtete Unternehmens- und Arbeitsstrukturen (Kap. 3/4) auszeichnet. Ohne Frage werden mit dem Konzept der sozialen Systeme der Produktion zentrale Gegenstandsbereiche und Themen gerade auch industriesoziologischer Analyse systematisch in den Blick genommen. Sie sind grundlegend für die folgende Argumentation des vorliegenden Bandes.[15]

Weiterführende Literatur zu Kapitel 2

Esser, H. 2000: Soziologie. Spezielle Grundlagen, Bd. 5: Die Konstruktion der Gesellschaft. Frankfurt/New York, Kap. 1 und 2

Hollingsworth, J. R.; Boyer, R. 1997: Coordination of Economic Actors and Social Systems of Production. In: Dies.. (Hrsg.): Contemporary Capitalism. Cambridge, S. 1-48

Mayntz, R. 1988: Funktionelle Teilsysteme in der Theorie sozialer Differenzierung. In: Mayntz, R.; Rosewitz, B.; Schimank, U.; Stichweh, R. (Hrsg.): Differenzierung und Verselbständigung. Frankfurt/New York, S. 11-44

Parsons, T. 1973: Die Motivierung wirtschaftlichen Handelns. In: Rüschemeyer, D. (Hrsg.): Beiträge zur soziologischen Theorie. Darmstadt und Neuwied, S. 136-159

Powell W. 1996: Weder Markt noch Hierarchie: Netzwerkartige Organisationsformen. In: Kenis, P.; Schneider, V. (Hrsg.): Organisation und Netzwerk. Institutionelle Steuerung in Wirtschaft und Politik. Frankfurt/New York, S. 213-272

15 Daher ist auch dem Vorschlag von Braczyk (1997) zuzustimmen, der im Kontext einer ausführlichen Diskussion industriesoziologischer Analysekonzepte den Governance-Ansatz als integrierendes Konzept vorschlägt.

3. Arbeit und Arbeitsorganisation

3.1 Arbeit

Ein Hauptgegenstand der Industriesoziologie ist das Thema der Entwicklung von Arbeit und ihrer Organisation.[1] In einer generellen soziologischen Perspektive ist Arbeit als Form sozialen Handelns (Kap. 1.1) zu verstehen: Arbeit als Beziehung zwischen Menschen, ihren Einstellungen und ihrem Handeln (Mikl-Horke 1997, S. 5), die bestimmten historisch verschiedenen Ordnungsstrukturen und Koordinationsformen unterliegt. In wirtschafts- und industriesoziologischer Perspektive geht es allerdings nicht um Arbeit im Allgemeinen, sondern um *Erwerbsarbeit* (Hradil 1999, S. 177ff.).

3.1.1 Erwerbsarbeit

Erwerbsarbeit ist eine Erfindung der Moderne und zentrales Merkmal der Industrialisierung. Sie ist grundsätzlich ökonomisch ausgerichtet, ihre Verteilung und Bezahlung regelt sich über den Markt und gilt als Quelle des Wohlstandes und der Zivilität, als Kern menschlicher Existenz und Selbstverwirklichung, als Inbegriff menschlicher Naturbeherrschung und tugendhaften Zusammenlebens (Kocka 2000).

Erwerbsarbeit bezeichnet ökonomische, geregelte und vergütete Tätigkeiten. Davon zu unterscheiden ist der weite Bereich der informellen, nicht-offiziellen oder auch autonomen Arbeit, mit dem der ganze „Rest" wirtschaftlicher Aktivitäten bezeichnet wird, der im Begriff der Erwerbsarbeit nicht aufgeht. Gemeint sind hier beispielsweise: Tätigkeiten in Non-Profit-Organisationen, freiwillige Arbeit wie Nachbarschaftshilfe, Eigenarbeit im privaten Haushalt wie auch Schwarzarbeit. Freilich sind die Übergänge zwischen offizieller Erwerbsarbeit und dem angesprochenen Rest fließend (Mikl-Horke 1997, S. 323f.).

Das Aufkommen der Erwerbsarbeit war begleitet von der Durchsetzung einer Lebenshaltung die Max Weber als den *Geist des Kapitalismus* fasst und dessen Hauptmerkmal er als *Berufspflicht* ansah. Berufspflicht richtet sich auf den Erwerb und den Erfolg in der Arbeit um seiner selbst und geht dabei weit über den ursprünglichen Zweck von Arbeit, nämlich den notwendigen Lebensunterhalt zu sichern, hinaus. Max Weber bezeichnete damit

1 So die großen Studien der deutschen Arbeits- und Industriesoziologie in der Zeit nach dem Zweiten Weltkrieg; z.B.: Popitz u.a. (1957), Lutz u.a. (1958); Kern/Schumann (1974; 1984), Brandt u.a. (1978); Altmann u.a. (1982); Schumann u.a. (1992)

ein generell anzutreffendes Arbeitsethos, das er als eine grundlegende Voraussetzung der kapitalistischen Entwicklung ansah.

Historisch hat der Begriff von Erwerbsarbeit mehrere miteinander verwobene Bedeutungsinhalte: In sozialstruktureller Hinsicht verbindet sich damit die Entstehung einer Arbeiterschaft, die als eigene soziale Gruppe mit bestimmten Lebenslagen, Positionen im gesellschaftlichen Gefüge und einer eigenen Haltung und Orientierung anzusehen ist. Die Gesellschaft verändert sich damit in einer Weise, dass die Art der Teilnahme am wirtschaftlichen Leben – die Stellung im Arbeitsprozess – auch die politische Position und den sozialen Status bestimmen (Hradil 1999, S. 5). Auf der Ebene des Arbeitsprozesses ist damit die Entstehung eines spezifischen Beschäftigungsverhältnisses bzw. Lohnarbeitsverhältnisses verbunden, das durch den Grundkonflikt zwischen Kapital und Arbeit bzw. Management und Beschäftigten geprägt ist und das stets der Lösung durch spezifische Formen der Koordination bedarf. Typischerweise wird dieses Koordinationsproblem im Kontext von Organisationen, von Unternehmen bewältigt. Die Mehrheit der Erwerbstätigen agiert im Rahmen organisatorisch fixierter Handlungsregeln und hierarchisch verteilter Anweisungsbefugnisse; entscheidenden Einfluss hat hier das Direktionsrecht des Managements (Kap. 5.1).

3.1.2 Formen von Erwerbsarbeit

Erwerbsarbeit tritt in vielfältigen Formen auf. Eine grundlegende Unterscheidung ist die zwischen Industrie- und Dienstleistungsarbeit, die üblicherweise *sektoral* und *funktional* voneinander abgegrenzt werden.[2]

Sektorale Unterscheidung

Zu einer grundlegenden Unterscheidung der Arbeitsformen wird die Kategorie des Wirtschaftssektors und jeweils in diesen anzutreffende Tätigkeiten herangezogen:

- Der *primäre Sektor* umfasst alle Wirtschaftszweige, die Rohstoffe gewinnen; also, Land- und Forstwirtschaft, Fischerei, Energie- und Wasserversorgung sowie Bergbau.
- Der *sekundäre Sektor* fasst alle Bereiche des verarbeitenden Gewerbes, d.h. die gesamte Industrie sowie das Baugewerbe zusammen.
- Der *tertiäre Sektor* schließt dann alle übrigen Wirtschaftsbereiche ein, womit im Wesentlichen die Dienstleistungsbereiche gemeint sind.

---

2 Zum Begriff der Dienstleistungsarbeit vgl. besonders die sehr instruktive Zusammenfassung der einschlägigen sozialwissenschaftlichen Debatte von Häußermann und Siebel (1995, S. 21ff.)

Die Einteilung von Unternehmen und ihrer Beschäftigten erfolgt hierbei nach dem Schwerpunkt ihrer wirtschaftlichen Aktivitäten, während die konkrete Tätigkeit der Beschäftigten für diese Zuordnung irrelevant ist. Insofern wird beispielsweise die Dienstleistung eines bei einem Automobilwerk angestellten Beraters zur Finanzierung von Autoverkäufen dem sekundären, industriellen Sektor zugerechnet. Es liegt auf der Hand, dass diese Klassifikation Wirtschaftsstrukturen und damit verbundene verschiedene Arbeitstypen nur sehr unzureichend erfasst.

Funktionale Gliederung

Mit der funktionalen Gliederung wird hingegen die tatsächlich ausgeübte Tätigkeit unabhängig von ihrer sektoralen Zuordnung erfasst. Dichotomisch wird nach der Art des Produktes unterschieden: Gegenstand von Industriearbeit ist die Herstellung eines *materiellen* Produktes durch die manuelle oder maschinelle Bearbeitung einer Sache wie etwa die Montage eines Autos am Fließband. Dienstleistungsarbeit hingegen richtet sich auf die Erstellung *immaterieller* Produkte, etwa die Aufsicht eines Bademeisters im Schwimmbad oder eben die Beratung durch den Finanzierungsexperten des Automobilunternehmens. Während Industriearbeit damit einigermaßen genau bestimmbar ist als Tätigkeit, die sich auf die Gewinnung, Verarbeitung und Bearbeitung von Sachgütern richtet, sind Dienstleistungen *negativ* bestimmt als solche Tätigkeiten, die sich nicht auf die Herstellung von Sachgütern richten.

Damit ist eine Vielzahl von Arbeitsformen unter dem Begriff Dienstleistung zusammengefasst, was zu einigen Problemen bei ihrer Abgrenzung und Analyse führen kann. Grob zusammengefasst können hier nun folgende Unterscheidungen getroffen werden:

Zum einen die *produktionsorientierten Dienstleistungen*, die indirekt zur Herstellung eines Produktes beitragen und zur Überwachung eines industriellen Produktionsprozesses dienen; z.B. unternehmensinterne Tätigkeiten wie Planung, Instandhaltung und Qualitätssicherung, Forschung und Entwicklung, Werbung und Verkauf. Aber auch unternehmensexterne Arbeiten wie Unternehmensberatung, Unternehmensfinanzierung oder generell externe Serviceeinrichtungen wie Buchhaltung und Steuerberatung, Datenverarbeitung sowie Forschung und Entwicklung sind hier hinzuzurechnen. Es kann daher auch von *Gewährleistungsarbeit* gesprochen werden, da sich diese auf die Vorbereitung, Planung und Sicherung eines störungsfreien und möglichst effizienten industriellen Prozesses richtet.

Zum Zweiten die *konsumorientierten Dienstleistungen*, die unmittelbar vom Verbraucher konsumiert werden. Dieser Typus von Dienstleistungsarbeit ist in vielen Fällen vom *Uno-actu-Merkmal* geprägt (Mikl-Horke 1997, S. 210f.): Produktion und Verbrauch finden orts- und zeitgleich in derselben Handlung statt. Deshalb müssen beide Seiten, Dienstleister und Konsument, persönlich zur selben Zeit am gleichen Ort sein. Ein typisches Beispiel dafür ist der Friseur, der seinen Service nur erbringen kann, wenn der zu bearbeitende Kopf nebst Haaren auch tatsächlich anwesend ist. Im Gegensatz zu materiellen Gütern sind solche Dienstleistungen nicht transportabel und lagerfähig und können daher nicht auf Vorrat gehalten werden (Häußermann/Siebel 1995, S. 24). Im Einzelnen umfassen konsumorientierte Dienste weiterhin noch die sozialen, personen- und haushaltsorientierten Dienstleistungen. Zu guter Letzt sind auch noch relativ neuartige Servicetätigkeiten wie die unterschiedlichsten Freizeitdienste und „Fun-Services" zur Kategorie der Konsumdienste zu zählen.

Allerdings gilt bei diesen Dienstleistungstätigkeiten das Uno-actu-Merkmal nicht generell. Vielmehr finden sich insbesondere im Zusammenhang mit der schnellen Verbreitung von IuK-Technologien eine ganze Reihe konsumorientierter Dienstleistungen, die in hohem Maße „flüchtig" sind (Reichwald/Möslein 1995, S. 344ff.). Ihre Erbringung ist im Extremfall weder an eine zeitliche, noch an eine räumlich und personelle Identität der Situation gebunden. Typisches Beispiel sind Service-Dienste, die per E-Mail erbracht werden; eine Zwischenform sind Call-Center, die zumindest eine Zeitgleichheit von Anruf und Auskunft erfordern, aber zugleich können die beteiligten Akteure räumlich weit getrennt voneinander agieren.

3.2 Das Transformationsproblem

Erwerbsarbeit erfolgt bis heute zum überwiegenden Teil im Rahmen von Wirtschaftsorganisationen, konkret privatwirtschaftlich verfassten Unternehmen. Sie stehen im Folgenden im Zentrum der Ausführungen. Die von ihnen erbrachte Produktion materieller oder immaterieller Güter zielt generell auf Gewinn und eine möglichst rentable Verzinsung des eingesetzten Kapitals. Daraus folgt das Interesse von Unternehmen an einer möglichst effizienten Produktion und einer möglichst hohen Leistung der Arbeitskräfte. Voraussetzung hierfür ist eine entsprechende Ausgestaltung der *Beschäftigungsbeziehung*, zwischen dem Unternehmer und den Arbeitskräften bzw. die Gestaltung des Verhältnisses zwischen Kapital und Arbeit (Berger 1992, S. 178ff.).

Angesprochen ist damit der Austauschprozess zwischen dem Unternehmer und der Arbeitskraft. Ersterer erwirbt gegen die Zahlung von Lohn von der Arbeitskraft eine zu erbringende Arbeitsleistung, festgelegt im Arbeitsvertrag zwischen beiden. Freilich kauft der Unternehmer die Katze im Sack, denn die konkrete Arbeitsleistung einer Arbeitskraft lässt sich im Voraus kaum exakt bestimmen (Deutschmann 2002, S. 97). Sie muss vielmehr im Arbeitsalltag ständig festgelegt und aktualisiert werden. Mit einem Arbeitsvertrag allein kann diese Transaktion, wie etwa die neoklassische Ökonomie annimmt, nicht gelöst werden. Vielmehr bleibt er in Hinsicht auf die konkrete Arbeitsleistung unbestimmt, es wird daher auch von der *Offenheit des Arbeitsvertrages* gesprochen (z.B. Baldamus 1960; Simon 1996).

Zweifellos enthält der Arbeitsvertrag grundlegende Regelungen über das Beschäftigungsverhältnis wie die Art der Arbeit, ihre Dauer und die Höhe ihrer Gratifikation. Aber es ist ziemlich unmöglich, den Vertrag so zu spezifizieren, dass sämtliche Arbeitsleistungen wie die genauen Arbeitsverrichtungen, die zu erbringende Arbeitsqualität und die Arbeitsintensität im Voraus bis ins letzte Detail geregelt werden. Die Gründe hierfür sind mehrfacher Natur: Zum einen ist ein Unternehmen grundsätzlich auf einen sachlich und zeitlich flexiblen Arbeitskräfteeinsatz angewiesen, ohne den ein Arbeitsprozess nicht störungsfrei ablaufen würde und wechselnde Bedingungen des Absatzmarktes nicht bewältigt werden könnten. Zum Zweiten ist die konkrete Arbeitsleistung stets an die Person der Arbeitskraft gebunden, das heißt sie ist abhängig von Affekten, Bedürfnissen und Interessen, generell von den subjektiven Bedingungen der „lebendigen Arbeit“ (Karl Marx). Es liegt auf der Hand, dass diese ebenfalls kaum ex ante wirklich kalkulierbar sind. Schließlich sind Arbeitsprozesse oftmals auf Grund ihrer technischen und stofflichen Bedingungen schwer vollständig planbar und ihr störungsfreier Ablauf ist abhängig von spezifischen Qualifikationen und impliziten Erfahrungen der beteiligten Arbeitskräfte, zu denen Dritte, etwa Planungsexperten aus der Arbeitsvorbereitung, strukturell keinen Zugang haben.

Damit lässt sich das Transformationsproblem genauer als doppeltes fassen (Müller-Jentsch 2003, S. 47): Zunächst müssen die Unternehmen durch spezifische Regelungen sicherstellen, dass die auf dem Arbeitsmarkt eingekaufte Arbeitskraft eine Arbeitsleistung erbringt, die den funktionalen und technischen Erfordernissen des jeweiligen Arbeitsprozesses entspricht. Ziel ist dabei, einen möglichen effizienten Arbeitsprozess zu realisieren. Voraussetzung hierfür ist es, die Arbeitsanforderungen und die Berufe bzw. die Qualifikationen der Arbeitnehmer möglichst genau aufeinander abzustimmen – arbeitsmarkttheoretisch auch als Allokationsproblem von Arbeitskraft zu fassen (Kap. 7).

Mit dem Begriff der *Qualifikation* wird die Gesamtheit an individuellen Fähigkeiten, Fertigkeiten und Kenntnissen bezeichnet, die zur Ausführung einer bestimmten Aufgabe befähigen (Kern/Schumann 1974, S. 67). Unter *Fähigkeiten* kann das gesamte Handlungspotential eines Individuums zur Beherrschung einer Arbeitssituation verstanden werden. *Fertigkeiten* meinen die durch Übung entstandenen Teile des Potentials, die mehr oder weniger automatisiert gehandhabt werden können. *Kenntnisse* sind schließlich durch Schulungsmaßnahmen erworbenes kognitives Wissen. Qualifikationen können dabei grob in zwei Dimensionen erfasst werden: Als *funktional* werden jene bezeichnet, die spezifische technisch-fachliche, prozessgebundene Qualifikationen bezeichnen. Als *extrafunktional* gelten jene Qualifikationskomponenten, die normative Orientierungen wie Verantwortung, Zuverlässigkeit, Bereitschaft zur Flexibilität, aber auch jene in letzter Zeit viel diskutierten methodischen und sozial-kommunikativen Fähigkeiten umfassen (Staehle 1999, S. 179f.). *Berufe* sind Qualifikationstypen, die in einem formalisierten Verfahren unter der Beteiligung außerbetrieblicher Institutionen erworben werden (Kap. 7.1).

Zudem gilt es, folgt man den Argumenten der Neuen Institutionellen Ökonomie (Kap. 2.3), zwischen den Vertragspartnern Opportunismus zu vermeiden (Marsden 1999, S. 11ff.). Denn das Beschäftigungsverhältnis basiert auf zweckrationalem, instrumentellem Handeln, welches stets die Möglichkeit einschließt, den jeweils anderen übers Ohr zu hauen. Die nur schwer ex ante kalkulierbaren Bedingungen eines Arbeitsprozesses und die damit verbundenen Informationsasymmetrien der Beteiligten sind hierfür besonders günstig. Einerseits wird davon ausgegangen, dass unter den Arbeitenden eine generelle Tendenz zur Leistungszurückhaltung verbreitet sei, die es zu überwinden gelte. Andererseits ist opportunistisches Verhalten auf der Unternehmensseite, etwa „Lohndrückerei", nicht auszuschließen. Im Zusammenspiel mit seinen im Vergleich zu den Arbeitskräften überlegenen Machtressourcen können Vorgesetzte in ihrem eigenen partikularen Interesse versuchen Anweisungen durchzusetzen, die eingespielten Regelungen und Praktiken zuwiderlaufen.

Leistungszurückhaltung von Arbeitskräften ist empirisch als Problem schon von Max Weber als *Bremsen* der Arbeiter und von F.W. Taylor als systematisches *Sich-Drücken* beschrieben worden. Der französische Arbeitssoziologe Georg Friedmann deutet diese Befunde wie folgt: „In der Tat zeigen die Beobachter der großen rationalisierten Industrie beim Arbeiter in zahlreichen Fällen und wechselnden Formen das Auftreten einer Art Abschließung nach außen – oder besser einer Verschließung und Verweigerung seiner physischen, menschlichen und beruflichen Kräfte, eine Zurückhaltung seines Gesamtarbeitspotentials... Das Bremsen ist eine bewusste, hartnäckige und schweigsame Form des Kampfes des Arbeiters um die Verteidigung des Preises seiner Arbeit .... Max Weber bemerkt sehr richtig, dass es häufig ein ‚Streiksubstitut' sei." (alles zit.n. Müller-Jentsch 2003, S. 47)

Dieses Transformationsproblem lässt sich auch als Koordinationsproblem im oben verstandenen Sinn begreifen: Das Handeln heterogener Akteure mit unterschiedlichen Interessen und Ressourcen muss aufeinander abgestimmt werden und entsprechend vorgegebener Unternehmensziele einem stabilen Muster folgen. Konkreter, während das Management eines Unternehmens mit seinen Entscheidungen auf Rentabilität und Effizienz zielt, sind die Arbeitskräfte an für sie akzeptablen Arbeitsbedingungen in Hinblick auf das Verhältnis von Lohn und Leistung wie aber auch an der Stabilität ihres Arbeitsplatzes interessiert. Hinzu kommt, dass weder das Management noch die Arbeitskräfte sich dabei als homogene Gruppen mit jeweils identischen Interessen gegenüberstehen, sondern bedingt durch unterschiedliche Positionen, Funktionen und Qualifikationen in verschiedene Gruppen mit jeweils spezifischen Partialinteressen zerfallen. In der betrieblichen Realität ergeben sich daraus vielfältige Interessendivergenzen, Konflikte und Dilemmata, die der Regelung bedürfen.

Eine zentrale Voraussetzung zur Bewältigung des Koordinationsproblems ist das Direktionsrecht des Managements gegenüber den Arbeitskräften, beispielsweise das Recht, Arbeitsaufgaben zuzuweisen, Arbeitsverfahren festzulegen oder Arbeitsnormen in Hinblick auf Intensität und Qualität der Arbeit zu definieren. Darin manifestiert sich der hierarchische Charakter der Koordinationsform Organisation (Kap. 2.3.2) bzw. ein *Herrschaftsverhältnis* im Sinne Max Webers. Freilich sind Herrschaft bzw. Hierarchie in Unternehmen sehr unterschiedlich ausgeprägt. Man denke nur an den Gegensatz zwischen einem von einem Alleineigentümer autoritär geführten mittelständischen Unternehmen und einem Softwarehaus, in dem Computerfreaks und sonstige Spezialisten völlig autonom und gleichberechtigt nebeneinander arbeiten und die Chefs allenfalls die grobe Linie der Geschäftspolitik bestimmen.

Zusammengefasst, die Beschäftigungsbeziehung enthält eine grundlegend prekäre und labile Konstellation von teils gegensätzlichen, teils kongruenten Interessen. Das Management muss die Arbeitskräfte zu effizienten Leistungen motivieren und sie sollen dem „Sinn" der Anweisungen entsprechend arbeiten, denn anders käme kein funktionierender Arbeitsprozess zu Stande. Dem steht das Interesse der Beschäftigten am Erhalt ihrer Arbeitskraft, an der Berechenbarkeit der Lohn-Leistungs-Relation und der Sicherheit des Arbeitsplatzes entgegen. Diese Interessenkonstellation wird in der Unternehmenspraxis in der Regel durch Kompromisse geregelt. Instrumente sind hier Leistungs- und Einkommensanreize, Aufstiegschancen, Handlungs- und Entscheidungsmöglichkeiten, formale Mitsprachemöglichkeiten wie Mitbestimmungsregelungen (Kap. 6.2). Gebaut wird daher auch auf die Freiwilligkeit, die Leistungsbereitschaft, die Motivation und das „Zutun" der Arbeitskräfte. Sie sollen keinesfalls nur „Dienst nach Vorschrift" machen, sondern kreativ, flexibel, innovativ etc. handeln. Diese Haltung wird in der Regel nicht allein durch monetäre Anreize erreicht. Wichtig sind vielmehr auch Konsens, Engagement und Eigeninteresse der Arbeitskräfte – generell gemeinsame Grundüberzeugungen innerhalb eines Unternehmens.[3] Wie allerdings koordiniertes Handeln sichergestellt wird, ist nicht allein abhängig von innerbetrieblichen Entscheidungs-, Durchsetzungs- und Verhandlungsprozessen, sondern ebenso von der Frage, wie ein Unternehmen externe institutionelle Einflüsse – etwa Regelungen des Systems der industriellen Beziehungen und Arbeitsmarktstrukturen (Kap. 6 und Kap. 7) – bei der konkreten Gestaltung von Arbeit und Arbeitsorganisation nutzt oder sich gegen diese abschottet.

3 Vgl. dazu insbesondere den Aufsatz von Johannes Berger mit dem Titel „Der Konsensbedarf der Wirtschaft" (1992).

3.3 Arbeitssysteme

Für die Bewältigung des Transformationsproblems ist die Gestaltung des Arbeitsprozesses von entscheidender Bedeutung. Die Industriesoziologie spricht üblicherweise von der *Arbeitsorganisation.* Es handelt sich dabei um einen Arbeitszusammenhang, der nach den Prinzipien der Arbeitsteilung und Wirtschaftlichkeit geplant wird und dem Ziel der Erzeugung von Produkten und der Bereitstellung von Dienstleistungen dient. Die moderne Arbeitsorganisation basiert auf einem arbeitsteiligen und durch Techniken der verschiedensten Art strukturierten Kooperationszusammenhang, der unter der Leitung des Managements hergestellt wird (Müller-Jentsch 2003, S. 41). Jede Arbeitsorganisation ist geprägt von den Grundsätzen der Arbeitsteilung und Kooperation, die untrennbar miteinander zusammenhängen. Während die Arbeitsteilung die Zerlegung und Verteilung von Aufgaben in funktionaler und hierarchischer Hinsicht umfasst (*Differenzierung*), meint Kooperation ihre Zusammenfassung und ihr Zusammenwirken (*Integration*) zu einem gemeinsamen Produkt. Dass dies funktioniert, sind Planung, Steuerung und letztlich auch Kontrolle durch das Management erforderlich. Zudem muss eine je konkrete Arbeitsorganisation in hohem Maße mit der jeweiligen Personal- und Leistungspolitik eines Unternehmens, der Art der Leistungsbestimmung, der Entlohnungsform und der Relation zwischen Lohn und Leistung, korrespondieren. Denn es ist unmittelbar einsichtig, dass bei hoch arbeitsteiliger Fließbandarbeit völlig andere personal- und leistungspolitische Bedingungen herrschen müssen als bei autonomer Gruppenarbeit. Schließlich wird die Struktur der Arbeitsorganisation von den technischen Gegebenheiten eines Arbeitsprozesses beeinflusst. Gemeint sind damit sowohl produktionstechnische Anlagen in der industriellen Produktion als auch der Technikeinsatz im Büro- und Verwaltungsbereich.[4]

Diese verschiedenen Dimensionen der Arbeitsorganisation stehen in wechselseitiger Abhängigkeit zueinander und fügen sich zu bestimmten Konfigurationen zusammen, innerhalb derer Arbeit nach spezifischen Mustern verläuft und bestimmte Leistungen erbringt. Im Anschluss an die obigen Überlegungen zum Begriff des funktionellen Teilsystems (Kap. 2.2.1) wie auch anknüpfend an arbeitsmarkt- und beschäftigungstheoretische Konzepte soll eine solche Konfiguration als *Arbeitssystem* gefasst werden.[5] Bezeichnet wird damit ein relativ kohärentes und stabiles Zusammenspiel der verschiedenen organisatorischen, personellen und technischen Faktoren, das auf die Ausführung einer bestimmten, abgrenzbaren Funktion innerhalb ei-

4 Zu den verschiedenen Dimensionen der Arbeitsorganisation vgl. Kieser/Kubicek (1992, S. 67ff.) und insbesondere Müller-Jentsch (2003, S. 39ff.).

5 Vgl. hierzu das Konzept des Arbeitssystems bei Lutz (1987) sowie die breit angelegte und institutionentheoretisch begründete Studie von Marsden (1999); zusammenfassend dazu Wächter (2002). Neuere Überlegungen zu dieser Kategorie finden sich bei Köhler u.a. (2004).

nes Arbeitsprozesses, z.B. Montage, mechanische Fertigung oder Marketing, ausgerichtet ist. Dabei ist ein Arbeitssystem eindeutig abgrenzbar, oftmals geht es mit Abteilungsgrenzen innerhalb eines Unternehmens einher und weist eine spezifische Leistungsfähigkeit auf.

Die grundlegende Struktur eines Arbeitssystems kann durch zwei Dimensionen beschrieben werden: Erstens der Grad der Arbeitsteilung, bei dem vereinfacht zwischen ausgeprägt und gering unterschieden wird. Zweitens der je eingeschlagene Weg der Personalpolitik, bei dem grundsätzlich zwischen der Anpassung des Personals an gegebene arbeitsorganisatorische Strukturen einerseits und der Orientierung an verfügbaren Berufen und Qualifikationen andererseits zu differenzieren ist. Damit lässt sich ein einfaches Vierfelderschema unterschiedlicher Typen von Arbeitssystemen darstellen, die je verschiedene Formen der Bewältigung des oben skizzierten Transformations- bzw. Koordinationsproblems von Arbeit bezeichnen.[6]

Tab. 2: Typen von Arbeitssystemen

		Personalpolitik betriebs-orientiert	 berufs-orientiert
Arbeitsteilung	hoch	differenziertes System	polarisiertes System
	gering	flexibel differenziertes System	integratives System

Im Einzelnen lassen sich die verschiedenen Arbeitssysteme wie folgt beschreiben:

3.3.1 Differenziertes Arbeitssystem

Dieses Arbeitssystem ist durch eine ausgeprägt arbeitsteilige Arbeitsorganisation sowohl in funktionaler als auch in hierarchischer Hinsicht gekennzeichnet. Die Arbeitskräfte werden in Hinblick auf die spezifischen Aufgaben und Anforderungen an differenzierten Arbeitsplätzen angelernt und entsprechend eingesetzt. Jede Arbeitskraft ist abgeschottet von anderen Arbeitskräften für die Arbeit an einem bestimmten, sich von den anderen unterscheidenden Arbeitsplatz zuständig. Eine Voraussetzung hierfür ist ein relativ standardisierter Arbeits- und Produktionsablauf, der eine präzise Aufgabendefinition und -gestaltung ermöglicht. Eine weitere Vorausset-

6 Vgl. hierzu insbesondere das Schema verschiedener Beschäftigungssysteme bei Marsden (1999: S. 41ff.) wie auch schon ältere Überlegungen aus dem ISF München (z.B. Schultz-Wild u.a. 1986, S. 90ff.; Hirsch-Kreinsen u.a. 1990, S. 79ff).

zung hierfür ist die Existenz eines unter Umständen aufwendigen Vorbereitungs- und Planungsbereichs, in dem eine Minderheit qualifizierter Beschäftigter die technischen und organisatorischen Voraussetzungen für diese Form des Arbeitssystems schafft und die Ausführung der Arbeitsaufgaben kontrolliert. Koordination wird in diesem Arbeitssystem mithin durch eindeutige Arbeitsregeln, Anweisungen und Kontrolle sowie einem individualisierten Leistungslohn wie dem klassischen Zeitakkord mit der direkten Verkopplung der Arbeitsleistung mit der Lohnhöhe hergestellt.[7] Das System entspricht in hohem Maße dem klassischen Rationalisierungskonzept von Frederic Winslow Taylor (Kap. 3.4.2) und ist typischerweise in Industrieunternehmen mit ausgeprägter Massenfertigung oder bei standardisierbaren Dienstleistungstätigkeiten wie Call Centern anzutreffen.

3.3.2 Flexibel differenziertes System

Hierbei handelt es sich um einen Fall mit im Vergleich zum differenzierten Arbeitssystem flexibleren und offeneren Grenzen zwischen verschiedenen Aufgabenkomplexen und Arbeitsplätzen. Die Übergänge zwischen beiden Systemen sind daher vielfach fließend. Grundlegendes Systemmerkmal ist aber auch hier, dass der Arbeitskräfteeinsatz sich an den gegebenen Arbeitsstrukturen orientiert und sie entsprechend qualifiziert werden müssen. Flexibel differenzierte Arbeitssysteme finden sich etwa in arbeitsteiligen und hierarchisch verfassten Unternehmen, die auf Grund ihrer vielfältigen Produkte und schwer antizipierbaren technischen Prozessanforderungen eine relativ flexible Arbeitsorganisation aufweisen müssen. Typisch hierfür sind die Tätigkeitsstrukturen in Messwarten und Kontrollständen komplexer Anlagen etwa in der Chemischen Industrie. Eine präzise und starre Definition der Arbeitsteilung verbietet sich, stattdessen orientiert sich ihre Gestaltung an internen technischen und organisatorischen Effizienzüberlegungen und es wird davon ausgegangen, dass die Arbeitskräfte hinreichend anpassungsfähig an wechselnde Anforderungen sind. Grundsätzlich zeichnet sich dieses Arbeitssystem durch interne Anlern- und Qualifizierungsprozesse aus, mit denen sich zugleich die Möglichkeit für die Arbeitskräfte zum innerbetrieblichen Aufstieg verbinden. Neben der jeweils erworbenen spezifischen Qualifikation spielen vor allem die Kriterien der Betriebszugehörigkeit und Seniorität für die Steuerung und die Legitimation des Aufstiegs eine entscheidende Rolle. Naturgemäß ist das Koordinationsproblem in diesem Arbeitssystem nicht ausschließlich durch feste und vorgegebene Regeln und Anweisungen gelöst, vielmehr ist die kontinuierliche Neubestimmung von Arbeitsaufgaben und Zuständigkeiten erforderlich, was nicht

7 Zur Praxis der klassischen Akkordentlohnung als Prozess des Interessenausgleichs zwischen Arbeitgebern und Arbeitnehmern vgl. die bis heute instruktive Studie von Wiedemann aus dem Jahr 1967.

immer ohne Konflikte zwischen Arbeitskräften und Management verlaufen mag.

3.3.3 Polarisiertes Arbeitssystem

In diesem Fall werden im Rahmen einer ausgeprägt arbeitsteiligen Arbeitsorganisation in differenzierter Weise beruflich qualifizierte Arbeitskräfte eingesetzt. Im Unterschied zu den beiden Formen differenzierter Arbeitssysteme sind hier die jeweils verfügbaren Berufe und Qualifikationen die Basis für die Gestaltung von Aufgaben- und Arbeitsplatzstrukturen. Konkret weist das polarisierte Arbeitssystem eine deutliche Segmentierung in unterschiedliche Funktions- und Aufgabenbereiche mit einem je spezifischen Bezug zu den verfügbaren Qualifikationen der Beschäftigten auf – Marsden spricht hier anschaulich von „job territories“ (1999, S. 42f.). Daher kann sich in diesem Fall ein Nebeneinander von sowohl anspruchsvollen als auch einfacheren Tätigkeitsstrukturen mit entsprechend polarisiertem Personaleinsatz zeigen. Das Koordinationsproblem wird ähnlich wie bei differenzierten Arbeitssystemen durch feststehende Regeln und Vorgaben bewältigt, wobei allerdings zugleich innerhalb der größeren Funktions- und Aufgabenbereiche Offenheiten und Unbestimmtheiten existieren, deren konkrete Regelung den Arbeitskräften selbst überlassen bleibt. Entlohnung und Leistungspolitik sind daher bereichsspezifisch orientiert und können sowohl individuellen Leistungslohn als auch fixe Entlohnungsformen wie Zeitlohn umfassen. Weiteres Merkmal dieses Arbeitssystems ist, dass es insbesondere für qualifizierte Arbeitskräfte wie Facharbeiter Qualifizierungs- und Aufstiegsmöglichkeiten innerhalb der Hierarchie bietet.

Typisch sind für ein solches Arbeitssystem Fertigungsstrukturen in der Industrie, wo einerseits wichtige dispositive Aufgaben in dafür vorgesehenen Betriebsbereichen wie der Arbeitsvorbereitung mit Arbeitsplätzen von Technikern und aufgestiegenen und qualifizierten Facharbeitern zusammengefasst sind. Andererseits finden sich im Fertigungsbereich unterschiedliche Funktionen. So etwa Fertigungssegmente oder Fertigungsinseln, in denen Facharbeiter tätig sind, aber auch solche mit weniger qualifizierten Arbeitskräften. Dies kann beispielsweise auch bedeuten, dass in bestimmten Fertigungsbereichen gezielt gering qualifizierte Randbelegschaften, etwa Leiharbeitskräfte tätig sind.

3.3.4 Integratives Arbeitssystem

Ebenso sind bei einem integrativen Arbeitssystem die intern und extern verfügbaren Qualifikationen der zentrale Bezugspunkt der Arbeitsgestaltung. Gegenstand der Arbeitsgestaltung sind in der Regel weniger einzelne Arbeitsplätze als vielmehr größere Funktionsbereiche, können dadurch doch große Flexibilitäts- wie auch Qualitätsgewinne erzielt werden. Personalpolitisch bedeutet dies eine systematische Nutzung qualifizierter Arbeitskräfte, die eine relativ hohe Autonomie über den konkreten Arbeitsablauf und die Arbeitszeiten haben. Aus der Sicht des steuernden Managements haben solche Arbeitsbereiche durchaus den Charakter einer „Blackbox".

Koordinative Abstimmung erfolgt in diesem Fall einmal selbst organisiert zwischen den mehr oder weniger autonom agierenden Arbeitskräften, zum anderen durch die Vorgabe von Rahmendaten wie Termine, Menge und Kosten durch das Management. Dies impliziert allerdings, dass das Koordinationsproblem nicht wie etwa bei den beiden Formen differenzierter Arbeitssysteme durch normierte und ex ante definierte Leistungsstandards bewältigt wird, sondern im Rahmen laufender Abstimmungs- und Verhandlungsprozesse zwischen allen beteiligten Akteuren. Unverzichtbare Voraussetzung dafür sind kollektive Orientierungen an bestimmten Arbeitsnormen, gemeinsame Erfahrungen mit eingespielten Arbeitspraktiken und eine damit zusammenhängende ausgeprägte Arbeits- und Leistungsbereitschaft. Arbeitskontrolle erfolgt in diesem Fall über die Gruppe selbst, die, über die verschiedensten Formen des Gruppendrucks, auf die Einhaltung ihrer kollektiven Arbeitsnormen achtet. Die betriebliche Leistungspolitik muss an dieser Situation ausgerichtet sein; sie darf einerseits die kollektiven Abstimmungsprozesse durch lediglich individuell ausgerichtete Lohnanreize nicht behindern, andererseits muss sie genau diese kollektiven Prozesse gratifizieren. Typisch hierfür sind beispielsweise Prämienlohnsysteme, die eine zuverlässige und engagierte Arbeitsweise etwa ganzer Arbeitsgruppen honorieren (Kap. 3.4.3). In der Industrie lassen sich solche Arbeitssysteme als Facharbeiterbetrieb kennzeichnen, im angelsächsischen Sprachgebrauch ist in diesem Fall von professioneller Arbeitsorganisation die Rede (Lutz 1987, S. 25).

3.3.5 Zwischenresümee

Mit dem Begriff des Arbeitssystems verbindet sich allerdings nicht nur die skizzierte Binnenperspektive, sondern – entsprechend dem obigen Konzept funktioneller Teilsysteme – auch die Beziehung zu den Bedingungen seiner jeweiligen Umwelt. Zu nennen sind hier: zum einen das Unternehmen in seiner Gesamtheit (Kap. 4), deren Teil einzelne Arbeitssysteme sind und deren Struktur unzweifelhaft die Gestalt eines Arbeitssystems entscheidend beeinflussen; zum Zweiten die Strukturen und Prozesse im je gegebenen System der industriellen Beziehungen (Kap. 6), also inwieweit Gewerkschaften und Arbeitgeberverbände die arbeitsorganisatorische Gestaltung und den Personaleinsatz in Unternehmen beeinflussen. Zum Dritten sind die Institutionen des Arbeitsmarktes, insbesondere des Bildungs- und Berufsbildungssystems und die sich darüber konstituierenden Teilarbeitsmärkte von Bedeutung. Wie noch genauer zu diskutieren ist, sind die verschiedenen Arbeitssysteme konstitutiv für übergreifende Teilarbeitsmärkte, in denen in je unterschiedlicher Weise das Verhältnis zwischen Arbeitgebern und Arbeitnehmern geregelt wird (Kap. 7.2). Daneben spielen ohne Frage weitere gesellschaftlich-institutionelle Bedingungen wie rechtliche Regelungen der verschiedensten Art, normative Einflüsse und nicht zuletzt natürlich die verschiedenen Maßnahmen und Politiken staatlicher Instanzen eine wichtige Rolle in Hinblick auf die Frage, wie Arbeitssysteme ausgestaltet werden können.

Dabei ist allerdings von einer eher „losen Kopplung" zwischen den verschiedenen Systemebenen auszugehen, insofern sie sich wechselseitig beeinflussen und auf der Unternehmensebene dem Management als zweckorientiert handelndem Akteur stets Entscheidungs- und Wahlmöglichkeiten gegeben sind (Marsden 1999, S. 111).[8] In jedem Fall eröffnet die Kategorie des Arbeitssystems die Möglichkeit, die Konstitutionsbedingungen von Arbeitssituationen, wie sie etwa in unterschiedlichen Branchen, Wirtschaftssektoren oder gar verschiedenen Ländern anzutreffen sind, systematisch zu analysieren. Wie sich die angesprochenen Zusammenhänge im Einzelnen konkret ausformen, bedarf spezieller Analysen. Im folgenden Unterkapitel sollen sie in historischer Perspektive, wie sich Erwerbsarbeit im Prozess der Industrialisierung verändert hat, knapp behandelt werden.

3.4 Entwicklung der Erwerbsarbeit

3.4.1 Industrialisierung

Das Aufkommen der Erwerbsarbeit steht im Kontext der Industrialisierung im „langen 19. Jahrhundert" (Jürgen Kocka). Der Beginn der Industrialisierung wird in der Regel für England auf ungefähr 1760, für Deutschland auf die Zeit von 1835 bis 1845 und für die USA auf ungefähr 1860 datiert. Üblicherweise wird die Industrialisierung auf technologische Entwicklungsschübe wie die erste Spinnmaschine (1735) und die Dampfmaschine (1769), den Ausbau der Eisenbahnen, zahlreiche Entwicklungen im Werkzeugmaschinenbau sowie die Entwicklung der Elektrizität und die wissenschaftlichen Erfindungen in der Chemieindustrie zurückgeführt. Freilich handelt es sich dabei um einen vielschichtigen, sozial, politisch, ökonomisch und technologisch bestimmten Prozess.[9] Sozialstrukturell verbindet sich mit der Industrialisierung die Entstehung einer Arbeiterschaft, die als eigene soziale Gruppe mit bestimmten Lebenslagen, Positionen im gesellschaftlichen Gefüge und einer eigenen Haltung und Orientierung anzusehen ist. Sie ist frei von traditionalen Bindungen wie aber auch frei vom Besitz an Produktionsmitteln und die Gesellschaft wird mit der „sozialen Frage",

8 Vgl. hierzu auch die Diskussion managerieller Entscheidungsprozesse in Kap. 5.

9 Vgl. hierzu die große wirtschaftshistorische Studie von David Landes (1973, S. 124ff.) sowie die höchst spannende Analyse der Entwicklung der „großen Industrie" von Karl Marx im 13. Kapitel des ersten Bandes des Kapitals (1972).

nämlich den teilweise extrem schlechten Lebens- und Arbeitsbedingungen der Arbeiterschaft, der sozialen Ungleichheit zwischen dem Bürgertum und den Arbeitern und den daraus resultierenden politischen Konflikten konfrontiert. Ein weiteres Merkmal dieses Prozesses ist der Wandel der Wirtschaftsstruktur durch das schnelle Wachstum des industriellen Sektors. Als Indikator gilt der damit in Zusammenhang stehende massive Bedeutungsverlust der Landwirtschaft, der allerdings in einzelnen Ländern sehr zeitversetzt verlaufen ist. Während in Großbritannien schon 1841 weniger als 50% der Erwerbstätigen in der Landwirtschaft beschäftigt waren, wird diese Schwelle in Frankreich 1866, in Deutschland 1870 und in den USA erst 1880 unterschritten (Staehle 1999, S. 7).

Phasen der Industrialisierung im 19. Jahrhundert

Folgt man dem Wirtschaftshistoriker Jürgen Kocka (1969), so lassen sich in Deutschland insgesamt drei große Phasen der Industrialisierung im 19. Jahrhundert ausmachen: Die so genannte Pionierperiode, die etwa von Mitte der 1830er Jahre bis zu Beginn der 1870er Jahre dauert. Sie ist gekennzeichnet von einem allmählichen Abbau vorliberaler ökonomischer Regeln (z.B. Zunftwesen) und einer intensiven Marktkonkurrenz, die kaum durch regulierende Absprachen gedämpft ist. Dominant sind klein- und mittelbetriebliche Unternehmen, die in der Regel von den Eigentümern geführt werden. Insgesamt ist diese Periode von einer überaus hohen Entwicklungsdynamik geprägt, vor allem einer schnellen Ausweitung der Produktion, die von der Entwicklung der Kohle- und Stahlindustrie, der Mechanisierung und der Verbreitung von Dampfmaschinen und dem Bau der Eisenbahnen bestimmt wird. In diesem Kontext entwickeln sich zentrale industrielle Branchen: der Maschinenbau entsteht aus dem Handwerk einerseits, andererseits differenziert er sich aus Metall verarbeitenden Betrieben aus, die zuvor die von ihnen benötigten Produktionsmaschinen selbst hergestellt haben (Rosenberg 1975). Zudem erleben vorindustrielle Gewerbe wie die Textil- und Bekleidungsbranche und die Montanindustrie ein nachhaltiges Wachstum.

Daran schließt sich als zweite Phase der Industrialisierung die „Große Depression" an, die den Zeitraum von 1873 bis etwa Mitte der 1890er Jahre des 19. Jahrhunderts umfasst und in der deutliche wirtschaftsstrukturelle Veränderungen Platz greifen. Zwar findet in diesem Zeitraum ein weiterer rascher Produktions- und Produktivitätsanstieg statt, doch ist dieser begleitet von stark wachsender Konkurrenz, hohem Preisdruck und einer abnehmenden Kapitalrentabilität (Schmiede/Schudlich 1976, S. 97ff.). Den ökonomischen Problemen versucht die Industrie durch verstärkte Konzentration, Zentralisierung und Kartellierung entgegenzuwirken. Das Wachstum von Unternehmen, die Entstehung bürokratisierter Großunternehmen und die Zunahme der Zahl von Aktiengesellschaften mit einem differenzierten Leitungsapparat sind weitere zentrale Merkmale dieser Periode. Beschleunigt entwickeln sich u.a. die Stahlerzeugung, die chemische und die elektrotechnische Industrie, die sich sehr stark auf neuen wissenschaftlichen Forschungsergebnissen gründen und daher als „science based industries“ charakterisiert werden (z.B. Hack/Hack 1985). Damit in Zusammenhang kann als weiteres Merkmal dieser Periode die beginnende Integration der deutschen Wirtschaft in die Weltwirtschaft angesehen werden. Es kündigt sich hier die Phase einer fortschreitenden Internationalisierung der Ökonomie an, die bis zu Beginn des Ersten Weltkrieges anhält (Kap. 9). Schließlich kann in diese Phase der Beginn jenes Prozesses datiert werden, der als Institutionalisierung der Klassenkonfliktes bezeichnet wird (Kap. 6), nämlich die Etablierung der Gewerkschaften und die Gründung von Arbeitgeberverbänden sowie erste Schritte zur politischen Regulierung des industriellen Konfliktes. Die dritte Phase der Industrialisierung, die von Mitte der 1890er Jahre bis zu Beginn des Ersten Weltkrieges andauerte, kann als ausgesprochene wirtschaftliche Boomphase angesehen werden. Technologisch ist sie gekennzeichnet von der Weiterentwicklung der Grundlagen der chemischen und elektrotechnischen Industrie, dem Aufkommen des Verbrennungsmotors und der Automobile (Mikl-Horke 1997, S. 25).

Entwicklung der Arbeit

Entsprechend verläuft die Entwicklung der Arbeitsorganisation über mehrere Stufen vom vorindustriellen Handwerksbetrieb über die Manufaktur bis hin zu den verschiedenen Formen von industriellen Arbeitssystemen. Typisch zugespitzt lassen sich folgende Entwicklungsstufen der Arbeitsorganisation unterscheiden (Bergmann 1995): Ausgangspunkt ist der *vorindustrielle Handwerksbetrieb*. Er zeichnet sich durch eine begrenzte Differenzierung der Arbeitskräfte in Meister bzw. Eigentümer, Geselle und Lehrling aus. Weiterhin findet sich eine geringe Arbeitsteilung, die Arbeitskräfte haben daher hohe Handlungsspielräume und ihre Arbeit basiert in ausgeprägter Weise auf Erfahrungswissen. Die nächste Entwicklungsstufe kann als *Manufaktur* beschrieben werden: Es handelt sich um die großbetriebliche Zusammenfassung handwerklicher Arbeit für die frühe Massenproduktion. Sie basiert auf arbeitsteiligen Strukturen, allerdings kommt Produktionstechnik kaum zum Einsatz. Neben den Eigentümern finden sich Handwerker und teilweise Ungelernte wie Frauen und Kinder. Die Ausdifferenzierung eines eigenständigen Managements in Form von „Fabrikbeamten“ und Werkstattvorgesetzten ist in Ansätzen erkennbar (Kocka 2000a). Dritte Entwicklungsstufe ist die der *industriellen Arbeitsorganisation*. Generell basiert sie auf großbetrieblichen und technisierten Strukturen etwa in den Prozessindustrien der Chemie oder der standardisierten Metallverarbeitung. Zentrales Merkmal ist die fortschreitende soziale Differenzierung der Belegschaft in Management, kaufmännische Tätigkeiten, Ingenieure und Techniker, Meister und Arbeiter verschiedenster Kategorien. Die skizzierten Entwicklungsstufen können sich allerdings überschneiden und sind teilweise heute noch nebeneinander anzutreffen. Grundsätzlich ist dabei von einer ungleichzeitigen Entwicklung in verschiedenen Branchen und verschiedenen Ländern auszugehen.

Diese Entwicklungsstufen der industriellen Arbeitsorganisation lassen sich instruktiv mit der Entwicklung des Unternehmens Siemens illustrieren, wie sie von Jürgen Kocka (1975) beschrieben wird: Das Unternehmen wurde 1847 als Telegraphenbauanstalt Siemens & Halske in Berlin gegründet. Die ersten Telegraphenapparate wurden von zehn Arbeitern unter der Anleitung des früheren Artillerie-Hauptmanns Werner Siemens und des „Mechanicus" Johan Georg Halske in einem kleinen zweistöckigen Haus produziert. Die Arbeit war wenig arbeitsteilig und basierte stark auf den handwerklichen Erfahrungen der Arbeiter, die eine ausgedehnte Handwerkslehre durchlaufen hatten. Werkzeugmaschinen waren kaum vorhanden und Antriebsmaschinen fanden keine Verwendung. Schon im Jahr 1848 verdoppelte sich die Arbeiterzahl und in den 1850er Jahren wurden mehrere Werkstattvorgesetzte, Meister und Werkführer, eingestellt. Zu Anfang der 1860er Jahre wurden etwa 150 Arbeiter beschäftigt und insgesamt waren die 1860er Jahre von einer beständigen Ausweitung und Rationalisierung der bis dahin sehr handwerklich strukturierten Arbeitsprozesse gekennzeichnet. 1858 wurden einige Arbeiter erstmals nach einem Stücklohn bezahlt. 1863 fand die erste Dampfmaschine zum Antrieb der bis dahin immer noch wenigen Werkzeugmaschinen Verwendung. Parallel dazu wurde die Werkstatt in einzelne spezialisierte Fertigungsbereiche untergliedert, zugleich entstand eine zunehmend ausdifferenzierte Hierarchie von Werkstattvorgesetzten und Leitungsfunktionen. Es fanden sich sog. stellvertretende Werkführer, Werkmeister, Werkstattdirektoren und ein technisches Planungsbüro nebst Leiter. Schon in den 1850er Jahren war ein „Werkstatt-Kontor" eröffnet worden, das die Personalia der Arbeiter, die Lohnlisten und die Akkordscheine verwaltete. Insgesamt, so Kocka, spreche vieles dafür, dass Siemens & Halske bis zum Ende der 1860er Jahre trotz der angedeuteten Rationalisierungstendenzen als Manufaktur begriffen werden müsse. Einerseits unterschied sich die Fabrik vom traditionellen Handwerksbetrieb u.a. durch eine gewisses Maß an Arbeitsteiligkeit, durch ihre Größe und die zunehmende Zentralisierung der Leitung. Andererseits könne man auf Grund der handwerklichen Basis der Arbeit noch nicht von einer wirklichen industriellen Arbeitsorganisation sprechen. Ein Großteil der Planungs- und Vorbereitungsarbeiten wurden offensichtlich in der Werkstatt ausgeführt und der Arbeitsprozess blieb für die Vorgesetzten über lange Jahre sehr intransparent; so klagte Werner Siemens über den nur schwer zu beeinflussenden „Künstlerschlendrian" der Mechaniker.

Eine Arbeitsorganisation mit industriellem Charakter begann sich erst ab dem Ende der 1860er Jahre im Kontext eines zeitweise sprunghaften Wachstums des Unternehmens durchzusetzen. Hervorstechendes Merkmal dieser Entwicklungsphase war eine deutliche Ausweitung des Maschineneinsatzes und ein kontinuierlicher Ausbau der Planungsbüros, wodurch eine deutlich verbesserte Planbarkeit und Kontrollierbarkeit des Arbeitsprozesses in der Werkstatt möglich wurde. Folge waren nicht nur eine zunehmende Fremdbestimmung und Statusverlust der Handwerker, sondern auch ein Funktionsverlust für die Werkstatt insgesamt.

Insgesamt ist zu betonen, dass der hier angedeutete historische Prozess der Industrialisierung keineswegs kontinuierlich und bruchlos im Rahmen der fortschreitenden technologischen Entwicklung und einer kapitalistischen Dynamik, die auf kontinuierliche Effizienzsteigerung drängte, verlaufen ist.

Vielmehr handelt es sich um einen diskontinuierlichen und durchaus auch widersprüchlichen Prozess. Diese Perspektive legt die wirtschafts- und industriesoziologische Rationalisierungsforschung nahe, die von einer ausgeprägten Ungleichzeitigkeit der Entwicklung und einem Nebeneinander verschiedenster Arbeitsformen wie handwerkliche Prozesse einerseits, großindustrielle Strukturen andererseits spricht (z.B.: Piore/Sabel 1985; Wittke 1996 – s.u.). Erklärbar wird diese Annahme nicht zuletzt mit der gesellschaftlichen Einbettung ökonomischer Prozesse: nicht eine universalistische ökonomische Logik bestimmt die Entwicklung, sondern das wechselseitige Zusammenspiel institutioneller Arrangements und das koordinierte Handeln heterogener Akteure. Daraus resultieren situations- bzw. systemspezifische, hier eben historisch spezifische Handlungslogiken, die sich durch ein hohes Maß an Divergenz und Ungleichzeitigkeit auszeichnen.

3.4.2 Taylor und Ford

Taylorismus

Im engen Zusammenhang mit der Durchsetzung der industriellen Arbeitsorganisation steht das Rationalisierungskonzept von F. W. Taylor.[10] In seinen „Grundsätzen der wissenschaftlichen Betriebsführung" (1913)[11] formuliert er Prinzipien der Arbeitsgestaltung, die in weiten Bereichen den Anforderungen der sich durchsetzenden industriellen Produktionsweise entgegenkommen, teilweise bisherige Entwicklungstendenzen aufgreifen und zusammenfassen. Generelles Ziel ist die nachhaltige Effizienzsteigerung industrieller Produktionsprozesse durch die Anwendung wissenschaftlicher Methoden. Taylors Programm lässt sich in fünf Prinzipien zusammenfassen (Schmiede/Schudlich 1976, S. 163ff.):

- die *Normierung* von Arbeitsaufgaben und Arbeitszeiten auf der Basis von Arbeits- und Zeitstudien mit dem Ziel der Standardisierung und Planbarkeit der Arbeit,
- die *Auswahl der Arbeitskräfte* nach Leistungsfähigkeit und -bereitschaft sowie ihre Anlernung und Anweisung nach genauen Vorgaben,
- die individuelle Leistungsentlohnung auf der Basis von Normzeiten und der Vorgabe eines „wissenschaftlich" ermittelten *Leistungspensums*,

10 Frederic Winslow Taylor (1856–1915) arbeitete seit Anfang der 80er Jahre des 19. Jahrhunderts in mehreren amerikanischen Stahl- und Metallunternehmen; zuletzt war er Chefingenieur bei den Midvale Steel Werken in Philadelphia. Neben seinen Untersuchungen über Arbeitsorganisation und Personaleinsatz befasste er sich auch mit der Leistungssteigerung von Produktionstechnik und wurde in Fachkreisen beispielsweise durch die Entwicklung eines Schnelldrehstahls berühmt (Schmiede/ Schudlich 1976, S. 552).

11 Zuerst 1911: The Principles of Scientific Management. New York.

- die *soziale Isolierung* der Arbeitskräfte voneinander sowie strikte Anweisung und Kontrolle durch die Vorgesetzten und
- die Einrichtung einer *zentralisierten Betriebsorganisation* mit „Funktionsmeistern" und einem „Arbeitsbüro".

Taylors Grundsätze wurden in dieser Form allerdings nur selten betriebliche Realität. Vielmehr hat Taylor ein Rationalisierungsprogramm formuliert, das als *Taylorismus* bis weit in die 1980er Jahre hinein in nahezu allen industrialisierten Ländern paradigmatischen Charakter gewann und die Managementpolitik nachhaltig beeinflusste. Praktisch wirksam werden Taylors Vorschläge allerdings in Hinblick auf ein systematisches Arbeits- und Zeitstudium, das sich in den 1920er Jahren in Deutschland zu einem System „wissenschaftlicher Arbeitsgestaltung" entwickelte.[12] Bedeutsam wird auch der Grundgedanke, auf dem seine Prinzipien beruhen (Bergmann 1995): Fachkenntnisse und damit die Kontrolle des Arbeitsprozesses aus der Fertigung abzuziehen, d.h. den Arbeitern aus der Hand zu nehmen und beim Management zu konzentrieren. In vielen Fällen bedeutet dies die Dequalifizierung der ursprünglich gelernten Handwerker in Fabriken und ihre Ersetzung durch kurzfristig Angelernte. Dies erfordert umgekehrt einen kontinuierlichen Ausbau von Planungs- und Stabsstellen, die sich durch im Vergleich komplexe Arbeitsaufgaben und hohe Autonomie der Arbeit auszeichnen und die teilweise ausgeprägte technische und methodische Kompetenzen erfordern. Anders formuliert, Taylor entwirft das Modell eines differenzierten Arbeitssystem (Kap. 3.3.1), das durch eine ausgeprägte Arbeitsteilung zwischen Kopf- und Handarbeit gekennzeichnet ist.

Fordistische Massenproduktion

Am weitgehendsten werden Taylors Prinzipien seit dem ersten Jahrzehnt des 20. Jahrhunderts in der amerikanischen Automobilindustrie realisiert; eine Entwicklungstendenz, die untrennbar auch mit dem Namen Henry Ford verknüpft ist.[13] Strukturierendes Prinzip der Arbeitsorganisation ist hier das Fließband, die Arbeitsgestaltung erfolgt nach tayloristischen Prinzipien. Voraussetzung hierfür ist die Produktion eines hoch standardisierten Massenprodukts, das Automobil, das für einen expandierenden Massenmarkt hergestellt wird. Dieses Prinzip der Massenproduktion erlaubt auf Grund der ihm immanenten Kostendegression bei steigendem Output zugleich eine ständige Senkung der Produktionskosten und eine nachhaltige Steigerung der Löhne, was wiederum zu einer ständigen Ausweitung der Nachfrage führt.

---

12 1924 wird in Deutschland der Reichsausschuss für Arbeitszeitermittlung (REFA) gegründet, der sich allein der Weiterentwicklung und Verbreitung des Arbeits- und Zeitstudiums widmet. Die offizielle Bezeichnung lautet heute: REFA – Verband für Arbeitsgestaltung, Betriebsorganisation und Unternehmensentwicklung e.V.

13 Henry Ford (1863-1947) gründete 1903 die Ford Motor Company.

Das Fließband wurde in der Ford Motor Company erstmals 1913 im neuerbauten Automobilwerk in Highland Park bei der Montage von Magnetzündern eingesetzt und seit 1914 für die Montage eines gesamten Automobils, dem Modell T. Vorläufer des Fließbandes von Ford fanden sich in der Fleisch verarbeitenden Industrie, etwa in der Zerlegeabteilung der Schlachthöfe von Chicago ab 1905 (Edwards 1981, S. 128ff.). Es werden nachhaltige Produktivitätseffekte der fordistischen Massenproduktion angegeben (Bergmann 1995): 1914 wurden ca. 300.000 Autos pro Jahr gefertigt, 1923 waren es schon ca. 2 Mio. Der Preis für ein Automobil betrug 1912 ca. 600 $ und er reduzierte sich auf rd. 290 $ 1923.

Die Merkmale eines solchen – auch als tayloristisch-fordistisch zu bezeichnenden – differenzierten Arbeitssystems sind: die Zerlegung des Arbeitsprozesses in technisierbare Teilprozesse, die Spezialisierung und Standardisierung der Arbeitsoperationen, die Teilung der Arbeitsaufgaben in einfachste Tätigkeiten mit geringen Qualifikationsanforderungen, eine maschinen- und taktzeitbestimmte Arbeitsweise, kurze Arbeitszyklen, hohe Arbeitsbelastungen und der Einsatz angelernter Arbeitskräfte. Unter den genannten Bedingungen entsteht ein neuer, bis heute anzutreffender Typus von Industriearbeit: die *repetitive Teilarbeit*.

Die Einführung des fordistischen Systems war zudem von der Zahlung überdurchschnittlicher Löhne, dem „five-dollar-day" und einer Arbeitszeitverkürzung auf 48 Stunden pro Woche begleitet, was 1914 einen kaum zu bewältigenden Andrang von Arbeitsuchenden bei Ford zur Folge hatte. Technische Voraussetzung dieses Arbeitssystems ist die Verknüpfung von Teilprozessen und Tätigkeiten mit technischen oder organisatorischen Mitteln – eben dem Fließband – auf der Basis ihrer exakten zeitlichen Abstimmung, die technische Standardisierung und Normierung des Produkts und seiner Komponenten und schließlich der Einsatz von Spezialmaschinen. Die Kehrseite dieser Entwicklung ist der kontinuierliche Ausbau von Planungs- und Stabsabteilungen mit qualifiziertem technischen Personal.

In Deutschland führt die Firma Opel 1923 als erste Automobilfabrik die Serienfertigung am Fließband ein, was im Zeitraum von 1924 bis 1928 eine Verzehnfachung der Automobilproduktion auf knapp 43.000 Wagen pro Jahr ermöglichte (Rijhoek 2003). Freilich setzen sich die Prinzipien der Massenproduktion in Europa wie auch in Deutschland auf breiter Front erst in den 1950er Jahren durch, etwa in der Automobilindustrie und der Elektrotechnischen Industrie. Ursache ist weniger ein technologischer Rückstand und fehlendes Managementwissen, als vielmehr die erst in den 1950er Jahren schnell steigende Nachfrage nach industriell gefertigten Massengütern.

Ungleichzeitigkeit der Entwicklung

Mit der Durchsetzung der fordistischen Massenproduktion verbindet sich eine ausgeprägte Ungleichzeitigkeit der Entwicklung von Arbeit. Dies betrifft zunächst die Entwicklung der betrieblichen Arbeitssysteme selbst. Denn die in den Unternehmen der Massenproduktion vorherrschenden differenzierten Arbeitssysteme umfassen einerseits die in der Regel nur angelernten repetitiven Teilarbeiter, andererseits die wachsende Zahl qualifizierter technischer und managerieller Tätigkeiten. Arbeitssoziologisch gesehen, erbringen sie zu größeren Teilen produktionsorientierte Dienstleistungen bzw. Gewährleistungsarbeit, die Funktionsvoraussetzung für die Durchplanung und kontinuierliche Kontrolle des taylorisierten Arbeitsprozesses sind. Auch steht ihr Anwachsen sicherlich in Zusammenhang mit der generell steigenden Komplexität der Prozesse und Produkte, die allein durch eine steigende Zahl von Planern und Managern und insbesondere auch von Ingenieuren und Technikern realisierbar ist. Hinzu kommt im Zuge der ständigen Vergrößerung von Unternehmen eine wachsende Zahl von Angestellten in den kaufmännisch-administrativen Bereichen wie Einkauf, Marketing, Verwaltung.

Die fortschreitende Qualifikationspolarisierung im Deutschland der Nachkriegszeit belegt instruktiv die damals schnell wachsende Quote des technischen Personals in den verschiedensten Industriesektoren. Wie Bechtle und Lutz (1989, S. 43) zeigen, stieg der Anteil von Ingenieuren und Technikern je 100 beschäftigter Arbeiter im verarbeitenden Gewerbe von 1950 bis 1970 von rd. 3,3 auf 7,9.

Diese Ungleichzeitigkeit der Entwicklung von Arbeit beschränkt sich allerdings nicht nur auf die differenzierten Arbeitssysteme in den Unternehmen der Massenproduktion. Sie setzt sich vielmehr auch zwischen einzelnen Industriebranchen fort. Denn Effizienzvoraussetzung der Massenproduktion sind die Entwicklung und der Einsatz für die Massenproduzenten maßgeschneiderter technischer Anlagen und Produktionstechnologien. Diese Anlagen können nur anwenderspezifisch im Rahmen einer Einzel- und Kleinserienfertigung hergestellt werden. Es erhalten sich daher weite industrielle Bereiche, in denen auf Grund extrem begrenzter Standardisierbarkeit der Produkte und Prozesse eine Taylorisierung der Arbeit nicht möglich ist und die von einer nur begrenzten Trennung von Planung und Ausführung, einem hohen Qualifikationsniveau und teilweise handwerklichen Arbeitsformen im Rahmen flexibler und integrativer Arbeitssysteme geprägt sind. Typisch hierfür ist der Maschinenbau, der in Deutschland eine lange Tradition aufweist. Im Unterschied zur Massenproduktion mit ihren an- und ungelernten Arbeitskräften finden sich hier zumeist qualifizierte Facharbeiter.

Für den Mainstream industriesoziologischer Forschung waren in den 1970er und frühen 1980er Jahren in Deutschland daher zwei große Themen von Bedeutung. Zum einen fand eine kritische Auseinandersetzung mit dem Taylorismus statt und es wurde nach den generellen Entwicklungstendenzen des industriellen Arbeitsprozesses gefragt. Im Vordergrund standen Fragen nach der Verschränkung von Prozessen gesellschaftlich-kapitalistischer Rationalisierung mit denen betrieblicher Rationalisierung (z.B. Schmiede/Schudlich 1976; Braverman 1977; Benz-Overhage u.a. 1982). Im Kontext einer Reinterpretation der marxschen Theorie wurden tayloristische und fordistische Arbeitsformen als direkter Ausdruck einer der kapitalistischen Produktionsweise inhärenten Logik aufgefasst, die auf eine fortschreitende Degradierung der Arbeit und ihrer „Subsumtion“ unter die Verwertungszwänge des

Kapitals hinauslaufen (Deutschmann 2002, S. 21). In dieser Sicht wurde Industriearbeit mehr und mehr zur dequalifizierten und entfremdeten Arbeit, die nun mehr zum bloßen „fungiblen Element" im betrieblichen Arbeitsprozess wird.

In diesem theoretischen Kontext stand zum Zweiten die Debatte um die Zukunft industrieller *Facharbeit* als einem besonderen Typus von Arbeitskraft in der deutschen Industrie. Denn im Unterschied zu den meisten anderen Industrieländern verfügt Deutschland bis heute über ein System der beruflichen Bildung, in dessen Kontext zugleich schulischer und beruflich-praktischer Ausbildung (daher „duales" System) zertifizierte allgemein anerkannte Berufsabschlüsse von Facharbeit erreicht werden können (Kap. 7). Wie angedeutet, ist im Unterschied zu taylorisierten Industrien im Bereich der Einzel- bis Kleinserienfertigung Facharbeit die qualifikatorische Basis der Arbeitssysteme. Zudem bilden Facharbeiter traditionell das „Rückgrat" der Gewerkschaftsbewegung in Deutschland. Allerdings kamen im Zuge nicht nur der generell fortschreitenden Taylorisierung der Industrie, sondern auch infolge des in den 1970er und 1980er Jahren beschleunigten Einsatzes moderner computergestützter Produktionstechnologien die traditionellen Facharbeiterbereiche unter nachhaltigen Veränderungsdruck. Aus all diesen Gründen war zum damaligen Zeitpunkt die Zukunft der industriellen Facharbeit für die Industriesoziologie von besonderem Interesse. Allen pessimistischen Prognosen zum Trotz erwies sich das auf industrieller Facharbeit basierende Arbeitssystem trotz teilweise massiver technologischer Veränderungen in seinen Grundstrukturen als bemerkenswert stabil (z.B. Mickler 1981; Bergmann u.a. 1986).

3.4.3 Krise und Umbruch: die neuere industriesoziologische Debatte

Zur Entwicklung von Industriearbeit

Seit der zweiten Hälfte der 1970er Jahre stoßen an Taylors Prinzipien orientierte Arbeitsprozesse zunehmend an ihre Grenzen. Als maßgeblicher Faktor hierfür gilt (Bechtle/Lutz 1989; vgl. auch Kap. 4.4.2), dass die Unternehmen mit einem nachhaltigen Wandel ihrer Absatzbedingungen, nämlich auf Grund des in den Jahrzehnten der Nachkriegszeit gestiegenen Massenwohlstandes entstandenen Sättigungstendenzen konfrontiert sind. Dies führt nicht nur zu einem verlangsamten Wachstum bei zugleich steigender Konkurrenz, sondern auch zu einer zunehmenden Variabilität und Turbulenz der Nachfrage. Unter diesen Bedingungen erweisen sich die bisherigen Formen der industriellen Massenproduktion als zu starr und der tayloristische Planungsoverhead als zu kostenträchtig. Denn diesem Wandel können viele Unternehmen nur mit einer größeren Produktvielfalt, höherer Produktqualität und kürzeren Innovationszyklen begegnen. Dementsprechend müssen die Produktionsprozesse technisch und organisatorisch flexibler werden und es steht außer Frage, dass sich unter diesen Bedingungen die bisherigen Formen der Massenproduktion mit ihren differenzierten Arbeitssystemen in den meisten Fällen als zu starr und auf Grund des mit ihnen verbundenen organisatorischen Koordinationsaufwandes als zu kostenträchtig erweisen.

Die industriesoziologische Debatte der 1980er Jahre wird in diesem Kontext besonders von zwei Publikationen nachhaltig geprägt. Die beiden amerikanischen Sozialwissenschaftler Michael Piore und Charles Sabel thematisieren die skizzierte Entwicklung in einer international vergleichenden Studie als „Das Ende der Massenproduktion" (1985). Sie sprechen von einer zweiten Wegscheide der industriellen Entwicklung,[14] in deren Gefolge Prinzipien der Arbeitsgestaltung und Rationalisierung an Bedeutung gewinnen, die sich an qualifizierter Arbeit mit geringer Arbeitsteilung orientieren. Den beiden Autoren zufolge wird Massenproduktion in vielen industriellen Sektoren von Prinzipien abgelöst, die sie als *flexible Spezialisierung* bezeichnen. Diese Prinzipien sind durch handwerklich und facharbeiterorientierte Arbeitssysteme charakterisiert, die flexibel und kundenspezifisch produzieren und die in vielen Ländern in den Jahrzehnten zuvor zwar existierten, aber nur eine sehr nachgeordnete Rolle gespielt haben.

Ähnlich argumentieren die deutschen Industriesoziologen Horst Kern und Michael Schumann, die in einer 1984 erschienenen Studie fragen, ob das „Ende der Arbeitsteilung" absehbar sei. Sie vermuten eine wachsende Bedeutung *neuer Produktionskonzepte*, die auf eine „neue Wertschätzung der besonderen Qualitäten der lebendigen Arbeit" hinauslaufen. „Das Credo der neuen Produktionskonzepte lautet: a) Autonomisierung des Produktionsprozesses gegenüber lebendiger Arbeit durch Technisierung ist kein Wert an sich. Die weitestgehende Komprimierung lebendiger Arbeit bringt nicht per se das wirtschaftliche Optimum; b) Der restringierende Zugriff auf Arbeitskraft verschenkt wichtige Produktivitätspotentiale. Im ganzheitlicheren Aufgabenzuschnitt liegen keine Gefahren, sondern Chancen; Qualifikationen und fachliche Souveränität auch der Arbeiter sind Produktivkräfte, die es verstärkt zu nutzen gilt." (Kern/Schumann 1984, S. 19)

Ergebnis einer kontroversen Diskussion um die Reichweite und die angemessene Interpretation der neuen Produktionskonzepte ist allerdings der bis heute als gültig angesehene empirische Befund,[15] dass neuere Entwicklungstendenzen von Arbeit in den unterschiedlichen Wirtschaftssektoren auf ein *breites Spektrum sehr verschiedener Arbeitssysteme* hinauslaufen, das von tayloristischen bzw. neo-tayloristischen bis hin zu integrativen Systemen reicht. Die mit der Durchsetzung integrativer Systeme verbundene Abkehr von starren Formen taylorisierter Arbeit und die Ausweitung des Aufgabenspektrums durch die Reintegration planender und ausführender Tätigkeiten soll brachliegende Qualifikationen und Leistungsreserven erschließen, um die flexiblen Marktanforderungen bewältigen zu können. Generell geht es dabei um eine erweiterte Nutzung menschlichen Arbeitsvermögens. Begleitet werden solche Reintegrationsmaßnahmen oftmals von Qualifizierungsmaßnahmen, flexiblen Arbeitszeiten und einem Wandel der Entlohnungssysteme.

---

14 Als erste industrielle Wegscheide bezeichnen die Autoren die Phase am Ende des 19. Jahrhunderts, als begonnen wurde, in vielen Ländern die Prinzipien der Massenproduktion auf Kosten der bis dahin vorherrschenden handwerklichen Produktionsweise durchzusetzen.

15 Eine Zusammenfassung dieser Diskussion findet sich u.a. bei Beckenbach/van Treeck (1994).

Als typisches Beispiel für eine weitreichende Abkehr von den alten restriktiven Arbeitsformen gilt dabei Gruppenarbeit.[16] Nicht nur in der Industriesoziologie verband sich mit dieser Arbeitsform die alte Hoffnung auf eine nachhaltige Verbesserung von Arbeitsbedingungen sowie den Abbau entfremdeter Arbeit und betrieblicher Herrschaftsstrukturen. Allzu positive Hoffnungen sind den inzwischen vorliegenden Forschungsergebnissen zufolge aber unbegründet. So setzen sich offenbar vor allem in der Automobilindustrie vermehrt Gruppenstrukturen durch, die durch eine Rücknahme zuvor schon realisierter Handlungsspielräume durch eine fortschreitende Standardisierung und Routinisierung der Arbeitsprozesse gekennzeichnet sind. Aus der Sicht der Industriesoziologie sind die Konsequenzen dieser Form „strukturkonservativer" oder „standardisierter" Gruppenarbeit umstritten. Einerseits wird in dieser Arbeitsform die Rückkehr zu einem allenfalls etwas flexibilisierten Taylorismus gesehen, da die Arbeitsstandards die ursprünglich angestrebte Mobilisierung der Produktionsintelligenz der Beschäftigten massiv einschränken (Schumann 1998). Andererseits aber wird auf die entlastenden und damit Kreativität und Motivation erst freisetzenden Effekte von Standards und Routinen verwiesen, sofern diese nicht von Planungsspezialisten vorgegeben, sondern von den Gruppenmitgliedern selbst entwickelt werden. Unübersehbar ist freilich, dass mit dieser Auffassung eine der grundlegenden Prämissen kritischer industriesoziologischer Forschung in Frage gestellt wird, wonach allein offene, mit hohen Autonomiespielräumen versehene Arbeitsformen Voraussetzung für nicht entfremdete Arbeit seien (Springer 1999).

Im Zusammenhang mit dem Aufkommen neuer Arbeitsformen wird in der industriesoziologischen Debatte insbesondere der Wandel der leistungspolitischen Arrangements hervorgehoben (z.B. Bender 1997). Als besonders relevant werden neue, „wertschöpfungsbezogene" Entlohnungssysteme angesehen. Sie orientieren sich direkt an ökonomischen Zielen und verpflichten das Leistungsverhalten der Arbeitskräfte hierauf. Instrumente dafür sind Verfahren der „Zielvereinbarung" und des „gain sharing", mit denen Ziele wie Produktivitätssteigerung, Qualitätsverbesserungen, aber auch unmittelbar absatzbezogene Kriterien wie Preise und Liefertermine in einkommensrelevante Bewertungskriterien insbesondere unter den Bedingungen von Gruppenarbeit umgesetzt werden können. Die Lösung des Transformationsproblems folgt dabei nicht mehr beispielsweise tayloristisch normierten und ex ante definierten Leistungsstandards, sondern flexiblen, der jeweiligen ökonomischen Situation des Unternehmens angepassten und jederzeit anpassbaren Kriterien. Außerdem wird nicht mehr, wie im tayloristischen System üblich, vorgegeben, wie eine Arbeitsaufgabe ausgeführt werden soll. Die hierzu geeigneten Arbeitsweisen und -methoden müssen im Prinzip die Arbeitskräfte selbst entwickeln, auswählen und kontinuierlich optimieren. Damit wandelt sich die Rolle der Arbeitskräfte im Betrieb vom Objekt einer tayloristisch orientierten Rationalisierung zum Subjekt, das Rationalisierung in Eigenregie betreibt.

---

16 Eine vorzügliche Übersicht über die verschiedenen Konzepte und Gestaltungsmöglichkeiten von Gruppenarbeit gibt Antoni (1996).

Dienstleistungsarbeit

Moment der skizzierten Umbruchphase ist die spätestens seit den 1970er Jahren schnell wachsende Bedeutung von Dienstleistungstätigkeiten und der Rückgang des Anteils von Industriearbeit – ein Prozess, der als die Entwicklung hin zur „Dienstleistungsgesellschaft" apostrophiert wird und der im Kontext des kontinuierlichen Strukturwandels seit dem 19. Jahrhundert steht (Abb. 3.2). Dieser war zunächst von dem kontinuierlichen Wachstum des sekundären industriellen Sektors gekennzeichnet, das seinen Höhepunkt Anfang 1970er Jahre mit der breiten Durchsetzung der fordistischen Massenproduktion erreichte. Der seitdem wachsende Anteil des tertiären Sektors an der Gesamtwirtschaft hat im Grunde seine Wurzeln in der Phase des Fordismus. Zum einen schlagen sich darin die oben genannten Zuwachsraten von Technikern, Ingenieuren und Angestellten nieder, die die Voraussetzung für taylorisierte Arbeitsprozesse und die fordistische Massenproduktion waren. Zum Zweiten lässt sich schon in den 1950er und 1960er Jahren im Zuge des wachsenden Wohlstandes eine vermehrte Ausrichtung der Konsumentennachfrage nach Dienstleistungen der verschiedensten Art beobachten, was zu einer Ausweitung der entsprechenden Tätigkeitsbereiche führte, und zum Dritten schlägt hier die Ausweitung von Staatsfunktionen und eine schnell wachsende Bedeutung öffentlicher Dienstleistungen etwa des Gesundheits- und Bildungswesens deutlich zu Buche.

Tab. 3: Erwerbstätige nach Wirtschaftssektoren in Prozent der Gesamtbeschäftigung in Deutschland 1880 bis 1999[17]

	1882	**1925**	**1950**	**1970**	**1999**
Primärer Sektor	43,4	30,5	22,1	9,1	2,8
Sekundärer Sektor	33,7	41,4	44,7	49,4	33,4
Tertiärer Sektor	22,8	28,1	33,2	41,5	63,8

Die wachsende Bedeutung des tertiären Sektors ist Gegenstand einer bis in die 1940er Jahre zurück reichenden Debatte über die Entstehung eines neuen Gesellschaftstyps. Zurückgehend auf die Arbeiten von Colin Clark und Jean Fourastié wie in den Theorien der Dienstleistungsgesellschaft behauptet, dass dieser Gesellschaftstyp sich von der Industriegesellschaft durch neue politische Machtstrukturen sowie völlig neue Lebens- und Arbeitsbedingungen unterscheidet. Diese neue Situation ergibt sich aus Veränderungen der Produktion und des Konsums: immer mehr Menschen sind im Dienstleistungssektor tätig und sein Anteil am Sozialprodukt wird immer größer. Als „Vater der Debatte" kann Jean Fourastié (1954) angesehen werden. Seine Theorie basiert auf der Drei-Sektoren-Hypothese. Sie beschreibt die sozioökonomische Entwicklung als einen kontinuierlichen, irreversiblen Entwicklungsprozess, der von einer dominierenden Stellung des primären Wirtschaftssektors (Landwirtschaft) über eine Dominanz des sekundären Sektors (In-

17 Vgl. Statistisches Bundesamt (1999, S. 90) und die dort angegebenen Quellen.

dustrie) hin zur überragenden Bedeutung des tertiären Sektors (Dienstleistungen) führt. Das Produktivitätswachstum im sekundären Sektor führt einerseits zu einer Sättigung der Märkte für Industriegüter, andererseits zu einer wachsenden Nachfrage nach Dienstleitungen. Da nun, so Fourastié, im Dienstleistungssektor kaum Produktivitätssteigerungen möglich seien, könne von einem stetigen Wachstum des tertiären Sektors ausgegangen werden. Damit könnten die im sekundären Sektor durch Rationalisierung und Produktivitätssteigerung freigesetzten Arbeitskräfte vom expandierenden tertiären Sektor aufgenommen werden. Folge wäre, so die optimistische Perspektive, eine krisenfreie und stabile gesellschaftliche Entwicklung – Fourastié bezeichnet daher im Jahr 1949 die neue Gesellschaft als die „große Hoffnung des 20. Jahrhunderts". Auf ihn beziehen sich bis heute explizit oder implizit die meisten Arbeiten über den gesellschaftlichen Strukturwandel. Zu nennen ist hier insbesondere Daniel Bell (1973), der mit seinem Konzept der „postindustriellen Gesellschaft" die Bedeutung von Informationen und Wissen für den Strukturwandel hervorgehoben hat. Er betont daher, dass die kommende Gesellschaft eine *Wissensgesellschaft* sei (vgl. dazu Kap. 8.4).

Insgesamt gesehen sind die unterstellten optimistischen Entwicklungsperspektiven des Dienstleistungssektors zu relativieren. Zum einen unterliegen viele Bereiche von Dienstleistungsarbeit genauso wie Produktionsarbeit durchgreifenden Rationalisierungstendenzen mit den entsprechenden Freisetzungseffekten; in manchen Untersuchungen wird daher auch von der „Industrialisierung" des Dienstleistungsbereichs gesprochen. Zum Zweiten ist ein nachhaltiges Wachstum des Dienstleistungssektors ohne Wachstum des sekundären Sektors kaum denkbar. Allen vorliegenden Befunden zufolge weisen insbesondere die produktionsbezogenen Dienstleistungen erkennbare Wachstumsraten und Arbeitsplatzzuwächse auf. Einerseits sind Dienstleistungen zunehmend unverzichtbarere Voraussetzung einer effizienten industriellen Produktion. Andererseits weisen industrielle Endprodukte in zunehmendem Maße immaterielle Anteile auf. „De-Industrialisierung" taugt daher kaum als gesellschaftliche Entwicklungsperspektive. Vielmehr ist die Entwicklung moderner Gesellschaften von einer Verschränkung von Warenproduktion und Dienstleistungen gekennzeichnet. Unzweifelhaft werden dabei alle gesellschaftlichen Bereiche von einer wachsenden Bedeutung von Wissen durchdrungen, das sich ständig erneuert und verändert.[18]

Generelle Aussagen über neuere Entwicklungstendenzen von Dienstleistungsarbeit sind allerdings nur schwer möglich. Die fehlende Transparenz ist einerseits Folge des Umstandes, dass die Entwicklung immaterieller Arbeit trotz ihres rasanten Wachstums in vielerlei Hinsicht ein recht vernachlässigtes Forschungsgebiet der Industriesoziologie ist.[19] Andererseits aber hängt dies sicherlich mit der Heterogenität dieses Bereichs der Erwerbsarbeit zusammen (Kap. 3.1.2).

---

18 Zu einer Zusammenfassung der Theorien der Dienstleistungsgesellschaft vgl. Häußermann/Siebel (1995, S. 27ff.).

19 Eine Ausnahme hiervon ist beispielsweise die große Angestelltenstudie von Baethge und Oberbeck aus dem Jahr 1985. Neuere empirische Forschungsergebnisse über die Entwicklung der Arbeit im Dienstleistungssektor finden sich in Pohlmann u.a. (2003).

In den Sektoren der neuen Dienstleistungs- und Informationsökonomie, aber auch in den High-Tech-Prozessen der industriellen Produktion finden sich vorzugsweise jene Arbeitsformen, die auch als *Wissensarbeit* gekennzeichnet werden können (Kap. 8.4). Sie umfassen fachlich besonders anspruchsvolle Arbeitsplätze, beispielsweise solche von Systemanalytikern, Servicespezialisten, Finanzfachleuten, Forschern, Entwicklern und Technikexperten unterschiedlichster Provenienz und in verschiedensten Funktionsbereichen. Vielfach handelt es sich hier um produktions- und unternehmensorientierte Gewährleistungsarbeit. Es fallen hierbei Aufgaben an, die nach Art, Umfang und zeitlichem Auftreten nur begrenzt voraussagbar sind und zudem eine hohe Motivation und Leistungsbereitschaft der Beschäftigten erfordern. Diese Art von Arbeit lässt sich daher nur in Grenzen standardisieren und rationalisieren und findet sinnvoller Weise häufig im Rahmen integrativer und wenig strukturierter Arbeitssysteme statt.

Verschiedentlich wird darauf hingewiesen, dass bei Gewährleistungsarbeit von einem Rationalisierungsdilemma gesprochen werden könne (Berger/Offe 1981). Einerseits unterliege sie – wie Erwerbsarbeit – generell Rationalisierungs- und Kostendruck – das heißt Effizienz ist das zentrale Gestaltungskriterium. Andererseits aber steht *Effektivität* im Sinne einer optimalen Erreichung ihres Ziels als Gestaltungs- und Handlungszweck im Vordergrund. Gewährleistungsarbeit erfülle ihren Zweck umso besser, je wirksamer und zuverlässiger sie technische, organisatorische, personelle etc. Voraussetzungen für einen Produktionsprozess schafft, diesen effizient plant und überwacht sowie Störungen und Friktionen, generell Ungewissheiten im laufenden Prozess vermeidet. Dadurch werden unter Umständen hohe Kosten vermieden, die die Kosten der Gewährleistungsarbeit selbst um ein Vielfaches überschreiten. Konkreter, in vielen Fällen rechnet es sich, in Planungs- und Überwachungsbereichen im Normalfall nicht benötigte Kapazitäts-, Zeit- und Qualifikationsüberschüsse in Kauf zu nehmen, wenn dadurch in Störungsfällen die Gewähr für sofortiges und kompetentes Eingreifen gegeben ist. Unstrukturierte und offene Arbeitssysteme sind oftmals die Konsequenz dieser widersprüchlichen Situation – einfach ausgedrückt, die Arbeit wird nach dem „Feuerwehrprinzip" gestaltet, wonach stets so viel Personal vorhanden sein sollte, um auch den schlimmsten Brand löschen zu können.

Die Arbeitssituation der hier in Frage stehenden qualifizierten Arbeitskräfte ist gekennzeichnet durch hohe Einkommen und ein ausgeprägtes Maß an Arbeitsautonomie. Voraussetzungen dafür sind professionelle Kompetenzen, Expertise, Kreativität und Innovationsfähigkeit. Indes wird in der neueren Debatte gerade auch die Ambivalenz dieser Arbeitsformen in Hinblick auf Arbeitsbelastungen sowie lebensweltliche Risiken hervorgehoben. Betont wird nicht nur die Gefahr von Selbstausbeutung und die Unkalkulierbarkeit prekärer Beschäftigung, sondern auch die Bedrohung familiärer und alltäglicher Lebensstabilität bis hin zur Vereinnahmung der Arbeitsperson durch Wirtschaftsunternehmen, die als „totalitär" charakterisiert wird (Deutschmann 2001).

Betrachtet man demgegenüber die großen Bereiche der verschiedensten konsumorientierten Dienste wie die Finanzdienstleistungen, das Versicherungswesen und den Handel, so lassen nur sich sehr differenzierte Entwicklungstendenzen der Arbeitsprozesse festmachen (z.B. IfS Frankfurt u.a. 1998; Baethge/Wilkens 2001; Pohlmann u.a. 2003): das Spektrum der Arbeitssysteme reicht von qualifizierten Arbeits- und Teamkonzepten in Bereichen der Außenkontakte und Kundenschnittstellen bis hin zu einer durchgreifenden Automatisierung und partiellen Taylorisierung in internen administrativen Bereichen und in Teilbereichen des Handels. Grosso modo lässt sich festhalten, dass dieser Wirtschaftssektor von einem schnell wachsenden Anteil prekärer Beschäftigungsverhältnisse, das heißt der Anpassung von Arbeitskraft an kurzfristig wirksame ökonomische Zwänge, geprägt ist.

Ökonomisierung der Arbeit als Entwicklungstendenz

Allen Forschungsergebnissen zufolge ist generell von der Tendenz zu einer *erweiterten Ökonomisierung der Arbeit* auszugehen. Das heißt, es findet eine immer direktere Kopplung der Arbeit an die wechselnden Anforderungen der Konkurrenz und des Marktes statt und die Risiken und Ungewissheiten von Marktprozessen schlagen verstärkt auf die Arbeitssysteme und ihre Regelungsformen durch. Wesentliche Ursachen hierfür sind: wachsender Kostendruck auf die Unternehmen und eine verschärfte Rationalisierung der Arbeitsprozesse mit der Folge sinkender Einkommen, indem etwa Einkommenszuschläge der verschiedensten Art, für Überstunden, Nachtschichten, besondere Belastungen, im Kontext sog. Beschäftigungssicherungspakte oder Vereinbarungen zur Standortsicherung zwischen dem Unternehmensmanagement und den Belegschaftsvertretern wegfallen (Kap. 6.5). Hinzu kommt vielfach die erwähnte Ausweitung kosten-, auslastungs- und absatzorientierter Einkommensbestandteile. Verbunden damit sind vielfach eine Flexibilisierung und Ausdehnung von Arbeitszeiten, der Abbau fester Arbeitszeiten und die Bindung von Arbeitszeiten an die Auftragslage und Kapazitätsauslastung des Unternehmens. Die insbesondere unter den Bedingungen der fordistischen Massenproduktion anzutreffende Standardisierung der Arbeitsformen und ihre damit einhergehende Abschottung gegenüber den Unwägbarkeiten des Marktes erodiert dadurch beschleunigt. Eine Konsequenz ist die viel diskutierte Erosion des sog. Normalarbeitsverhältnisses und eine Tendenz zur „Entstrukturierung des Arbeitsmarktes“ (Deutschmann 2002, S. 152ff.).[20] Diese Tendenzen gelten nicht nur für den weiten Bereich der Dienstleistungsarbeit, der vielfach strukturell unmittelbar mit Marktanforderungen verkoppelt ist, sondern in zunehmendem Maße auch für Produktionsarbeit.

---

20 Vgl. dazu genauer das Kap. 7.3 über den Wandel des Arbeitsmarktes.

Weil diese Entwicklungstendenzen fest gefügten arbeitsorganisatorischen Regelungen zuwiderlaufen, gewinnt der neuren industriesoziologischen Debatte zufolge eine neue Koordinationsform von Arbeit an Bedeutung, deren Logik als *Subjektivierung von Arbeit* gefasst wird (z.B. Moldaschl/Voß 2002). Abgestellt wird damit auf den Verzicht auf konkrete objektivierte Arbeitsvorgaben zugunsten von Rahmendaten und unternehmensintern „simulierten" Märkten, in deren Kontext die Beschäftigten autonom agieren sollen und ihre Arbeit selbst organisieren und rationalisieren. Nichts weiter meint der modische Appell der Managementseite an viele Arbeitskräfte, „unternehmerisch" zu handeln. Dies ist etwa beobachtbar in Arbeitsgruppen, die als autonome Unternehmenssegmente, sog. Cost- und Profit-Center agieren. Die abhängige Arbeitskraft wird damit selbst zum ökonomischen Subjekt. Sie gewinnt Handlungsfreiheiten einerseits, andererseits ist sie verstärkt ökonomischen Druck, Risiken und Unsicherheiten ausgesetzt. Es entwickeln sich neue Widerspruchs- und Spannungsmomente der Arbeit, die insgesamt bislang nur schwer einzuschätzen sind.[21] Formeln wie „Herrschaft durch Autonomie" (Moldaschl/Sauer 1999) sollen die Ambivalenz der Veränderungen signalisieren.[22]

Weiterführende Literatur zu Kapitel 3

Häußermann, H.; Siebel, W. 1995: Dienstleistungsgesellschaften. Frankfurt/M. Kern, H.; Schumann, M. 1984: Das Ende der Arbeitsteilung? München

Marsden, D. 1999: A Theory of Employment Systems. Oxford, insbesondere Teil I

Marx, K. 1972: Das Kapital. Erster Band, Berlin, Kap. 13: Maschinerie und große Industrie

Müller-Jentsch, W. 2003: Organisationssoziologie. Frankfurt/New York, Kap. 2

Sauer, D. 1993: Entwicklungstrends industrieller Rationalisierung, In: IfS-Frankfurt u.a. (Hrsg.): Jahrbuch Sozialwissenschaftliche Technikberichterstattung 1993. Schwerpunkt: Produktionsarbeit. Berlin, S. 13-26

21 Zu einer zusammenfassenden Kritik dieser neueren Debatte vgl. Faust (2003).
22 Vgl. dazu insbesondere auch Wolf (1999, S. 143ff.).

4. Unternehmensorganisation und Unternehmensnetzwerke

Ein Unternehmen kann zunächst einmal als ein Ensemble von verschiedenen Arbeitssystemen begriffen werden, die einzelne Unternehmensfunktionen ausführen. Greift man den Begriff der *Wertschöpfungskette* von Porter (1991) auf, so lassen sich sehr verschiedene Unternehmensfunktionen unterscheiden: einerseits Aktivitäten wie Logistik, Herstellung, Marketing und Kundendienst, die den eigentlichen, produktiven Kern eines Unternehmens ausmachen, und andererseits darauf bezogene Dienstleistungsaktivitäten, die sich als Finanz-, Planungs- und Entwicklungsfunktionen etc. auf die Sicherung der Funktionsfähigkeit des Gesamtunternehmens richten. Als zentrales Unternehmensproblem erweist sich das der Koordination der unterschiedlichen Funktionsbereiche und der damit verbundenen Arbeitssysteme zu einem funktionierenden und integrierten Gesamtprozess. Seine Bewältigung erfolgt auf organisatorischem und technischem Wege und es entsteht eine spezifische Binnenstruktur eines Unternehmens. Zugleich verfügt ein Unternehmen über vielfältige Außenbeziehungen zu anderen Unternehmen und Organisationen, gesellschaftlichen Institutionen und weiteren Umweltfaktoren (Allmendinger/Hinz 2002, S. 10). Dabei ist davon auszugehen, dass ein Unternehmen eine Vielzahl externer institutioneller Einflüsse inkorporiert, seien es kulturelle, normative, wie aber auch regulative, die die Handlungen der Unternehmensmitglieder und ihre internen Koordinationsformen beeinflussen. Die Analyse organisationsinterner Prozesse, wie aber auch die konkrete Gestaltung von Organisationsstrukturen müssen daher immer in Rechnung stellen, dass eine Organisation eng verschränkt mit ihren Umgebungsbedingungen ist (Scott 2001, S. 82).

Insofern kann ein Unternehmen als ein soziales Teilsystem mit spezifischen Funktionen, einer besonderen Binnenstruktur und Akteuren sowie einer davon unterscheidbaren Umwelt begriffen werden. Es agiert innerhalb umfassender und übergeordneter sozialer Systeme wie etwa dem System der industriellen Beziehungen und dem Arbeitsmarkt. Bezogen auf seine externen Beziehungen kann ein Unternehmen daher auch als korporativer Akteur (Kap. 2.2.2) mit einer Handlungsfähigkeit sui generis verstanden werden. Im Sinn der diskutierten Rationalitätsannahme (Kap.1.4) ist dieses Handeln als zweckrationales zu begreifen, geht es doch einem privatwirtschaftlich verfassten Unternehmen in der Regel um die Sicherung und die Steigerung von Profitabilität. Denkbar ist jedoch ein ganzes Bündel davon abgeleiteter verschiedener, ja konfligierender Teilziele, die sich nicht nur auf Effizienz und Effektivität, sondern auch auf die Beschaffung von Legitimation und die Erfüllung von Normen richten können. Industriesoziologisch formuliert, ein Unternehmen verfolgt *Rationalisierungsstrategien*, die sich in unterschiedlicher Weise ausprägen.

4.1 Unternehmen als soziales System

Als zentrales Strukturmerkmal von Unternehmen kann das der Spezialisierung bzw. Differenzierung von Unternehmensfunktionen angesehen werden, wie es vor allem in der klassischen auf Max Weber zurückgehenden Organisationslehre als strukturelles Grundprinzip moderner Organisationen herausgestellt wird (Kieser/Kubicek 1992, S. 67ff.). Je nach Grad und Reichweite der Differenzierung ergeben sich dann unterschiedliche Konsequenzen und Anforderungen für weitere Aspekte der Unternehmensorganisation wie die Form der Integration, die Ausbildung des Management- und Leistungssystems, den Einsatz von Technologien sowie die Personalpolitik und die Qualifikationsstruktur.

4.1.1 Die Grundelemente eines Unternehmens

Versucht man die Elemente eines Unternehmens genauer zu spezifizieren, so bietet sich an, auf die Überlegungen des Managementtheoretikers Henry Mintzberg zurückzugreifen, der sich mit der Struktur von Wirtschaftsorganisationen auseinander gesetzt hat. Er nennt sechs Grundelemente einer Organisation (Mintzberg 1989, S. 98ff.):

(a) *Operativer Kern:* Darunter ist jenes organisationale Teilsystem zu verstehen, in dem die „Basisarbeit“ eines Unternehmens, nämlich die Herstellung von Produkten und Dienstleistungen ausgeführt wird. In Industrieunternehmen kann man hierunter den Produktionsprozess und die hier vorfindbaren Arbeitssysteme verstehen.

(b) *Strategische Spitze:* Hierbei handelt es sich um eine Position, von der aus es möglich ist, das gesamte Unternehmen zu überschauen und entsprechend grundlegende – strategische – Entscheidungen zu fällen. Mintzberg hebt hervor, dass jedes Unternehmen gleich welcher Größe und Art eine solche strategische Spitze benötige.

(c) *Mittleres Linienmanagement:* Dieses umfasst Manager, die in der Hierarchie zwischen dem operativen Kern und der Unternehmensspitze angesiedelt sind, die Vorgaben der strategischen Spitze umsetzen und konkretisieren und mit entsprechender Anweisungsbefugnis ausgestattet sind.

(d) *Technostruktur:* Hierunter sind Experten und Stäbe zu verstehen, deren Aufgabe es ist, die Prozesse eines Unternehmens zu planen und zu steuern. Diese Experten sind neben der Hierarchie des Linienmanagements angesiedelt und dienen der Unterstützung des Managements. Konkret ist hierunter etwa die Arbeitsvorbereitung oder die Qualitätssicherung in einem Fertigungsunternehmen zu verstehen.

(e) *Unterstützende Bereiche:* Dabei handelt es sich um solche Aktivitäten, die die Kernoperationen allenfalls indirekt unterstützen, die gleichwohl für Funktionsfähigkeit eines Unternehmens nicht unwichtig sind. Mintzberg nennt hier Dienste wie Cafeteria, interne Post, Rechtsberatung und Public Relations.

(f) *Ideologie:* Diese umfasst die Traditionen, Normen und Orientierungen, die das Handeln in einem Unternehmen beeinflussen, es unter Umständen jenseits aller formalen organisatorischen Regeln stark prägen und ihrerseits durch sich einspielende Handlungspraktiken erst entstanden sind. Ein anderer, viel verwendeter Begriff hierfür ist der der *Unternehmenskultur*.[1]

Diese sechs Grundelemente prägen sich in je besonderer Weise aus und sind miteinander verknüpft. Sie bilden zusammen ein soziales System mit bestimmten Strukturen und einer Akteurskonstellation, die sich durch eine spezifische Machtverteilung und Interessenkonstellation auszeichnet. Bezeichnet wird damit jener Zusammenhang, der unter der Überschrift *Mikropolitik* die unternehmensinternen Konfliktpotentiale und ihre Lösungsmuster bezeichnet. Es liegt auf der Hand, dass sich diese je nach Strukturtyp eines Unternehmens sehr stark unterscheiden können (vgl. dazu Kap. 5.2.2).

Wie sich allerdings diese Grundelemente zu einem bestimmten sozialen System, einem spezifischen Unternehmenstypus, konfigurieren, wird Mintzberg zufolge vor allem auch von einer Reihe unternehmensexterner Faktoren beeinflusst. Verwiesen wird zunächst auf eine ganze Reihe von Akteuren wie Eigentümer, Gewerkschaften, Konkurrenten, Kunden, Lieferanten, politische Akteure und weitere Interessengruppen, die der Autor im Unterschied zu den unternehmensinternen Akteuren, der *internen Koalition* (internal coalition) als *externe Koalition* (external coalition) bezeichnet (ebd., S. 98f.). Letztere steht im Kontext all jener unternehmensexternen sozialen und ökonomischen Bedingungen, die oben schon als konstitutiv für ökonomisches Handeln in Unternehmen hervorgehoben worden sind, wie etwa die Bedingungen der Absatz- und Beschaffungsmärkte, das System der industriellen Beziehungen und das System der Corporate Governance (Kap. 2.2.3 und 2.4). Entscheidend dafür, wie sich dieses Verhältnis konkretisiert und insbesondere welche externen Gruppen Einfluss auf eine Unternehmen nehmen können, ist die jeweilige Unternehmensverfassung, insbesondere die Rechtsform eines Unternehmens. Im deutschen Unternehmensrecht werden hierbei drei Grundtypen unterschieden, mit denen sich jeweils sehr unterschiedliche Akteurskonstellationen verbinden: Einzelun-

1 Zu einer kritischen Diskussion des Begriffs der Kultur als Kategorie der Organisationsanalyse vgl. z.B. Pekruhl (2001, S. 180ff.).

ternehmen, Personengesellschaften und Kapitalgesellschaften (Müller-Jentsch 2003, S. 94ff.).

Abb. 5: Grundelemente eines Unternehmens (nach Mintzberg 1989, S. 99)

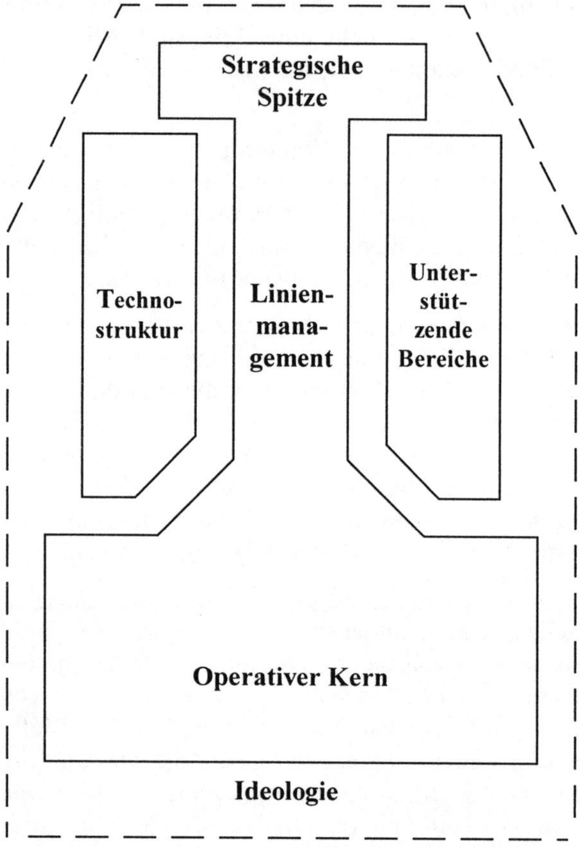

Wie sich nun die skizzierten Grundelemente unter dem Einfluss der verschiedenen externen Bedingungen zu einem spezifischen Unternehmenssystem konfigurieren, hängt Mintzberg zufolge davon ab, wie stimmig die verschiedenen Grundelemente in ihrer Gesamtheit ineinander greifen und zusammenwirken (Mintzberg 1989, S. 110).

4.1.2 Unternehmenstypen

Die Grundelemente und die unternehmensexternen Faktoren lassen sich zu verschiedenen Systemen von Unternehmen, d.h. Unternehmenstypen bündeln. Weiterhin orientiert an Mintzberg (1989, S. 109ff.), sollen im Folgenden fünf grundlegende Unternehmenstypen skizziert werden:

Bürokratisches Großunternehmen
Dieser Unternehmenstyp ist unzählige Male in der Unternehmensforschung beschrieben und analysiert worden, er gilt als geradezu paradigmatisch für eine rational gestaltete und geführte sowie wie eine Maschine funktionierende Organisation. Schon Max Weber beschrieb in seiner Bürokratieanalyse eindringlich ihre besondere Leistungsfähigkeit. Die zentralen Merkmale dieses Unternehmenstyps sind: eine ausgeprägt funktionale und hierarchisch geregelte Arbeitsteilung sowohl im operativen Kern als auch auf den verschiedenen Ebenen des Managements; ein ausdifferenzierter Managementapparat mit einer stark zentralisierten Unternehmensleitung; ausgeprägte Planungs- und Kontrollbereiche sowie Expertenstäbe, die geradezu die Voraussetzung für die Funktionsfähigkeit und für die Regelhaftigkeit der Unternehmensprozesse sind; und schließlich eine Unternehmensideologie, die auf Aspekte wie die besondere Leistungsfähigkeit, die Tradition und die Legitimität des nach rationalen Kriterien gestalteten Gesamtunternehmens abstellt. Es handelt sich in der Regel um Großunternehmen, die oft als Aktiengesellschaften eine anonyme Eigentümerstruktur aufweisen. Die grundlegende Entscheidungsmacht über das Unternehmen liegt daher zumeist in der Hand des Topmanagements. Die bekanntesten Beispiele für diesen Unternehmenstyp sind die zentralisierten und differenzierten Unternehmen der tayloristisch-fordistischen Massenproduktion, die unter den Bedingungen stabiler und kalkulierbarer Absatzmarktbedingungen hoch standardisierte Produkte fertigen (Kap. 3.4.2). Insbesondere die beschriebenen differenzierten Arbeitssysteme sind in solchen Unternehmen anzutreffen. Unter diesen Bedingungen ist dieser Unternehmenstyp in der Lage Leistungen effizient und verlässlich bereitzustellen. Nachteile sind aber seine mangelnde Flexibilität – wechselnde Marktanforderungen können wenn überhaupt, nur mit sehr hohem Planungsaufwand bewältigt werden – und die hohe organisatorische Komplexität. Zudem kritisiert Mintzberg die „Obsession" des Managements, alle Prozesse möglichst weitgehend zu kontrollieren, welche Widerstände und mangelnde Arbeitsmotivation im operativen Kern eines solchen Unternehmens erzeuge.

Konkret kann dieser Unternehmenstyp unterschiedliche Organisationsformen einschließen. Zu nennen sind hier vor allem die in einschlägigen Lehrbüchern viel beschriebenen Organisationsmodelle wie das *Einlinien- und Mehrlinienmodell* sowie das *Stab-Liniensystem*, die sich insgesamt durch einen hohen Grad an funktionaler und hierarchischer Arbeitsteilung sowie Entscheidungszentralisierung auszeichnen. Zu nennen ist hier außerdem das Modell des *funktionalen Unternehmens*, bei dem unterhalb der Unternehmensspitze das Unternehmen nach seinen Hauptfunktionen, z.B. Produktion, Beschaffung, Absatz etc. gegliedert ist. Diese Funktionsbereiche sind gewöhnlich ihrerseits als Einlinienmodell hierarchisch ausgestaltet.[2]

---

2 Vgl. zusammenfassend z.B. Kieser/Kubicek (1992, S. 67ff.) und Müller-Jentsch (2003, S. 88ff.).

Eigentümerzentriertes Unternehmen

Der Typus eines eigentümerzentrierten Unternehmens steht in deutlichem Kontrast zum bürokratischen Unternehmen. Die Struktur eines solchen Unternehmens ist wenig arbeitsteilig, kaum geregelt und formalisiert, sie zeichnet sich durch ein hohes Maß an Flexibilität aus und verfügt über keinen ausdifferenzierten Managementapparat. Die Leitungs- und Managementaufgaben konzentrieren sich zumeist in der Hand einer kleinen Gruppe von Vorgesetzten oder gar einer einzelnen Person, oft dem Eigentümer. Er stellt die „Schlüsselfigur" des Unternehmens insgesamt dar und er prägt ganz entscheidend die interne Situation, die Arbeitsweise und die vorherrschenden Arbeitsorientierungen der Arbeitskräfte. Expertenstäbe und unterstützende Bereiche sind sehr selten. Die Arbeitsformen auf der operativen Ebene lassen sich nur schwer als eindeutig definierbare und strukturierte Arbeitssysteme begreifen; sie können ein breites Spektrum von qualifizierten und anspruchsvollen Tätigkeiten bis hin zu einfachen und repetitiven Tätigkeiten umfassen. In der Regel handelt es sich hierbei um mittlere und kleinere Unternehmen, die sehr anpassungsfähig unter wechselnden Marktbedingungen operieren. Oftmals anzutreffende Eigentumsform dieser Unternehmen ist der Besitz durch einzelne Personen oder eine Familie.[3]

Wie die Ergebnisse einer relativ breit angelegten empirischen Studie über die Struktur mittlerer und kleinerer Unternehmen zeigen, können solche Unternehmen konkret sehr verschiedene Formen aufweisen (Kotthoff/Reindl 1990). Es findet sich ein breites Spektrum sehr verschiedener Unternehmenstypen, das auf der einen Seite von einem Typus begrenzt wird, der als „pragmatische Produktionsgemeinschaft" bezeichnet wird. Diese Charakterisierung verweist auf die sowohl beim Unternehmer als auch bei den Beschäftigten vorherrschende gemeinsame Orientierung an der Unternehmensentwicklung, eine beidseitige Abhängigkeit vom Unternehmenserfolg und eine wechselseitige Einforderung von besonderem Arbeitseinsatz und sozialer Kooperation. Auf der anderen Seite des Spektrums findet sich ein Typus, den Hermann Kotthoff anschaulich als „seelenloses Arbeitshaus" bezeichnet. Charakteristisch hierfür ist eine streng hierarchische Ausrichtung des Unternehmens auf einen unnahbaren Chef und eine Reduktion der Beschäftigten auf die reine Arbeitskraft, die nur als Lieferant eines bestimmten Arbeitsquantums und nicht als Person angesehen wird. Ein solches Unternehmen sei „ein Skelett aus Maschinen, Organisationsregeln und Produktionsfaktoren, ein funktionaler Mechanismus, der keinen sozialen Schmierstoff braucht" (ebd., S. 287).

Insgesamt zeichnen sich eigentümerzentrierte Unternehmen in der Regel durch begrenzte Handlungs- und Strategiepotentiale aus. Die Gründe hierfür sind die nur begrenzten Ressourcen an Kapital, Personal und Know-how und das Management ist durch eine geringe Spezialisierung und Professionalisierung charakterisiert. Je nach Situation und Entscheidungsbedarf kön-

3 Oft auch als KMU – kleinere und mittlere Unternehmen – bezeichnet. Einer formalen Definition der EU zufolge gelten Unternehmen dann als KMU, wenn sie nicht mehr als 250 Beschäftigte haben, bis zu 40 Mio. € Umsatz im Jahr erwirtschaften und zu nicht mehr als 25% ihres Kapitals in den Händen anderer Unternehmen sind.

nen daher gravierende ökonomische Probleme entstehen. Überspitzt formuliert, kleineren Unternehmen gelingt eine Anpassung häufig nur deshalb, weil sie bereit und fähig sind, auf der Basis unzureichender Informationen und Ressourcen rasch Entscheidungen zu treffen und umzusetzen. Dabei hilft ihnen ihre wenig formalisierte Organisationsstruktur und ihr geübte – weil durch die Planungs- und Planbarkeitsdefizite erforderliche – Improvisationsfähigkeit (Semlinger 1988, S. 231).

Divisionales Unternehmen

Der von Mintzberg als divisional bezeichnete Unternehmenstyp (1989, S. 155ff.) zeichnet sich durch eine mehr oder weniger enge Kopplung teilautonomer Unternehmenseinheiten durch eine zentrale Unternehmensleitung aus. Die einzelnen Unternehmenseinheiten, die Divisionen oder auch Unternehmenssparten, sind auf unterschiedliche Marktsegmente ausgerichtet. Dabei können diese nach verschiedenen Prinzipien gegliedert sein: nach Produktgruppen, nach Kundengruppen oder nach Regionen. Bei divisionalen Unternehmen handelt es sich in der Regel um größere Unternehmen, etwa solche, die ihre frühere bürokratische Struktur angesichts zunehmend flexibler Marktbedingungen ausdifferenziert haben (s.u.). Ein Merkmal dieses Unternehmenstyps ist die *Dezentralisierung* von Entscheidungen, d.h. die Verlagerung von Managemententscheidungen in Richtung ausführender Ebenen, insbesondere auf die Ebene der Divisionen. Konsequenz ist, dass die Unternehmensspitze für strategische, das Gesamtunternehmen betreffende Entscheidungen zuständig ist, die Divisionsmanager hingegen für die geschäftsspezifischen Entscheidungen. Allerdings können sich in den einzelnen Divisionen durchaus die skizzierten Strukturen eines zentralisierten und bürokratisierten Unternehmens mit allen seinen Elementen wiederfinden.

Als Sonderfall der divisionalen Unternehmensorganisation sei die *Matrixorganisation* erwähnt: Es handelt sich um ein Dualsystem, bei dem sich verschiedene Dimensionen wie Produkte und Regionen überlagern und beide mehr oder weniger gleichberechtigt sind. Jede nachgeordnete Stelle untersteht hier im Prinzip zwei Vorgesetzen. Koordination erfolgt hier mithin in zwei Dimensionen, was naturgemäß einen hohen Kommunikations- und Abstimmungsbedarf nach sich zieht, zugleich aber zu einer deutlichen Entlastung der Unternehmensspitze führen kann.

Insgesamt vermeidet eine divisionale Struktur die Nachteile eines bürokratisierten Unternehmens wie ausgeprägte und starre Regelhaftigkeit, hohe Overheads und große Anpassungsprobleme an sich wandelnde Außenbedingungen. Zugleich aber werden infolge der ausdifferenzierten Unternehmenseinheiten und der damit verbundenen großen partikularen Interessen Zentrifugalkräfte im Gesamtunternehmen wirksam, die eine Vielzahl von Koordinations- und Integrationsprobleme nach sich ziehen. Dies ist nicht zuletzt auch Folge des Umstandes, dass es im Rahmen eines dezentralisierten Unternehmens schwierig ist eine von allen geteilte Auffassung über die

Unternehmensziele und eine umfassende Unternehmenskultur zu verankern.

Professionelles Unternehmen

Ein weiterer Unternehmenstyp kann als professionelles Unternehmen bezeichnet werden. Es handelt sich in der Regel um ein größeres Unternehmen, das sich einerseits durch eine relativ geregelte Grundstruktur auszeichnet, das andererseits wenig strukturierte Bereiche mit relativ großer Arbeitsautonomie aufweist. Das Managementsystem ist auf den mittleren Ebenen nur wenig differenziert, die Technostruktur, d.h. die Planungsstäbe sind ebenfalls wenig ausgeprägt. Die Personalpolitik ist qualifikations- und berufsorientiert und qualifiziertes Personal nutzt die Autonomiespielräume im Rahmen anspruchsvoller und selbst organisierter Tätigkeiten. Die vorherrschenden Arbeitssysteme lassen sich daher als integriert charakterisieren. Dieser Unternehmenstyp findet sich beispielsweise im Bereich anspruchsvoller und flexibler Dienstleistungen wie bei Planungs- und Ingenieurbüros oder auch in der industriellen Einzel- und Kleinserienfertigung, die kundenspezifische Produkte herstellt und wo ein hoher Anteil qualifizierter Facharbeiter anzutreffen ist. Sie müssen in der Lage sein, anspruchsvolle administrative oder technische Lösungen auf der Basis eines professionellen Wissens und früherer Problemlösungen systematisch zu erstellen. In diesen Unternehmen findet sich daher eine ausgeprägte fachliche Identifikation mit den Produkten und Prozessen und Bereitschaft zur selbständigen Tätigkeit. Diese teilweise sehr individuelle Arbeitsorientierung impliziert aus der Sicht des Gesamtunternehmens allerdings auch ein hohes Maß an Koordinations- und Abstimmungsaufwand.

Innovatives Unternehmen

Einen fünften Unternehmenstyp bezeichnet Mintzberg als innovative Organisation. Er sieht diesen Typus zu grundlegenden Innovationen in der Lage, wie sie beispielsweise in Forschungsfirmen, in Modefirmen und Filmstudios oder bei der Herstellung von industriellen Prototypen anzutreffen sind. Die anderen Unternehmenstypen hingegen seien dazu kaum in der Lage, denn sie reproduzieren im Prinzip vorhandene Technologien und verfügbares Wissen.[4] Allenfalls könne der eigentümerzentrierte Betrieb solche Innovationen hervorbringen, die allerdings auf Grund der Ressourcenknappheit stets nur relativ simpel sein könnten. Die Strukturen des innovativen Unternehmenstyps bezeichnet Mintzberg mit dem Begriff der „Adhocracy". Darunter versteht er ein organisationales System, das formal nur wenig strukturiert ist, keinen ausdifferenzierten Managementapparat aufweist und auf einer flexiblen Arbeitsverteilung, einem informellen Kommunikationsstil im Rahmen temporär gebildeter Projektteams basiert. Voraussetzung hierfür sind eine hohe Qualifikation und eine ausgeprägte Leistungsorientierung

4 Zu den Begriffen Wissen und Innovation vgl. Kap. 8.1.

sowie eine permanente Lernbereitschaft der Beschäftigten, die zu einem Gutteil die Ideologie der Firma insgesamt ausmacht. Es handelt sich um eine Arbeitsform, die durchaus Ähnlichkeiten mit der von Willke beschriebenen organisierten Wissensarbeit aufweist, die als typisch für die Wissensgesellschaft gilt (Kap. 8.4).

Seine besondere Leistungsfähigkeit entfaltet dieser Unternehmenstyp in einem Umfeld, das als komplex, dynamisch, kaum kalkulierbar und vor allem als technologieorientiert bezeichnet werden kann. Daher sind auch die Unternehmensgrenzen dieses Typs nicht immer scharf gezogen, denn unter Umständen werden für bestimmte Projekte zusätzliche Partner mit spezifischen Kompetenzen benötigt. Ein Grenzfall ist daher der Typ der „temporary adhocracy", der sich immer nur für bestimmte Projekte bildet. Im Kontext der Netzwerkdebatte spielt dieser Typ als „virtuelles" Unternehmensnetzwerk eine prominente Rolle (Kap. 4.3.2). Wie indes noch genauer zu zeigen ist, verbinden sich mit diesem Unternehmenstyp allerdings auch eine ganze Reihe von unter Umständen schwer wiegenden Koordinations- und Managementproblemen, die seine besondere Leistungsfähigkeit durchaus nachhaltig konterkarieren können.

4.2 Wandel der Unternehmensorganisation

Die verschiedenen Unternehmenstypen sind, je nach Branche oder auch Land verschieden, nebeneinander anzutreffen. Insofern ist ihre Existenz auch Ausdruck der oben angesprochenen Ungleichzeitigkeit der wirtschaftlichen Entwicklung. Zugleich aber lassen sich die verschiedenen Typen auch mit historisch verschiedenen Phasen der Unternehmensentwicklung in Verbindung bringen.

4.2.1 Zur historischen Entwicklung

In Hinblick auf die historische Entwicklung über den Wandel von Unternehmen bieten die klassischen Untersuchungen des amerikanischen Wirtschaftshistorikers Alfred D. Chandler (1962; 1977) reichhaltiges Material. Seinen Untersuchungsergebnissen zufolge gewinnt spätestens ab dem Ende des 19. Jahrhunderts das moderne Großunternehmen eine zentrale Bedeutung für die Koordination wirtschaftlichen Handelns. Mit Chandler formuliert, an die Stelle der „invisible hand" des Marktes tritt die „visible hand" des planenden und steuernden Managements. Dabei geht er davon aus, dass die Strategie des Managements entscheidend ist für die Struktur eines Unternehmens; seine Formel „structure follows strategy" wurde weit über den wissenschaftlichen Bereich hinaus populär. An Chandler orientiert kann ein

Phasenmodell der Unternehmensentwicklung wie folgt zusammengefasst werden:[5]

- Die erste Phase gegen Ende des 19. Jahrhunderts ist geprägt vom Aufbau von Großunternehmen. Durch eine ständige Erweiterung der Kapazitäten und der vertikalen Diversifikation in vor- und nachgelagerte Produktionsfunktionen soll ein kontinuierliches Umsatzwachstum erreicht werden.
- In einer zweiten Phase ab Beginn des 20. Jahrhunderts ist der Aufbau bürokratischer Organisationsstrukturen mit zentralistisch-hierarchischer Steuerung zu beobachten. Zugespitzt formuliert, es entsteht das tayloristische Unternehmen.
- Eine dritte, von der zweiten nur schwer zu unterscheidende Phase, zeichnet sich durch eine Expansion von Märkten und das Aufkommen neuer Produkte, z.B. elektrischer Geräte, erster Automobile, aus. Die Unternehmensentwicklung ist von einer Suche nach Wachstumsmöglichkeiten geprägt und es entstehen Konglomerate bzw. diversifizierte Unternehmen.
- Die vierte Phase etwa ab den 1920er Jahren ist gekennzeichnet durch die Verbreitung divisionaler Organisationsstrukturen. Denn auf Grund der Expansion stößt die bürokratisch-funktionale Struktur zunehmend an Komplexitätsgrenzen und ist immer weniger in der Lage, die im Zuge der Diversifizierung entstehenden Koordinationsprobleme zu lösen. Durch eine weiter gehende Ausdifferenzierung der Unternehmensstrukturen sollen eine Überlastung des Managements und ein besserer Zugriff auf Organisationsabläufe gewährleistet werden

Die divisionale Unternehmensorganisation wird etwa ab Anfang der 20er Jahre des letzten Jahrhunderts zuerst in amerikanischen Großunternehmen wie du Pont und General Motors realisiert. Die Grundidee ist, weitgehend selbständige produktorientierte Unternehmensbereich aufzubauen (s.o. Kap. 4.1.2). Alfred P. Sloan, Vorstandsvorsitzender bei General Motors von 1923 bis 1946, kann als früher Verfechter dieses Konzepts angesehen werden. Den größten Verbreitungsgrad erzielte dieses Modell in den USA, wo es Mitte der 1980er Jahre von der Mehrzahl der größten 500 Unternehmen realisiert war (Mintzberg 1989, S. 155). In Deutschland fand dieses Konzept nur eine zögerliche Verbreitung. Vorliegenden Untersuchungen zufolge kam es hier erst ab Ende der 1960er Jahre zu einer größeren Divisionalisierungswelle. Die Gründe für diese unterschiedliche Entwicklung sind vielfältig. Sicherlich ist ein Aspekt der Rückstand des in Deutschland verfügbaren Managementwissens gegenüber den USA. Wichtige Gründe sind außerdem die in Deutschland späte Durchsetzung fordistischer Produktionsstrukturen, die mit einem schnellen Wachstum von Unternehmen einhergehen und die im Unterschied zu den USA weite Verbreitung mittelständischer Unternehmen, die nicht vor den Koordinationsproblemen großer Unternehmen stehen.

---

5 Vgl. dazu und zum Folgenden die zusammenfassende Darstellung von Funder (1999, S. 106ff.).

4.2.2 Dezentralisierung

Daran anschließend kann eine fünfte Entwicklungsphase der Unternehmensreorganisation ab den 1980er Jahren ausgemacht werden, die von einer fortschreitenden Durchsetzung von Prinzipien der *Dezentralisierung* charakterisiert ist. Im Einzelnen verbinden sich damit ausgeprägt dezentralisierte Formen des divisionalen Unternehmenstyps, die Konzentration von Unternehmen auf Kernaktivitäten, der Abbau von Hierarchien, die Etablierung flexibler Subeinheiten, Aufgabendelegation sowie die Realisierung des Konzepts von Cost- und Profit-Centern bis hin zur Bildung von Unternehmensnetzwerken (Kap. 4.3). Die Zielsetzungen dieser Reorganisationsmaßnahmen sind vielfältiger Natur. Beispielsweise sollen damit Marktorientierung und Kundennähe deutlich verbessert werden, denn es liegt auf der Hand, dass kleinere Einheiten, die komplette Produkte herstellen und „aus einer Hand" anbieten, durch ihre Flexibilität und Überschaubarkeit einen schnellen und engen Bezug zum Marktgeschehen herstellen können. Ähnliches gilt in Hinblick auf Kooperationsfähigkeit mit unternehmensexternen Partnern. Kleinere dezentrale Einheiten ermöglichen weiterhin eine hohe Transparenz über Kosten und Rationalisierungserfordernisse der jeweiligen Prozesse. Schließlich legen die Internationalisierung von Produktionsstätten, ihre Verlagerung in die einzelnen Regionen des Weltmarktes und der Aufbau von internationalen Produktions- und Entwicklungsverbünden dezentrale Unternehmensstrukturen unmittelbar nahe (Kap. 9.3.2). Aufs Ganze gesehen ist es wohl nicht überzogen festzustellen, dass Dezentralisierung seit den 1990er Jahren im Begriff steht, zu einem generellen Leitbild organisatorischer Gestaltung zu gerinnen.[6] Die Entscheidungen betrieblicher Instanzen über die Reorganisation von Unternehmens- und Produktionsstrukturen werden seit einigen Jahren nachhaltig davon geprägt. Offenbar gewinnt dieses Leitbild, ähnlich wie früher der Taylorismus, den Status einer „Sachnotwendigkeit", die alternative Lösungen von vornherein ausschließt oder doch zumindest unter beträchtlichen Legitimationsdruck stellt. Bei genauerer Betrachtung zeigt sich indes, dass mit dem Label „Dezentralisierung" sehr verschiedene Organisationsebenen und Verlaufsformen der Reorganisation angesprochen sind. Dezentralisierung reicht von Restrukturierungsmaßnahmen auf der Ebene von ganzen Unternehmen bis hin zu solchen auf die Ebene einzelner Arbeitssysteme.

Zur Präzisierung bietet sich an, auf die Begrifflichkeit von Faust u.a. (1994, S. 23ff.) zurückzugreifen: Sie sprechen von *strategischer Dezentralisierung*, die sich auf die Ebene der Unternehmensorganisation bezieht. Es handelt sich hierbei wohl um den relativ häufig anzutreffenden, gewissermaßen „klassischen" Fall von Dezentralisierung eines gesamten Unternehmens. Dieser Typus von Dezentralisierung umfasst alle Formen, bei denen Kompetenzen auf neu definierte Unternehmensein-

---

6 Vgl. hierzu eine Reihe industriesoziologischer Studien, die sich mit dem Phänomen der Dezentralisierung von Unternehmen auseinander gesetzt haben: Faust u.a. (1994), Hirsch-Kreinsen (1995) und Funder (1999).

heiten oder im Rahmen der bestehenden Unternehmensgliederung an marktnahe Organisationseinheiten verlagert werden. Begleitet werden solche internen Reorganisationsmaßnahmen von der Externalisierung bestimmter Funktionen im Zuge der Verringerung der Fertigungs-, Entwicklungs- und Dienstleistungstiefe eines Unternehmens und der Veränderung von Abnehmer-Zulieferer-Beziehungen. Ein weitreichendes Beispiel hierfür ist die Einführung einer Matrixorganisation, die in ihrem Rahmen kleine verselbständigte Unternehmenseinheiten zusammenfasst.

Davon unterscheiden Faust u.a. den Typus der *operativen Dezentralisierung*. Es handelt sich um Reorganisationsaktivitäten auf der Ebene der Arbeitsorganisation. Gemeint sind damit all jene Reorganisationsaktivitäten, mit denen Kompetenzen und Aufgaben von Leitungspositionen bzw. Planungsabteilungen und sonstigen Stäben auf die ausführende Ebene in der Fertigung verlagert werden. Damit werden alle Formen integrativer Arbeitssysteme wie Gruppenarbeit, selbständige Fertigungsinseln, Qualitätszirkel usw. erfasst, mit denen eine Reintegration von planender und ausführender Arbeit angestrebt wird.

Ein dritter Typ von Unternehmensdezentralisierung bezeichnet eine Mischform und umfasst sowohl Maßnahmen der strategischen als auch der operativen Dezentralisierung, die auf den verschiedenen Ebenen in unterschiedlicher Weise aufeinander bezogen sind. Hierunter fallen einmal Reorganisationsprozesse, die auf den beiden Ebenen weitgehend unabhängig voneinander, faktisch komplementär zueinander verlaufen; zum anderen geht es um solche, in denen beide Ebenen der Dezentralisierung mehr oder weniger aufeinander bezogen sind. Verschiedentlich geht in diesen Fällen der Reorganisationsprozess systematisch als „top-down“-Prozess vonstatten.

Allerdings kann nicht davon ausgegangen werden, dass mit dezentralen Organisationsformen in jedem Fall die intendierten Ziele realisiert werden. Denn mit diesem Reorganisationsprozess verbinden sich ebenso nichtintendierte Folgen, die oftmals die ursprünglichen Zielsetzungen konterkarieren. Zu nennen sind hier besonders Probleme wie neu auftretende Formen organisatorischer Komplexität und das stets diffizile Austarieren der divergierenden Interessen der dezentralisierten Unternehmenseinheiten und ihre Integration zu einem Gesamtunternehmen. Als Schlüsselproblem erweist sich der „strukturelle Egoismus“ (Deutschmann u.a. 1995) der einzelnen Unternehmenseinheiten, ihre Orientierung am jeweils eigenen Geschäftserfolg und ihre Konkurrenz mit anderen Unternehmenseinheiten, wodurch der Zusammenhalt des dezentralisierten Unternehmens und seine Koordinierbarkeit aufs Ganze massiv erschwert werden.[7] Nicht überraschend sind daher empirische Befunde, wonach in manchen dezentralisierten Unternehmen Re-Zentralisierungstendenzen unübersehbar sind. Diese Tendenzen zielen ganz offensichtlich darauf, durch Dezentralisierung entstandene unübersichtliche und schwer koordinierbare Strukturen zu bereinigen. Insofern wird verschiedentlich der Reorganisationsprozess von Un-

7 Die Koordinationsprobleme dezentralisierter Unternehmen hat Stephan Kühl in einem Buchtitel instruktiv auf den Punkt gebracht: „Wenn die Affen den Zoo regieren – Die Tücken der flachen Hierarchien“ (1995).

ternehmen auch metaphorisch als „Pendelbewegung zwischen Dezentralisierung und Rezentralisierung" beschrieben (Funder 1999).

4.3 Unternehmensnetzwerke

4.3.1 Grundlagen

Dezentralisierung von Unternehmen lässt sich immer weniger von unternehmensübergreifenden Formen der Kooperation trennen, üblicherweise als Unternehmensnetzwerk bezeichnet (zusammenfassend: Müller-Jentsch 2003, S. 113ff.). Die Übergänge sind fließend, insofern als Dezentralisierung auf die Externalisierung von Unternehmensfunktionen, typisch etwa die Verringerung der Fertigungstiefe und Tendenzen der Auslagerung – dem so genannten Outsourcing – hinausläuft. Umgekehrt können ursprünglich auf Märkten koordinierte Austauschprozesse durch Internalisierung in Kooperationszusammenhänge einer netzwerkförmigen Koordination zugänglich gemacht werden.

Abb. 6: Zusammenhang der verschiedenen Koordinationsformen (nach Sydow 1992, S. 104)

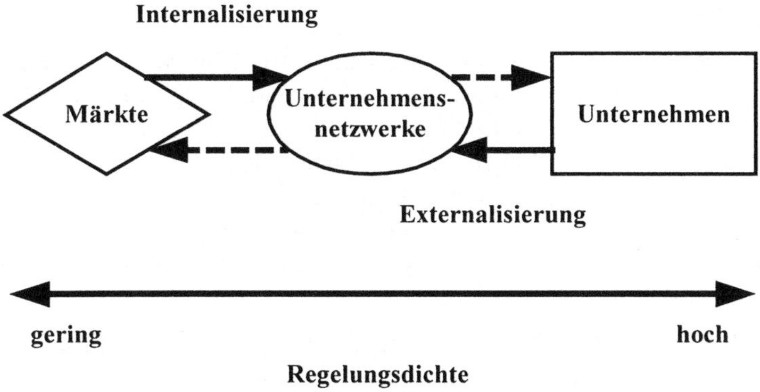

Der bekannten Definition von Jörg Sydow (1992, S. 82ff.) folgend können Unternehmensnetzwerke als eine Koordinationsform ökonomischer Aktivitäten begriffen werden, die formal selbständige, wirtschaftlich mehr oder weniger abhängige Unternehmen durch komplex-reziproke, eher kooperative denn kompetitive und relativ stabile Beziehungen relativ dauerhaft miteinander verbindet. Damit sind alle jene Merkmale angesprochen, die in der sozialwissenschaftlichen Debatte mit dem Begriff der Netzwerke generell verbunden werden (Kap. 2.3.3). Unisono werden vor allem die Besonderheiten der Informalität und Personengebundenheit der Beziehungen zwischen den Partnern sowie Vertrauen und Reziprozität als Besonderheit der Austauschbeziehungen hervorgehoben, die eben die „Stärke schwacher Bindungen" in Netzwerken konstituieren (Granovetter 1973).

Im Mainstream der wissenschaftlichen und auch managementpraktischen Debatte werden Unternehmensnetzwerke als eine seit längerem überaus bedeutsame neue Entwicklungsphase der Unternehmensorganisation angesehen. Bestätigt wird diese Auffassung von empirischen Befunden, denen zufolge seit den 1980er Jahren eine signifikante Zunahme der Anzahl von Unternehmensnetzwerken beobachtbar ist (Hage/Alter 1997, S. 95). Als Hauptgrund hierfür gilt, dass es Unternehmen über Bildung von Netzwerken möglich wird, Ressourcen zu bündeln, ihre Kapazitäten und ihr Leistungsspektrum zu erweitern und flexibler als etwa im Fall vertikal integrierter und hierarchisch koordinierter Unternehmen zu agieren. Danach erlaubt die nur lose Kopplung unabhängiger Akteure die Koexistenz antagonistischer Interessen, Kompetenzen und Organisationslogiken, was als die Voraussetzung für Flexibilität, Wandlungs- und Lernfähigkeit von Netzwerken angesehen wird (Grabher 1994, S. 73f.). Kooperation und Netzwerkbildung werden, wie schon angedeutet, besonders als Reaktion vieler Unternehmen auf die krisenhaften sozio-ökonomischen Entwicklungstendenzen der letzten Jahre angesehen, die einzelne und allein agierende Unternehmen zunehmend überfordern.

Die mit der Bildung von Unternehmensnetzwerken verfolgten ökonomischen Ziele lassen sich, folgt man den Forschungsergebnissen, in mehrfacher Hinsicht präzisieren:

- Zum einen können Netzwerke als das organisatorische Mittel für einen Rationalisierungszugriff auf die gesamte Wert- und Produktionskette und damit die Nutzung neuer Potentiale zur Kostenminimierung und Steigerung der Produktivität angesehen werden. Die bekannte industriesoziologische Rede von der „systemischen Rationalisierung“ stellt auf diesen ökonomischen Effekt der Netzwerkbildung ab, der je nach konkreter Netzwerkform einzelnen oder mehreren Netzwerkpartnern zugute kommt (Kap. 4.4.3).
- Zum Zweiten zielen Unternehmensnetzwerke auf die Bewältigung des schnellen und immer unüberschaubareren technologischen Wandels und der Verkürzung von Innovationszeiten. Das kollektive Interesse der Netzwerkpartner ist auf die Reduktion der oftmals unkalkulierbaren Risiken von Innovationsvorhaben gerichtet, was durch die Aufteilung der Investitionen und der laufenden Kosten auf mehrere Partner erreicht werden kann. Die Flexibilität und Offenheit solcher auch als Innovationsnetzwerke bezeichneten organisatorischen Arrangements sollen darüber hinaus aber auch eine möglichst problemlose Integration neuer Partner und damit einen jederzeitigen Zugang zu neuem Wissen und Technologiefeldern ermöglichen.[8]

8 Vgl. hierzu den Abschnitt über Innovationsnetzwerke (Kap. 8.3.1)

- Zum Dritten zielt Netzwerkbildung auf die Ausweitung marktökonomischer Aktivitäten der beteiligten Unternehmen, insofern als eine hohe Offenheit und Dynamik der Netzwerkbeziehungen absatzorientierte Flexibilität und Marktnähe gewährleisten sollen. Dies betrifft die Möglichkeit, jederzeit weitere Marktteilnehmer wie Kunden in Netzwerkbeziehungen zu integrieren, um auf diese Weise unmittelbar wechselnden Kundeninteressen und Nachfragebedingungen Rechnung tragen zu können. Die Formel von der „grenzenlosen Unternehmung" stellt auf dieses Phänomen einer ausgeprägten Dynamik von Unternehmens- und Netzwerkstrukturen ab.[9]

4.3.2 Formen von Unternehmensnetzwerken

In der vorliegenden Literatur finden sich eine ganze Reihe von begrifflichen Präzisierungen, die insgesamt auf die Bedeutung des je konkreten Austauschprozesses zwischen den Akteuren eines Netzwerks für seine Struktur und Funktionsweise verweisen. Der obigen Definition folgend können Unternehmensnetzwerke als eine „hybride" Koordinationsform zwischen Markt und Hierarchie aufgefasst werden (Sydow 1992, S. 102). In dieser Perspektive wird die Koordination der netzwerkspezifischen Austauschprozesse als ein Mischungsverhältnis von hierarchischen und marktlichen Momenten aufgefasst. Stellt man diesen Aspekt ins Zentrum einer Unterscheidung verschiedener Netzwerke, so kann in Anschluss an Sydow (1999, S. 284ff.) wie auch Windeler (2001, S. 43ff.) vereinfacht ein breites Spektrum verschiedener Netzwerktypen identifiziert werden, das von folgenden Polen begrenzt wird:

Der eine Pol bezeichnet hierarchisch koordinierte Netzwerke, oftmals auch als *Strategische Netzwerke* charakterisiert. Dabei handelt es sich um interorganisationale Arrangements, die von einem oder mehreren dominanten Unternehmen, z.B. einem sog. fokalen Unternehmen koordiniert werden, die mehrstufigen Charakter haben und die Unternehmen unterschiedlicher Größe umfassen können. Das koordinierende Unternehmen ist in der Regel ein Großunternehmen, es bestimmt strategische Ziele, Formen der netzwerkinternen Arbeitsteilung wie generell die Formen der Austauschprozesse zwischen den Partnern. Neben vielen weiteren Beispielen sind hierfür die viel diskutierten Zulieferpyramiden in der Automobilindustrie (Deiß/Döhl 1992), Produktions- und FuE-Netzwerke in der Computerindustrie und Mikroelektronikbranche und Produktions- und Distributionsnetze im Handel typisch. Allerdings sind die Koordinationsprozesse in solchen Netzwerkbeziehungen keineswegs ausschließlich von den fokalen Unternehmen dominiert. Vielmehr bestehen durchaus wechselseitige Abhängigkeiten etwa in technologischer Hinsicht oder verschiedentlich in Hinblick auf die

9 So Picot u.a. (1996) in betriebswirtschaftlicher Perspektive; für die industriesoziologische Debatte vgl. zusammenfassend Minssen (2000).

Flexibilität und Beherrschbarkeit der hoch interdependenten logistischen Systeme, die den kleineren Partnern Einflussmöglichkeiten auf die Netzwerkkoordination eröffnen.

Der andere Pol der Netzwerkkoordination betrifft Netzwerke unterschiedlich spezialisierter Unternehmen, die einen nur wenig strukturierten zumeist sachlich und zeitlich relativ begrenzten Charakter aufweisen. Entsprechend verlaufen die Austauschprozesse zwischen den Netzwerkpartnern nur wenig geregelt und sie ähneln jenen Unternehmensstrukturen, die oben als Adhocracy bezeichnet worden sind (Kap. 4.1.2). Sie basieren einerseits nur auf lockeren sozialen Beziehungen, weisen anderseits marktförmigen Charakter auf, insofern als hier auch preisbestimmte Interaktionen eine Rolle spielen. Konkret handelt es sich dabei beispielsweise um Projektnetzwerke oder um *virtuelle Netzwerke*[10] aus den neuen Branchen wie der Software- und Multimediaindustrie, aber auch aus traditionellen Branchen mit hohen Marktturbulenzen wie in der Bauindustrie oder sehr kurzen Produkt- und Innovationszyklen wie etwa der Bekleidungsindustrie.[11] Offenbar werden diese Netzwerktypen durch ganz unterschiedliche Mechanismen stabilisiert. Wie eine Reihe regionalwissenschaftlicher Studien zeigt (z.B. Storper 1997), sind hier teilweise die „regional embeddedness" und die dadurch unproblematischen und leicht zu realisierenden Face-to-face-Beziehungen im gleichen sozialen und kulturellen Umfeld unverzichtbar.[12] Zugleich lassen sich aber auch virtuelle Netzwerke großer geographischer Ausdehnung beobachten, bei denen der Einsatz von IuK-Technologien eine besonders herausragende Rolle spielt und denen verschiedentlich ein hohes Koordinationspotential zugeschrieben wird.

Als zwischen beiden Polen anzusiedelnde Mischform lässt sich eine Form der Netzwerkkoordination fassen, die als heterarchische gekennzeichnet werden kann. Die Austauschprozesse finden hier zwischen mehr oder weniger gleichberechtigten Partnern im Rahmen verschiedenster Organisationsformen und Managementprozesse statt. Es kann auch von *symmetrischen Netzwerken* gesprochen werden. Funktionsvoraussetzung dieser Netzwerke sind ausgeprägte Reziprozitätsbeziehungen, die sich über längere Zeit eingespielt haben und die beispielsweise durch ein hohes Maß an

---

10 Der Begriff Virtualität (z.B. Picot u.a. 1996, S. 391ff.) meint eine Möglichkeitsform der Organisation, eine „Als-ob"-Organisation. d.h. eine problembezogene, dynamische Vernetzung von Organisationseinheiten für eine begrenzte Zeit. Nach außen hin tritt ein virtuelles Netzwerk als scheinbar homogenes und eindeutiges auf.

11 US-amerikanische Sozialwissenschaftler sprechen in diesem Zusammenhang von „Turn-key networks", die durch hohe organisatorische Flexibilität, variable Kooperationsbeziehungen und räumliche Elastizität gekennzeichnet seien. Die innerhalb dieser Netzwerke entwickelten oder produzierten Produkte weisen dabei einen hohen Standardisierungsgrad auf, der marktähnliche Beziehungen erst ermöglicht (z.B. Sturgeon 2000).

12 Vgl. hierzu auch die Ausführungen über die Bedeutung regionaler Innovationssysteme für den Verlauf technologischer Innovationen (Kap. 8.3.3).

regionaler Einbettung stabilisiert werden. Beispiele sind die viel diskutierten regionalen Netzwerke zwischen kleineren und mittleren Unternehmen, die sich etwa auf gemeinsame Absatz- und Beschaffungsaktivitäten sowie auf Produktions- und FuE-Funktionen richten. Solche Netzwerke finden sich im Einzelnen in unterschiedlichem Funktions- und Branchenzuschnitt in sehr verschiedenen Ländern und Regionen und schließlich auch mit je spezifischen Koordinationsmechanismen, über die sich bestimmte Formen des Austauschs und der Konfliktregulierung eingespielt haben.

Greifbar wird die Spannbreite des hier angesprochenen Netzwerktypus etwa beim Vergleich zwischen den Zulieferbeziehungen des Maschinenbaus in Süddeutschland (Herrigel 1993) und den bekannten Produktionsnetzwerken des Dritten Italiens oder Jütlands (Braczyk u.a. 1998). Während Erstere sich durch stabile vertikale Kooperationsbeziehungen auszeichnen, handelt es sich im zweiten Fall teilweise um Kooperationsbeziehungen zwischen unmittelbaren Konkurrenten, die in der deutschen Industrie nur selten anzutreffen sind. Realiter sind freilich die Übergänge vielfach fließend und die Koordinationsformen weisen eine hohe Dynamik auf, so dass es vor allem auch der je konkreten empirischen Analyse überlassen bleiben muss, überzeugende Unterscheidungen zu finden.

4.3.3 Koordinationsprobleme von Unternehmensnetzwerken

Resümiert man ihre Zielsetzungen, so ist die Koordinationsform Unternehmensnetzwerk mit widersprüchlichen Anforderungen konfrontiert: Auf der einen Seite geht es den beteiligten Unternehmen um einen permanenten Struktur-, Strategie- und Zielwandel, der durch Netzwerkbildung erst ermöglicht, zumindest erleichtert werden soll. Auf der anderen Seite erfordern aber gerade auch Unternehmensnetzwerke wie Netzwerke generell ein Mindestmaß an Stabilität in verschiedenster Hinsicht, damit sich funktionierende Kooperationsbeziehungen zwischen den Partnern überhaupt einspielen können. Denn die antagonistischen Interessen der Partner benötigen zeitlich durchaus aufwendige Abstimmungsprozesse, um übergreifende Regeln zu etablieren, die eine Übereinkunft erlauben und auf längere Sicht koordiniertes Handeln ermöglichen (Kap. 2.3). Konkreter, die Koexistenz unterschiedlicher Interessen, Kompetenzen und Organisationslogiken ist nicht nur Voraussetzung für besondere Leistungsfähigkeit, sondern kann auch Anlass für Dysfunktionalitäten und Koordinationsprobleme von Netzwerken sein. Daher sind Unternehmensnetzwerke höchst voraussetzungsvolle soziale Systeme (Müller-Jentsch 2003, S. 131). Als besonders drängende Koordinationsprobleme seien die folgenden hervorgehoben:[13]

Sicherung von Vertrauen
Die Herstellung vertrauensbasierter Beziehungen erfordert stets einen „langen Atem“, der nicht nur schwer mit den ökonomischen Erfordernissen der

13 Vgl. ausführlicher Hirsch-Kreinsen (2002).

Flexibilität zu vereinbaren ist, sondern der durch die Netzwerkbildung und die damit verbundene Dynamisierung der ökonomischen Prozesse selbst untergraben wird. Denn Strategien der Kostenminimierung, hoher Zeitdruck und steigende Flexibilitätsanforderungen drängen zu opportunistischem Verhalten einzelner Netzwerkpartner, zu schnellen Reaktionen und häufigem Strategiewechsel, um kurzfristig sich ergebende Absatzchancen auszunutzen sowie im Netzwerk gewonnenes Know-how im eigenen partikularen Interesse kurzfristig zu nutzen.

Besonders deutlich wird diese Entwicklung im Fall von Unternehmensnetzwerken, die sich auf technische Innovationen richten: Die Konkurrenz um erfolgreiche Innovationen entscheidet sich zunehmend über die „time to market", das heißt die Schnelligkeit, mit der neue Produkte auf dem Markt gebracht werden, da nur dann die Chance einer zureichenden Profitabilität – der sog. Innovationsrente – gegeben ist. Hinzu kommt, dass die Kapitalintensität für Innovationen in sehr vielen Fällen ständig steigt, die Kalkulationen unsicherer werden und Entwicklungszeiträume auf Grund steigender Komplexität der Entwicklungsvorhaben immer unüberschaubarer werden. Diese Situation kann zu regelrechten Innovationsblockaden bzw. zu Fehlentwicklungen führen. Die empirischen Beispiele hierfür sind vielfältig und betreffen ganz offensichtlich die unterschiedlichsten Netzwerkformen. So wird immer wieder über die hierarchischen Zuliefernetze etwa in der Automobilindustrie berichtet, dass von den Endherstellern und großen Zulieferunternehmen gemeinsam begonnene Entwicklungsvorhaben stets von dem wechselseitigen Misstrauen des Know-how-Verlustes an die Partner begleitet sind und daher die gemeinsamen Entwicklungsvorhaben oftmals von Anbeginn an gefährdet seien.

Bewältigung von Komplexität

Unstrittig ist in der Debatte über Unternehmensnetzwerke, dass sie trotz aller Unterschiedlichkeit ein hohes Maß an organisatorischer Komplexität aufweisen. Zwar gelten einerseits Unternehmensnetzwerke als Koordinationsform, mit der die turbulenten Herausforderungen der Gegenwart weit besser bewältigt werden können als mit hierarchisch verfassten Unternehmen, jedoch verbinden sich damit ganz ähnlich wie bei dezentralisierten Unternehmen Folgeprobleme wie Intransparenz der Austauschbeziehungen, Interdependenz und Komplexität, da Netzwerkstrukturen wenig eindeutig und formalisiert sind. Die Abstimmung der antagonistischen Interessen der Partner wird dadurch keineswegs erleichtert. Komplexitätsbewältigung in Netzwerken wird daher zum Dauerproblem, was sich mehr oder weniger ausgeprägt in einer ganzen Reihe von Problemen des Netzwerkmanagements niederschlägt.

Insbesondere lassen sich unter den zunehmend turbulenten Bedingungen die verschiedenen Managementfunktionen eines Unternehmensnetzwerkes (z.B. Sydow 1999a, S. 294ff.) realiter immer weniger eindeutig voneinander trennen. So sind die Anbahnung eines Netzwerkes und die Auswahl von Netzwerkpartnern keineswegs als einmaliger Prozess begrenzter Dauer zu begreifen. Vielmehr drängen sich schnell verändernde Markt- und Konkurrenzverhältnisse, ständige Innovationsprozesse, rasanter technologischer Wandel und nicht zuletzt die „Virtualisierung" von Netzwerken zu einem kontinuierlichen Prozess der Re-Konfiguration von Unternehmensnetzwerken; der Ausstieg ungeeigneter Partner und die Integration neuer Partner werden häufig zu einer mehr oder weniger ständigen Notwendigkeit. Dies bedeutet, dass die Funktionen der Verteilung von Aufgaben, Ressourcen und Zuständigkeiten zwischen den Partnern wie die der Regulation der Netzwerkprozesse davon kaum mehr voneinander zu unterscheiden sind. Konsequenz ist, dass sich die ohnehin nur geringe Regelhaftigkeit netzwerkinterner Beziehungen kaum einspielen kann und permanente Abstimmungsprozesse über die verschiedensten Aspekte der Netzwerkkooperation erforderlich werden.

Insgesamt erweisen sich Unternehmensnetzwerke daher als stets prekäre Koordinationsform, bei der die hohen Flexibilitätsziele die zugleich notwendigen Stabilitätserfordernisse ständig zu konterkarieren drohen. Insofern ist die im Mainstream der Debatte vorherrschende Ansicht, dass Unternehmensnetzwerke als ein überaus bedeutsamer Entwicklungspfad der Unternehmensorganisation anzusehen seien, deutlich zu relativieren.

4.4 Erklärungskonzepte des Organisationswandels

4.4.1 Zur organisationssoziologischen Debatte

Fragt man nach den Ursachen des skizzierten Wandels von Unternehmensstrukturen, so ist man zunächst einmal auf die organisationssoziologische Forschung verwiesen. Sie macht, ähnlich wie die Wirtschafts- und Industriesoziologie ganz generell deutlich, dass jede Organisation von einer spezifischen gesellschaftlichen Umwelt abhängig ist. Die Frage ist nur: Welche Mechanismen sind hier wirksam? Sehr grob vereinfacht, lassen sich hier die folgenden organisationssoziologischen Argumentationsstränge unterscheiden:[14]

Als paradigmatisch für das erst genannte Erklärungskonzept kann die *Kontingenztheorie* bzw. der *situative Ansatz* angesehen werden, der bis heute die Organisationstheorie und vor allem die betriebswirtschaftliche Managementforschung bestimmt (z.B.: Scott 1986, S. 163ff.; Kieser/Kubicek 1992, S. 45ff.). Danach passen sich Organisationen rational an Umweltanforderungen wie Konkurrenzverhältnisse, Kundenstrukturen und die technologische Entwicklung an. Das geschieht nicht freiwillig, vielmehr sind sie durch die Anforderungen der Kontexte dazu gezwungen. Die Ausgestaltung von Strukturen ist in diesem Sinne „kontingent", das heißt abhängig

14 Zu einer zusammenfassenden Darstellung von Organisationstheorien verschiedenster Provenienz vgl. Kieser (2002).

von nur schwer antizipierbaren Umweltbedingungen. Das Argument beinhaltet letztlich eine situativ relativierte Version des Taylorschen „one-best-way“ der Organisationsentwicklung (Windeler 2001, S. 54ff.).

Beispielhaft sei hier auf eine schon ältere Studie von Burns und Stalker (1961) hingewiesen: Die Autoren formulieren die Hypothese, dass Organisationssysteme als abhängige Variable relativ stark mit der Rate der Umweltveränderungen als unabhängige Variable korrelieren. Danach entspricht ein starres „mechanistisches“ Organisationssystem einer stabilen Umwelt mit geringen Innovationsraten, wohingegen ein flexibles und offenes „organisches“ System für dynamische Umwelten und hohe Innovationsraten angemessener sei.

Allerdings wird dieser Kausalnexus seit längerem bestritten. Denn, so die Kritik, betont werde in kontingenztheoretischer Perspektive die lediglich passive Reaktion von Unternehmen auf Umweltbedingungen, während die zweifellos vorhandene aktive Rolle von Organisationen bei der Wahrnehmung von Umweltanforderungen und bei der Entscheidung über geeignete organisatorische Strategien nicht berücksichtigt wird. Schlichter formuliert, externe Markt- und Konkurrenzanforderungen oder aber bestimmte Strukturen auf den Faktormärkten wie Arbeits- und Zuliefermarkt teilen den Unternehmen nicht mit, wie sie mit ihnen umzugehen haben, vielmehr ist die Entscheidung darüber Sache der Unternehmen und seines Managements.

Einen wechselseitigen Zusammenhang zwischen strukturellen Bedingungen und organisationalem Handeln betont das Konzept des *„Neo-Institutionalismus“*.[15] Ganz ähnlich wie beim Modell der sozialen Situation aus Kapitel 1 geht es hierbei um die Analyse der strukturellen Umweltbedingungen als einen Entscheidungsraum für Unternehmen, welchen die Akteure als rational oder vernünftig wahrnehmen. Die von den amerikanischen Organisationssoziologen Meyer und Rowan (1977) formulierte Grundannahme ist, dass die Formalstruktur von Organisationen weniger dem Kriterium einer möglichst effizienten Problembearbeitung folgt, als vielmehr durch ihre spezifische Form auf den Erhalt von Legitimität abzielt. Die „provokante These“ lautet – so Hasse/Krücken (1999, S. 13) –, „dass formale Organisationsstrukturen Mythen zum Ausdruck bringen, die in ihrer gesellschaftlichen Umwelt institutionalisiert sind“. Indem Organisationen solche Mythen, sei es durch Druck, sei es durch Imitation oder Konformitätsstreben, mit ihrer Struktur aufgreifen und reproduzieren, wird eine *Isomorphie* (Strukturähnlichkeit) zwischen Organisation und Gesellschaft hergestellt. Damit werde die organisatorische Überlebensfähigkeit weit mehr gesichert, als es durch eine ausschließliche Orientierung an technisch-instrumentellen Kriterien der Problembearbeitung möglich wäre (Meyer/Rowan 1977, S. 352).

---

15 Vgl. insbesondere die hierzu grundlegenden Aufsätze von Meyer und Rowan (1977) sowie DiMaggio und Powell (2000). Instruktiv zusammengefasst wird das Konzept von Hasse und Krücken (1999) sowie von Scott (2001).

Ganz ohne Frage liefert das Konzept des Neo-Institutionalismus einen instruktiven Beitrag zu der Frage, wie einzelwirtschaftliches Handeln mit gesellschaftlichen Strukturbedingungen verknüpft werden kann. Grosso modo verbinden sich damit wichtige Einsichten (Scott 2001, S. 158): Organisationen entwickeln sich offensichtlich pfadabhängig. Nicht ökonomisch-technische Effizienz sind hierfür maßgeblich, sondern bisherige Erfolgsgeschichten und daran sich orientierende Erfolgserwartungen wie die darüber eingespielten Wechselwirkungen mit dem jeweiligen institutionellen Umfeld. Und es wird überzeugend gezeigt, dass einzelne Organisationen, gerade auch Wirtschaftsunternehmen eine größere Chance des Überlebens haben, wenn sie ein hohes Maß an Übereinstimmung mit institutionellen Regelungen aufweisen, als im umgekehrten Fall. Es wird deutlich gemacht, dass es für Akteure wie dem Management von Unternehmen nicht nur um Nutzenmaximierung und höchste Rentabilität geht und gehen kann, sondern auch um institutionell abgesicherte Reduzierung von Komplexität und Ungewissheit wie insbesondere auch um Legitimationsbeschaffung. Kritisch anzumerken ist freilich, dass dieses Konzept nicht nur ökonomischen Effizienzkriterien eine sehr nachgeordnete Bedeutung für Unternehmensentscheidungen zumisst, sondern auch die Handlungs- und Entscheidungsautonomie der unternehmensinternen Akteure grundsätzlich in Frage stellt und letztlich auch den Einfluss externer Faktoren auf den Organisationswandel betont (Müller-Jentsch 2003, S. 80f.).

Durchaus als Weiterentwicklung der skizzierten Ansätze kann daher das Konzept von Mintzberg angesehen werden (Kieser 2002, S. 193ff.; Kap. 4.1). Wie oben gezeigt, konstruiert er verschiedene Typen oder Systeme von Unternehmen, die in bestimmten Umweltkontexten zu verorten sind. Freilich leitet er dabei die je gegebene Binnenstruktur eines Unternehmens nicht allein, wie eben der Kontingenzansatz, aus dem Einfluss der Umweltfaktoren ab, sondern vom stimmigen Zusammenspiel aller Elemente und Faktoren. Daraus folgt mehrerlei: Zum einen sind bei gegebenen Umweltbedingungen durchaus verschiedene Unternehmenstypen denkbar, je nachdem, wie die verschiedenen Faktoren zusammenspielen. Hierzu formuliert er die Annahme, dass Druck auf den Wandel eines Unternehmens von sehr verschiedenen Faktoren ausgehen kann, insbesondere aber jenen, die die Konsistenz der bisherigen Systemstruktur stören. Zum Zweiten betont Mintzberg damit die Bedeutung der Handlungsebene und die Relevanz der jeweiligen unternehmensinternen Akteurskonstellation für Veränderungen. Er verweist besonders auf die je spezifische Rolle und Interessen der verschiedenen Akteure, die teilweise sehr auseinander fallen und daher einen erheblichen Abstimmungs- und Koordinationsaufwand nach sich ziehen (1989, S. 110ff.). Damit wird unmittelbar die Frage nach den Mechanismen und dem Verlauf unternehmensinterner Entscheidungsprozesse aufgeworfen, auf die im Kapitel über Management und Mikropolitik noch zurückzukommen sein wird (Kap. 5.2).

4.4.2 Die industriesoziologische Debatte

Die organisationssoziologische Debatte verweist vor allem darauf, dass „à longue durée“ relativ stabile organisatorische Muster von Unternehmen identifiziert werden können. Dies betont auch die industriesoziologische Forschung über den Wandel von Unternehmen. Ähnlich wie im Zusammenhang mit der Debatte um den Wandel der Arbeit (Kap. 3.4.3) steht auch hier das Ende der Phase der fordistisch-tayloristischen Massenproduktion im Zentrum des Interesses (z.B. Bechtle/Lutz 1989; Lutz 1996). Unstrittig ist dabei, dass das bürokratisch strukturierte und hoch integrierte Unternehmen der Massenproduktion den Anforderungen einer intensiven Weltmarktkonkurrenz, gesättigten Märkten und unstetigem Verbraucherverhalten und einem schnellen technologischen Wandel auf Grund seiner organisatorischen Starrheit und auf Skalenökonomie ausgerichteten technisch-organisatorischen Struktur immer weniger gewachsen ist. Daher werden Strukturen und Fähigkeiten erforderlich, die es den Unternehmen erlauben, sowohl flexibel und schnell auf wandelnde Marktbedingungen und technologische Potentiale reagieren als auch aktiv neue Absatzchancen durch Produktinnovationen erschließen zu können. Nicht mehr standardisierte Großserien- oder gar Massenproduktion sind gefragt, sondern eine Produktionsweise, die auch als *economy of scope* charakterisiert werden kann und entsprechend elastische technische und organisatorische Arbeits- und Produktionsprozesse erfordert. Konsequenz ist nicht nur eine nachhaltige Erweiterung des Spektrums von verschiedenen Arbeitsformen, sondern auch der damit zusammenhängenden Unternehmensstrukturen. Dezentralisierung und Netzwerkbildung liegen nahe und werden, wie gezeigt, von vielen Unternehmen als Entwicklungsperspektive verfolgt.

Daran anschließend fragt die industriesoziologische Analyse nach der „driving force“ dieser Veränderungstendenzen. Die Münchener Industriesoziologen Dieter Sauer, Volker Döhl u.a. (1994)[16] postulieren eine neue Strategie betrieblicher Rationalisierung, die die bisher dominierenden tayloristisch-fordistischen Rationalisierungsformen ablöst und darauf ausgerichtet ist, den sich verschärfenden Zielkonflikt zwischen Flexibilisierung – als Antwort auf die Turbulenzen der Absatzmärkte – und Kostensenkung – als Antwort auf verschärfte Konkurrenz – durch Rationalisierungsmaßnahmen zu bewältigen, die sich auf die gesamte Wertschöpfungskette beziehen. Für die industrielle Produktion heißt das, dass zwischenbetriebliche Liefer- und Produktionszusammenhänge zum Gegenstand von Rationalisierung werden und ihre technisch-organisatorische Integration zu einem Gesamtprozess der Produktion auf der Basis eines weitreichenden Einsatzes moderner Informations- und Kommunikationstechnologien vorangetrieben wird. Mit dem Attribut systemisch wird auf den funktionalen und sozialen Verflechtungszusammenhang der einzelnen Unternehmen und Unternehmenseinhei-

16 Sowie Altmann u.a. (1986), Bieber (1992) und Deiß/Döhl (1992).

ten in einem neu sich herausbildenden, umfassenden System der Wertschöpfung abgestellt. Produktivitätssteigerung und Rationalisierung finden danach auf mehreren miteinander verknüpften Ebenen, vom einzelnen Arbeitsplatz bis hin zur integrierten Wertschöpfungskette, in der die unterschiedlichsten Unternehmen verbunden sind, statt. Der Kern der These von der systemischen Rationalisierung lässt sich wie folgt zusammenfassen: „Auf diese Weise können zum einen die organisatorischen, technischen und arbeitskraftbezogenen Spezialisierungs-, Flexibilisierungs- und Standardisierungsvorteile einzelner und unterschiedlicher Produktionssegmente innerhalb der Produktionskette genutzt werden. Zum anderen eröffnet sich dadurch die Möglichkeit, das in der gesamten Kette liegende *eigenständige* Produktivitäts- und Flexibilitätspotential zu erschließen und zu nutzen: *Überbetriebliche Arbeitsteilung und Kooperation werden zu einer neuen Quelle der Wertschöpfung.*" (Sauer/Döhl 1994, S. 199 – Hervorheb. im Orig.)

Als exemplarisch hierfür wird die neuere Entwicklung in den Zuliefererbeziehungen der Automobilindustrie angesehen (ebd., S. 201): Hier findet spätestens seit Beginn der 1990er Jahre einerseits ein Konzentrationsprozess innerhalb der ursprünglich mittelständisch geprägten Branche statt, dessen Ende noch nicht absehbar ist. Andererseits werden die Zulieferbeziehungen unter der Regie der großen Endproduzenten hierarchisch und pyramidenförmig strukturiert. An der Spitze stehen als fokale Unternehmen die Automobilhersteller oder auch die großen Systemlieferanten, die über hinreichend große Machtpotentiale verfügen, um verschärfte Kosten- und Flexibilitätsanforderungen strategisch in die Zulieferkette weitergeben zu können. An der Basis der Pyramide finden sich Unternehmen, die auf Grund ihrer Größe, des von ihnen angebotenen Produktspektrums, ihres Know-hows und ihres eingeschränkten Marktzugangs relativ leicht austauschbar sind und deren Position relativ schwach ist. Dazwischen liegen die Teile- oder Komponentenfertiger, die den Aufstieg zum Systemlieferanten nicht schaffen und die wegen der von den Endherstellern verfolgten Strategie einer Reduzierung der Zahl der Zulieferer aus der Kette herausgedrängt werden.

In den Blick geraten damit auch die Verknüpfung der Produktion mit den darauf bezogenen Service- und Dienstleistungsbereichen wie insbesondere die Veränderungstendenzen im Dienstleistungssektor und die dort beobachtbaren spezifischen Formen der Koordination ökonomischer Austauschprozesse (Baethge/Oberbeck 1986). Mit der Kategorie der systemischen Rationalisierung wird zudem darauf abgestellt, dass Veränderungen von Arbeit nicht mehr allein im Kontext der Entwicklung unterschiedlicher Arbeitssysteme, sondern vor allem im Zusammenhang mit strukturellen Veränderungen des gesamten Produktionsprozesses angemessen zu analysieren und zu interpretieren ist. Die konkreten Veränderungen der Arbeitsformen und der Strukturen einzelner Unternehmen zeigen danach ein hohes Maß an Heterogenität. Einflussfaktoren sind hierbei beispielsweise die Position eines Unternehmens in der Wertschöpfungskette und sein möglicher Beitrag zur Produktivitätssteigerung der gesamten Wertschöpfungskette sowie die

Stellung von Unternehmensbereichen an der Schnittstelle zu Kunden und Markt. Hinzu kommen eine ganze Reihe sich schnell wandelnder, teilweise divergierender gesellschaftlich-struktureller Einflussfaktoren in nationaler wie insbesondere auch in internationaler Hinsicht.

Weiterführende Literatur zu Kapitel 4

Hirsch-Kreinsen, H. 1995: Dezentralisierung: Unternehmen zwischen Stabilität und Desintegration. In: Zeitschrift für Soziologie, Jg. 24, H. 6, S. 422-435

Mintzberg, H. 1989: Mintzberg on Management. Inside Our Strange World of Organizations. New York/London, insbesondere Part II On Organizations

Müller-Jentsch, W. 2003: Organisationssoziologie. Frankfurt/New York, Kap. 3 und 4

Kieser, A.; Kubicek, H. 1992: Organisation. 3. Aufl., Berlin/New York

Sauer, D.; Döhl, V. 1994: Arbeit an der Kette – Systemische Rationalisierung unternehmensübergreifender Produktion. In: Soziale Welt, Jg. 45, H. 2, S. 197-215

Sydow, J. 1999: Management von Netzwerkorganisationen – Zum Stand der Forschung. In: Sydow, J. (Hrsg.), Management von Netzwerkorganisationen. Wiesbaden, S. 279-314

5. Management und Mikropolitik

Die Koordination arbeitsteiliger Prozesse ist im Wesentlichen Sache des Managements. Sein Direktionsrecht gegenüber den Beschäftigten ist eine der zentralen Voraussetzungen zur Bewältigung des oben skizzierten Koordinationsproblems innerhalb eines Arbeitssystems und eines Unternehmens in seiner Gesamtheit. Insofern verfügt das Management als „gesamtunternehmerischer Akteur" strategisch dank seiner Machtressourcen über die umfangreichste Handlungs- und Interpretationsmacht aller Akteure im Unternehmen. Seiner Koordinationsleistung bleibt es vorbehalten, zum einen die Organisationsstruktur eines Unternehmens zu gestalten, zum anderen es mit den komplexen Umweltanforderungen abzustimmen (Müller-Jentsch 2003, S. 81).

Indes ist der Begriff Management in seiner alltäglichen, wie aber auch wissenschaftlichen Verwendung relativ unscharf. Im Alltag findet sich eine geradezu inflationäre Verwendung dieses Begriffs. Von der Sekretärin zum „office manager", vom Verkäufer zum „sales manager", vom Sachbearbeiter zum „junior manager", vom Gebäudeverwalter zum „facility manager" – fast jede Arbeitsstelle kann heutzutage als Managementposition deklariert werden. Zugleich aber zeigt der häufige Gebrauch dieses Begriffs seine aktuelle Kulturbedeutsamkeit an. Während noch zu Beginn des letzten Jahrhunderts von „Industriebeamten" oder „Privatbeamten" statt von Industriemanagern die Rede war, ist heute die Chiffre vom Management als sozialprestigeträchtiger, symbolischer Ausweis von Entscheidungskompetenz, Rationalität, Dynamik und Innovativität fest etabliert (Pohlmann 2002, S. 228).

Historisch ist diese Entwicklung zum einen das Ergebnis der wachsenden Komplexität der Produktionsprozesse im Zuge der Industrialisierung, die mit der Ausdifferenzierung verschiedenster Planungs-, Organisations- und Kontrollfunktionen einherging und damit hierarchisch unterhalb der Eigentümer eine Ebene spezialisierter Vorgesetzter entsteht. Zum anderen ist die wachsende Bedeutung von Managern Resultat der Trennung von Eigentum und Unternehmensführung. Die kontinuierliche räumliche und funktionale Ausdehnung der Unternehmensaktivitäten, die ständige Vergrößerung und Bürokratisierung der Unternehmen führte zu einem Prozess der Loslösung der Unternehmensleitung vom Kapitaleigentum und der damit verbundenen Entscheidungsgewalt (Staehle 1999, S. 8ff.). Beschleunigt wurde dieser Prozess vom Aufkommen großer Kapitalgesellschaften seit Ende des 19. Jahrhunderts, für die die Trennung von Eigentum und Unternehmensführung durch angestellte Manager konstitutiv ist. Insgesamt entstand spätestens zu Beginn des 20. Jahrhunderts eine eigenständige soziale Gruppe, eine neue gesellschaftliche Elite, die nicht nur gegenüber den Kapital- und Unternehmenseignern über Autonomie und Macht verfügt, sondern auch einigen Einfluss auf gesellschaftliche und politische Prozesse insgesamt ausübt.

5.1 Begriff des Managements

5.1.1 Managementfunktionen

Folgt man der klassischen betriebswirtschaftlichen Definition von Erich Gutenberg, so kann unter dem Begriff Management die Kombination verschiedener Produktionsfaktoren zu einem effizienten Produktionsprozess bezeichnet werden. Neben menschlicher Arbeitsleistung, Betriebsmitteln und Werkstoffen spricht er dabei von einem vierten, dem dispositiven, Produktionsfaktor. „Dieser vierte zusätzliche Faktor sei als Geschäfts- und Betriebsleitung bezeichnet." (Gutenberg 1983, S. 5) In dieser Sichtweise wird *Management als Funktion* verstanden. Der betriebswirtschaftlichen Perspektive weiter folgend sind dabei langfristige und auf Strukturveränderungen gerichtete strategische Koordinationsfunktionen von laufenden und kurzfristig ausgerichteten operativen Funktionen zu unterscheiden. Zudem wird Management dabei verschiedentlich als Prozess betrachtet, in dessen Verlauf die verschiedenen Funktionen situationsspezifisch kombiniert und ausgeführt werden. Auf Grund des Doppelcharakters von Unternehmen, nämlich als soziales System einerseits, als in einer Umwelt aktiv handelnder korporativer Akteure andererseits, ist allerdings zwischen unternehmensintern und unternehmensextern ausgerichteten Koordinationsfunktionen zu unterscheiden.

Interne Koordinationsfunktion
In unternehmensinterner Perspektive geht es im Wesentlichen um die Funktionen Planung, Strukturierung, Führung und Kontrolle des sozialen Systems Unternehmen (Staehle 1999, S. 81f.). Soziologisch gesehen wird damit das beschriebene Koordinationsproblem arbeitsteiliger Prozesse und das damit verwobene Problem der Transformation von Arbeitskraft angesprochen (Kap. 3.2).

Differenziert betrachtet, umfasst dieses generelle Koordinationsproblem des Managements eine Reihe weiterer Teilprobleme. Minssen (1992, S. 56ff.) zufolge handelt es sich dabei einmal um die Transformation von Technologie in Technik, d.h. das Management muss Technologieangebote in spezifischer Weise für den eigenen Betrieb nutzen und anpassen. Zum anderen wird auf das Problem der Transformation von Organisationskonzepten in konkrete Organisationsstrukturen verwiesen. Insgesamt geht es dabei mithin um die Gestaltung der Arbeitsorganisation in ihren verschiedenen Dimensionen.

Diese Koordinationsfunktion des Managements impliziert notwendigerweise immer das Moment Herrschaftssicherung im Unternehmen – auch als politische Funktion zu bezeichnen. Denn erfolgreiche Koordination im obigen Sinn erfordert stets die Abstimmung der auf Rentabilität gerichteten Unternehmensziele mit den anders gelagerten partikularen Interessen der Beschäftigten. Die Koordination arbeitsteiliger Prozesse lässt sich durchaus als rein sachlich-funktionale Aufgabe vorstellen, die einzig Unterordnung unter fachkompetente Anweisungen erfordert; diese Funktion ist bei arbeitsteilig strukturierten Arbeitsprozessen unverzichtbar, sie hat mithin Sachzwangcharakter. Freilich verbinden sich damit stets auch Anweisung und Kontrolle. Grundlegende Voraussetzung hierfür sind das Direktionsrecht des Managements und die innerbetriebliche Hierarchie, die sich je nach der Form eines Arbeitssystems sehr verschieden ausprägen können und vor allem in unterschiedlicher Weise an Akzeptanz und Zustimmung durch die Mitarbeiter gebunden sind. Dabei ist das Direktions- oder Anweisungsrecht des Managements in hohem Maße an *Autorität* in sachlicher und persönlicher Hinsicht gekoppelt. Diese entsteht nicht allein durch die Besetzung einer hierarchisch herausgehobenen Position, sondern vor allem dadurch, dass die Untergebenen den vorgesetzten Manager als kompetent und geeignet für diese Position anerkennen.[1]

Unternehmensexterne Koordinationsfunktion

In unternehmensexterner Perspektive obliegt es dem Management, zwischen den Binnenstrukturen des Teilsystems Unternehmen und seiner sozialen und ökonomischen Umwelt zu vermitteln. Zum einen geht es dabei um eine entsprechende Anpassung von Unternehmens- und Arbeitsstrukturen, um sich verändernde externe Bedingungen, zum anderen um die gezielte Beeinflussung gesellschaftlicher Gegebenheiten im Interesse eines Unternehmens. Generell wird damit jener Problemkomplex angesprochen, der oben im Zusammenhang mit der Frage nach der Erklärung von Organisationswandel diskutiert worden ist (Kap. 4.4). Die unternehmensextern ausgerichtete Koordinationsfunktion des Managements und die damit verbundenen Entscheidungsprozesse (s.u.) bezeichnen ein zentrales Moment der hier wirksamen Vermittlungsprozesse zwischen externen und internen Unternehmensbedingungen. Konkret handelt es sich dabei um Teilfunktionen des Managements wie Personalrekrutierung, Entscheidungen über Investitionen, die Übernahme von Organisationskonzepten, Make-or-buy-Entscheidungen und vor allem Marketing und Absatzstrategien, mit denen sich ein Unternehmen als Akteur in den unterschiedlichen gesellschaftlichen Teilsystemen von Arbeitsmarkt über Technikmarkt bis hin zum Absatzmarkt verortet.

1 Autorität bestimmt sich als soziales Phänomen, nämlich nicht durch persönliche Eigenschaften dessen, der Autorität hat, sondern durch die Zuschreibung dieser durch die Untergebenen. Autorität ist keinesfalls zu verwechseln mit „autoritärem Verhalten", das oft dort auftritt, wo es an Autorität fehlt (Bahrdt 1987, S. 168f.).

Verschiedentlich wird die unternehmensextern ausgerichtete Koordinationsfunktion des Managements auch als *Transformationsfunktion,* als Vermittlungsprozess zwischen „außen" und „innen" gefasst (Pries 1998, S. 162).[2] Externe Anforderungen sind danach in einer Weise zu transformieren, dass sie unternehmensintern bearbeitet werden können, das heißt das Management selektiert jene externen Bedingungen, die es als relevant erachtet und leitet daraus Handlungsmaximen für die Geschäftspolitik und Organisationsgestaltung ab. In diesem Sinn muss Umweltkomplexität in einer Weise übersetzt werden, dass sie zu möglichen Antworten des Unternehmens in Form von Organisationsgestaltung und Organisationshandeln führen kann (Minssen 1992, S. 48; Weitbrecht/Braun 1999, S. 90).

5.1.2 Managementebenen

Von dieser funktionsorientierten Betrachtung des Managements kann eine hierarchische Perspektive auf das Management unterschieden werden. In der einschlägigen Literatur wird, begrifflich nicht ganz präzise, vom *Management als Institution* gesprochen (Staehle 1999, S. 89ff.). Grob wird hierbei zwischen drei Kategorien unterschieden: unteres, mittleres und oberes Management. Folgt man Mintzbergs Konzept der Grundelemente eines Unternehmens (Kap. 4.1.1), so können diese drei hierarchisch differenzierten Managementebenen als die „Hauptautoritätslinie" (main line of authority) eines Unternehmens bezeichnet werden, die mehr oder weniger ausgeprägt in jedem Unternehmenstyp anzutreffen ist und die unmittelbar die Kernaufgaben eines Unternehmens wahrnimmt (1989, S. 98):

Das *untere Management* stellt die verbindende und vermittelnde Ebene zwischen den Mitarbeitern und dem Management dar. Typisch hierfür ist die Position des Meisters oder des Gruppenleiters, die zumeist unmittelbar aus der Gruppe der ausführenden Beschäftigten aufgestiegen sind. Die Rolle dieser unteren Manager verortet sich in einem Kräftefeld zwischen den rentabilitätsorientierten Vorgaben und Handlungszielen des oberen und mittleren Managements einerseits und den Interessen der Arbeitskräfte an Einkommenssicherheit, Handlungsautonomie etc. andererseits. Diese gegensätzlichen Anforderungen bestimmen und strukturieren die Rolle der unteren Vorgesetzten. Ihre Rolle ist widersprüchlich, insofern sie zwischen den Vorgaben „von oben" und den Interessen „von unten" vermitteln und Konflikte vermeiden müssen, um einen störungsfreien Arbeitsprozess zu gewährleisten. Hinzu kommt, dass sie vielfach als eigenverantwortlicher Techniker und Organisator agieren und für ihren jeweiligen Bereich wichtige Koordinationsfunktionen wahrnehmen. Schließlich kommen ihnen noch disziplinarische Aufgaben der Personalführung zu. Auf Grund produktions-

---

2 Dieser Begriff ist nicht zu verwechseln mit dem der Transformation von Arbeitsvermögen in konkrete Arbeitsleistung (s.o. den Aspekt der internen Koordinationsfunktion des Managements und Kap. 3.2).

technischen Wandels, neuer organisatorischer Strukturen und gewandelter Prinzipien des Personaleinsatzes unterliegt indes die Position der unteren Vorgesetzten ständigen Veränderungen. Oftmals wurde in der Industriesoziologie daher von einer „Meisterkrise" gesprochen, ohne dass die damit unterstellten Erosionstendenzen wirklich nachgewiesen werden konnten (z.B. Springer 1984; Fischer 1993).

Das *mittlere Management* ist dagegen „nach oben" orientiert, und zwar mit eindeutigen Karriereerwartungen. Mittel-Manager wie Abteilungsleiter und Betriebsleiter stammen oftmals aus einer höheren sozialen Schicht als untere Manager und sind besser, oft akademisch als Betriebswirte und Ingenieure ausgebildet. Ihre zentrale Aufgabe besteht darin, unternehmenspolitische Entscheidungen und Ziele in konkrete Gestaltungsmaßnahmen, Arbeitsvorgaben, Investitionen etc. umzusetzen, was sowohl technisch-fachliche Qualifikationen als auch im weitesten Sinn soziale Kompetenzen erfordert (Staehle 1999, S. 89f.). In Deutschland ist diese Managementgruppe teilweise identisch mit jenen, die betriebsverfassungsrechtlich als leitende Angestellte bezeichnet werden. Als technisch-wissenschaftliche Experten bilden sie oft den „professionellen Mittelbau" vieler Unternehmen, dessen Tätigkeiten durch ein hohes Engagement, Verantwortung und anspruchsvolle Arbeitsaufgaben geprägt sind. Sie weisen ein hohes Maß an Loyalität gegenüber ihrer Firma auf, welches allerdings mit den in der Firma herrschenden Wertorientierungen und Leitbildern, seiner Kultur und Ideologie sowie organisatorischen Regeln und Führungsstilen, insgesamt den zentralen Strukturmerkmalen des sozialen Systems eines Unternehmens korrespondieren muss (Kotthoff 1997, S. 11ff.).

Dem *oberen Management* wird ein Spektrum von Positionen zugeordnet, das von Bereichs- und Hauptabteilungsleitern und Direktoren bis hin zum Spitzenmanagement, der Geschäftsführung oder dem Vorstand reicht. Ihnen obliegen die strategischen Koordinationsfunktionen und die Führungsentscheidungen, die die Unternehmenspolitik auf lange Sicht festlegen. Untersuchungen über das konkrete Aufgabenfeld, die Arbeitssituation, das Selbstverständnis und die Karrieremuster sind vergleichsweise selten.[3] Der Grund mag darin liegen, dass diese Managementgruppe als Führungsschicht trotz ihrer oft medienwirksamen Auftritte letztlich ein nur geringes Interesse an Einblicken in ihre tatsächlichen Entscheidungsprozesse hat, geht es hier doch um in verschiedenerlei Hinsicht „sensible" ökonomische Fragen.

Ausnahme sind die elitesoziologischen Untersuchungen von Michael Hartmann, der den Karrieremustern und Rekrutierungskriterien von Topmanagern empirisch genauer nachgegangen ist. Seine Forschungsergebnisse belegen, dass der Zugang zu Führungspositionen in der deutschen Wirtschaft im Wesentlichen von der sozialen

3 Staehle (1999, S. 90f.) gibt Hinweise auf einige betriebswirtschaftliche Untersuchungen über Tätigkeiten und Aufgaben des Topmanagements.

Herkunft bestimmt wird. Danach spielt vermittelt über höhere Bildungsabschlüsse wie die Promotion insbesondere der „klassenspezifische“ *Habitus* der Bewerber für Führungspositionen eine entscheidende Rolle. Es handelt sich dabei um jenes Bündel kultureller Denk- und Handlungsweisen, das den Mitgliedern einer bestimmten sozialen Schicht gemeinsam ist und das ein geteiltes Verständnis und bestimmte anerkannte Auffassungen und Orientierungen impliziert. Um Risiken bei der Stellenbesetzung einer Topposition zu vermeiden, liegt es daher nahe, solche Bewerber zu bevorzugen, die aus der gleichen Schicht stammen und über einen entsprechend vertrauten Habitus verfügen. Konkret bedeutet dies, dass die Spitzenpositionen in der deutschen Wirtschaft bis heute überwiegend aus den Kreisen des gehobenen Bürgertums, wie leitende Angestellte, höhere Beamte, Freiberufler etc., besetzt werden und Aufsteiger aus „kleineren Verhältnissen“ trotz möglicherweise gleichwertigen Bildungsabschlüssen deutlich geringere Chancen haben (Hartmann 1995; 2001).

Wiederum Mintzberg und seinem Unternehmenskonzept folgend sind an dieser Stelle noch die beiden weiteren, von der Hauptautoritätslinie zumeist getrennten Managementbereiche zu berücksichtigen (Kap. 4.1.1): Zum einen die Technostruktur mit den verschiedensten technischen Experten, die in der Regel über keine direkte Anweisungsbefugnis gegenüber dem Personal der ausführenden Bereiche verfügen, wohl aber dem Linienmanagement zuarbeiten; zum Zweiten die Unterstützungsbereiche, die in der Regel wohl keinen Einfluss auf die Managementprozesse in einem Unternehmen haben.

Insgesamt zeigt sich, dass keinesfalls von dem Management generell gesprochen werden kann. Positionsbedingt ist das Management eines Unternehmens kein homogener Akteur, sondern es handelt sich dabei um eine Konstellation unterschiedlich einflussreicher Akteursgruppen, die je unterschiedliche Ziele und Interessen verfolgen. Es liegt auf der Hand, dass ein technischer Betriebsleiter funktions- bzw. situationsbedingt andere Handlungsziele verfolgt und verfolgen muss als etwa eine Marketingleiterin, die mit einem schwierigen Marktgeschehen konfrontiert ist. Man kann daher auch von verschiedenen *internen Koalitionen* (internal coalition) ausgehen, die sich positions- und bereichsspezifisch bilden können und die um innerbetrieblichen Einfluss und Macht wetteifern.

Vervollständigt wird dieses Bild allerdings erst, wenn man auch die Einflüsse einer *externen Koalition* (external coalition) auf innerbetriebliche Prozesse in Rechnung stellt. Mintzberg (ebd., S. 99) zufolge umfasst diese etwa so unterschiedliche Akteure wie Kapitalgeber, Gewerkschaften, Arbeitgeberverbände, Lieferanten, Kunden und sonstige Interessengruppen. In der Regel ist diese Koalition relativ passiv gegenüber den internen Prozessen. Verschiedentlich aber dominiert ein Akteur wie etwa ein dominanter Kapitalgeber und sucht seine Interessen gegenüber dem Unternehmen durchzusetzen oder die externe Koalition ist faktisch in verschiedene Interessengruppen fragmentiert, die divergierende und widersprüchliche Anforderungen, typisch hier Arbeitnehmervertreter versus Kapitalvertreter, an ein Unternehmen herantragen.

Managerielle Entscheidungen und Handlungen können daher als vieldimensionale Koordinationsprozesse begriffen werden. Erforderlich ist nicht nur die Abstimmung mit den möglicherweise divergierenden Interessen der Beschäftigten, sondern die Voraussetzung einer effektiven Unternehmensführung sind vor allem auch managementinterne Verhandlungs- und Konfliktlösungsprozesse.

5.2 Managementhandeln

5.2.1 Entscheidungsprozesse

Wichtiger Gegenstand von Managementhandeln sind Entscheidungen, insofern als die Koordinationsfunktionen solche stets voraussetzen. Nicht zuletzt in der betriebswirtschaftlichen Literatur wird der Frage nach Entscheidungen in Organisationen eine zentrale Bedeutung zuerkannt, „managing" wird oftmals mit „decision making" gleichgesetzt (Simon 1960). Ausgangspunkt ist die klassische Entscheidungstheorie, die dem Rationalitätspostulat (Kap. 1.2.1) folgend einen rational handelnden Entscheider unterstellt, der nach Nutzenmaximierung strebt und für sein Unternehmen einen größtmöglichen Gewinn anstrebt. Diesen Annahmen zufolge durchläuft ein Entscheidungsprozess sequentiell mehrere Phasen, die systematisch aufeinander aufbauen und die wie folgt dargestellt werden können:

Abb. 7: Modell der klassischen Entscheidungstheorie
(nach: Staehle 1999, S. 519)

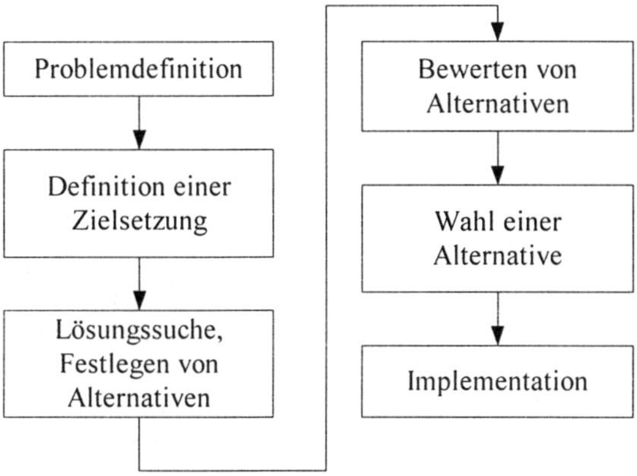

Kritische Argumente gegen das Rationalitätspostulat, insbesondere der verhaltenswissenschaftlich begründete Einwand von der immer nur begrenzten Rationalität der Entscheider, sind oben grundlegend zusammengefasst worden (Kap. 1.2.1). Die entscheidungstheoretische Diskussion verweist aber darüber hinaus auf die Besonderheiten unternehmerischer und managerieller Entscheidungssituationen, die zu ganz erheblichen Modifikationen des klassischen Entscheidungsmodells nötigen: Zum einen die vielfach hohe Ungewissheit, mit denen insbesondere strategische Managemententscheidungen behaftet sind; zum Zweiten das häufige Fehlen eindeutig strukturierter Entscheidungssituationen gepaart mit ihrer nur schwer überschaubaren Komplexität, zum Dritten der Umstand, dass Managemententscheidungen oft zu widersprüchlichen Ergebnissen führen können, da sie zwischen verschiedenen, mehr oder weniger ungünstigen Alternativen wählen müssen, und zum Vierten das Problem der nicht intendierten Handlungsfolgen von Entscheidungen, die die damit verfolgten Absichten erheblich konterkarieren können.

In der Entscheidungstheorie wird besonders das Problem des Umgangs mit *Dilemmata* und *Paradoxien* hervorgehoben. Dilemmata beschreiben eine Situation, in der zwischen Handlungsalternativen mit gleichermaßen erwünschten oder auch unerwünschten Konsequenzen gewählt werden muss. Ein Beispiel hierfür sind die Gestaltungsalternativen Zentralisierung oder Dezentralisierung, mit denen sich bekanntlich gleichermaßen Koordinations- und Managementprobleme verbinden können. Mit Paradoxien werden Umstände bezeichnet, in denen eine bestimmte Entscheidung die Bedingungen ihrer Unmöglichkeit impliziert. Konkret, die Entscheidung für das „Outsourcen" bestimmter Unternehmensfunktionen, um Kosten zu sparen, beinhaltet immer auch die Möglichkeit, Wettbewerbsvorteile durch damit verbundenen Know-how-Verlust zu gefährden. Es wird in der Literatur betont, dass Dilemmata wie Paradoxien nicht aufgelöst, sondern nur mehr oder weniger geschickt „gehandhabt", sie allenfalls in längerfristiger Perspektive entschärft werden können (Kühl 1998; Staehle 1999, S. 87f.).

Komplexität, Dilemmata und Paradoxien von Entscheidungssituationen müssen in eine beherrschbare Form transformiert werden, um bewältigt werden zu können. Diese Funktion haben nicht selten Organisations- und Managementkonzepte, die Kriterien und Leitbilder für Entscheidungen transportieren. Es handelt sich dabei beispielsweise um Konzepte, die vor allem in den 1990er Jahren nicht nur in der einschlägigen Fachöffentlichkeit, sondern auch darüber hinaus diskutiert und als zukunftsweisende Lösungen für die Steigerung der Konkurrenzfähigkeit von Unternehmen geradezu angepriesen worden sind. Prominente Konzepte sind beispielsweise „Lean Production" (Womack u.a. 1992), „Time Based Competition" (Stalk/Hout 1991) oder auch „Business Reengineering" (Hammer/Champy 1994). Solche Konzepte haben in der Regel den Effekt, dass sie die Komplexität einer Entscheidungssituation deutlich reduzieren. Dies passiert insbesondere dann, wenn sie mit besonderen Leistungen anderer Unternehmen, möglicherweise einem unmittelbaren Konkurrenzunternehmen in Verbindung gebracht werden können. So ist der Erfolg eines Konzepts wie das der Lean Production nur erklärbar, weil es mit dem ökonomischen Erfolg des Automobilherstellers Toyota unmittelbar verknüpft werden kann. Darüber erlangen sie geradezu „... mythische Qualität. Der außergewöhnliche Erfolg macht es unmöglich, die Gültigkeit der Erklärung in Zweifel zu ziehen – die Geschichte des Erfolgs des neuen Konzepts wird zum *Mythos*."

(Kieser 1996, S. 26 – Hervorheb. im Orig.)[4] Der Verweis auf den Erfolg eines Konzeptes entlastet nicht nur, weil die Suche nach Entscheidungsalternativen und ihre Bewertung vereinfacht wird, sondern er verschafft den Entscheidern vor allem auch die Legitimität gegenüber potentiellen Kritikern im Management und im Unternehmen insgesamt. Sie entheben die Manager, die sich auf sie berufen und entsprechende Aktivitäten im Unternehmen einleiten wollen, einer ausführlichen Begründung und sie reduzieren scheinbar das Risiko, eine falsche Entscheidung zu treffen (ebd., S. 30). Insofern kann der Rückgriff auf solche Konzepte und auf die von ihnen abgeleiteten Leitbilder gerade auch zur Sicherung und zum Ausbau der innerbetrieblichen Machtposition bestimmter Managementvertreter genutzt werden (Abrahamson 1996).

Eine vergleichbare Funktion wird Unternehmensberatern zugeschrieben. Das geradezu spektakuläre Wachstum des Beratermarktes in den letzten Dekaden wird nicht zuletzt darauf zurückgeführt, dass sie mit dem Verweis auf ihren Expertenstatus für komplexe Situationen Lösungsmöglichkeiten anbieten und damit für bestimmte Maßnahmen innerbetrieblich wie auch außerbetrieblich gegenüber Aktionären oder Arbeitnehmervertretern Legitimation und Akzeptanz erzeugen. Beratern wird die Rolle von „Rationalisierungszertifizierern“ zugeschrieben. Danach signalisieren sie den beteiligten Interessengruppen, dass in allen Bereichen und auf allen Ebenen des Unternehmens Expertenwissen zum Einsatz kommt. Vor allem darf dabei ihre Funktion, die Konsequenzen von Erfolglosigkeit abzupuffern, nicht unterschätzt werden (Ernst/Kieser 2002).

Dies verweist auf die stets notwendige Abstimmung von Entscheidungen mit weiteren Gruppen im Unternehmen, insbesondere weiteren Managementvertretern, die anders geartete Ziele und Präferenzen verfolgen. Die Entscheidungstheorie spricht hier von einem „Politik-Modell der Entscheidung“ (Staehle 1999, S. 526f.), dessen zentrale Annahme es ist, dass die Ziele eines Unternehmens in Verhandlungs- bzw. Bargaining-Prozessen zwischen jenen Organisationsmitgliedern entwickelt werden, die über ausreichende Verhandlungsressourcen und Einflussmöglichkeiten verfügen (Cyert/March 1963).

Dies trifft insbesondere bei strategischen Entscheidungen zu: „Als Entscheidungen ins Ungewisse sind strategische Ziele unvermeidlich mit Zielkonflikten innerhalb des Topmanagements verbunden... Organisationsziele (sind) das Ergebnis von Verhandlungen zwischen den Mitgliedern dominanter Koalitionen, das heißt jede Gruppe, die über Macht und Einfluss verfügt, ist an der Definition von Organisationszielen beteiligt. Da selbst das Topmanagement eines Unternehmens keine homogene Gruppe ist, werden auch hier strategische Ziele ausgehandelt. In den Zielbildungsprozessen können sich Spitzenmanager mit Bereichsmanagern, Aktionäre

4 Vgl. hierzu Kap. 4.4.1, wo mit Bezug auf die neo-institutionalistische Organisationstheorie die legitimationsbeschaffende Funktion von Mythen für die Richtung und Verlauf von Prozessen des Organisationswandels diskutiert wird; vgl. zudem auch Deutschmann (1997), der den Verlauf industrieller Rationalisierung als „Mythenspirale“ konzeptualisiert.

mit Wirtschaftsprüfern, Vorstände mit Finanziers, Einkäufer mit Zulieferern, Personalmanager mit Betriebsräten etc. verbünden. Natürlich sind die Machtressourcen, welche die einzelnen Gruppen für ihre Ziele und Interessen mobilisieren können, nicht gleichmäßig verteilt; Eigentümer *(Prinzipal)* und Topmanagement *(Agent)* verfügen eindeutig über umfangreichere Ressourcen als die übrigen Akteure." (Müller-Jentsch 2003, S. 76f. – Hervorheb. im Orig.)

Die managementwissenschaftliche Entscheidungstheorie hat denn auch vielfältige und weiter gehende Konzepte entwickelt, die diesen Kritikpunkten Rechnung tragen.[5] Sie machen deutlich, dass Entscheidungsprozesse des Managements in der Regeln keinen geradlinigen Verlauf nehmen, die dabei verfolgten Ziele Gegenstand von Abstimmungsprozessen sind und gesellschaftliche Rahmenbedingungen bei den Entscheidungen eine mehr oder weniger bedeutsame Rolle spielen.

5.2.2 Mikropolitik in Unternehmen

Die Perspektive von Managemententscheidungen als Verhandlungs- und Politikprozess betont auch die jüngere organisations- und industriesoziologische Forschung (z.B. Crozier/Friedberg 1979; Jürgens/Naschold 1984; Küpper/Ortmann 1986; Minssen 1992). Das soziale System Unternehmen wird hierbei als „Arena" konzipiert, in denen Akteure und Akteurskonstellationen mit unterschiedlichen Ressourcen, Zielen und Interessen „Machtspiele" austragen und dabei die jeweiligen Organisationsstrukturen aushandeln (Müller-Jentsch 2003, S. 57).

Diese Sichtweise richtet sich vor allem gegen ältere industriesoziologische Auffassungen vom Management als homogenen und omnipotenten Akteur im Unternehmen. Zu nennen sind hier beispielsweise die Auffassungen des amerikanischen Sozialwissenschaftlers Braverman (1977), denen zufolge das Management gleichsam ungebrochen ökonomische Verwertungszwänge exekutiert und eine weitreichende Kontrolle über den Arbeitsprozess anstrebt. Geeignetes Mittel hierzu sind danach die tayloristischen Methoden der wissenschaftlichen Betriebsführung und eine daran orientierte Ausgestaltung der industriellen Technik. Braverman formuliert die These, dass durch einen immer totaler werdenden Kontrollzugriff Arbeitskraft zu einem degradierten und dequalifizierten Element werde. Den Beschäftigten kommt hierbei nur mehr ein Boykott- und Störpotential zu, was aber ihre fortschreitende Entmachtung nicht verhindert. Dieser „ökonomische Determinismus", der sich nicht grundlegend von denen klassischer Rationalitätsannahmen unterscheidet, wurde insbesondere in der angelsächsische *Labour Process Debate* (Burowoy 1979) kritisiert, indem auf den Einfluss innerbetrieblicher Politikprozesse und das Nebeneinander von Konsens und Konflikt im Betrieb verwiesen wird.[6]

Gesprochen wird in der neueren Debatte von *Mikropolitik*, womit verdeutlicht werden soll, dass Unternehmensstrategien und Managemententschei-

5 Zusammenfassend wiederum Staehle (1999, S. 518ff.).

6 Vgl. hierzu Weitbrecht/Braun (1999) und die dort zusammengefasste „Kontrolldebatte" der damaligen Jahre.

dungen keineswegs allein von ökonomischen Kriterien bestimmt werden, sondern zugleich von den im Unternehmen gegebenen Macht- und Interessenkonstellationen und den damit verbundenen Mustern der Abstimmung und Konfliktlösung. Strategische wie auch operative Entscheidungen des Managements tangieren diese Konstellationen in je unterschiedlicher Weise, erzeugen Reaktionen, Widerstände und Konflikte, die sowohl zukünftige Entscheidungen als auch die Durchsetzung schon getroffener Entscheidungen stark beeinflussen können. Managemententscheidungen orientieren sich daher oftmals eher am Prinzip der Konfliktvermeidung als an der Realisierung von als besonders effizient erachtete Unternehmensstrukturen.

Roland Springer (1999, S. 97f.) beschreibt diesen Zusammenhang am Beispiel seiner Erfahrungen als Abteilungsmanager in einem Automobilunternehmen: Die Verteilung von Entscheidungsbefugnissen liege keinesfalls, wie es die formale Organisationsstruktur nahe legt, bürokratisch und dauerhaft geregelt fest. Vielmehr werde um Inhalt und Reichweite dieser Befugnisse zwischen dem Management auf den verschiedenen Hierarchieebenen tagtäglich gerungen. Die jeweils untere Instanz muss immer damit rechnen, dass ihr die bislang gewährten Entscheidungsspielräume wieder begrenzt werden. Dies etwa dann, wenn die übergeordnete Instanz mit den Arbeitsergebnissen der Nachgeordneten nicht zufrieden ist oder wenn sie fürchtet, in ihrer Kompetenz beschnitten zu werden. Um dieses zu vermeiden, versorgen die unteren Hierarchiestellen die jeweiligen Vorgesetzten nur selektiv und dosiert mit Informationen über den Zustand ihres Tätigkeitsbereichs. Informationen nach oben werden systematisch gefiltert und die tatsächlichen Verhältnisse verschleiert, was in einer vielgliedrigen Hierarchie zwangsläufig dazu führen muss, dass die Unternehmensleitung nur noch eine äußerst phantomhafte Vorstellung davon haben kann, was sich im Unternehmen tatsächlich abspielt. Springer verweist vor dem Hintergrund seiner Erfahrungen auf die Formulierung von Weltz, der zur Charakterisierung dieser Situation von einem „Management by Potemkin" gesprochen hat – ein Managementprinzip, das sich universeller Anwendung erfreue, ohne irgendwo gelehrt zu werden. Umgekehrt ist es freilich auch keineswegs auszuschließen, dass eine Unternehmensspitze Information manipuliert, um bestimmte Interessen und Ziele durchzusetzen. Diesen Aspekt betont Mintzberg (1989, S. 74f.) in seiner Analyse organisationsinterner Entscheidungsprozesse.

Die strukturellen Gründe für den Einfluss mikropolitischer Bedingungen für unternehmensinterne Entscheidungen resultieren in besonderer Weise aus dem skizzierten Transformationsproblem von Arbeitskraft und den damit zusammenhängenden organisationsinternen Koordinationsproblemen (Müller-Jentsch 2003, S. 57f.). Insbesondere spielen hierbei *informelle Beziehungen* innerhalb einer Organisation bzw. Unternehmens eine zentrale Rolle, bei denen es sich um ungeplante, von der formalen Seite der Organisation her nicht intendierte soziale Gegebenheiten in einem Unternehmen handelt. Die Intensität informeller Beziehungen kann sehr verschieden sein und von lockeren Kontakten zwischen verschiedenen Beschäftigten und Beschäftigtengruppen bis hin zu festen Strukturen reichen. Sie sind in allen formellen Organisationen, also auch in Unternehmen und einzelnen Arbeitssystemen anzutreffen. Der Grund für die Existenz informeller Beziehungen ist, dass die Arbeitskraft als Subjekt in den ihr zugewiesenen Aufgaben nicht vollständig aufgeht (Kap. 3.2), sich im Arbeitsverhalten vielmehr auch an kollektiven Phänomenen der Gruppenbildung, damit verbundenen Kommunikations- und Interaktionsprozessen und eigenen Formen der Rangordnung und Normbildung orientiert (Etzioni 1967, S. 56ff.; Mikl-Horke 1997, S. 112f.).

Friedrich Weltz (1988) spricht in diesem Zusammenhang von der *Doppelwirklichkeit* von Betrieben und er unterscheidet zwischen „offizieller" und „praktizierter" betrieblicher Realität. Er stellt damit ab auf die Widersprüche und Spannungen, die sich in einem von ökonomischen Zwängen und hierarchischen Strukturen bestimmten Zwecksystem ergeben, dessen Zielerreichung von menschlicher Kooperation, Qualifikation und Motivation abhängig, aber auch von vielfältigen technischen und organisatorischen Störungen geprägt ist. Empirische Beispiele hierfür gibt es unzählige, so das folgende: Bei einer Fallstudie (an der der Autor vor Jahren beteiligt war) über die organisatorischen Konsequenzen der Einführung eines EDV-gestützten Terminplanungssystems in einem Maschinenbaubetrieb zeigt sich, dass der mit diesem System geplante Produktionsablauf mit dem tatsächlichen überhaupt nicht übereinstimmte. Innoffiziell und in geradezu illegaler Weise „besorgte" sich dort das Personal der Endmontage ungeachtet der vom neuen System vorgegeben Termine jene Teile in der mechanischen Fertigung oder im Zwischenlager, die für den Zusammenbau der Produkte benötigt wurden. Denn die Erfahrungen der Monteure mit dem System waren, dass die vorgegebenen Termine oft zu ungenau waren und auf ihrer Basis Auslieferungstermine für bestimmte Produkte in der Regel nicht eingehalten werden konnten. Um Verzögerungen zu vermeiden, Kundentermine einzuhalten und dem Betrieb Konventionalstrafen wegen Lieferverzögerungen zu ersparen, waren ganz offensichtlich solche inoffiziellen Aktivitäten erforderlich. Als weiterer Grund für diese Aktivitäten kann vermutet werden, dass die Monteure ihre früheren Handlungsspielräume in Hinblick auf Zeit- und Terminplanung, die von dem neuen System durchaus bedroht waren, sofern es seine Funktion erfüllte, nicht aufgeben wollten. Gleichsam mit der Erwartung, dass das System nicht zufrieden stellend funktioniert, unterlief man es.

Für die soziologische Analyse des Unternehmens sind daher informelle Beziehungen auch nur von Interesse, insoweit sie den Arbeitsprozess und die Formalstruktur eines Unternehmens beeinflussen (Bergmann 1995). Denn die formalen Regelungen haben häufig generellen und unspezifischen Charakter und bedürfen der Konkretisierung und Anpassung an situationsspezifische Erfordernisse. Insofern können informelle Beziehungen formale Regelungen ergänzen, z.B. Lücken im Kommunikationssystem füllen, Kooperation quer zu den hierarchischen Linien erleichtern und, wie das obige Beispiel zeigt, kostspielige Störungen vermeiden helfen. Sie können wohl aber auch Kommunikation und Kooperation blockieren. Zudem bieten informelle Beziehungen den Beschäftigten die Chance der Abschirmung gegenüber betrieblichen Anweisungs- und Kontrollsystemen durch Rückzug auf ungeregelte Bereiche. Sie sind daher in leistungs- und arbeitspolitischen Auseinandersetzungen unter Umständen von großer Bedeutung, stellen sie doch spezifische Handlungsressourcen für Arbeitskräfte dar und erlauben ihnen, ihre Interessen zu Geltung zu bringen.

Einmal mehr wird damit die Konfliktträchtigkeit des Arbeitsprozesses deutlich. Die Entwicklung der Arbeits- und Unternehmensorganisation wird zum „contested terrain" (Edwards 1981) mit der Konsequenz, dass die jeweils sich herausbildende Organisationsstruktur in hohem Maße vom Ausgang der Politikprozesse zwischen den beteiligten Akteuren und Akteursgruppen bzw. Koalitionen beeinflusst wird. Anders formuliert, die Entscheidung, ob bestimmte Rationalisierungsziele in einem Unternehmen verfolgt werden und wie sie durchgesetzt werden, hängt von konkreten innerbetrieblichen Akteurs- und Interessenkonstellationen ab. Auch aus diesem Grund verbietet sich die Annahme, dass es im ökonomischen Sinn einen „one best way" der Organisationsgestaltung gebe.

5.2.3 Entscheidungskorridore

Indes weist Müller-Jentsch (2003, S. 58) auf die Gefahr hin, dass eine Überbetonung mikropolitischer Spielräume in Unternehmen zweifellos vorhandene strukturelle Zwänge ausblende. Es müsse von strukturellen *Entscheidungskorridoren* ausgegangen werden, innerhalb derer sich Entscheidungsoptionen realistischerweise bewegen (Minssen 1992, S. 88ff.; Ortmann 1995, S. 37ff.). Sie resultieren vor allem aus internen Gegebenheiten, die Resultat vergangener arbeitspolitischer Auseinandersetzungen und Verhandlungsprozesse sowie Entscheidungen sind und deren Änderung unvertretbare hohe Kosten oder auch unkalkulierbare Konflikte verursachen würde. Sie lassen es unter Umständen weder zu, neue Wege einzuschlagen, noch große Sprünge zu unternehmen. Damit verschränkt sind oft jene Aspekte, die oben mit der Kategorie der Ideologie eines Unternehmens bzw. Unternehmenskultur gefasst worden sind (Kap. 4.1.1), Traditionen, grundlegende Orientierungen und das über Generationen gewachsene Selbstverständnis eines Unternehmens, die oftmals mehr oder weniger reflektiert die Gravitationszentren von Entscheidungsprozessen sind.

Ökonomisch gesehen handelt es sich dabei beispielsweise um in der Vergangenheit getätigte Investitionen, die auf Amortisation drängen und weitreichende Neuerungen kaum vorzeitig zulassen. Arbeitspolitisch kann es hier um in der Vergangenheit getroffene betriebspolitische Vereinbarungen (z.B. Betriebsvereinbarungen zwischen Management und Betriebsrat) gehen, mit denen bestimmte Konflikte neutralisiert und still gestellt worden sind. Bestimmte organisatorische oder personalwirtschaftliche Entscheidungen könnten die Grundlagen solcher Vereinbarungen tangieren und die Konflikte wieder aufbrechen lassen. Ein häufig drängender Grund, dieses zu unterlassen. Typisches Beispiel hierfür ist der Konservativismus vieler Unternehmen bei ihrer Lohnpolitik. Denn mit einer Veränderung von Entlohnungssystemen und -praxis ist stets die Gefahr verbunden, dass Unruhe in einem Unternehmen entsteht. Dass sowohl das Management als auch die Arbeitnehmervertretung einen damit verbundenen aufwendigen Verhandlungsprozess so lange wie möglich vermeiden wollen und daher Veränderungen scheuen, bedarf wohl keiner weiteren Begründung. Zugleich kommen hierbei nur schwer greifbare unternehmenskulturelle Faktoren ins Spiel, z.B. eine in einem Unternehmen über Generationen kollektiv vorherrschende Auffassung, dass ein bestimmtes Entlohnungssystem, wie etwa der traditionelle Zeitakkord, eine besonders gerechte Relation von Leistung und Lohn verbinde. Diese zu durchbrechen ist oftmals schwierig. Nicht weil dadurch möglicherweise Konflikte angestoßen werden, sondern weil es auch ein im Unternehmen vorherrschendes Selbstverständnis und die eingespielte Legitimität bestimmter Regelungen tangiert.

Entscheidungskorridore resultieren aber auch aus externen Rahmenbedingungen, deren Übertretung möglicherweise die Existenz eines Unternehmens gefährdet. Typisch hierfür sind bestimmte eingespielte Markt- und Konkurrenzbedingungen und damit zusammenhängende Handlungsspielräume, die im Zweifel am Entscheidungshorizont sichtbar werden.

Die Entscheidungen und Handlungen des Managements verlaufen daher nicht selten in den von früheren Entscheidungen geprägten Pfaden – sie sind pfadabhängig –, was das vielfach beobachtbare Beharrungsvermögen von Organisationen und Unternehmen in ihren gewachsenen Strukturen erklärt. In der Industriesoziologie wird aus diesen Gründen verschiedentlich auch davon gesprochen, dass in Unternehmen typischerweise Prozesse *schleichender Rationalisierung* anzutreffen seien und Innovationssprünge, die bestehende technisch-organisatorische Strukturen grundlegend verändern, aus den genannten Gründen vermieden werden.

5.2.4 Das Konzept der „Strategic Choice“

Die Pfadabhängigkeit von Managemententscheidungen und -handeln verdeutlicht einmal mehr die begrenzte Erklärungskraft des klassischen Entscheidungsmodells und verweist auf den systemspezifischen Charakter von Entscheidungsprozessen. Obgleich das Management in Unternehmen als die zentrale Koordinationsinstanz anzusehen ist und über große Handlungsressourcen verfügt, agiert es nicht autonom und ausschließlich geleitet von einem unspezifischen ökonomischen Rationalitätskalkül.

Grundlegend macht das Konzept der „Strategic Choice“ von John Child (1972; 1997) diese Zusammenhänge der Analyse zugänglich. Danach sind innerorganisationale Entscheidungsprozesse in doppelter Weise eingebettet: Zum einen wird den Anforderungen der strukturellen Kontextbedingungen eines Unternehmens für die internen Entscheidungsprozesse eine unübergehbare Rolle zugeschrieben. Zum anderen sind Entscheidungsprozesse stets als innerbetriebliche Politik- und Machtprozesse zu verstehen. Auch Child spricht hier von einer „dominant coalition“, die die Entscheidungen trifft. Sie umfasst dabei nicht notwendigerweise nur die formal für Entscheidungen zuständigen Manager, sondern alle, die in einem Unternehmen in Hinblick auf bestimmte Fragen über Einfluss und Macht verfügen (1972,

S. 13ff.). Diesem Konzept zufolge werden Entscheidungen und damit zusammenhängender organisatorischer Wandel weder extern bestimmt, noch sind sie ausschließlich mikropolitisch geprägt. Vielmehr sind danach die Entscheidungsprozesse in einem Unternehmen von den Akteuren der jeweiligen dominanten Koalition und vor allem von ihrer Perzeption und Interpretation der jeweiligen Situation, in der sich das Unternehmen und die Akteure mit ihren spezifischen Interessen befinden, bestimmt. Konkret geht es hierbei etwa um die Einschätzung der Interessen relevanter externer Akteure – Mitglieder der oben als externe Koalition bezeichneten Interessengruppe –, Vermutungen über Entwicklungstrends der Rahmenbedingungen, eine Evaluierung der bisherigen Leistungsfähigkeit des Unternehmens und die Angemessenheit der bisherigen internen Strukturen. Intervenierenden Einfluss hierauf haben dabei die im Unternehmen traditionell vorherrschenden Leitbilder, Managementorientierungen, und hinzuzufügen wäre, vorherrschende Moden und Mythen, vom Autor als „prior ideology" gefasst. Angenommen wird nun, dass davon ausgehend die dominante Koalition sowohl Strategien zur Beeinflussung der Umweltbedingungen als auch Gestaltungsmaßnahmen für die Unternehmensstruktur und das Niveau der anzustrebenden ökonomischen Leistungsfähigkeit entwickelt. Dabei geht es weniger um die Realisierung ex ante und abstrakt festgelegter Effizienz- und Effektivitätskriterien, die Performance eines Unternehmens bestimmt sich vielmehr erst im Prozess der strategischen Wahl. In Anschluss an Chandler (1962) betont Child allerdings, dass Strategie- und Strukturentscheidungen in ihren verschiedenen Dimensionen, etwa in Hinblick auf Personaleinsatz, Technologie und Organisationsstruktur, ein hohes Maß an Konsistenz aufweisen müssen, um den externen Anforderungen nachkommen bzw. diese beeinflussen zu können (1972, S. 17).

Das Konzept der strategischen Wahl verweist auf die oben formulierten Thesen über die Rationalität wirtschaftlichen Handelns: Dieses lässt sich weniger als eine Anwendung von generellen Rationalitätskriterien als vielmehr die „vernünftige" Reaktion auf die Bedingungen der jeweiligen Situation begreifen (Kap. 1.4). Anders formuliert, das von der klassischen Theorie postulierte Ziel der Nutzen- bzw. Gewinnmaximierung erhält seinen konkreten Inhalt erst durch den Bezug auf die je besondere Situation einer je spezifischen Unternehmung. Im Rahmen von Entscheidungs- und Verhandlungsprozessen des Managements werden Strukturbedingungen in spezifischer Weise perzipiert und gedeutet, um daran anschließend, durchaus zweckorientiert, ebenso spezifische Entscheidungen zu treffen.

Abb. 8: Entscheidungsmodell der Strategischen Wahl
(orientiert an: Child 1972, S. 18)

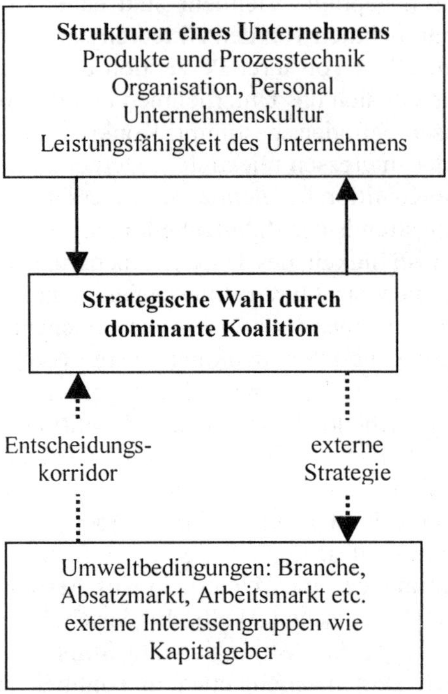

5.3 Wandel von Managementfunktionen

Resultat managerieller Entscheidungsprozesse ist nicht zuletzt der skizzierte Strukturwandel vor allem von größeren Unternehmen, der oben mit den Stichworten Dezentralisierung und Unternehmensnetzwerke bezeichnet wurde (Kap. 4.2.2). Dieser Wandel ist, wie gezeigt, vor allem Reaktion auf nachhaltig geänderte Markt- und Konkurrenzbedingungen. Zugleich verändert er die eingespielten Managementrollen und -funktionen weitreichend und die Führungskräfte sind nicht nur „Betreiber", sondern werden auch zu „Betroffenen" (Deutschmann u.a. 1995). Vorliegenden Forschungsergebnissen zufolge, weist dieser Wandel verschiedene Dimensionen auf:

5.3.1 „Intrapreneur" im dezentralen Unternehmen

Greifbar wird er zunächst in dezentralisierten Unternehmen, in denen früher hierarchisch herausgehobene Kompetenzen an neu geschaffene eigenständige Unternehmenseinheiten verlagert und Hierarchieebenen abgebaut werden. Verschiedentlich wird daher von einem nachhaltigen Bedeutungsverlust vor allem des mittleren Managements gesprochen. Deutschmann u.a. (1995, S. 440) stellen auf der Basis intensiver Untersuchungen in dezentralisierten Unternehmen demgegenüber fest, dass besser von einem komplexen Umbau der Rollenanforderungen an das Management gesprochen werden sollte, der mit einem Abbau von Stellen und einer verschärften internen und externen Arbeitsmarktkonkurrenz einhergeht. Bürokratische und funktionale Stellen und darauf aufbauende, für die Einzelnen kalkulierbare und stabile Karrieremuster, wie sie typisch für integrierte und zentralisierte Großunternehmen waren, werden zurückgedrängt und vor allem mittlere und untere Manager in Stäben und indirekten Bereichen und klassische Vorgesetzte in der Linie geraten unter Rationalisierungsdruck. Zugleich aber, so die genannten Autoren, entsteht in den dezentralisierten Organisationen ein neuer Managertyp: der *Intrapreneur*. Als Unternehmer im Unternehmen figuriert er als der verantwortliche Manager für eine dezentrale Unternehmenseinheit, etwa einem Profit-Center.

Ihm obliegen vielfältige neuartige Entscheidungskompetenzen und Zuständigkeiten (Hirsch-Kreinsen 1995, S. 428ff.). Sie reichen von Entscheidungen über Absatz- und Beschaffungsstrategien zur autonomen Verantwortung über Kosten, Personaleinsatz und letztlich Gewinne. Freilich bleiben diese neuen Kompetenz- und Autonomiespielräume widersprüchlich: Die Entscheidungen über Produktion, Absatz und Rationalisierung müssen ständig mit den Rahmenvorgaben der zentralen Unternehmensleitung und den Einzelinteressen anderer, potentiell konkurrierender Unternehmenseinheiten abgestimmt werden. Die Fähigkeit, mit solchen Widersprüchen umgehen zu können und den „Zentrifugalkräften" im dezentralisierten Unternehmen entgegenzuwirken, stellt fraglos neuartige Anforderungen an die Managementvertreter. In besonderer Weise finden sich diese Widersprüche bei jenen international agierenden Unternehmen, wo sowohl eine ausgeprägt globale Orientierung als auch die Fähigkeit, auf ausgeprägt lokale Bedingungen einzelner Konzerneinheiten eingehen zu können, anzutreffen ist (Kap. 9.3.2). Hinzu kommt, dass die Verlagerung von Aufgaben auf die Ebene der mittleren und unteren Führungskräfte oft nicht mit einer formalen Ausweitung ihrer Kompetenzen innerhalb der betrieblichen Hierarchie einhergeht. Die neuen Aufgaben müssen vielfach eher beiläufig im Rahmen des bisherigen Tätigkeitsspektrums ausgeführt werden und eine explizite Neupositionierung innerhalb der Hierarchie findet selten statt. Verschiedentlich wird daher von einem „Kompetenz-Verantwortungs-Dilemma" gesprochen, mit dem die Führungskräfte konfrontiert seien (Faust u.a. 1998). Folgen sind Überforderungen und besondere Arbeitsbelastungen der Manager in dezentralisierten Unternehmen, überlange Arbeitszeiten, Stress und das Gefühl nicht abschalten zu können. Verstärkt werden diese Tendenzen durch unklare berufliche Entwicklungsperspektiven und eine zunehmende Beschleunigung von Positionswechseln und Rotation.

Deutschmann u.a. (1995, S. 444ff.) betonen die Überforderung der neuen Manager und die damit einhergehenden Kosten: Zum einen verweisen sie auf neue Kooperationserfordernisse zwischen den neuen und kleinen Unternehmenseinheiten, die nur schwer überschaubar sind und stets von Konkurrenz zwischen diesen Einheiten überlagert werden. Zum Zweiten zeigen sie, dass die Orientierung der Manager am jeweils eigenen Erfolg partikulare Handlungen und Egoismus auf Kosten des Gesamtunternehmens fördert und deshalb zugleich gegenläufige Integrationsleistungen notwendig seien. Zum Dritten arbeiten sie die Überforderung der Manager in Hinblick auf die Integration verschiedener Lebenssphären etwa des Berufs mit dem Privat- und Familienleben heraus. Denn dieser Bereich lässt sich ganz offensichtlich nur schwer mit der zeitlich extensiven Managertätigkeit vereinbaren.

Dieser Wandel von Hierarchien und Managementfunktionen verläuft in Richtung eines Unternehmenstyps, der oben als Adhocracy bezeichnet worden ist (Kap. 4.1.2). Charakteristisch ist hierfür, wie etwa in der IT- und Multimediaindustrie, einerseits der Einsatz avancierter Technologien, andererseits der weitgehende Verzicht auf Formalisierung und Hierarchisierung sowie auf eine strenge Trennung von strategischer und operativer Leitung. Es findet sich ein informeller Kommunikationsstil und eine flexible Aufgabenverteilung. Temporär gebildete Projektteams sind die typische Form der Arbeitsorganisation, das wichtigste Disziplinierungsmittel ist „peer group pressure". Charakteristisch sind weiterhin eine hohe Qualifikation und ausgeprägte Leistungsorientierung der Beschäftigten, und zugleich aber ausgeprägte „Politisierung" der Arbeits- und Führungssituation. Endlose Diskussionen, Rivalitäten, Interessenkonflikte und Führungskämpfe sind hier vielfach an der Tagesordnung, was immer wieder auch die Gefahr der Rückentwicklung zu formaleren und strukturierteren Organisationsstrukturen heraufbeschwört (Deutschmann 2002, S. 124).

5.3.2 Management von Netzwerken

Einen weiter gehender Blick auf den Wandel von Managementfunktionen verbindet sich mit Unternehmensnetzwerken (Kap. 4.3). Unisono wird in der Literatur betont, dass damit ein deutlicher Wandel der Funktionen und Rollen des Managements einhergehe. So stellt sich dem Management nicht mehr nur die Aufgabe, Entscheidungen allein auf der Ebene eines einzelnen Unternehmens zu treffen und durchzusetzen, vielmehr geht es im Rahmen von Unternehmensnetzwerken um kollektive unternehmensübergreifende Entscheidungen. Es liegt auf der Hand, dass damit die managerielle Entscheidungssituation und die o.g. Managementfunktionen in verschiedenen Dimensionen beträchtlich erweitert und verkompliziert werden und dass sich spezifisch neue Anforderungen an Managementhandeln ergeben. Fasst man die vorliegende Literatur zusammen, so können folgende zentrale Funktionen des Netzwerkmanagements herausgearbeitet werden:[7]

- Die Auswahl von Netzwerkpartnern etwa in Hinblick auf die Frage, inwieweit sie mit ihren Kompetenzen und Interessen zur Realisierung der Zielsetzung eines Netzwerks beitragen können.

---

7 Vgl. hierzu insbesondere Sydow (1999a) und die dort angegebene Literatur.

- Die Allokation von Aufgaben, Zuständigkeiten und Ressourcen auf die einzelnen Netzwerkpartner und deren Anpassung an sich verändernde Erfordernisse.
- Die Regulation der Zusammenarbeit, wobei es insbesondere um den Entwurf und die Durchsetzung von Regeln der Arbeitsteilung und Kooperation zwischen den Netzwerkpartnern und Mechanismen der Konfliktlösung geht.
- Die Evaluation einzelner Netzwerkpartner, einzelner dyadischer Beziehungen innerhalb eines Netzwerkes und des Arrangements in seiner Gesamtheit.

Fraglos handelt es sich bei den genannten um sehr allgemein gehaltene Funktionen des Netzwerkmanagements, je nach konkreten Netzwerktyp bedürfen sie der Präzisierung.[8] In der gleichen Generalität lässt sich außerdem festhalten, dass die Ausführung der genannten Funktionen spezifische Managementfähigkeiten in interorganisationaler wie auch interpersoneller Hinsicht erfordert. Als die dabei zentrale Anforderung bezeichnet Sydow (1999a, S. 300) die „Balancierung der in Netzwerken in besonderer Weise ausgeprägten Spannungsverhältnisse", wobei besonders die folgenden zum Ausgleich zu bringen sind: Autonomie und Abhängigkeit der Partner, Vertrauen und Kontrolle zwischen ihnen sowie das widersprüchliche Verhältnis von Kooperation und Wettbewerb in ihren Austauschbeziehungen. Ergänzend ist hier auf Managementanforderungen zu verweisen, die aus der nur schwer beherrschbaren Komplexität und Dynamik von Netzwerkstrukturen resultieren und die nicht selten ihre kontinuierliche Rekonfiguration erfordern.

Resümierend lässt sich festhalten, dass die Handlungs- und Entscheidungssituation des Managements insgesamt komplexer und widersprüchlicher wird. Die Ungewissheiten einer Situation werden größer, die Risiken von bestimmten Entscheidungen lassen sich immer schwerer einschätzen und Entscheidungssituationen werden fluider. Dies ist Folge gewandelter struktureller Bedingungen, der verschärften Konkurrenz und des beschleunigten technologischen Wandels. Diese Situation ist freilich ebenso sehr Folge der Organisationsentscheidungen einzelner Unternehmen und den damit verbundenen nicht antizipierbaren Konsequenzen, Kosten und Widersprüchen, die wiederum auf Reorganisation und Weiterentwicklung der Organisation und der damit einhergehenden Managementfunktionen drängen.

Weiterführende Literatur zu Kapitel 5

Child, J. 1972: Organizational Structure, Environment and Performance: The Role of Strategic Choice. In: Sociology, Vol. 6, pp. 1-22

8 Zu den spezifischen Managementerfordernissen beispielsweise von Innovationsnetzwerken vgl. VDI-Ausschuss Innovationsnetzwerke (2004).

Deutschmann, C.; Faust, M.; Jauch, P.; Notz, P. 1995: Veränderungen der Rolle des Managements im Prozess reflexiver Rationalisierung. In: Zeitschrift für Soziologie, Jg. 24, H. 6, S. 436-450

Etzioni, A. 1967: Soziologie der Organisation. München, insbesondere S. 56ff.

Pohlmann, M. C. 2002: Management, Organisation und Sozialstruktur – Zu neuen Fragestellungen und Konturen der Managementsoziologie. In: Schmidt, R.; Gergs, H. J.; Pohlmann, M. (Hrsg.): Managementsoziologie. München/Mering, S. 227-244

Staehle, W. H. 1999: Management. 8. Aufl., München, Kap.: Wissenschaftliche Aussagen über Management, S. 71-100

Weitbrecht, H.; Braun, W.-M. 1999: Das Management als Akteur der industriellen Beziehungen. In: Müller-Jentsch, W. (Hrsg.): Konfliktpartnerschaft. 3. Aufl., München/Mering, S. 79-101

6. Das System der industriellen Beziehungen

Als ein zentrales ökonomisches Koordinationsproblem wurde in den vorangehenden Kapiteln die Ausgestaltung der Austauschbeziehungen zwischen Kapital und Arbeit bzw. des Beschäftigungsverhältnisses zwischen Management und Arbeitskraft herausgearbeitet. Die Regelung dieses Koordinationsproblems vollzieht sich in unterschiedlichen Systemen und auf verschiedenen sozialen Ebenen: innerhalb von Unternehmen und im Rahmen bestimmter Arbeitssysteme, wie aber auch auf der gesellschaftlichen Ebene durch bestimmte institutionelle Regelungen. Beide Ebenen stehen in enger Wechselbeziehung zueinander: die Art und Weise, wie das Beschäftigungsverhältnis innerbetrieblich ausgestaltet wird und werden kann, wird in hohem Masse von gesellschaftlich institutionellen Regelungen beeinflusst. Umgekehrt haben die Ergebnisse je konkreter Verhandlungsprozesse auf Unternehmensebene oft nicht zu unterschätzende Rückwirkungen auf das gesellschaftliche Institutionensystem. Insgesamt wird damit das *System der industriellen Beziehungen* angesprochen. Es handelt sich um ein gesellschaftliches Teilsystem, in dessen Rahmen die Austauschbeziehungen zwischen Kapital und Arbeit grundlegend geregelt werden. Folgt man dem deutschsprachigen Standardlehrbuch über industrielle Beziehungen von Walter Müller-Jentsch (1997, S. 10), so bezeichnet dieser Begriff die Gesamtheit der Beziehungen zwischen Arbeitern, Angestellten und Arbeitgebern in einem konkreten Betrieb, einer Industrie, einem Industriezweig, einem Land und in regulierten transnationalen Wirtschaftsräumen.

Es handelt sich bei dem Begriff um eine wörtliche Übersetzung aus dem Englischen, wo von *Industrial Relations* oder *Labour Relations* gesprochen wird. Im angelsächsischen Sprachgebrauch gehören diese Begriffe zum Bestandteil der Alltagssprache, wohingegen der deutsche Terminus sozial- und wirtschaftswissenschaftlichen Charakter hat. In der Öffentlichkeit gebräuchlicher sind Termini wie Arbeitgeber-Arbeitnehmer-Beziehungen oder Sozialpartnerschaft (ebd.). Mit Industrial Relations wird in den angelsächsischen Ländern zudem eine seit Jahren eigenständige sozialwissenschaftliche Disziplin bezeichnet, während in Deutschland die entsprechenden Themenbereiche traditionell als Gegenstand der industriesoziologischen Forschung angesehen werden.

Konkret wird mit dem Begriff industrielle Beziehungen ein Gefüge substantieller und prozeduraler Regeln[1] bezeichnet, die zum einen die Einsatz- und Verkaufsbedingungen der Arbeitskraft, zum anderen die Prozeduren zur Festlegung dieser Bedingungen selbst beinhalten. Kern dieses Regelsystems ist die Institution des Kollektivvertrages (Deutschmann 2002, S. 160). Wenn es heute auch üblich ist, dass Bewerber für höhere Positionen ihr Gehalt und ihre Arbeitsbedingungen individuell aushandeln, so gilt doch in Deutschland für die große Mehrheit der Beschäftigten, dass diese Bedingungen kollektiv durch Tarifverträge oder Betriebsvereinbarungen geregelt werden, die für größere Beschäftigtengruppen gelten (Müller-Jentsch 1997, S. 19). Die Gewerkschaften und die Arbeitgeberverbände gehören zu den wichtigsten Akteuren im System der industriellen Beziehungen. Sie können als kollektive Akteure begriffen werden, insofern sie ein Aggregat individueller Akteure darstellen, zugleich aber als Ganze handlungsfähig sind (Kap. 2.2.2).

Die Gründe für die Bedeutung kollektivvertraglicher Regelungen liegen auf der Hand:[2] Arbeitskräfte sind, solange sie individuell agieren, ein sehr schwacher Akteur auf dem Arbeitsmarkt. Sie können in der Regel nicht warten, bis sie ein akzeptables Arbeitsangebot erhalten, sondern sie stehen unter dem Druck sich materiell zu reproduzieren; die „Ware" Arbeitskraft hat marktstrategisch eine sehr ungünstige Position. Die Arbeitgeberseite verfügt demgegenüber in der Regel über ausreichende materielle Ressourcen, die ihr zu dem für Verhandlungsprozesse mit Arbeitsuchenden notwendigen „langen Atem" verhilft. Erst kollektivvertragliche Regelungen verschaffen beiden Parteien eine annähernd gleichrangige Position, insofern als diese der Seite der Arbeitskräfte ein gewisses Maß an materieller und sozialer Absicherung garantieren und die Arbeitnehmerseite den Arbeitgebern damit glaubhaft mit Ressourcenentzug, d.h. Arbeitsniederlegung drohen kann. Vor allem dadurch ist es den Arbeitskräften möglich als autonomer und relativ gleichberechtigter Verhandlungspartner zu agieren (Offe/Hinrichs 1984, S. 48ff.; Kap. 7.1).

6.1 Das Institutionengefüge

Seit der zweiten Hälfte des 19. Jahrhunderts bildeten sich im Zuge langer sozialer und politischer Auseinandersetzungen zwischen Arbeitern und Unternehmen geregelte Formen zur Austragung des industriellen Konfliktes heraus. Dieser Prozess wird als *Institutionalisierung des Lohnkonflikts* (Ralf

1 Substantielle Regelungen beziehen sich auf die Gestaltung von bestimmten Arbeitsbedingungen wie Gehalt und Zeit, prozedurale Regelungen legen Verfahrensregeln über Konfliktregelung, Verhandlungsprozesse etc. fest.

2 Vgl. hierzu Deutschmann (2002, S. 160f.) mit dem Verweis auf die frühen Theoretiker der industriellen Beziehungen S. u. B. Webb, die 1894 eine Geschichte der britischen Trade Unions veröffentlichten.

Dahrendorf) begriffen: es werden die verschiedenen Formen der Interessenvertretung geschaffen, ihre Gegenstände und die dabei zulässigen Mittel durch staatliche Gesetze oder freie Vereinbarung der Konfliktparteien festgelegt. In nahezu allen Industrieländern bildeten sich dabei zumindest drei Ebenen der Interessenvertretung heraus:

- die betriebliche Interessenvertretung, in Deutschland durch den Betriebsrat, in Großbritannien und den USA durch betriebliche Gewerkschaftsvertretungen (shop stewards und locals), in Japan durch Betriebsgewerkschaften;
- die überbetriebliche Interessenvertretung, in Deutschland durch Gewerkschaften und Arbeitgeberverbände oder einzelne Unternehmen;
- eine politische Ebene der Interessenvertretung, durch Parteien, die den Gewerkschaften nahe stehen.

Historisch entscheidende Schritte in Deutschland waren vor allem: die Durchsetzung des Koalitions-, des Streikrechts wie auch die Anerkennung von Aussperrung im Norddeutschen Bund bzw. Preußen 1869; die schrittweise Anerkennung der Gewerkschaften als Tarifvertragsparteien nach 1890, ihre endgültige erst ab 1918; die mit der Novelle der Gewerbeverordnung von 1891 gegebene Möglichkeit einer fakultative Einrichtung von Arbeiterausschüssen in den Betrieben; 1910 erkennt das Reichsgericht Tarifverträge als rechtsverbindliche Verträge im Sinne des BGB an; das Betriebsrätegesetz von 1920 und das Betriebsverfassungsgesetz von 1952. Folgen dieser Institutionalisierung waren zum einen die Anerkennung der Legitimität des Interessengegensatzes und der Interessenorganisationen durch Management und Arbeitgeber, zum anderen aber auch die Eingrenzung und Kanalisierung des Konflikts auf lösbare Fragen und damit seine Entpolitisierung (Bergmann 1995).[3]

Ergebnis dieses historischen Prozesses ist ein relativ stabiles institutionelles Arrangement des deutschen Systems der industriellen Beziehungen. Resümiert man die soziologische Literatur zu diesen Thema, so herrscht, jenseits unterschiedlicher Begrifflichkeiten und theoretischer Zugänge, weitgehende Übereinstimmung in Hinblick auf seine grundlegenden Merkmale. Danach lassen sich vier miteinander verschränkte Grundmerkmale identifizieren: Dualität der Interessensbeziehungen, Intermediarität der Akteure, eine ausgeprägte Verrechtlichung und Zentralisierung der Verhandlungsprozesse.[4]

3 Zur Geschichte der industriellen Beziehungen in Deutschland vgl. z.B. Teuteberg (1961) und Schönhoven (2003).

4 Vgl. hierzu Müller-Jentsch (1997, S. 194ff.), Schmierl (2001, S. 429ff.) und die jeweils dort angegebene Literatur.

Dualität

Das System der industriellen Beziehungen umfasst zwei verschiedene Ebenen bzw. Teilsysteme, für die jeweils bestimmte institutionelle Regelungen relevant sind und auf denen verschiedene Akteurskonstellationen anzutreffen sind.[5] Durchaus im Sinn des oben generell definierten Begriffs von einem sozialen System (Kap. 2.2) handelt es sich hierbei um das je spezifische Zusammenspiel institutioneller Arrangements mit zweckorientiertem Handeln der jeweils hier anzutreffenden Akteure. Die Akteure der industriellen Beziehungen produzieren, reproduzieren und transformieren in ihren kooperativen und konfliktuellen Interaktionen teilweise implizit, teils explizit – nach eingespielten Regeln und Gewohnheitsrechten, in stillschweigenden Übereinkünften und stummen Aushandlungen oder auf dem Wege formeller Vereinbarungen und Verträge – die jeweiligen institutionellen Arrangements (Müller-Jentsch 1997, S. 81). Die beiden Teilsysteme des deutschen Systems der industriellen Beziehungen sind die überbetriebliche Ebene der Tarifautonomie und die betriebliche Ebene der betrieblichen Mitbestimmung – daher insgesamt auch als duales System bezeichnet. Auf Grund teilweise völlig anderer politischer und institutioneller Traditionen ist es nicht überraschend, dass dieser Systemzusammenhang in anderen Ländern anders ausgeprägt ist (s.u.).

Intermediarität

Sowohl die institutionellen Regelungen der betrieblichen Ebene als auch die der überbetrieblichen Ebene laufen darauf hinaus, dass weder die Betriebsräte noch die Gewerkschaften ausschließlich Arbeitnehmerinteressen vertreten, sondern stets eine vermittelnde Position zwischen den Interessen der Arbeitnehmer und den wirtschaftlichen Erfordernissen des jeweiligen Unternehmens bzw. der volkswirtschaftlichen Situation insgesamt einnehmen. Wie noch zu zeigen ist, wird diese Vermittlungsfunktion dem Betriebsrat durch das Betriebsverfassungsgesetz normativ explizit zugeschrieben, während die Gewerkschaften sich in ihrem langen historischen Entwicklungsprozess zu einer intermediären Rolle hin entwickelt haben.

Verrechtlichung

Die industriellen Beziehungen in Deutschland sind durch ein hohes Maß geltender Rechtsnormen gekennzeichnet. Gemeint sind damit etwa das Betriebsverfassungsgesetz, des Tarifvertragsgesetz und weitere Regelungen des Arbeitsrechtes, die insgesamt dem Interessenkonflikt zwischen Kapital und Arbeit einen verbindlichen Rahmen in Hinblick auf verhandlungsfähige Themen und vor allem Verhandlungsprozeduren geben. Insbesondere offe-

---

5 Müller-Jentsch spricht hier von verschiedenen Arenen. Darunter versteht er „... einen Ort geregelter Konfliktaustragung und institutionalisierter Problemlösung, aber auch einen Kampfplatz, auf dem die jeweiligen Akteure nicht nur ihre widerstreitenden Interessen durchzusetzen, sondern auch die prozeduralen Rahmenbedingungen zu verändern trachten." (1997, S. 80)

ne Konflikte wie Streiks sind danach vielfältigen rechtlichen Regelungen und letztlich Eingrenzungen unterworfen. Verrechtlichung ist dabei Resultat des Einflusses des Staates als dritte Partei im industriellen Konflikt, der damit einerseits den kollektiven Akteuren Rahmenbedingungen setzt, andererseits ihnen damit aber auch ein hohes Maß an Handlungsautonomie verschafft.

Zentralisierung
Zentralisierung wird greifbar an der Struktur des Tarifvertragsystems, die durch den Abschluss von Tarifverträgen für regionale Wirtschaftssektoren durch die überbetrieblichen Tarifvertragsparteien der Arbeitgeber und Gewerkschaften gekennzeichnet ist. Dem jeweiligen Verhandlungspartner kommt dabei eine quasi monopolartige Position zu, indem er als kollektiver Akteur auftritt und die von ihm repräsentierten Interessen der Mitglieder bündelt und vereinheitlicht. Dies impliziert innerverbandlich einen gewissen Grad an Repräsentativität, der auf der Arbeitnehmerseite stärker ausgeprägt ist als auf der Arbeitgeberseite. Wie noch genauer zu zeigen ist, agieren sowohl die Gewerkschaften als auch Betriebsräte zwar im Namen ihrer Mitglieder bzw. der Belegschaft, können zugleich aber in relativer Unabhängigkeit von ihnen handeln.

6.2 Das betriebliche Teilsystem

Die Dualität des Systems der industriellen Beziehungen kann sicherlich als eines seiner zentralen Merkmale angesehen werden. Während die Grundstandards der Arbeitsbedingungen auf der überbetrieblichen Ebene der Tarifautonomie zwischen Arbeitgebern und Gewerkschaften in Tarifverträgen vereinbart werden, obliegen der betrieblichen Ebene die betriebsspezifische Anpassung und Ergänzung der generellen tariflichen Regelungen und die Kontrolle ihrer Einhaltung. Anders formuliert, auf der betrieblichen Ebene der Konfliktaustragung werden die konkreten Einsatzbedingungen der Arbeitskraft im Arbeitsprozess geregelt, z.B. die tatsächliche Einkommenshöhe und Arbeitszeiten, organisatorische Arbeitsbedingungen und Formen des Personaleinsatzes. Die Konfliktparteien sind das Management und der Betriebsrat, der die eigenständige und repräsentative Interessenvertretung der Belegschaft eines Betriebes ist. Er wird von der gesamten Belegschaft – nicht nur von den Gewerkschaftsmitgliedern – gewählt, ausgenommen hiervon sind die leitenden Angestellten. Ergänzt wird das betriebliche Teilsystem der industriellen Beziehungen teilweise und in bestimmten Unternehmenstypen durch die Mitbestimmung in der Unternehmensleitung (Kap. 7.2.3).

6.2.1 Rechtliche Basis

Die rechtliche Handlungsbasis des Betriebsrats ist das Betriebsverfassungsgesetz (BetrVG), dessen erste Fassung von 1952 inzwischen drei Mal, 1972, 1988 und 2001, novelliert worden ist. Es legt die Rechte von Betriebsräten hinsichtlich ihrer Inhalte und Reichweite abgestuft fest. Inhaltlich handelt es sich dabei um soziale, personelle und wirtschaftliche Angelegenheiten. Differenziert nach der Reichweite lassen sich unterscheiden: Mitwirkungsrechte, d.h. Informationsrechte, Anhörungs- und Beratungsrechte, Widerspruchsrechte sowie erzwingbare Mitbestimmungsrechte. Ohne an dieser Stelle auf arbeitsrechtliche Details eingehen zu können, lassen sich die Rechte von Betriebsräten wie folgt präzisieren:[6]

- *Erzwingbare Mitbestimmungsrechte* stehen dem Betriebsrat nach §§ 87/91 BetrVG in sozialen Angelegenheiten zu; die wichtigsten sind hier: die Festlegung von Entlohnungsmethoden, besonders Leistungsentlohnung, die Regelung von Arbeitszeiten, insbesondere Überstunden und Kurzarbeit, die Gestaltung technischer Einrichtungen, die das Leistungsverhalten der Arbeitnehmer überwachen sowie Entscheidungen über die menschengerechte Gestaltung der Arbeit. Weiterhin umfassen diese Rechte einige personelle Angelegenheiten wie die Erstellung von Personalfragebögen und von Auswahlkriterien für Einstellungen, Versetzungen, Umgruppierungen und Kündigungen (§§ 94, 95, 98). Schließlich kann der Betriebsrat über einen Sozialplan (§ 112) den Ausgleich wirtschaftlicher Nachteile für Arbeitnehmer etwa bei Betriebsschließungen oder -umstellungen erzwingen.
- Ein *Widerspruchs- bzw. Vetorecht* hat der Betriebsrat bei personellen Einzelmaßnahmen (§§ 99, 102) der Einstellung, Ein- und Umgruppierung, der Versetzung und bei Kündigungen. Verweigert hier der Betriebsrat seine Zustimmung, so bedarf es der endgültigen Klärung durch ein Arbeitsgericht.
- Über *Informationsrechte* verfügen Betriebsräte in Hinblick auf die Gestaltung von Arbeitsplätzen, Arbeitsablauf und Arbeitsumgebung (§ 90), sofern keine „gesicherten arbeitswissenschaftlichen Erkenntnisse" verletzt werden; andernfalls besteht ein erzwingbares Mitbestimmungsrecht. Dabei muss der Arbeitgeber den Betriebsrat allerdings rechtzeitig informieren, die erforderlichen Unterlagen vorlegen und die Vorschläge und Bedenken des Betriebsrats berücksichtigen. Weiterhin bestehen diese Rechte in wirtschaftlichen Angelegenheiten (§§ 106, 111, 112) bei Produktionsumstellungen oder -einschränkungen sowie Stilllegung. Das für die Informationen und Erörterungen zuständige Gremium ist der Wirtschaftsausschuss, der nach dem Gesetz ein eigenständiges Organ des Betriebsrats ist.

---

6 Vgl. hierzu und zum Folgenden Müller-Jentsch (1997, S. 269ff.) und Keller (1997, S. 79ff.) und die dort angegebene Literatur.

Deutlich wird: je direkter sich die Rechte des Betriebsrates auf das Zentrum von Managemententscheidungen in Hinblick auf wirtschaftliche Sachverhalte beziehen, umso stärker sind sie begrenzt; der ökonomische Entscheidungsspielraum des Managements bleibt unangetastet.

Grundsätzlich steht die Tätigkeit des Betriebsrates unter der Generalverpflichtung der „vertrauensvollen Zusammenarbeit“ mit dem Management „zum Wohl der Arbeitnehmer und des Betriebes“ (§ 2). Aus dieser doppelten Verpflichtung des Betriebsrates ergibt sich die absolute „Friedenspflicht“ (§ 74, 2), d.h. er darf keinen Streik ausrufen. Daher weist das BetrVG dem Betriebsrat die Rolle einer Vermittlungs-, Beschwerde- und Schlichtungsinstanz zu. Anders formuliert, die Institution Betriebsrat ist grundlegend auf *Intermediarität* angelegt. „Der Betriebsrat ist Interessenvertretung der Arbeitnehmer, aber eben nicht Interessenvertretung pur, sondern unter expliziter Berücksichtigung der wirtschaftlichen Betriebsziele.“ (Müller-Jentsch 1997, S. 196) Einzig auf Verhandlungen als Mittel der Interessenvertretung verwiesen, ist seine Durchsetzungsfähigkeit begrenzt; er ist primär Organ des Interessenausgleichs zwischen dem Management und der Belegschaft, durch den das betriebliche Herrschaftsverhältnis nicht grundsätzlich in Frage gestellt wird (Bergmann 1995).

Weitere wichtige Regelungen des BetrVG sind beispielsweise: *Betriebsvereinbarungen*, die zwischen Betriebsrat und Management abgeschlossen werden, um betriebliche Probleme zu regeln. Damit dürfen aber sog. höherrangige Regelungen wie z.B. Tarifverträge (s.u.) nicht verletzt werden (Keller 1997, S. 85). Kein Unternehmen muss einen Betriebsrat einrichten und es muss keiner gewählt werden, solange die Arbeitnehmer dieses Recht nicht in Anspruch nehmen. Die *Zahl der Betriebsratsmitglieder* richtet sich nach der Betriebsgröße. In Kleinbetrieben mit weniger als fünf Beschäftigten bestehen keinerlei Mitbestimmungsrechte. Erst in Betrieben mit mindestens fünf (bis 20) Beschäftigten kann ein Betriebsrat gewählt werden. Die Größe des Betriebsrats steigt nach den gesetzlichen Regelungen dann unterproportional mit der Betriebsgröße. Bei einer Betriebsgröße von beispielsweise mehr als 1000 (bis 1500) Arbeitnehmern besteht ein Betriebsrat aus 15 Mitgliedern. Ab einer Größe von 200 (bis 500) Beschäftigten muss der Betrieb mindestens einen Betriebsrat von seiner Arbeit freistellen. Bei mehr als 900 (bis 1500) Arbeitnehmern sind drei freigestellte Betriebsräte möglich. Seit der Novellierung des BetrVG im Jahr 2001 besteht die Möglichkeit, sog. Gemeinschaftsbetriebsräte zu gründen, in denen die Arbeitnehmervertretung von an einem Unternehmensstandort formal unabhängiger Betriebe eines dezentralisierten Unternehmens zusammengefasst wird. Auch können neuerdings räumlich und organisatorisch verstreute Kleinbetriebe, die zu einem Unternehmen gehören, in einer größeren Betriebsratseinheit repräsentiert werden.[7]

7 Vgl. generell zu den Neuregelungen des BetrVG von 2001 Wassermann (2002).

6.2.2 Handeln von Betriebsräten

Grundsätzlich besteht zwischen Management und Betriebsrat eine Machtasymmetrie zugunsten des Managements (Bergmann 1995). Denn: Erstens stehen den betriebsverfassungsrechtlichen Verpflichtungen des Betriebsrats auf das Betriebsinteresse und der absoluten Friedenspflicht keine analogen Verpflichtungen des Managements gegenüber, etwa geltende arbeitsrechtliche und tarifvertragliche Regelungen einzuhalten; der Betriebsrat kann ihre Einhaltung letztlich nur durch Entscheidungen der Arbeitsgerichte erzwingen. Zweitens verfügt das Management über die strategische Definitionsmacht; es legt Strategien und Zielsetzungen eines Unternehmens fest. Drittens kann auf Grund seines Direktionsrechtes das Management Tatsachen schaffen, auf die der Betriebsrat lediglich reagieren kann. Viertens kann das Management gestützt auf sein Informationsmonopol durch eine selektive und gezielte Informationspolitik das Handeln von Betriebsrat und Belegschaft nachhaltig beeinflussen. Und schließlich verfügt das Management über Fachkompetenzen und Ressourcen, die denen des Betriebsrats in aller Regel überlegen sind.

Die strukturell überlegene Handlungsfähigkeit des Managements zu kompensieren, gelingt dem Betriebsrat nur dann, wenn er, ohne den Kontakt zur Belegschaft zu verlieren, stabile Kooperationsbeziehungen mit dem Management aufzubauen vermag und wenn sich daraus auch erkennbare Vorteile für das Management ergeben. Denn nur in funktionierenden Kooperationsbeziehungen kann der Betriebsrat die Interessen der Belegschaft wirksam zur Geltung bringen. Voraussetzungen dafür sind Verhandlungsgeschick, Sachkompetenz, persönliche Integrität, enger Kontakt zur Belegschaft und gute Information über betriebliche Verhältnisse. Entscheidender Faktor ist zudem – darin stimmen die Ergebnisse aller empirischen Untersuchungen überein – die Gegenmacht in der Belegschaft; d.h. die Fähigkeit der Belegschaft oder relevanter Belegschaftsteile, unter dem steuernden Einfluss des Betriebsrats, gleichsam unterhalb der Streikschwelle, glaubhaft Störungen des Produktionsprozesses androhen zu können – vom passiven Widerstand und Dienst nach Vorschrift bis zum inoffiziellen Streik. Endlich ist in vielen Fällen die Unterstützung von Betriebsräten durch den Gewerkschaftsapparat in Hinblick auf Sachkompetenz, Beratung, den Entwurf von Strategien etc. notwendig.

Grundsätzlich ist der Betriebsrat ein von den Gewerkschaften unabhängiges Vertretungsorgan. Jedem Beschäftigten, Arbeiter wie Angestellten eines Unternehmens steht es frei, sich in den Betriebsrat wählen zu lassen, er muss dafür keinesfalls Mitglied einer Gewerkschaft sein.[8] In der Regel sind die Mitglieder des Betriebsrats allerdings auch Gewerkschaftsmitglieder und stehen zu ihrer jeweiligen Gewerkschaft in einem engen Verhältnis. Die grundlegend betriebsbezogene Rolle des Betriebsrats impliziert freilich nicht selten auch Auseinandersetzungen mit der Ge-

8 Zu den Regelungen der Wahl von Betriebsräten vgl. z.B. Keller (1997, S. 82f.).

werkschaft. Denn Betriebsräte tragen unter Umständen Entscheidungen des Managements mit, von denen sie meinen, dass sie die Existenz des Unternehmens und Arbeitsplätze sichern. Zugleich aber können sie damit Gefahr laufen, tarifvertragliche Regelungen und gewerkschaftliche Interessen zu verletzten (Kap. 7.5).

In den Unternehmen, in denen es Betriebsräte gibt, variiert ihre Durchsetzungsfähigkeit freilich beträchtlich. Sie reicht von völliger Einflusslosigkeit bis hin zu Betriebsräten, die als gleichgewichtige Verhandlungspartner des Managements agieren.

Nach einer relativ breit angelegten Untersuchung in Betrieben verschiedener Größe über Arbeitsbeziehungen in Industriebetrieben von Kotthoff (1994) konnten zu Anfang der 1990er Jahre etwa ein Drittel der untersuchten Betriebsräte als defiziente Interessenvertretung bezeichnet werden; es handelt sich dabei um Fälle, die als „ignorierte" oder als „isolierte Betriebsräte" bezeichnet werden können, in einigen Situationen spielt der Betriebsrat eine Rolle, die der Autor als „Organ der Geschäftsleitung" charakterisiert. Etwa zwei Drittel der untersuchten Fälle hingegen werden als wirksame Interessenvertretung gekennzeichnet, wobei zwischen Typen wie „standfester Betriebsrat" einerseits und „Betriebsrat als kooperative Gegenmacht" andererseits unterschieden wird.

Eine weitere wichtige Bestimmungsgröße für die Existenz und Wirksamkeit der Betriebsratspolitik ist die jeweilige Betriebsgröße. Nach den Regelungen des BetrVG nehmen die Voraussetzungen für eine erfolgreiche Betriebsratspolitik mit steigender Betriebsgröße zu. Nach allen Erfahrungen liegt die kritische Größe bei etwa 600 Beschäftigten. Eine größere Anzahl von Betriebsräten erlaubt Arbeitsteilung und Spezialisierung und schafft damit wesentliche Voraussetzungen für eine professionalisierte Betriebsratsarbeit (Keller 1997, S. 96). Dieser Befund korreliert mit der generellen Verbreitung von Betriebsräten, die mit steigender Betriebsgröße deutlich ansteigt. Vorliegenden Untersuchungen zufolge waren Ende der 1990er Jahre nur in rd. 4% von Unternehmen mit 4 bis 20 Beschäftigten Betriebsräte anzutreffen, während dies in rd. 67% der Unternehmen mit 51 bis 500 Beschäftigten der Fall war (Wassermann 2002a, S. 165). Erklärbar ist dies mit den besonderen Bedingungen kleiner Unternehmen (Kap. 4.1.2), mit ihrer Personenzentriertheit und begrenztem Strukturierungsgrad, die einer formellen Etablierung eines Betriebsrats grundsätzlich entgegenstehen. Schließlich verweist diese Situation auf den Tatbestand, dass Betriebsräte im Dienstleistungssektor seltener anzutreffen sind als im produzierenden Gewerbe. Denn zum einen finden sich im Dienstleistungsbereich überdurchschnittlich viele kleinere Unternehmen, zum anderen weisen die Beschäftigten dieses Sektors, typisch sind hier weibliche Angestellte und hoch qualifizierte Dienstleister, vielfach einen ausgeprägt schwachen Bezug zu den Institutionen der kollektiven Interessenvertretung auf (z.B. Trautwein-Kalms 1995; Düll/Ellguth 1999).

Insgesamt weist in der langen Nachkriegszeit das System der betrieblichen Mitbestimmung in Deutschland bis heute ein hohes Maß an Stabilität auf

(Müller-Jentsch 1997, S. 280.). Vorherrschend ist ein Typus von Konfliktverarbeitung, den Weltz in einer älteren Untersuchung als *kooperative Konfliktverarbeitung* charakterisiert hat (1977). Seine Grundzüge sind: die Vermeidung offener Konflikte, ein hohes Maß an Kompromissbereitschaft auf der Seite des Managements und der Betriebräte und die Anerkennung divergierender Interessen bei gleichzeitiger Akzeptanz eines gemeinsamen Betriebsinteresses als handlungsleitender Rahmen.

6.2.3 Mitbestimmung in der Unternehmensleitung

Eine Besonderheit des deutschen Systems der industriellen Beziehungen ist die Ebene der *Unternehmensmitbestimmung*. Die Grundidee der Mitbestimmung geht auf das Konzept der paritätischen Mitbestimmung zurück, die nach dem Zweiten Weltkrieg im Bergbau sowie der Eisen- und Stahlindustrie unter Einfluss der britischen Besatzungsmacht eingeführt und 1951 im Mitbestimmungsgesetz normiert wurde. Ziel war es, einer Neuordnung der deutschen Wirtschaft den Weg zu bereiten und dadurch das politische und ökonomische Machtzentrum der Kaiserzeit und des NS-Regimes einer demokratischen Kontrolle zu unterwerfen. Für die Gewerkschaftsseite galt die Montanmitbestimmung lange Jahre als das grundlegende Konzept einer Reform der Wirtschaft. Auf Grund des ökonomischen Bedeutungsverlustes der Montanindustrie hat dieses Mitbestimmungskonzept allerdings schon seit langer Zeit seine einstige Bedeutung eingebüßt. Insgesamt hat diese Entwicklung die Konsequenz, dass Fragen der Mitbestimmung auf Unternehmensebene in der arbeitspolitischen Diskussion in Deutschland zunehmend an Relevanz einbüßen.

Bei der Mitbestimmung in den Unternehmensleitungen, so im Aufsichtsrat und im Vorstand von Kapitalgesellschaften, lassen sich drei Formen unterscheiden, die die je verschiedenen Einflussmöglichkeiten der Arbeitnehmerseite bezeichnen (Keller 1997, S. 115ff.; Müller-Jentsch 1997, S. 282ff.):

Erstens die *paritätische Mitbestimmung* in der Montanindustrie nach dem Montanmitbestimmungsgesetz von 1951 in Unternehmen ab 1000 Beschäftigten, die der Arbeitnehmerseite sehr weitgehende Einflussmöglichkeiten einräumt. Der Aufsichtsrat umfasst eine jeweils gleiche Anzahl (fünf) von Anteilseignern und Arbeitnehmervertretern sowie ein sog. neutrales Mitglied. Mitglied des Vorstandes ist ein Arbeitsdirektor, der nicht gegen die Stimmen der Arbeitnehmerseite im Aufsichtsrat gewählt oder abberufen werden darf. Die Montanindustrie hat allerdings ihre wirtschaftliche Bedeutung in den letzten Jahrzehnten sehr eingebüsst. Ende der 1990er Jahre (1998) sind hier noch etwa 300.000 Arbeitnehmer beschäftigt und die Zahl der mitbestimmten Unternehmen liegt bei 50 (Müller-Jentsch/Ittermann 2000, S. 208).

Zweitens die *unterparitätische Mitbestimmung* nach dem Mitbestimmungsgesetz von 1976, die unabhängig von der Branche für Kapitalgesellschaften (AG und GmbH) mit mehr als 2000 Beschäftigten gilt. Unterparitätisch wird diese Regelung deshalb genannt, weil der Aufsichtsratsvorsitzende, der in der Regel von den Anteilseignern gestellt wird, mit doppeltem Stimmrecht ausgestattet ist und mindestens ein Vertreter der leitenden Angestellten Mitglied des Aufsichtsrates ist. Der Arbeitsdirektor im Vorstand kann gegen den Willen der Arbeitnehmerseite bestellt werden. Vorliegenden Daten zufolge waren Ende der 1990er Jahre (1998) insgesamt 691 Unternehmen nach diesem Gesetz mitbestimmungspflichtig, im Jahr 2002 waren es 787 (Schröder/Weßels 2003, S. 673).

Drittens die *drittelparitätische Mitbestimmung* in Kapitalgesellschaften mit 500 bis 2000 Beschäftigten nach dem BetrVG von 1952/72, die der Arbeitnehmerseite die schwächsten Mitbestimmungsmöglichkeiten eröffnet. Nach diesem Gesetz steht der Arbeitnehmerseite nur ein Drittel der Aufsichtsratssitze zu. Ein Arbeitsdirektor ist hier nicht vorgesehen.

6.3 Das überbetriebliche Teilsystem

Auf der überbetrieblichen Ebene der Konfliktaustragung werden die Verkaufsbedingungen der Arbeitskraft im Arbeitsprozess geregelt und Rahmenbedingungen für die Gestaltung des Arbeitsprozesses festgelegt. Die Konfliktparteien sind die Gewerkschaften und die Arbeitgeberverbände, die Tarifverträge aushandeln.

6.3.1 Tarifautonomie und Tarifverträge

Das überbetriebliche Teilsystem, das Tarifvertragssystem, bezeichnet einen autonomen gesellschaftlichen Bereich und die zwischen Arbeitgebern und Gewerkschaften abgeschlossenen Tarifverträge haben Rechtsgeltung, ähnlich wie allgemeine Gesetze. Die generelle rechtliche Basis für die Beziehungen zwischen den beiden Akteursgruppen ist die Verankerung des Koalitions- und Streikrechts im Grundgesetz (Art. 9), woraus sich die *Tarifautonomie* ableitet, wie sie im Tarifvertragsgesetz von 1949/1969 gefasst ist. Rechtsstreitigkeiten zwischen Gewerkschaften und Arbeitgeberverbänden werden letztinstanzlich von Arbeitsgerichten entschieden.

Aus der Sicht der Arbeitnehmerseite lässt sich die arbeitspolitische Funktion von Tarifverträgen wie folgt zusammenfassen (Keller 1997, S 145ff.): Schutz der einzelnen Arbeitskraft vor der Ausübung wirtschaftlicher Macht seitens der Arbeitgeber durch kollektivvertragliche Regelungen; Wahrung des Arbeitsfriedens, d.h. vor allem kein Streik während der Laufzeit eines Tarifvertrages; verbindliche Normierung von Arbeitsbedingungen etwa in Hinblick auf Entgelt und Arbeitszeit und die Festlegung von Mindeststandards; die Verteilung von Einkommen und damit Beteiligung der Arbeitnehmer am Sozialprodukt. Aus der Sicht von Unternehmen dient die Tarifautonomie der Standardisierung von Lohnsätzen und Arbeitszeiten, der Herstellung kalkulierbarer Lohnstrukturen und Arbeitsbedingungen und der Sicherung von Kooperationsbereitschaft der Arbeitnehmer. Und wie von der Arbeitgeberseite hervorgehoben wird, erspart eine branchenweite Verhandlung von Arbeitsbedingungen und Entgelten den einzelnen Firmen viel

Ärger (iwd 2003). Der Staat schließlich wird durch die Besonderheiten des deutschen Tarifsystems in Hinblick auf die Regulierung der konfliktträchtigen Arbeitsbeziehungen entlastet (Müller-Jentsch 1997, S. 204).

Je nach Regelungsgegenstand werden verschiedene Formen von Tarifverträgen unterschieden: *Lohn- und Gehaltstarifverträge* regeln die Höhe des Arbeitsentgeltes, in *Lohn- und Gehaltsrahmentarifverträgen* werden die Entlohnungsgrundsätze festgelegt und *Manteltarifverträge* regeln Arbeitsbedingungen wie die Arbeitszeit oder die Qualifizierung und Weiterbildung der Arbeitnehmer. Die Geltungsbereiche von Tarifverträgen unterscheiden sich räumlich nach Tarifbezirken, zeitlich nach Laufzeit, sind fachlich für bestimmte Betriebe und Branchen und personell für bestimmte Arbeitnehmer-Gruppen definiert.

Tarifverträge gelten formell zwar nur für die den jeweiligen Arbeitgeberverbänden angeschlossenen Unternehmen, werden aber faktisch von vielen nichttarifgebundenen Unternehmen anerkannt bzw. in modifizierter Form übernommen. Zudem gelten tarifvertragliche Regelungen formal auch nur für Gewerkschaftsmitglieder werden aber aus Gründen der Gleichbehandlung auf alle Beschäftigten tarifgebundener Unternehmen angewandt. Für ausnahmslos alle Arbeitnehmer einer bestimmten Branche gelten Tarifverträge allerdings dann, wenn der Staat, um etwa zu große Lohnunterschiede zu vermeiden, das Abkommen für allgemein verbindlich erklärt (nach § 5 Tarifvertragsgesetz). Insgesamt können diese Aspekte als Belege für den ausgeprägten Grad der Zentralisierung des deutschen Systems angesehen werden.

6.3.2 Verhandlungsprozess

Die Verhandlungen und Auseinandersetzungen zwischen den Akteuren im Tarifvertragssystem folgen grundsätzlich mehr oder weniger formalisiert drei Stufen: Verhandlung, Schlichtung und Arbeitskampf. In den wenigsten Fällen durchläuft der Verhandlungsprozess alle drei Stufen, in der Regel wird ein Kompromiss schon auf dem Wege der Verhandlung zwischen den Konfliktparteien gefunden. Gelingt dies nicht, folgt gewöhnlich ein Schlichtungsverfahren, in dessen Rahmen zumeist unter Hinzuziehung eines dritten unabhängigen Akteurs ein Kompromiss gefunden werden soll, um einen Arbeitskampf abzuwenden.

Unter *Schlichtung* ist ein Verfahren zur Beilegung von Regelungsstreitigkeiten oft durch die Intervention eines am Konflikt nicht beteiligten, neutralen Dritten zu verstehen (Keller 1997, S. 152ff.; Schröder/Wessels 2003, S. 675). Die Ergebnisse solcher Verfahren sind nicht automatisch bindend, sondern bedürfen der ausdrücklichen Zustimmung durch die Beteiligten. Die Verfahren einer Schlichtung, insbesondere die Rolle des neutralen Akteurs, sind in der Regel autonom von den Tarifvertragsparteien vereinbart, es gibt hierzu im Tarifvertragsgesetz keine Regelungen. Nicht nur während der Tarifverhandlungen, sondern auch während einer Schlichtungsphase sind die beteiligten Akteure an die tarifvertragliche Friedenspflicht gebunden, d.h. formale und offizielle Streiks, sieht man einmal von Warnstreiks ab, sind nicht zulässig. Insgesamt lässt sich festhalten, dass die überwiegende Mehrzahl von durchgeführten Schlichtungsverfahren erfolgreich in dem Sinne ist, dass ein Kompromiss gefunden und ein Arbeitskampf vermieden wird. Grundsätzlich kann die Existenz von Schlichtungsregelungen als ein wesentliches Element der oben angesprochenen Verrechtlichung der industriellen Beziehungen begriffen werden.

Letzte Stufe des Verhandlungsprozesses ist der Arbeitskampf, der *Streik* und als Reaktion der Arbeitgeber die *Aussperrung*. Streik lässt sich definieren als „Preiskampf am Arbeitsmarkt" (Keller 1997, S. 161ff.). Zu unterscheiden ist dabei zwischen offiziellen bzw. gewerkschaftlich organisierten Streiks und spontanen bzw. inoffiziellen Streiks. Letztere sind ein Indiz für das nicht immer reibungslose Verhältnis zwischen Arbeitnehmerschaft und gewerkschaftlicher Politik. Die Arbeitgeberseite hat die Möglichkeit, auf Streiks mit dem Instrument der Aussperrung, d.h. eine befristete Nichtbeschäftigung zu reagieren. Generell folgen Arbeitskämpfe der Logik des wechselseitigen Entzugs von Ressourcen, wobei allerdings Streik in der Regel von allen Beteiligten als Ultima Ratio der Tarifauseinandersetzungen angesehen wird. Historisch gingen die Streikaktivitäten mit der wachsenden Anerkennung der Gewerkschaften und des Tarifvertragswesens deutlich zurück.

So betrug in Deutschland die durchschnittliche Streikdauer in Tagen in der Phase zwischen 1900 und 1914 32,2 Tage, zwischen 1919 und 1932 14,6 Tage und zwischen 1950 und 1992 4,9 Tage (Müller-Jentsch 1997, S. 214.). Im internationalen Vergleich finden in Deutschland unterdurchschnittlich wenig Streiks statt. Im Zeitraum zwischen 1989 und 1998 wurde durchschnittlich in der EU pro 1000 Arbeitnehmern 80 Tage gestreikt. In Deutschland hingegen waren es im gleichen Zeitraum nur fünf Tage, in Spanien wurden ungefähr 350 Tage gestreikt (The Economist 2000).

Wie Tarifverhandlungen ausgehen, ist in hohem Maße abhängig von der Verhandlungsmacht (*bargaining power*) der Kontrahenten. Neben Verhandlungsgeschick spielen die Macht der jeweiligen Organisation und deren interne Entscheidungsprozesse, in denen die Ergebnisse von Tarifverhandlungen „abgesegnet" werden müssen, eine wichtige Rolle. Zudem kommen weitere Rahmenbedingungen ins Spiel, die von den kollektiven Akteuren nur schwer beeinflussbar sind, die aber unmittelbar auf die Verhandlungsposition zurückwirken. Zu nennen sind hier die ökonomische Situation, die Produktivitäts- und Rentabilitätsbedingungen der Betriebe und die Arbeitsmarktsituation, der Organisationsgrad der Tarifvertragsparteien (s.u.), die öffentliche Meinung und die generelle politische Atmosphäre, die die Ziele und Position eines der Verhandlungspartner unter Umständen nachhaltig stärken, aber auch schwächen kann. Der Schlüssel für die Verhandlungsstärke der Gewerkschaften ist indes die Mobilisierungsfähigkeit der Mitglieder für einen Streik; diese ist zwischen einzelnen Branchen und Regionen sehr unterschiedlich ausgeprägt. So spielt im Bereich der Metallindustrie der Tarifbezirk in Baden-Württemberg bei Tarifverhandlungen für das gesamte Bundesgebiet eine Vorreiterrolle. Auf der Arbeitgeberseite spielt die Fähigkeit, den Gewerkschaftsforderungen und ggf. einem Streik begegnen zu können und zu wollen, eine entscheidende Rolle.

Grundsätzlich ist festzuhalten, dass in Deutschland die überbetriebliche Ebene des Interessenkonflikts in hohem Maße von Formen *sozialpartnerschaftlicher Konfliktverarbeitung* geprägt ist. Hierfür sprechen die abnehmende Streikhäufigkeit wie die auf lange Sicht moderate Lohnentwicklung, die sich weitgehend an den ökonomischen Bedingungen und damit einhergehenden Spielräumen orientiert hat.

6.3.3 Die Akteure

Gewerkschaften

Gewerkschaften sind nach einer klassischen Definition „eine dauernde Verbindung von Lohnarbeitern zum Zwecke der Aufrechterhaltung oder Besserung ihrer Arbeitsbedingungen“ (S. u. B. Webb 1895 – zit. n. Müller-Jentsch 1997, S. 85). Als kollektiver Akteur agieren sie nach außen als Interessenverband mit dem Ziel, ihre Mitglieder auf dem Arbeitsmarkt handlungsfähig zu machen und Arbeitsbedingungen und Arbeitsmarktregelungen in ihrem Interesse zu beeinflussen. Intern gesehen, haben Gewerkschaften die Funktion, die Interessen ihrer individuellen Mitglieder durch ihre Programmatik und entsprechende Beteiligungsmöglichkeiten zu vereinheitlichen, ihre Mobilisierungsfähigkeit herzustellen und sie ggf. sozial abzusichern. Der zuletzt genannte Aspekt spielte in der Frühzeit der Industrialisierung eine zweifellos überragende Rolle, konnte doch durch gewerkschaftliche Unterstützungsleistungen die damals extrem unsichere Lage der Lohnarbeiter zumindest teilweise stabilisiert werden. Heutzutage kommt der Unterstützung bei Streiks und der gewerkschaftlichen Rechtshilfe bei Arbeitsstreitigkeiten eine wichtige innerverbandliche Funktion zu.

Die im Kontext der Industrialisierung entstandene deutsche Gewerkschaftsbewegung war in ihren Anfängen als regionale, solidarische Unterstützungs- und Widerstandsorganisation von der Mitte des 19. Jahrhunderts bis in die Zeit der Weimarer Republik berufsständisch und weltanschaulich zersplittert (Keller 1997, S. 29). In Deutschland wurden zunächst hauptsächlich berufsorientierte Gewerkschaften gegründet, z.B. 1840 die Leipziger Buchdrucker, 1865 der Zentralverband für Tabakarbeiter; 1867 der Verein Deutscher Lokomotivführer, dessen Hauptziel es war, durch die Einrichtung einer Hilfskasse die Versorgung der auf Grund der hohen Arbeitsbelastung und damit einhergehenden Krankheiten oft sehr frühzeitig aus dem Beruf ausscheidenden Lokführer zu sichern. Daneben konstituierten sich übergreifende Interessenverbände wie im August 1848 die „Allgemeine deutsche Arbeiterverbrüderung“ und 1863 der „Allgemeine Deutsche Arbeiterverein“ (ADAV) mit dem Vorsitzenden Ferdinand Lassalle.

Ausgesprochene Industriegewerkschaften entstanden ab 1890; zunächst wurden Gewerkschaften der Hilfsarbeiter, 1891 wurde der deutsche Metallarbeiterverband, 1893 der deutsche Holzarbeiterverband gegründet. Eine Dachorganisation wurde erstmals 1919 geschaffen, der „Allgemeine Deutsche Gewerkschaftsbund“ (ADGB). Bis zum Ende der Weimarer Republik fand sich ein breites Spektrum verschiedener Gewerkschaften, die vor allem in politischer und beruflicher Hinsicht sehr fragmentiert waren.[9]

Um dieser Fragmentierung entgegenzuwirken, ist die Organisationsstruktur der deutschen Gewerkschaften nach 1945 von zwei Prinzipien bestimmt: Erstens dem Prinzip der *Einheitsgewerkschaft*, d.h. Gewerkschaften sind keine politische Richtungsgewerkschaften, sondern sind parteipolitisch grundsätzlich unabhängig. Zweitens dem *Industrieverbandsprinzip*, d.h. die Mitglieder werden nicht nach Berufen oder dem sozialen Status wie Arbeiter, Angestellte, Beamte, sondern nach Branchen in einer Gewerkschaft zusammengefasst; bis heute ist in Deutschland weitgehend die Situation vorherrschend, dass pro Betrieb nur eine Gewerkschaft anzutreffen ist. Darüber hinaus basieren die Gewerkschaften auf der freiwilligen Verbindung von Mitgliedern.

Ende 2002 sind im Deutschen Gewerkschaftsbund (DGB) acht Einzelgewerkschaften zusammengefasst, die insgesamt rd. 7,7 Mio. Mitglieder hatten. Gemessen an der Zahl der Mitglieder ist die Dienstleistungsgewerkschaft (verdi) mit reichlich 2,7 Mio. Mitgliedern die größte und die IG Metall mit mehr als 2,6 Mio. Mitgliedern die zweitgrößte Gewerkschaft. Die Gewerkschaft der Polizei (GdP) ist mit rd. 185.000 Mitgliedern die kleinste Gewerkschaft. Der durchschnittliche Organisationsgrad, nämlich der Anteil der in Gewerkschaften organisierten Arbeitnehmer an den abhängigen Erwerbstätigen insgesamt, beträgt 2002 ca. 27% und ist seit längerem von einem deutlichen Rückgang gekennzeichnet. Er betrug 1991 noch 40,6% und 1995 35,3% (Ebbinghaus o.J.; IWD 2004).

Die Ausnahme von Prinzip der Industriegewerkschaft bilden einige kleinere, recht unbedeutende Organisationen. Zu nennen sind hier der Christliche Gewerkschaftsbund (CGB), der Deutsche Beamtenbund (DBB) oder kleinere berufsständisch orientierte Verbände wie die Pilotenvereinigung Cockpit und die Gewerkschaft der Lokführer (GdL).

Die Handlungs- und Durchsetzungsfähigkeit einer Gewerkschaft ist in der Regel an die folgenden Voraussetzungen gebunden (Müller-Jentsch 1997, S. 119): Arbeitnehmer müssen in ausreichender Zahl Gewerkschaftsmitglieder werden und auch bleiben und sie müssen dabei regelmäßig Beiträge zur Finanzierung des Verwaltungsapparats und der gewerkschaftlichen Unterstützungsleistungen zahlen. Weiterhin müssen die Mitglieder sich gegenüber den Beschlüssen und Vereinbarungen der Führungsgremien loyal und folgebereit zeigen und vor allem in Konfliktsituationen sich zu solidarischem und aktivem Handeln mobilisieren lassen. Anders formuliert, Gewerkschaften stellen innerverbandlich ein soziales System dar, das oben als Assoziation (3.1.3) gekennzeichnet worden ist. Das auf eine günstige Arbeitsmarktsituation gerichtete zweckorientierte Handeln der großen Zahl ihrer Mitglieder wird sowohl über die gemeinsamen Interessen, als auch über gemeinsame Orientierungen, generelle politische Zielsetzungen sowie

9 Vgl. zur Geschichte der deutschen Gewerkschaften ausführlich beispielsweise Klönne/Reese (1984) und Schröder/Weßels (2003, S. 624ff.).

innerverbandliche Regelungen der Willensbildung koordiniert. Als besonderes Merkmal der Handlungsfähigkeit der Gewerkschaften wird allerdings ihr ausgeprägter Grad der innerverbandlichen Zentralisierung und Konzentration der Entscheidungsprozesse angesehen. Zwar basiert der formale Aufbau der Gewerkschaftsorganisation auf Entscheidungs- und Willensbildungsprozessen „von unten nach oben", tatsächlich jedoch werden diese durch ein hohes Maß an Kompetenzen der jeweils zentralen Führung konterkariert (ebd., S. 138ff.).[10]

Alle vorliegenden sozialwissenschaftlichen Untersuchungen sind sich weitgehend darin einig, dass die Gewerkschaften in Deutschland als „pragmatisch verfahrende Interessenvertretungen" agieren (Bergmann 1995). Sie sind, ähnlich wie die Betriebsräte, nicht Organisationen, die ausschließlich die Interessen ihrer Mitglieder vertreten, sondern sie versuchen stets, einen Interessenausgleich mit den Arbeitgebern zu erreichen. Diese Rolle, so einschlägige Analysen, ist die Konsequenz der historisch zunehmenden gesellschaftlichen Anerkennung der Gewerkschaften und der politischen Akzeptanz des industriell-kapitalistischen Systems als Handlungsrahmen durch die Gewerkschaften, die sie zu einer „Politik und Praxis der Mediatisierung von Mitgliederinteressen und der Kooperation mit Staat und Kapital" drängte. Im Kontext der Entwicklung des Systems sektoraler Tarifverträge übernahmen die Gewerkschaften nicht nur Schutz- und Verteilungsfunktionen im Interesse ihrer Mitglieder, sondern auch „Kartell-, Ordnungs- und Befriedungsfunktionen für die Unternehmer", indem sie über tariflich standardisierte Entgelte und Arbeitszeiten den Unternehmen für die vertragliche Laufzeit sozialen Frieden und stabile Kalkulationsgrundlagen garantieren (Müller-Jentsch 1997, S. 196). Insofern sind die Gewerkschaften zentrales Moment der angesprochenen Intermediarität des Systems der industriellen Beziehungen.

Arbeitgeberverbände

Gewerkschaften sind, ihren Funktionen und ihrem Selbstverständnis zufolge, Massenorganisationen, die tendenziell das gesamte Spektrum der Arbeitnehmerinteressen wahrnehmen (Bergmann 1995). Arbeitgeberverbände hingegen decken nur den Wirtschafts- und sozialpolitischen Bereich der von ihnen organisierten Unternehmen ab. Dabei ist grundsätzlich davon auszugehen, dass die Arbeitgeberseite immer nur partiell in der Lage ist, sich als kollektiver Akteur zu konstituieren und gemeinsame Interessen zu verfolgen. Denn auf der Unternehmensseite erschweren die Konkurrenz und die großen Strukturdivergenzen zwischen verschiedenen Branchen und Unternehmenstypen eine umfassende Organisierung aller Interessen. Insofern ist auf Grund der divergierenden Interessen national wie auch interna-

---

10 Zu einem Überblick über die Diskussion zu innergewerkschaftlichen Entscheidungs- und Beteiligungsprozesse vgl. Bergmann (1979).

tional die Zahl von Unternehmer- und Arbeitgeberverbänden teilweise deutlich höher als die der Gewerkschaften.[11]

In der Bundesrepublik ist eine dreigliedrige Organisierung der Unternehmer charakteristisch:

- *Arbeitgeberverbände*, die sozial- und tarifpolitische Interessen wahrnehmen; die Dachorganisation der privaten Wirtschaft ist die Bundesvereinigung der Deutschen Arbeitgeberverbände – BDA;
- *Wirtschaftsverbände*, die die wirtschaftspolitischen Interessen wahrnehmen; Dachorganisation ist der Bundesverband der Deutschen Industrie – BDI;
- *Öffentlich-rechtliche Industrie- und Handelskammern*, die die gemeinsamen regionalen Interessen der gewerblichen Wirtschaft wahrnehmen; die Dachorganisation ist der Deutsche Industrie- und Handelstag – DIHT.

Im frühen Industriekapitalismus war die Marktstellung der Unternehmer auf Grund des Überangebots an Arbeitskräften und des „freien Arbeitsvertrages“ so stark, dass sie keine eigenen Verbände zur Beeinflussung der Arbeitsverträge brauchten. Erst mit Erstarkung der Gewerkschaften im letzten Drittel des 19. Jahrhunderts schufen sich die Unternehmer eine organisatorische Gegenmacht. Waren die Gewerkschaften eine Reaktion auf die Macht und Willkür einzelner Unternehmer, so war die Gründung der Arbeitgeberverbände wiederum eine Reaktion auf die erstarkenden Gewerkschaften. Obwohl es bereits um die Mitte des 19. Jahrhunderts vereinzelte und vorübergehende Versuche zur Gründung von Arbeitgeberverbänden gegeben hatte, kam es erst in der Hochkonjunktur von 1888 bis 1890 zur Gründung dauerhafter Arbeitgeberverbände. Ihre Dachorganisation, die Bundesvereinigung der Deutschen Arbeitgeberverbände (BDA), wurde 1950 neu gegründet. Sie umfasst nicht nur Arbeitgeberverbände der Industrie, sondern auch des Handwerks, des Handels, des privaten Bankgewerbes, der Landwirtschaft, des Verkehrsgewerbes, des Versicherungssektors und der Zeitungsverleger.[12]

Im System der Tarifautonomie nehmen die Arbeitgeberverbände als kollektive Akteure eine zu den Gewerkschaften komplementäre Funktion wahr: Sie sind Verhandlungspartner und sind insofern maßgeblich beteiligt an der rechtsverbindlichen Vereinbarung von Tarifverträgen (Müller-Jentsch 1997, S. 159). Tarifpolitik ist neben weiteren wirtschafts- und arbeitsmarktpolitischen Themen, wie aber auch internen Serviceleistungen für die Mitgliedsfirmen das in der Tat wichtigste Aufgabenfeld. Alle anderen Aufgaben stehen in mehr oder weniger direktem oder indirektem Bezug dazu.

---

11 Hierzu und zu den verschiedenen Erklärungskonzepten der Konstitution von Unternehmer- und Arbeitgeberverbänden vgl. Müller-Jentsch (1997, S. 163ff.) sowie Schroeder/Silvia (2003) und die dort angegebene Literatur.

12 Zur Geschichte der Arbeitsgeberverbände vor allem in Deutschland vgl. z.B. Plumpe (1996) und Müller-Jentsch (1997, S. 171ff.).

Als unmittelbare Mitglieder hat die BDA 47 Fachspitzenverbände – im Metallbereich z.B. den Verband Gesamtmetall –, die auf Bundesebene jeweils die regionalen Arbeitgeberverbände eines Wirtschaftszweiges zusammenfassen, und überfachliche 15 Landesverbände, in denen alle Arbeitgeberorganisationen des jeweiligen Bundeslandes zusammengefasst sind. Mittelbar sind der BDA über ihre Mitgliedsverbände etwa 400 Fach-Arbeitgeberverbände angeschlossen. Die öffentlichen Arbeitgeber sind nicht Mitglieder der BDA, da – auf Grund der Fürsorgepflicht des Staates – ihre Arbeitskampfmittel eingeschränkt sind. Öffentliche Arbeitgeber sind: die Bundesregierung (vertreten durch den Bundesinnenminister), die Tarifgemeinschaft Deutscher Länder und die Vereinigung der kommunalen Arbeitgeberverbände. Der Arbeitgeberverband der Eisen- und Stahlindustrie ist gleichfalls nicht Mitglied der BDA, da in diesem Bereich die Arbeitsdirektoren, die nach dem Montanmitbestimmungsgesetz durch die Gewerkschaften bestellt werden, in den Tarifkommissionen des Arbeitgeberverbandes vertreten sind, weshalb die BDA die Gegnerfreiheit des Verbandes nicht gewährleistet sieht.

In der Metall verarbeitenden Industrie und der Chemieindustrie sind die Trägerorganisationen der Tarifautonomie auf der Arbeitgeberseite die Landesverbände. Nur mit ihrer Mitwirkung oder in ihrem Auftrag kann der jeweilige Bundesverband Tarifverhandlungen mit den Gewerkschaften führen. Gleichwohl sind die Fachspitzenverbände äußerst aktive Koordinationszentren der Tarifpolitik der Arbeitgeber in ihrem jeweiligen Wirtschaftsbereich (ebd., S. 186).

Noch stärker als in den Gewerkschaften stehen in den Arbeitgeberverbänden die innerverbandlichen Entscheidungsprozesse unter dem Einfluss oligarchischer Eliten, die sich – im Gegensatz zu den gewerkschaftlichen – nicht aus hauptamtlichen, sondern aus ehrenamtlichen Funktionären, in der Regel Spitzenmanager großer Unternehmen, zusammensetzen (Keller 1997, S. 20ff.; Schröder/Silvia 2003, S. 258ff.). Stimmrechte der Mitglieder und Mitgliedsverbände basieren gewöhnlich auf der Zahl der Beschäftigten bzw. dem Umsatz. Es sind in der Regel die Vertreter der Großindustrie, die die Sozial- und Tarifpolitik ihrer Arbeitgeberverbände bestimmen. Dass dennoch viele Klein- und Mittelbetriebe in Arbeitgeberverbänden organisiert sind, erklärt sich nicht nur aus ihrer wirtschaftlichen Abhängigkeit von der Großindustrie, sondern auch in den vielfältigen Serviceleistungen wie etwa rechtliche Unterstützung und Beratung in wirtschaftlichen und technischen Angelegenheiten der Arbeitgeberverbände für ihre Mitgliedsfirmen. Zudem sind die innerverbandlichen Strukturen der Arbeitgeber durch den hohen Einfluss regionaler Teilverbände geprägt.

Fragt man nach dem *Organisationsgrad* der Arbeitgeberverbände, dann ist zunächst zu berücksichtigen, dass diese Messgröße für Arbeitgeberverbände etwas anderes aussagt als für Gewerkschaften. Schließlich haben die Arbeitgeberverbände – im Gegensatz zu den Gewerkschaften – mit ungleichen Mitgliedern zu tun, typisch hierfür sind die unterschiedlichen Betriebsgrößen. Wird der Organisationsgrad allein für die Zahl der Unternehmen berechnet, dann zählt ein Kleinbetrieb ebenso viel wie ein Großunternehmen mit mehreren Tausend Beschäftigten. Da ein solcher Organisationsgrad wenig aussagt, wird der Organisationsgrad der Arbeitgeber häufig aus dem Verhältnis der Zahl der Beschäftigten in den Mitgliedsfirmen zur Zahl der Beschäftigten im gesamten Organisationsbereich errechnet. Allerdings sind genaue Zahlen nur schwer erhältlich, da die Verbände kaum Daten über ihren Organisationsgrad veröffentlichen. Insgesamt lässt sich wohl festhalten, dass verglichen mit den Gewerkschaften der Organisationsgrad der Arbeitgeberverbände traditionell höher ist (Müller-Jentsch 1997, S. 179).

Die großen Unternehmen sind fast ausnahmslos als Mitglied in einem Arbeitgeberverband organisiert; seltene Ausnahme ist die ehemals bundeseigene Volkswagen-AG. Bei kleineren und neueren Unternehmen zeigt sich eine differenzierte Situation. Vorliegenden Daten zufolge (Schröder/Silvia 2003, S. 261/670f.) ist in der Metallbranche seit den 1980er Jahren eine kontinuierliche Abwärtsbewegung des Mitgliederstandes der Arbeitgeberverbände beobachtbar: 1984 waren ca. 56% aller Firmen im Arbeitergeberverband organisiert, 1994 ca. 43% und 1998 etwa 35%. Gemessen an der Zahl der erfassten Beschäftigten geht der Organisationsgrad danach von ca. 77% 1984, auf ca. 68% 1994 und auf rd. 63% im Jahre 2000 zurück.

Bei diesem Rückgang des Organisationsgrades schlagen sich vermutlich weniger Austritte, etwa aus Unzufriedenheit mit der Tarifpolitik des Verbandes oder wegen des als zu hoch erachteten Mitgliedsbeitrages, nieder, als vielmehr breitflächige Nichteintritte (Müller-Jentsch 1997, S. 180). Dies betrifft zum einen zahlreiche Unternehmen in Ostdeutschland, zum Zweiten kleine und mittlere Unternehmen, die ihre Interessen in den Verbänden nicht wirklich repräsentiert sehen, und zum Dritten aber auch neu gegründete Unternehmen in den neuen Dienstleistungsbranchen, wo nicht nur die Beschäftigten, sondern auch die Manager die schon erwähnte hohe Distanz zu den Institutionen und Praktiken des Systems der industriellen Beziehungen aufweisen.

6.4 Zwischenresümee

Die Institutionen des Systems der industriellen Beziehungen können insgesamt als ein Regelungssystem begriffen werden, das Ergebnis eines durch staatliche Vermittlung hergestellten Interessenkompromisses ist. Unmittelbar greifbar wird dieser Zusammenhang an der ausgeprägten Verrechtlichung des Verhandlungssystems und seiner damit zusammenhängenden dualen Struktur. Seine grundlegenden Regelungen und Praktiken lassen sich, wie in der nachfolgenden Tabelle 4 dargestellt, zusammenfassen.

Das System der industriellen Beziehungen ist auf einer gesellschaftlichen Mesoebene zwischen der übergreifenden Makroebene der Gesellschaft einerseits und der Mikroebene sozialen Handelns andererseits angesiedelt (Kap. 2.2.3). Bezeichnet wird damit ein spezifisches Muster der Abstimmung und Integration konfligierender Interessen und Strategien kollektiver Akteure im Rahmen eines vergleichsweise stabilen sozialen Teilsystems. Dieses System übernimmt grundlegende gesellschaftliche Koordinationsfunktionen in einem zentralen Funktionsbereich wirtschaftlichen Handelns, nämlich die Abstimmung der divergierenden Interessen zwischen den beiden Parteien Kapital und Arbeit. Stabilisiert wird dieses System dabei allerdings stets durch rechtliche Regelungen des Staates, der daher als die mehr oder weniger sichtbare „dritte Partei" im deutschen System der industriellen Beziehungen anzusehen ist (Streeck 1997, S. 52).

Tab. 4: System der industriellen Beziehungen

	Betriebliche Ebene	**Überbetriebliche Ebene**
Akteure	Management - Betriebsrat	Arbeitgeberverbände - Gewerkschaften
Normierung	BetrVG, Verordnungen, TarifV, Betriebsvereinbarung	TarifVG, freie Vereinbarungen
Gegenstände	**Anwendungsbedingungen der Arbeitskraft:** Einsatz, Arbeitszeit, Entlassung etc.	**Verkaufsbedingungen der Arbeitskraft:** Lohn, Gehalt, Regelarbeitszeit etc.
Instrumente	Betriebliche Mitbestimmung	Tarifautonomie: Verhandlung, Schlichtung, Streik, Aussperrung
Praxis	„Kooperative Konfliktverarbeitung"	„Sozialpartnerschaftliche Konfliktverarbeitung"

Kategorial kann dieser Systemzusammenhang als *Korporatismus* bezeichnet werden (Esser 1993, S. 454f.). Verstanden wird darunter die institutionalisierte Verschränkung divergierender Interessen, vor allem Verbände und Parteien, im Rahmen politischer Entscheidungen.[13] Ihre grundlegende Funktion ist die der Integration und Konsensbildung mit einer offensichtlich hohen Elastizität der eingespielten Strukturen. Zusammengeführt werden in diesem System divergierende Interessen kollektiver Akteure mit spezifischen Interdependenzen. Entscheidend dafür, dass dieser Ausgleich wirksam wird, sind allerdings die je gegebenen institutionellen Regelungen, die wie im Fall des deutschen Systems der industriellen Beziehungen in hohem Masse konfliktregulierend wirken können. Es handelt sich mithin um ein soziales System, das in hohem Masse integrative Funktionen hat, insofern als divergierende Interessen miteinander verschränkt und interessen- und positionsbedingte Konfliktlinien entschärft werden. Neben diesen Effekten des Konfliktausgleichs weist dieses System allerdings ausgesprochene Schließungstendenzen auf. Jene, die diesem System nicht angehören, finden kein Gehör. Ein Beispiel hierfür ist die in diesem Rahmen einfluss-

13 Zum Begriff des Korporatismus vgl. z.B. Schmitter/Lehmbruch (1979), Streeck/Schmitter (1985); zusammenfassend: Müller-Jentsch (1997, S. 66ff.).

lose Position von Arbeitslosen, da sich die Verhandlungsprozesse im System der industriellen Beziehungen weithin nur auf die Interessen der Arbeitsplatzbesitzer beziehen.

Exkurs: Ausländische Systeme industrieller Beziehungen

Das institutionelle Arrangement und die jeweilige Akteurskonstellation eines Systems der industriellen Beziehungen unterscheiden sich im internationalen Vergleich zwischen verschiedenen Ländern teilweise deutlich. Sie sind emergentes Resultat je spezifischer historisch-politischer Entwicklungsprozesse, dem Beharrungsvermögen der einmal etablierten institutionellen Arrangements und der damit zusammenhängenden je besonderen politischen Traditionen und Orientierungen der verschiedenen beteiligten Akteure. Eine ungefähre Unterscheidung der sehr vielfältigen nationalen Systeme kann sich auf die oben genannten Grundmerkmale des deutschen Systems der industriellen Beziehungen beziehen (Kap. 6.1). Danach können als seine Grundmerkmale seine Dualität, sein hoher Grad an Verrechtlichung und seine zentralistisch-sektorale Ausrichtung angesehen werden.

Demgegenüber lassen sich im internationalen Vergleich Systeme der industriellen Beziehungen ausmachen, die, in unterschiedlicher Ausprägung, als monistisch und voluntaristisch charakterisiert werden können.[14] Monistische Systeme der industriellen Beziehungen sind durch eine durchgängige gewerkschaftliche Repräsentation auf überbetrieblicher wie auch betrieblicher Ebene charakterisiert. Hierzu werden etwa die Systeme Großbritanniens, Schwedens und der USA gezählt. Damit zusammen hängt der voluntaristische Charakter der Systeme, nämlich die Besonderheit, dass hier ausgeprägte Spielräume für die Ausgestaltung der betrieblichen Interessenrepräsentation durch Gewerkschaften und ihre jeweiligen Untergliederungen vorhanden sind. Großbritannien und Schweden sind hierfür Beispiele, in abgeschwächter Form ebenso die USA.

Ein weiteres Merkmal ist die Verhandlungsebene, die für das jeweilige System bestimmend ist. Neben der für die Systeme in Deutschland, Frankreich oder die Niederlande typischen sektoralen Ebene lässt sich hier die eine zentrale, gesamtwirtschaftliche Verhandlungsebene für Tarifverträge ausmachen, die typisch für die skandinavischen Länder ist. Die vorrangige Bedeutung der betrieblichen Ebene ist hingegen für die Systeme in Großbritannien, USA und Japan charakteristisch.

---

14 Vgl. hierzu und zum Folgenden insbesondere Müller-Jentsch (1997a, S. 680f.). Zur zusammenfassenden Beschreibung der Systeme in Europa z.B. Ruysseveldt/Visser (1996), für die USA Bennett/De Cenzo (1992).

Das System der industriellen Beziehungen in den USA fügt sich relativ präzise in das skizzierte Bild eines stark voluntaristisch geprägten Systems ein: vorherrschend ist eine durchgehende Form der gewerkschaftlichen Repräsentation, die ihren Schwerpunkt auf der einzelbetrieblichen Ebene hat. Daher sind Arbeitgeberverbände wie in Deutschland in den USA auch nicht anzutreffen.

Auf der Gewerkschaftsseite herrscht das Prinzip der Betriebsgewerkschaft vor, die betrieblichen Vertreter, die *locals,* werden von der Gewerkschaft bezahlt. Verhandlungsebene zwischen Gewerkschaften und Arbeitgebern ist der einzelne Betrieb, Kollektivverträge finden in einzelnen Unternehmen, einzelnen Fabriken oder gar nur bestimmten Abteilungen Anwendung. Die Verhandlungsthemen sind ungeregelt, es herrscht das Prinzip der „arm's length relationship", das heißt ihre Thematisierung wird von der jeweiligen Macht- und Verhandlungsposition der Gewerkschaftsvertreter bestimmt und kann von Unternehmen zu Unternehmen variieren.

Die gewerkschaftliche Betriebspolitik wird dabei mit der Formel des *business unionism* gefasst; abgestellt wird damit auf den Umstand, dass sie sich nahezu ausschließlich an den Interessen der jeweils eigenen Mitglieder im fraglichen Betrieb orientiert. Insgesamt ist die Gewerkschaftsseite sehr zersplittert, teilweise ist sie branchen- und berufsorientiert organisiert und ihre betriebliche Repräsentation ist sektoral und regional sehr unterschiedlich. Der gewerkschaftliche Organisationsgrad schrumpft: 1973 lag er bei 24%, 1992 bei 15,8% und 2002 bei 13,3% aller abhängig Beschäftigten. Dabei ist zu berücksichtigen, dass im gleichen Zeitraum der Organisationsgrad im öffentlichen Sektor von 23% (1973) auf 37,8% (2002) stieg, während er im privaten Wirtschaftsbereich sehr deutlich von 24,2% (1973) auf 8,6% (2002) sank (Faselt 2004). Erkennbar wird damit ein auch in vielen anderen Ländern, so auch Frankreich und Großbritannien, beobachtbares Phänomen, dass unter den Bedingungen des fortschreitenden Strukturwandels die staatlich öffentlichen Bereiche gleichsam zu einer stabilen Bastion gewerkschaftlicher Organisation und Aktivität werden.

Der gesetzliche Rahmen dieses Systems ist der National Labor Relations Act von 1935 (so gennanter Wagner Act), in dem die grundlegenden Regelungen für Tarifverhandlungen und gewerkschaftliche Interessenvertretung festgelegt sind. Danach kann eine Gewerkschaft die Belegschaft eines Unternehmens erst dann vertreten, wenn die Arbeitnehmer des Unternehmens in einem zweistufigen Wahlverfahren mehrheitlich für eine gewerkschaftliche Vertretung votieren. Überwacht wird dieses Verfahren vom National Labor Relations Board, der formal über die Zulassung einer Gewerkschaft zu einem Unternehmen entscheidet.

Im Kontext zusätzlicher besonderer gesetzlicher Regelungen in einzelnen Bundesstaaten eröffnen diese generellen Bestimmungen der Managementseite vielfältige Verzögerungs- und Blockademöglichkeiten des Zulassungsprozesses von Betriebsgewerkschaften. Im Zusammenspiel mit oftmals mangelndem Interesse der Arbeitnehmer an einer gewerkschaftlichen Vertretung, das eng an eine in vielen Regionen fehlende industrielle Tradition gebunden ist, und individuellen Partizipationsangeboten der Arbeitgeberseite führt dies zu einer regional sehr differenzierten, dezentralisierten und fragmentierten Struktur des Systems der industriellen Beziehungen in den USA. Sind Gewerkschaften in Betrieben vertreten, nehmen sie unter Umständen massiven Einfluss auf die Unternehmenspolitik – typisch hierfür sind die Automobilindustrie oder auch viele Fluggesellschaften. Andererseits aber sind sie in weiten und wachsenden Bereichen des privatwirtschaftlichen Sektors überhaupt nicht (mehr) vertreten, so dass von einem schwindenden ökonomischen und politischen Einfluss der Gewerkschaften in den USA in den letzten Jahrzehnten gesprochen werden kann (Rosdücher/Stehle 1996, S. 310).

6.5 Entwicklungstrends

Die international vergleichende Analyseperspektive legt nicht nur die Frage nahe, in welcher Weise sich die jeweils nationalen Systeme der industriellen Beziehungen im Kontext nachhaltiger sozialer und ökonomischer Wandlungstendenzen verändern, sondern es drängt sich auch auf zu fragen, inwieweit eine Divergenz oder Konvergenz der Systeme der einzelnen Länder zu beobachten ist. Diese Frage ist insbesondere für die Entwicklung innerhalb des europäischen Integrationsraums von nahe liegender Relevanz. Die in der neueren Literatur wohl unumstrittene Antwort hierauf ist, dass weniger von einer Konvergenz der Systeme die Rede sein könne, als vielmehr von Tendenz hin zu einer sich wandelnden Diversität. Begründet wird diese Sicht mit dem Verweis auf das hohe Maß institutionellen Beharrungsvermögens sowie die häufig eingespielten Interessenkonstellationen der beteiligten Akteure und der daraus resultierenden Pfadabhängigkeit der Systementwicklung (z.B. Crouch 1996; Traxler u.a. 2001).

Ein grober empirischer Indikator für divergente Entwicklungstendenzen sind die in verschiedenen Ländern sehr unterschiedlichen Organisationsgrade der Gewerkschaften. So weisen einige skandinavische Länder teilweise ausgesprochen hohe und in den letzten Jahre gestiegene Organisationsgrade auf – im Jahr 2001 Dänemark ca. 83%, Schweden knapp 80%. In anderen westlichen Industrieländer, wie auch in den USA, finden sich dramatisch niedrigere und in den letzten Jahren sinkende Organisationsgrade; so weisen die Gewerkschaften in Frankreich 2001 einen Organisationsgrad von ca. 8% und die in Spanien von ungefähr 16% auf (The Economist 2003).

Die Frage, inwieweit sich das deutsche System der industriellen Beziehungen verändert, ist seit längerem Gegenstand einer recht breiten industriesoziologischen Debatte.[15] Ein zentraler Fokus der Debatte ist, ob sich die schon in den 1980er Jahren diagnostizierte „Erosion des normierten Verhandlungssystems" (Altmann/Düll 1987) beschleunigt oder ob nach wie vor von einer Stabilität des Systems der industriellen Beziehungen gesprochen werden kann. Was die Positionen und Handlungsmöglichkeiten der Betriebsräte betrifft, so kann allen Untersuchungsergebnissen zufolge eine widersprüchliche Stabilität diagnostiziert werden. So ist das Verhältnis zwischen Betriebräten und Beschäftigten ohne Frage in vielen Wirtschaftsbereichen im Umbruch begriffen. Verantwortlich hierfür sind die skizzierten neuen Produktionskonzepte, flexibilisierte Arbeitsformen und dezentralisierte ausdifferenzierte Unterneh-

15 Z.B. Altmann/Düll (1987), Müller-Jentsch (1995), Bergmann u.a. (1998), Lane (2000), Artus (2001), Schmierl (2001).

mensstrukturen, die bisherige Verhandlungsthemen wie etwa standardisierte Arbeitszeitregelungen obsolet werden lassen und mit denen sich in vielen Fällen eine direktere Partizipation der Beschäftigten an bestimmten betrieblichen Entscheidungsprozessen verbindet. Die unmittelbaren Austauschbeziehungen zwischen Beschäftigten und Vorgesetzten werden gestärkt und Beschäftigte avancieren „von Anweisungsempfängern zu Verhandlungspartnern“ (Minssen 1999, S. 131). Damit steht das Verhältnis zwischen den repräsentativen Formen der betrieblichen Mitbestimmung und einer direkten Beteiligung der Beschäftigten am Arbeitsplatz zur Debatte bzw. aus der Sicht vieler Arbeitnehmer werden herkömmliche Formen der Interessenvertretung unwichtiger.

In Hinblick auf das Verhältnis zwischen Betriebsräten und dem Management zeichnet sich vielfach ab, dass Betriebsräte in die Rolle von *Co-Managern* gedrängt und mit dem ständigen Verweis auf die verschärfte Konkurrenzsituation vom Management zu einem *concession bargaining* genötigt werden. Zum einen werden sie mit Problemen und Herausforderungen, beispielsweise die Gestaltung von Gruppenarbeit und die Entwicklung neuer Lohnsysteme, konfrontiert, die nicht nur weit über ihre bisherigen Kompetenzen und Handlungsfelder hinausgehen, sondern durchaus auch originäre Managementfunktionen einschließen. Zum anderen werden ihnen unter dem Label „Beschäftigungssicherung“ weitreichende Zugeständnisse bei bislang gesicherten materiellen Regelungen wie etwa die Bezahlung von Überstunden und Schichtzulagen abverlangt (Bergmann u.a. 1998). Begleitet sind diese Entwicklungstendenzen allerdings von einer generellen Verlagerung von Regelungskompetenzen von der tariflichen auf die betriebliche Ebene – die Rede ist hier von *Verbetrieblichung*. Diese umfasst einmal Fragen der betriebsspezifischen Nutzung bestehender Handlungsspielräume etwa in Hinblick auf eine verstärkte betriebsorientierte Arbeitszeitgestaltung, zum anderen die Entscheidung darüber, ob tarifliche Spielräume, etwa sog. tarifliche Öffnungsklauseln, für die Reduktion der Tarifentgelte genutzt werden sollen. Obwohl viele Betriebsräte im Rahmen dieser Entwicklung zunehmend unter Verhandlungsdruck geraten, ist damit zugleich eine Aufwertung ihrer Position verknüpft. Ihnen kommt zunehmend eine wichtigere Rolle für die Flexibilisierung des Tarifsystems insgesamt zu.

Weit verbreitetes Beispiel für diese geänderte Situation von Betriebsräten sind sog. Standortsicherungsvereinbarungen oder auch betriebliche Bündnisse, sie sich seit den 1990er Jahren vor allem in größeren Unternehmen durchsetzen. Ihre Besonderheit besteht darin, dass die betrieblichen Verhandlungspartner mit oder ohne Hinzuziehung der Gewerkschaften Maßnahmen zur Sicherung von Beschäftigung und Wettbewerbsfähigkeit treffen. Dabei werden im Regelfall auch Themen verhandelt, die nach dem Betriebsverfassungsgesetz nicht der Mitbestimmung unterliegen, sondern dem Direktionsrecht des Managements oder eben eigentlich der Kompetenz der überbetrieblichen Tarifvertragsparteien. Typisch sind hier Vereinbarungen, die einerseits eine Reduktion der Lohnkosten, etwa den Abbau von Überstundenzuschlägen oder eine Arbeitszeitverlängerung, andererseits eine begrenzte Beschäftigungsgarantie für die Stammbelegschaft umfassen. Die Vereinbarungen kommen dabei oft auf Druck des Managements, typisch sind hier Drohungen der Betriebsverlagerung ins Ausland, zu Stande. Diese Regelungen lassen sich aber auch als Tauschgeschäfte zwischen Management und Betriebsrat interpretieren (z.B. Bispinck/Schulten 2003). Die ausgehandelten Zugeständnisse, vor allem die der Managementseite etwa über Beschäftigungssicherung, sind häufig nicht einklagbar, werden von den Akteuren aber zumeist als verbindlich betrachtet (Streeck/Rehder 2003, S. 346f.).

Wie folgender Fall aus der Metallindustrie zeigt, resultieren daraus oft Konflikte zwischen Betriebsräten und der Gewerkschaft über ihre Zuständigkeiten: Der Betriebsrat und das Management eines größeren Unternehmens der Druckmaschinenbranche vereinbaren einen so gennanten Beschäftigungssicherungspakt. Danach verzichtet das Management in den folgenden drei Jahren auf betriebsbedingte Kündigungen und sichert die Stabilität der bestehenden Arbeitsplätze zu. Im Gegenzug akzeptiert der Betriebsrat den Wegfall von Überstundenzuschlägen, die Reduktion von Nachtarbeitszuschlägen und stimmt einer deutlichen Verlängerung der betrieblichen Arbeitszeit auf die Zeitspanne von Sonntagabend bis Samstagabend zu. Die örtliche Verwaltungsstelle der IG Metall läuft gegen diese Vereinbarung Sturm und droht dem Betriebsrat mit einer Klage beim Arbeitsgericht. Denn nach Ansicht der Gewerkschaft werden mit dem Beschäftigungssicherungspakt zu dem Zeitpunkt der betrieblichen Vereinbarung bestehende tarifliche Einkommens- und Arbeitszeitregelungen deutlich verletzt.

Hinzu kommt, dass die eingespielten überbetrieblichen Austauschbeziehungen zwischen Kapital und Arbeit seit längerem weit deutlicher als jene auf der betrieblichen Ebene einem Wandlungsprozess unterliegen. Sowohl die Arbeitgeberseite – in der industriesoziologischen Debatte weitgehend ausgeblendet – als auch die Gewerkschaften haben ganz offensichtlich an Regulationsstärke und Bindungskraft verloren. Die in den letzten Jahren in beiden Fällen doch deutlich abnehmenden Organisationsgrade sind hierfür hinreichende Indizien (s.o.). Wie angesprochen, wird dieser Prozess insbesondere auch von der wachsenden Bedeutung neuer informationstechnischer Branchen und den zahlreichen unternehmensbezogenen Dienstleistungsbereichen beschleunigt, deren heterogene Betriebs- und Beschäftigtenstruktur mit ihren spezifischen Interessenlagen sich kaum dem eingespielten Muster der industriellen Beziehungen fügt. Hinzu kommt ein bislang wenig eindeutiger Funktionswandel von Tarifverträgen – neuere Untersuchungen sprechen hier von einem „Wandel in der Stabilität" (Streeck/Rehder 2003): So hält sich die viel diskutierte Tarifflucht der Unternehmen ganz offensichtlich in Grenzen, zugleich aber verändern sich die Formen der tariflichen Bindung von Unternehmen.

Die Zahl der Beschäftigten, für die ein Branchentarifvertrag gilt, reduzierte sich in Westdeutschland leicht von rd. 69% 1996 auf ca. 63% im Jahr 2001. Die entsprechenden Zahlen für Ostdeutschland lauten 1996 ca. 56% und 2001 reichlich 44%. Hinzuzurechnen ist, dass den vorliegenden Zahlen zufolge weitere 16% der Beschäftigten indirekt von tariflichen Regelungen profitieren (Kohaut/Schnabel 2003, S. 196ff.). Zugleich nahm allerdings die Zahl von Unternehmen mit speziellen Firmen-Tarifverträgen in den letzten Jahren deutlich zu (Schröder/Weßels 2003, S. 677) und es wurden zunehmend Öffnungsklauseln und Härtefallklauseln in Tarifverträgen vereinbart, die unter bestimmten Bedingungen, etwa bei wirtschaftlichen Schwierigkeiten eines Unternehmens, ein Unterschreiten von tariflich vereinbarten Regelungen durch einzelne Unternehmen erlauben (z.B. Bahnmüller 2002).

Insgesamt kann die Entwicklung des deutschen Systems der industriellen Beziehungen als Parallelität von Kontinuität und Wandel oder auch als „Hybridisierung" gefasst werden (z.B. Lane 2000; Schmierl 2001). Freilich werden mit solchen Formeln mehr Fragen aufgeworfen als geklärt. Unstrittig scheint indes zu sein, dass damit ein durchaus häufig anzutreffendes Muster des Wandels der Binnenstrukturen sozialer Systeme bezeichnet werden kann. Ein bestehendes System wird um neue Regelungen, Handlungspraktiken und veränderte Akteurskonstellationen erweitert, ohne dass es zunächst seine eingespielten Grundstrukturen verändert. Zugleich aber resultieren daraus Widersprüche und neue Konfliktlinien, deren Bewältigung letztlich zu einer schleichenden Veränderung des Gesamtsystems führt, deren Richtung allerdings noch nicht wirklich erkennbar ist.

Weiterführende Literatur zu Kapitel 6

Deutschmann, C. 2002: Postindustrielle Industriesoziologie. Weinheim/München, Kap. 4.3.3

Keller, B. 1997: Einführung in die Arbeitspolitik. München/Wien, Kap. 1-11

Müller-Jentsch, W. 1997: Soziologie der Industriellen Beziehungen. Eine Einführung. 2. erweiterte Aufl., Frankfurt/New York

Ruysseveldt van, J.; Visser, J. (Hrsg.) 1996: Industrial Relations in Europe. Traditions and Transitions. London

Schröder, W.; Weßels, B. (Hrsg.) 2003: Die Gewerkschaften in Politik und Gesellschaft der Bundesrepublik Deutschland. Wiesbaden

7. Arbeitsmarkt

7.1 Funktionsweise des Arbeitsmarktes

> „Der Arbeitsmarkt ist die in kapitalistischen Gesellschaften vorherrschende institutionelle Lösung eines doppelten Allokationsproblems, das in allen Gesellschaften gelöst werden muss: einerseits muss das Produktionssystem mit den von ihm benötigten Arbeitsleistungen versorgt werden, andererseits müssen die Arbeitskräfte mit monetären (Einkommen) und sozialen (Status) Subsistenzmitteln versorgt werden." (Offe/Hinrichs 1984, S. 48)

Dieses Allokationsproblem wird grundsätzlich marktförmig geregelt. Es stehen sich, wie auf allen anderen Märkten, Anbieter und Nachfrager gegenüber, die in diesem speziellen Fall mit Arbeit „handeln" und die dabei zu anderen Anbietern und Nachfragern in Konkurrenz stehen. Arbeitskraft wird auf dem Arbeitsmarkt als „Ware" gehandelt. Dieses Markt- und Konkurrenzverhältnis impliziert, dass die einzelnen Akteure strategisch handeln und ihre Nachfrage oder ihr Angebot etwa in Hinblick auf Menge, Zeit oder auch den gerade zu zahlenden Preis nach der jeweiligen Marktsituation richten. Anders formuliert, der Arbeitsmarkt nötigt, wie jeder andere Markt, zu einer dauernden wechselseitigen strategischen Anpassung beider Seiten (ebd.). Insbesondere die neo-klassische Arbeitsmarkttheorie sieht daher den Arbeitsmarkt als homogenen Markt, unmittelbar vergleichbar mit dem Modell idealer Märkte mit gleichberechtigten und vollständig informierten Akteuren.[1]

Freilich ist dieses Modell eines einem idealen Gütermarkt vergleichbaren Arbeitsmarktes den tatsächlichen Verhältnissen aus arbeitsmarktsoziologischer Sicht aus mehreren Gründen nicht angemessen (Offe/Hinrichs 1984, S. 50ff.; Mikl-Horke 1997, S. 69f.). Zum einen kann der Arbeitsmarkt nicht als „echter" Markt angesehen werden, weil Arbeit lediglich eine „fiktive" Ware ist (Polanyi 1997, S. 102ff.). Der besondere Charakter der Ware Arbeitskraft resultiert aus dem schon beschriebenen Umstand (Kap. 3.2), dass Arbeitskraft als „lebendige" nicht von der jeweiligen Person losgelöst werden kann. Eine Person kann nicht auf ihr Arbeitsvermögen, an dem der Nachfrager interessiert ist, reduziert werden und die Arbeitskraft kann als Subjekt nicht von seinen Interessen, Bedürfnissen und Affekten getrennt

1 Zusammenfassend zu verschiedenen Varianten ökonomischer Arbeitsmarkttheorie vgl. z.B. Sesselmeier/Blauermel (1997), speziell zur neoklassischen Arbeitsmarkttheorie z.B. Wagner/Jahn (1997, S. 10ff.).

werden. Daraus resultiert das Dauerproblem, wie die Transformation von Arbeitsvermögen in konkrete und alltägliche Arbeitsleistung bewerkstelligt werden kann.

Zum Zweiten herrscht auf dem Arbeitsmarkt ein grundlegendes Machtungleichgewicht zwischen der Nachfrager- und der Anbieterseite. Denn die Anbieter, die Arbeitskräfte, sind, um zu überleben, auf den Verkauf ihres Arbeitsvermögens angewiesen. Der Arbeitskraftbesitzer kann in der Regel nicht sonderlich lange warten, bis er seine „Ware“ günstig verkaufen kann; seine „Liquidität“ ist in der Regel begrenzt. Er verfügt zudem weder über die Möglichkeit, die Zahl seiner Konkurrenten zu seinen Gunsten zu beeinflussen, noch kann er sein Angebot beliebig „rationalisieren“ und verbilligen, da er in jedem Fall sein Existenzminimum sichern muss. Auch sind Anpassungsmaßnahmen an eine geänderte Nachfrage, etwa durch Weiterbildung, Umschulung oder räumliche Mobilität, häufig sehr voraussetzungsvoll und lassen sich nicht immer realisieren. Hingegen verfügt die Nachfragerseite, nämlich die Unternehmen, in der Regel über ausreichende Ressourcen, um Angebotsengpässe zu überwinden – sie hat den vergleichsweise „längeren Atem“. So können Unternehmen Angebotsproblemen wie die Knappheit an bestimmten Qualifikationen durch Umgestaltung der Arbeitsprozesse ausweichen oder sich durch Rationalisierungsmaßnehmen gar vom Angebot auf dem Arbeitsmarkt weitgehend unabhängig machen. Offe und Hinrichs bezeichnen diesen Zusammenhang als das grundlegende „primäre“ Machtgefälle zwischen Nachfragern und Anbietern auf dem Arbeitsmarkt (1984, S. 70).

Zum Dritten wäre es auf einem ausschließlich preisbestimmten Arbeitsmarkt für die Unternehmen ziemlich unmöglich, jene Qualifikationen zu mobilisieren, ohne die kaum ein Arbeitsprozess die gewünschte Produktivität erreichen würde: nämlich Motivation, Loyalität und Engagement jenseits aller Vorschriften. Diese extrafunktionalen Qualifikationen können, wie schon diskutiert (Kap. 3.2), grundsätzlich nicht erzwungen, sondern nur „freiwillig“ im Gegenzug zu bestimmten Gegenleistungen der Unternehmensseite erbracht werden. Diese Gegenleistungen, so Deutschmann (2002, S. 142), bestehen nicht nur aus Lohn, sondern aus „Status“, womit die Anerkennung der Position der Arbeitnehmerseite gemeint ist und letztlich das primäre Machtgefälle zugunsten der Arbeitnehmerseite relativiert wird. Dies ist allerdings dauerhaft nur durch institutionelle Regelungen möglich, die individuelle und kollektive Arbeitnehmerrechte festschreiben und ausschließlich preisbestimmte Marktprozesse einschränken.[2] Nur unter diesen

2 In Situationen ausgeprägten Arbeitskräftemangels oder der monopolartigen Marktstellung bestimmter Qualifikationen kann sich ein Ausgleich des primären Machtgefälles natürlich auch spontan durchsetzen. Nur sind solche Situationen zumeist nicht von Dauer (Deutschmann 2002, S. 142f.).

Bedingungen, so die arbeitsmarktsoziologische Forschung, ist gewährleistet, dass der Arbeitsmarkt seine Allokationsfunktion auch tatsächlich erfüllt.

Wie sich historisch zeigen lässt, kommt nun diese Relativierung der Machtasymmetrie auf dem Arbeitsmarkt nicht spontan durch Marktkräfte zu Stande. Vielmehr setzt sie sich unter dem Druck kollektiver und insbesondere gewerkschaftlicher Kampfmaßnahmen der Arbeiterschaft und staatlicher Intervention durch. So entsprach in den frühen Phasen der Industrialisierung in bestimmten Industriezweigen, wie den Manufakturen der damals schnell wachsenden Textil- und Bekleidungsindustrie, die Nachfrage nach möglichst leicht anzulernenden, billigen Arbeitskräften durchaus dem Modell eines relativ homogenen, preisbestimmten Arbeitsmarktes. In eher handwerklich bestimmten Industriezweigen wie dem Druckereigewerbe waren Arbeitsmarkt und Beruf relativ frühzeitig reguliert.

Die Herausbildung der Institutionensysteme des Arbeitsmarktes lässt sich generell auf eine Reihe verschiedener Einflussfaktoren zurückführen: zum einen Abschottungsstrategien der Unternehmen gegenüber dem externen Arbeitsmarkt, um bestimmte Arbeitskräfte zu halten, zum Zweiten staatlich-regulative Eingriffe, die sich auf den Schutz bestimmter gefährdeter Arbeitskräftegruppen wie Frauen und Kinder richteten, zum Dritten die Entstehung von Gewerkschaften zur kollektiven Interessenvertretung der Anbieter (wie umgekehrt auch die historisch sich anschließende Gründung von Arbeitgeberverbänden – Kap. 6.3) und zum Vierten das Aufkommen von *Berufen.* Konsequenz dieser Entwicklung war eine soziale Strukturierung der Erwerbsarbeit mit einer fortschreitenden Ausdifferenzierung des Arbeitsmarktes in verschiedene Segmente, in denen sich sehr unterschiedliche Formen von Austauschprozessen einspielten. Vor allem zerlegt die berufliche Gliederung der Angebotsseite den Arbeitsmarkt in eine ganze Reihe mehr oder weniger von einander abgeschotteter Bereiche, in denen Angebot und Nachfrage in spezifischer Weise aufeinander abgestimmt und die Konkurrenz zwischen den Anbietern kanalisiert wird.

Mit Max Weber kann der Begriff Beruf wie folgt definiert werden:

> „Beruf soll jene Spezifizierung, Spezialisierung und Kombination von Leistungen einer Person heißen, welche für sie Grundlage einer kontinuierlichen Versorgungs- oder Erwerbschance ist." (1976, S. 80)

Welche Leistungs- und Qualifikationselemente in einem einheitlichen Berufsbild miteinander verbunden sind und welche nicht, ergibt sich nicht allein aus sachlichen und ökonomischen Erfordernissen eines Arbeitsprozesses, sondern sie sind Resultat gesellschaftlicher Definitionsprozesse. Deutschmann (2002, S. 145) resümiert die gesellschaftliche Bedeutung von Berufen:

> „Berufe sind institutionell verankerte Schemata, die technische und ökonomische Problemlösungen mit den Bedürfnissen, Interessen und bio-

graphischen Orientierungen der Arbeitenden vermitteln. Sie verleihen individuellen Lernprozessen eine gesellschaftlich anerkannte Form und sichern damit die Chance kontinuierlicher Erwerbstätigkeit. Für die Arbeitgeber erfüllen sie eine Signalfunktion bei der Lösung der Probleme der Personalauswahl wie der Strukturierung der Arbeitsplätze, für die Beschäftigten bilden sie Leitlinien und Fixpunkte ihrer Arbeitsbiographien."

Insofern stellen Berufe einen wichtigen Koordinationsmechanismus wirtschaftlichen Handelns in modernen Gesellschaften dar: auf Grund ihres institutionalisierten Charakters sind sie Bezugspunkt des Handelns der verschiedensten Akteure.

Ausgehend vom Begriff des Berufs wird unter *Professionalisierung* die zunehmende Systematisierung und Verwissenschaftlichung des Berufswissens in Verbindung mit einer Organisierung von Berufsgruppen verstanden. In diesem Sinn kann vom Beruf eines Facharbeiters oder Sachbearbeiters gesprochen werden, während beispielsweise freiberufliche Akademiker wie die gut organisierte Ärzteschaft als Professionsgruppe bezeichnet werden können; ebenso sind hier Juristen, bestimmte Gruppen der Lehrer und Wissenschaftler zu nennen. Der angloamerikanische Begriff „professional" wird hingegen sehr viel unpräziser verwendet und zielt unter anderem auf überlegtes, verlässliches und fachmännisches Arbeitshandeln.[3]

Es entstehen unterschiedliche *Teilarbeitsmärkte* für verschiedene Gruppen von Akteuren, deren Beziehungen sich in spezifischer Weise ausprägt. In den Worten von Offe und Hinrichs, es bildet sich im Rahmen des grundlegenden primären Machtgefälles auf dem Arbeitsmarkt ein gruppentypisch differenziertes „sekundäres" Machtgefälle zwischen verschiedenen Gruppen von Anbietern mit unterschiedlichen Markt- und Strategiechancen gegenüber den Nachfragern heraus (1984, S. 70).

Konkret gewendet, stellt *der* Arbeitsmarkt sich für verschiedene Individuen grundsätzlich sehr unterschiedlich dar. Ein nur schlecht Deutsch sprechender ausländischer Arbeitsuchender ohne spezielle Ausbildung findet unter den gegenwärtigen Arbeitsmarktbedingungen hoher Arbeitslosigkeit wenn überhaupt nur eine Stelle mit schlechter Bezahlung und eigentlich nicht akzeptablen Arbeitsbedingungen. Zudem muss er fürchten, jederzeit wieder entlassen zu werden. In einer völlig anderen Situation ist eine Akademikerin mit einem überdurchschnittlichen Examen in einer auf dem Arbeitsmarkt stark nachgefragten Fachrichtung. Sie hat keinerlei Probleme, einen gut bezahlten Job zu finden, und ihr Arbeitgeber erwartet von ihr Leistung, Flexibilität und Karriereorientierung. Nur weiß sie nicht, wie sie, ohne ihren Arbeitsplatz zu gefährden, ihren Wunsch realisieren kann, eine möglichst kinderreiche Familie zu gründen.

---

3 Zu einer zusammenfassenden Darstellung der berufssoziologischen Debatte vgl. Mikl-Horke (1997, S. 195ff.), grundlegend z.B. Beck/Brater (1978) und Fürstenberg (2000).

Der Analyse der verschiedenen Teilarbeitsmärkte soll im Folgenden genauer nachgegangen werden.

7.2 Teilarbeitsmärkte

Das Konzept der Teilarbeitsmärkte fragt nach den Konstitutionsbedingungen und den Merkmalen unterschiedlicher Segmente des Arbeitsmarktes. Es basiert auf theoretischen Überlegungen, die in den 1960er und 1970er Jahren in den USA entwickelt und die in den 1970er und 1980er Jahren in Deutschland vor allem von Burkart Lutz (1987) und Werner Sengenberger (1987) aufgegriffen und weiterentwickelt worden sind.[4] Mit dem Begriff des Teilarbeitsmarktes wird ein durch bestimmte Merkmale von Arbeitskräften und spezifisch strukturierten Arbeitsplätzen abgegrenztes Teilsystem des gesamten Arbeitsmarktes bezeichnet, innerhalb dessen die Allokation, Gratifizierung und Qualifizierung der Arbeitskräfte besonderen, mehr oder weniger stark institutionalisierten Regeln folgen (ebd., S. 117). Fasst man die segmentationstheoretischen Überlegungen zusammen (z.B. auch: Tilly/Tilly 1994, S. 294ff.; Marsden 1999, S. 213ff.; Deutschmann 2002, S. 147ff.), so können zwei grundlegende Merkmale eines Teilarbeitsmarktes genannt werden: zum einen die Spezifität der Qualifikation der Arbeitskräfte, zum anderen die damit zusammenhängende Art und der Grad der Bindung zwischen Arbeitgebern und Arbeitnehmern, bzw. die Art der Austauschbeziehung zwischen diesen beiden Akteursgruppen. Teilarbeitsmärkte weisen einen je eigenen Grad der Schließung gegenüber dem Restarbeitsmarkt auf und unterscheiden sich nach dem Niveau der Beschäftigungs- und Einkommenssicherheit sowie der Qualität der Arbeitsbedingungen. Je nach Ausprägung und Kombination dieser Merkmale wird von einer mehr oder weniger dauerhaften Differenzierung des gesamten Arbeitmarktes in einzelne Teilarbeitsmärkte ausgegangen. Über die Entstehungsmechanismen der verschiedenen Teilarbeitsmärkte wird anhaltend und produktiv gestritten (z.B. Sesselmeier/Blauermel 1997).

Diese Auffassung des Arbeitsmarktes steht im Kontext der oben skizzierten institutionalistischen Sichtweise wirtschaftlicher Prozesse (Kap. 2.2), insofern als Teilarbeitsmärkte als institutionell verfestigte Teilsysteme des gesamten Arbeitsmarktes begriffen werden. Entgegen der klassischen Vorstellung eines Arbeitsmarktes, auf dem homogene Arbeitskräfte und homogene Unternehmen über den Preismechanismus vermittelt in Konkurrenz zueinander stehen, werden die einzelnen Teilarbeitsmärkte als mehr oder weniger gegeneinander abgeschottete Segmente begriffen, die unterschiedliche Allokationsmechanismen aufweisen. Neben strukturell eingeschränkten Mobilitätsmöglichkeiten zwischen den Teilarbeitsmärkten bestehen vor allem

4 Für die USA sind hier beispielsweise zu nennen: Doeringer/Piore (1971) und Gordon (1972).

auch ungleiche, restringierte Zugangschancen – soziologisch als Phänomen der *sozialen Schließung* diskutiert (Kap. 2.2.3). Anders formuliert, Teilarbeitsmärkte mit ihrem Wechselspiel innerhalb einer bestimmten Akteurskonstellation – hauptsächlich Gruppen von Arbeitgebern und Arbeitnehmern – ihren Austauschbeziehungen und je gegebenen institutionalisierten Regeln können als funktionelles Teilsystem begriffen werden, das die grundlegende Allokationsfunktion des Arbeitsmarktes in spezifischer Weise bewältigt. Folgt man weiter diesen Überlegungen, so können idealtypisch drei Typen von Teilarbeitsmärkten unterschieden werden:[5] unstrukturierte, fachliche und betriebsinterne.

7.2.1 Unstrukturierte Arbeitsmärkte

Der unstrukturierte Arbeitsmarkt zeichnet sich durch das weitgehende Fehlen sowohl spezifischer Qualifikationen als auch institutioneller Regelungen aus. Das Verhältnis zwischen Arbeitgebern und Arbeitnehmern, das heißt die Allokation von Arbeitskraft, wird nahezu ausschließlich über den Preis- bzw. Lohnmechanismus bestimmt, wobei das beschriebene primäre Machtungleichgewicht zwischen der Kapital- und der Arbeitsseite den Handlungsrahmen bildet. Der Arbeitsmarkt funktioniert weitgehend wie ein ungleich strukturierter Gütermarkt, der lediglich durch generelle Arbeitsnormen, in Deutschland beispielsweise tarifliche Regelungen, Kündigungsschutzgesetze und Arbeitszeitbestimmungen, geregelt ist. Arbeitsplätze und Arbeitskräfte sind homogen und undifferenziert, es bestehen wenig bis keine Mobilitätshemmnisse und weder für den Arbeitgeber noch für den Arbeitnehmer entstehen bei einem Wechsel des Arbeitsplatzes größere Rekrutierungs- und Anpassungskosten. Voraussetzung für den Ausgleich von Angebot und Nachfrage ist hier eine weitgehende Flexibilität der Löhne, jegliche Regulierung der Lohnstruktur oder jegliches Mobilitäts- oder Substitutionshemmnis würde den Funktionsmechanismus dieses Marktes einschränken. Je größer die Flexibilität der Jobs ist, desto weniger spielen Qualifikationsaspekte eine Rolle und auf Grund der unsicheren Situation haben weder die Beschäftiger, noch die Beschäftigten ein Interesse an Qualifikationsentwicklung, das heißt an Investitionen in „Humankapital".

Arbeitskräfte auf dem unstrukturierten Markt sind in der Regel nach kürzesten Anlernzeiten einsatzfähig und produktiv. Häufig sind die Tätigkeiten äußerst einfach, haben manuellen Charakter und ihr „Output" ist oft quantitativ leicht bestimmbar und damit den Arbeitskosten und der zu zahlenden Lohnhöhe zurechenbar. Voraussetzung hierfür sind nur wenig Vorkenntnisse und keine spezifischen Qualifikationen. Die Arbeit erfordert lediglich „Jedermanns(frau)qualifikationen", zivilisatorische Grundbefähigungen und sprachliche Mindestkenntnisse – manchmal sind sogar diese nicht erforder-

5 Vgl. hierzu und zum Folgenden insbesondere: Lutz (1987), Sengenberger (1987, S. 119ff.), Marsden (1999, S. 231ff.), Deutschmann (2002, S. 147f.).

lich – sowie eine bestimmte physische Leistungsfähigkeit und Arbeitsdisziplin. Auf Grund dieser Bedingungen, so die segmentationstheoretischen Überlegungen, entwickeln sich unstrukturierte Teilarbeitsmärkte nicht nur, wohl aber in hohem Maße für einfache, unqualifizierte Tätigkeiten; typische Beispiele hierfür sind: Schneeräumen, Zeitungsaustragen, Saisontätigkeiten bei der Ernte wie auch einfache und restriktive Tätigkeiten im verarbeitenden Gewerbe und im Dienstleistungsbereich, die häufig im Rahmen hoch differenzierter (taylorisierter) Arbeitssysteme (Kap. 3.3.1) anzutreffen sind. Teile des Handels und das Gaststättengewerbe mit einfachsten und anspruchslosen Servicetätigkeiten und dem vielfach hier vorherrschenden Hire-and-fire Prinzip gehören gleichfalls in diese Arbeitsmarktkategorie – besonders typisch hierfür sind die Tätigkeiten in den vielen Schnellimbissketten. Darüber hinaus findet sich in diesem Teilarbeitsmarkt ein überproportionaler Anteil von Frauen, Ausländern und Jobbern wie Schüler und Studenten und es können sehr viele der in den letzten Jahren stark anwachsenden prekären und hoch flexiblen Beschäftigungsverhältnisse wie Teilzeitarbeit, Leiharbeit, Scheinselbständigkeit diesem Marktsegment zugerechnet werden (s.u.).

7.2.2 Fachliche Arbeitsmärkte

Mit dem Begriff des fachlichen Arbeitsmarktes wird ein Teilarbeitsmarkt bezeichnet, der institutionell in hohem Maße geregelt ist und der auf der Existenz allgemein anerkannter beruflicher Qualifikationen beruht. Typisch sind hier Arbeitskräfte mit Facharbeiter- oder Gesellenbrief, Sachbearbeiterausbildung oder auch akademische Abschlüsse. Die Inhalte und Standards dieser Berufe werden durch überbetriebliche Einrichtungen festgelegt und schaffen die Voraussetzung für die Allokation von Arbeitskräften. Denn die zertifizierten Ausbildungsabschlüsse weisen arbeitskräftesuchende Unternehmen darauf hin, dass die jeweiligen Arbeitnehmer über bestimmte Mindestkenntnisse und -fähigkeiten verfügen. Sengenberger spricht hier von einem „Arbeitsmarktausweis“, der den Unternehmen einen bestimmten Qualifikationsstandard anzeigt (1987, S. 126). Sie können sich daher an diesen Standards orientieren und die Struktur ihrer Arbeitsplätze und die damit zusammenhängenden Qualifikationsanforderungen daran ausrichten. Der Zugang zum beruflichen Teilarbeitsmarkt ist beschränkt, da einerseits nur Arbeitskräfte mit zertifizierten Qualifikationen Zutritt haben, andererseits die Nachfrager ihr Rekrutierungsinteresse häufig nur auf diese Qualifikationen ausrichten. Insofern bilden fachliche Arbeitsmärkte relativ geschlossene soziale Teilsysteme auf dem Arbeitsmarkt insgesamt. Die Konkurrenz zwischen verschiedenen Arbeitskräftegruppen ist daher begrenzt.

Das Verhältnis zwischen Nachfragern und Anbietern gestaltet sich innerhalb des fachlichen Arbeitsmarktes relativ flexibel. Einerseits weiß der

Nachfrager, welche Qualifikationen er bei einem bestimmten Beruf erwarten kann und kann sich somit Informations- und Suchkosten nach geeigneten Kandidaten sparen. Zudem ist eine entsprechend qualifizierte Arbeitskraft relativ schnell, ohne sonderlich aufwendige Anlern- und Qualifizierungsmaßnahmen einsetzbar. Andererseits weiß ein Arbeitnehmer, für welche Tätigkeitsprofile er im Prinzip in Frage kommt und welche Fähigkeiten von ihm erwartet werden. Auf dieser Basis verfügen beide Seiten über relativ große Handlungsspielräume: die Marktgängigkeit der Qualifikation ermöglicht den Arbeitnehmern zwischenbetriebliche Mobilität und den Unternehmen entsprechende Möglichkeiten einer Personalanpassung. Daher ist das primäre Machtungleichgewicht zwischen Arbeitgebern und Arbeitnehmern besonders im Unterschied zum unstrukturierten Markt relativ eingeschränkt. Der allgemein anerkannte und marktgängige Beruf verschafft Arbeitnehmern eine vergleichsweise günstige Verhandlungsposition gegenüber den Arbeitgebern. Umgekehrt können Arbeitgeber auf Grund der vergleichsweise transparenten und geregelten Situation eines fachlichen Teilarbeitsmarktes Transaktionskosten, z.B. die Kosten für Einarbeitung und Anweisung, sparen, was insbesondere für kleine und mittlere Unternehmen mit knappen Ressourcen vorteilhaft ist.

Fachliche Arbeitsmärkte werden in der soziologischen Arbeitsmarktforschung als voraussetzungsvolle institutionelle Arrangements angesehen. Hervorgehoben werden vor allem folgende Aspekte (Deutschmann 2002, S. 148f.): zum einen eine zwischenbetrieblich vergleichbare Auslegung der Arbeitsplätze, damit eine friktionslose Eingliederung und Substitution qualifizierter Arbeitskräfte und die Mobilität und Transferierbarkeit der Qualifikationen zwischen Betrieben möglich sind. Insofern kommen flexibel differenzierte Arbeitssysteme (Kap. 3.3.2) mit ihren grundlegend definierten Tätigkeiten und Arbeitsplätzen auf betrieblicher Ebene diesen Erfordernissen einer Kalkulierbarkeit und Stabilität des Arbeitseinsatzes durchaus entgegen (Marsden 1999, S. 215f.); nicht zufällig sind sie in Branchen mit vorherrschendem Facharbeitereinsatz wie der Investitionsgüterindustrie bis heute weit verbreitet. Freilich sind ebenso polarisierte und integrative Arbeitssysteme (Kap. 3.3.3/3.4.3) mit berufsfachlichen Arbeitsmärkten kompatibel, insofern hier die je gegebenen Berufs- und Qualifikationsstrukturen die Arbeitsgestaltung bedingen. Zum Zweiten müssen technologische Innovationen innerhalb der zu einem bestimmten fachlichen Arbeitsmarkt gehörenden Unternehmen in einer Weise verbreitet sein, dass Verwerfungen und sich ungleich entwickelnde Arbeitsplätze vermieden werden und eine Anpassung von Ausbildungsstandards und Berufsinhalten möglich wird. Zum Dritten und unabdingbar für die Funktionsfähigkeit fachlicher Arbeitsmärkte sind schließlich überbetriebliche Akteure, die die hier erforderlichen Regelungen der Arbeitskräfteallokation und die Standardisierung und Zertifizierung der Qualifikationen betreiben. Sengenberger hebt hervor: „Der einzelne Nachfrager oder Anbieter kann dies nicht von sich aus leisten; es bedarf vielmehr einer *kollektiven oder quasi-kollektiven Organisation* des fachlichen Marktes – auf der Angebotsseite wie auf der Nachfrageseite ..." (1987, S. 132 – Hervorheb. im Orig.). Diese Akteure können sowohl der Staat als auch die Verbände der beteiligten Seiten, Arbeitgeber und Gewerkschaften sein, die im Rahmen von Verhandlungsprozessen die erforderlichen Regeln kreieren, auf Dauer stellen und verändern.

Prominentes Beispiel hierfür ist das so genannte „Duale System" der Berufsausbildung in Deutschland mit seiner Kombination betrieblich-praktischer und schulischer Ausbildung (z.B. Keller 1997, S, 423ff.). Der erfolgreiche Erwerb dieser Qualifikationen ist in überbetrieblichen Prüfungen nachzuweisen und wird in Zeugnissen dokumentiert. Es handelt sich dabei beispielsweise um die Ausbildung von Facharbeitern, Sachbearbeitern und weiteren Berufsgruppen, die einerseits relativ breit einsetzbar sind, andererseits mit einem spezifischen Tätigkeitszuschnitt in bestimmten Branchen wie etwa dem Maschinenbau oder bestimmten Dienstleistungsbereichen korrelieren. Die zahlreichen beruflichen Ausbildungsgänge verlaufen im Rahmen institutionalisierter von Arbeitgeberverbänden, Gewerkschaften und staatlichen Stellen erarbeiteten Regelungen. Sie legen zentral die teilweise recht detaillierten Ausbildungspläne fest, die sich in konkreten Berufsbildungsplänen niederschlagen. Dieses betrieblich und schulisch orientierte System unterscheidet sich deutlich von vorwiegend schulisch organisierten oder betrieblich organisierten Berufsbildungssystemen anderer Länder – z.B. in Frankreich einerseits, in Großbritannien andererseits. Veränderungsprozesse der Ausbildungsgänge etwa auf Grund technologischen Wandels verlaufen freilich sehr schleppend und sind langwierig, weil sie stets an aufwendige Verhandlungsprozesse der beteiligten Akteure gebunden sind.

Ähnliche Arbeitsmarktstrukturen finden sich bei professionellen Berufen wie Ärzten, Architekten, Juristen etc. Professionalisierung beruht hier auf einer staatlichen oder verbandspolitischen Kontrolle über die Ausbildungsstandards, Regeln des Zugangs zum Beruf und der Einhaltung bestimmter Qualitätsstandards. Als charakteristisch hierfür wird angesehen, dass die Allgemeinheit, vertreten durch staatliche oder staatlich legitimierte Organe, mit dem Berufsstand, vertreten durch seine verbandliche Organisation, eine Art Gesellschaftsvertrag schließt, in dem dem Beruf ein mehr oder weniger großes Maß an Selbstkontrolle zugestanden wird, er dafür aber verlässlich Versorgungsleistungen bestimmter Qualität, z.B. bei der medizinischen Versorgung gewährleisten muss (Sengenberger 1987, S. 139).

Essentiell für die Funktionsfähigkeit berufsfachlicher Arbeitsmärkte ist allerdings die Bereitschaft der Akteure, insbesondere der Unternehmen, sich an den Regelungen und Einrichtungen der Ausbildung zu beteiligen und auf opportunistisches Handeln, das heißt in diesem Fall die Nutzung der verfügbaren Qualifikationen ohne in ihr Zustandekommen zu investieren, zu verzichten. Denn ökonomisch gesprochen handelt es sich bei beruflichen Qualifikationen um ein öffentliches Gut.

7.2.3 Betriebsinterne Arbeitsmärkte

Von überbetrieblich ausgerichteten unstrukturierten und beruflichen Teilarbeitsmärkten sind betriebsinterne Märkte zu unterscheiden. Ihr zentrales Merkmal ist, dass die Qualifizierung und Allokation von Arbeitskräften grundsätzlich innerhalb einzelner Unternehmen stattfindet (Marsden 1999, S. 214). Der Bezug zum externen Arbeitsmarkt ist lediglich über bestimmte „Einstiegsarbeitsplätze" gegeben, über die Arbeitskräfte rekrutiert werden, die dann relativ stark geregelte, etwa durch Betriebsvereinbarungen festgelegte, betriebsinterne Anlern-, Aufstiegs- und Versetzungsprozesse durchlaufen. Die Einstiegsqualifikationen sind vielfach niedrig bzw. fach- und betriebsfremder Natur. In einem Großteil der internen Arbeitsmärkte hat die nach längerer Betriebszugehörigkeit erreichte Qualifikation der Arbeitnehmer einen ausgesprochen betriebs- oder tätigkeitsspezifischen Charakter, vorherrschend sind Prozesse des „on-the-job-training" und des kontinuierlichen Sammelns von Erfahrungen. Die Qualifizierung der Arbeitskräfte geschieht eher beiläufig im laufenden Prozess, sei es durch Anleitung von Kollegen oder Vorgesetzten, sei es autodidaktisch etwa durch die Behebung von Fehlern und Selbstkorrekturen. Dieser Qualifikationserwerb findet zudem häufig im Rahmen eines nach der Beschäftigungsdauer geregelten innerbetrieblichen Aufstiegs statt. Arbeitsorganisatorische Voraussetzung hierfür sind relativ eindeutig definierte funktionale und hierarchische Aufgaben- und Tätigkeitsstrukturen, zwischen denen die Arbeitskräfte versetzt werden können und die einen planbaren Arbeitskräfteeinsatz möglich machen. Solche organisatorischen Bedingungen finden sich vor allem im Rahmen von differenzierten, aber auch polarisierten Arbeitssystemen (Kap. 3.3.1/3.3.3).[6] Zudem erfordert die Vielstufigkeit der Aufstiegs- und Qualifizierungsprozesse eine Mindestgröße der Unternehmen. Auf Grund des spezifischen Charakters der erworbenen Qualifikationen sind sie nicht allgemein anerkannt und zertifiziert, das heißt sie können nur begrenzt bei Betriebswechsel transferiert werden. Im Extremfall werden sie dann wertlos und der Arbeitnehmer muss nach einem Betriebswechsel dann wieder „bei null" anfangen.

Interne Arbeitsmärkte mit einer kontinuierlichen Qualifizierung von Arbeitskräften im Rahmen eines hierarchischen Aufstiegs nach Senioritätsregeln finden sich beispielsweise besonders ausgeprägt im öffentlichen Dienst. Ähnlich strukturierte interne Arbeitsmärkte finden sich bis heute in Teilen der großbetrieblichen Industrie wie etwa der Chemie und Metallbearbeitung, wie aber auch in bestimmten Dienstleistungsbereichen. Als Unternehmen mit ausgeprägten internen Arbeitsmärkten kann die Automobilindustrie angesehen werden, wo sich interne Anlernprozesse

---

6 Grundsätzlich ist ein interner Arbeitsmarkt ein Arbeitssystem im oben definierten Sinn, insofern als ein Arbeitssystem die Gesamtheit der auf die Sicherung des Einsatzes und der Leistung von Arbeitskraft gerichteten Strukturen und Prozesse innerhalb eines Unternehmens bezeichnet (Kap. 3.4). Realiter kann allerdings ein interner Markt verschiedene Arbeitssysteme umfassen.

mit begrenzten Möglichkeiten des Aufstiegs über verschiedene Lohngruppen und Tätigkeiten spätestens seit den 60er Jahren des letzten Jahrhunderts in der Bundesrepublik auf breiter Front durchsetzten (Köhler/Sengenberger 1983; Schultz-Wild u.a. 1986; Lutz 1987). Die hier eingesetzten Arbeitskräfte verfügten oft über fachfremde Qualifikationen, sie hatten etwa einen Gesellenbrief als Handwerker. Für sie boten die internen Arbeitsmärkte der Unternehmen gute und sichere Verdienst- und Aufstiegsmöglichkeiten, die im Handwerksbereich in der Regel nicht gegeben waren. Aus der Sicht des Arbeitsgebers waren sie insofern wertvolle Arbeitskräfte, als sie zugleich die erforderlichen extrafunktionalen Qualifikationen und zureichende Arbeitsmotivation aufwiesen, die die notwendigen Voraussetzungen für einen Qualifizierungsaufstieg innerhalb des Unternehmens waren. Relativ zutreffend bezeichnete man daher zeitweise die Automobilfabriken von Mercedes Benz im Stuttgarter Raum als die größten Bäckereien im Schwabenland.

Die Beziehung zwischen Arbeitgebern und Arbeitnehmern hat in diesen Fällen eine zeitlich langfristige Dimension und weist ein hohes Maß an wechselseitiger Bindung auf: Den Arbeitnehmern eröffnet der Eintritt in einen internen Arbeitsmarkt die Perspektive eines sukzessiven, kontinuierlichen Qualifikationserwerbs gepaart mit einem fortschreitendem innerbetrieblichen Aufstieg, steigendem Einkommen und einem relativ sicheren Arbeitsplatz. Der Anreiz zum Arbeitsplatzwechsel ist sehr gering. Für die Arbeitgeber verbindet sich mit dieser Arbeitsmarktstruktur einerseits ein Flexibilitätsverlust, verzichten sie doch auf Möglichkeiten kurzfristiger Formen der Personalanpassung über Entlassungen und Neueinstellungen. Andererseits aber, dies zeigen übereinstimmend die Forschungsergebnisse, wird dieser Verzicht durch gewichtige Vorteile kompensiert. Denn die eingeschränkte Mobilität nach außen bietet dem Betrieb die Möglichkeit einer größeren Beweglichkeit nach innen:

> „Der interne Arbeitsmarkt erschließt dem Betrieb Produktivitätspotentiale sowie Reaktions- und Anpassungsspielräume, die oftmals über den externen Markt nicht zu erlangen sind. Er ermöglicht ferner häufig bessere Relationen von Leistung und Lohn, weil die eingearbeitete und erfahrene Belegschaft mit den Produktionsanlagen und Abläufen besser vertraut ist und besser umgehen kann als eine Mannschaft, die entsprechend der Veränderung von Lohnsätzen auf dem externen Markt zusammengestellt worden ist. Dies gilt insbesondere dann, wenn die Anlagen, Verfahren oder Werkstoffe betriebsspezifisch sind. Schließlich verhält sich ein Arbeitnehmer, der längere Zeit beim gleichen Arbeitgeber beschäftigt ist, im Allgemeinen diesem gegenüber loyaler; er sieht im Betrieb oder Unternehmen ‚seinen' Arbeitsmarkt und muss ihn auf Dauer auch dort sehen, da er mit zunehmender Beschäftigungsdauer den Kontakt zum externen Arbeitsmarkt verliert und seine Chancen einer alternativen Beschäftigung sinken." (Sengenberger 1987, S. 152f.)

Auf Grund der ausgeprägten wechselseitigen Bindungen zwischen Arbeitgebern und Arbeitnehmern war das primäre Machtungleichgewicht zwischen beiden Gruppen in der lang anhaltenden Prosperitätsphase des Nachkriegskapitalismus, des Fordismus (Kap. 3.4.2), nicht unbedingt sehr ausgeprägt, zumal insbesondere in den industriellen Großbetrieben die Arbeitnehmerseite über handlungsfähige Interessenvertretungen verfügt und der gewerkschaftliche Organisationsgrad traditionell hoch ist. Die Konkurrenz zwischen den Arbeitnehmern innerhalb eines internen Marktes ist durch den geregelten Charakter seiner Strukturen ebenfalls begrenzt.

7.2.4 Präzisierungen

Resümiert man die Ergebnisse der sozialwissenschaftlichen Arbeitsmarktforschung, so ist zunächst zu betonen: Die Segmentationstheorie hat mit ihrer Grundkategorie des Teilarbeitsmarktes „entdeckt“, dass Arbeitsmärkte in vielfältig strukturierte, mehr oder weniger voneinander abgeschottete Teilsysteme zerfallen. Zugleich sind freilich Differenzierungen des Modells des dreigeteilten Arbeitsmarktes angezeigt, weil es die Realität des Arbeitsmarktes keineswegs vollständig erfasst.[7] Dies gilt zunächst in Hinblick auf das breite Spektrum tatsächlich vorhandener Qualifikationen und damit einhergehend sehr verschiedener Formen der Bindung zwischen Arbeitgebern und Arbeitnehmern (Baden u.a. 1996, S. 27ff.). So ist etwa die Marktsituation für hoch qualifizierte Arbeitnehmer wie Wissenschaftler und Manager mit den Merkmalen eines berufsfachlichen Teilarbeitsmarktes nicht ohne weiteres kompatibel. Denn die hohen Qualifikationen der hier in Frage stehenden Arbeitskräfte, die ihnen in der Regel eine hohe Marktgängigkeit verleihen, sind gepaart mit teilweise sehr flexiblen Beschäftigungsbeziehungen und zeitlich wie auch sachlich oft nur begrenzten Arbeitsverträgen, die individuell ausgehandelt werden und sich nicht an kollektivvertraglichen Regeln orientieren.

Weiterhin können nicht in jedem Fall die Grenzen zwischen internen und externen Arbeitsmärkten eindeutig gezogen werden und sie sind mit denen eines Unternehmens meist nicht identisch. Vor allem lassen sich interne Märkte nicht immer von beruflichen Märkten eindeutig unterscheiden. So verweist Marsden (1999, S. 218) auf „hybride Fälle“ (hybrid cases) wie „berufliche interne Märkte“ (occupational internal markets). Sie sind beispielsweise in solchen Organisationen anzutreffen, deren Beschäftigte eine bestimmte berufliche Qualifikation aufweisen, zugleich aber ausschließlich intern geregelte Weiterqualifizierungs- und Aufstiegsprozesse durchlaufen; typisch hierfür sind weite Bereiche des öffentlichen Dienstes wie etwa das Gesundheits- und Krankenhauswesen. Oft finden sich auch in der Industrie Arbeitsmärkte, die auf Grund ihrer Regelungen alle Merkmale eines internen Arbeitsmarktes aufweisen, während das Personal jedoch beruflich qualifiziert ist. Auch muss oft innerhalb des gleichen Unternehmens zwischen verschiedenen Beschäftigtengruppen, die ebenso verschiedenen Teilarbeitsmärkten angehören, unterschieden werden. Denn Unternehmen, die

7 Dieses Argument verdankt der Autor Christoph Köhler.

sowohl beruflich qualifizierte als auch langjährig angelernte und ungelernte Arbeitskräfte nebeneinander einsetzen, sind eher die Regel denn eine Ausnahme. Besonders ausgeprägt ist die oft anzutreffende und in den letzten Jahren zunehmend wichtiger werdende Differenz zwischen dauerhaft beschäftigten Stammbelegschaften und flexibel einsetzbaren, dem unstrukturierten Markt zuzurechnenden Randbelegschaften (Deutschmann 2002, S. 150).

Zudem muss festgehalten werden, dass die grundsätzliche Dreiteilung von Teilarbeitsmärkten sich im internationalen Vergleich teilweise recht differenziert darstellt. Der zentrale Unterschied ist hierbei, dass die beruflichen Teilarbeitsmärkte in vielen Ländern zumeist weniger ausgeprägt sind als in Deutschland mit seinem traditionell besonders institutionalisierten System der dualen Berufsausbildung. Wie schon angedeutet, gilt dies besonders für die USA. Charakteristisch für die USA ist die Koexistenz betriebsinterner und unstrukturierter Märkte. Berufsfachliche Märkte spielen hier kaum mehr eine Rolle, da die verschiedenen früher existierenden Formen der Lehrlingsausbildung (apprenticeship system) und damit verbundene „craft labor marktes“ im Zuge der Expansion der Industrien der Massenproduktion in der ersten Hälfte des 20. Jahrhunderts von der Bildfläche verschwunden sind. Sehr ausgeprägt und im Einzelnen differenziert finden sich in den USA interne Märkte, wo das Fehlen einer berufliche Ausbildung die Unternehmen sehr stark zu Prozessen der betrieblichen Qualifizierung drängt. Die Anlern-, Personaleinsatz- und Aufstiegsregeln vor allem in den traditionellen Industriebereichen sind dabei bis heute in Unternehmen mit gewerkschaftlicher Präsenz zentraler Verhandlungsgegenstand zwischen dem Management und den Betriebsgewerkschaften (Kap. 6, Exkurs; Marsden 1999, S. 228ff.). Insbesondere spielt hier das Kriterium der Seniorität der Beschäftigten bei Versetzungen und Aufstieg eine Schlüsselrolle. Konsequenz ist, dass durch diese Regelungen die betriebsinterne Flexibilität des Personaleinsatzes oft erheblich begrenzt ist.[8]

Geschlechtsspezifische Arbeitsmärkte

Eine Differenzierung des dreigeteilten Modells des Arbeitsmarktes ist auch in Hinblick auf die *geschlechtsspezifische Segregation des Arbeitsmarktes* angezeigt. Angesprochen wird hiermit die unterschiedliche Position von Frauen und Männern auf dem Arbeitsmarkt, die von einer starken wechselseitigen Abschottung bestimmter und typischer Frauen- und Männerberufe und teilweise damit verbundener unterschiedlicher Allokationsmechanismen geprägt ist. Zum einen wird von horizontaler Segregation, differenziert nach Branchen und Berufen gesprochen; Berufe gelten als segregiert, wenn der Anteil des jeweils anderen Geschlechts unter 30% liegt. Zum anderen wird von vertikaler Segregation in Hinblick auf Einkommens- und Hierarchiepositionen gesprochen.[9] Geschlechtsspezifisch segregierte Teilarbeits-

---

8 Zur historischen Entwicklung interner Arbeitsmärkte in der US-Industrie und des damit verbunden „job control unionism“ amerikanischer Gewerkschaften vgl. z.B. Köhler (1981) und Piore/Sabel (1985, S. 124ff.).

9 Zu neueren Daten über die Entwicklung der sozialen Ungleichheiten zwischen Frauen und Männern in Deutschland vgl. zusammenfassend Geissler (2002, S. 365ff.).

märkte überlagern und ergänzen die skizzierten drei Grundtypen von Teilarbeitsmärkten. Verschiedentlich wird von einer besonderen Konzentration von Frauenarbeit auf dem unstrukturierten Teilarbeitsmarkt mit seinen prekären Arbeitsverhältnissen und restriktiven Arbeitsformen ausgegangen (Moldaschl 1993, S. 141; Marsden 1999, S. 231f.).

Einerseits ist die Frauenerwerbstätigkeit in allen Industrieländern von einer wachsenden Integration der Frauen in den Arbeitsmarkt gekennzeichnet. Die „Feminisierung der Arbeitswelt“ kann, so die französische Soziologin Margret Maruani, als „eine der größten sozialen Veränderungen am Ende des zwanzigsten Jahrhunderts“ angesehen werden (zit. n. Geissler 2002, S. 372). Die Erwerbsquote der Frauen im Alter von 15 bis 65 Jahren stieg in Deutschland von 46% im Jahr 1970 auf 62% im Jahr 2000. Im Vergleich zu den Frauenerwerbsquoten in anderen Ländern rangiert Deutschland in der unteren Mitte. 1999 liegt es mit 57% im Vergleich zu 18 europäischen Ländern auf Rang 11. In Skandinavien, aber auch in der Schweiz und im Vereinigten Königreich liegen die entsprechenden Quoten deutlich höher – zwischen 78% und 64% (ebd., S. 372f.).

Andererseits, so resümiert die Frauenforschung, verfügen Frauen im Vergleich zu Männern bis heute über schlechtere Arbeitsmarktchancen; dies sowohl beim Eintritt in das Erwerbsleben als auch beim Verbleib, bei der Entlohnung, bei den Aufstiegschancen, den Weiterbildungsmöglichkeiten und der Arbeitsplatzsicherheit (Gottschall 1995, S. 125). Die traditionellen Segregationslinien verschieben sich offensichtlich nur kaum oder nur sehr zögerlich. In horizontaler Hinsicht erhalten sich in hohem Maße die geschlechtstypischen Berufe; sowohl in nationaler wie auch internationaler Perspektive gilt: „Men still dominate the heavy manual, technical and managerial tasks, while women are concentrated mainly in caring and nurturing occupations and support roles.“ (Beck 1998, S. 7) Erst allmählich und trotz eines schnell steigenden Bildungsniveaus von Frauen finden sie sich auch in höher qualifizierten Tätigkeiten etwa im gesundheits- und im Bildungswesen, in der IT- und Multimediabranche.

Hierzu neuere Daten: Frauen verfügen über nur unterdurchschnittliche Verdienstmöglichkeiten. Ihr Rückstand bei Löhnen und Gehältern reduziert sich nur langsam und im Jahr 2001 verdienen vollzeitbeschäftigte Arbeitnehmerinnen gemessen an den Bruttoverdiensten durchschnittlich ein reichliches Fünftel weniger als ihre männlichen Kollegen. Zudem ist Frauenarbeit im Vergleich sehr viel prekärer als Männerarbeit: Im Jahr 2003 sind rd. 76% aller geringfügig Beschäftigten Frauen. Zudem ist Teilzeitarbeit fast eine reine Frauendomäne; rd. 86% aller in Teilzeit Tätigen sind Frauen (Statistisches Bundesamt 2003).

Vertikal sind die Segregationslinien ebenfalls nach wie vor ausgeprägt. Frauen sind vornehmlich auf den unteren Hierarchiestufen von Unternehmen tätig; in Deutschland waren im Jahr 2000 nur knapp ein Drittel aller Führungskräfte Frauen (Statistisches Bundesamt 2000). Ganz offensichtlich gilt seit jeher das „‚Gesetz‘ der hierarchisch zunehmenden Männerdominanz: Je höher die Ebene der beruflichen Hierarchie, umso kleiner der Anteil der Frauen und umso ausgeprägter die Dominanz der Männer." (Geissler 2002, S. 376).

Erklärungsansätze zur geschlechtsspezifischen Arbeitsmarktsegregation reichen von arbeitsmarktökonomischen, über industriesoziologische Konzepte bis hin zu differenztheoretischen Überlegungen, die die Besonderheiten des „weiblichen Arbeitsvermögens" in Relation zu bestimmten Arbeitsanforderungen und Tätigkeitstypen thematisieren.[10] In der hier vertretenen konzeptionellen Sicht (Kap. 2), die das Zusammenspiel von institutionellen Arrangements und Akteurshandeln betont, ist demgegenüber die Bedeutung gesellschaftlich-institutioneller Faktoren für die Stabilität geschlechtsspezifischer Arbeitsmarktsegregation zu sehen. Dies heißt, dass ein generalisiertes Rollenverständnis bestimmter Gruppen – z.B. Frauen als Hausfrauen und Mütter, eine Rolle, mit der allenfalls eine Teilzeitarbeit kompatibel ist – eine der wesentlichen Bedingungen dafür ist, dass die Handlungschancen auf dem Arbeitsmarkt für diese Gruppen von vornherein beschränkt sind.[11] Solche Rollenzuschreibungen werden in der Regel von vielen der beteiligten Akteure, Arbeitgeber wie arbeitsuchende Frauen, speziell in Deutschland, aber auch bei Gewerkschaften, Kirche und Staat mit einem traditionellen Rollenverständnis als gültig anerkannt und durch entsprechendes Handeln reproduziert. Zugleich wird dieses Rollenmodell politisch durch staatliche Transferzahlungen der verschiedensten Art abgestützt (Baethge 2000). Mit einem Wandel der Arbeitsmarktstrukturen in Richtung einer generellen Zunahme der Frauenerwerbsquote und einem Wandel des damit zusammenhängenden Rollenverständnisses wird daher wohl nur in längerfristiger Perspektive infolge der fortschreitenden Bildungsexpansion, wachsender Ansprüche vieler Frauen an ihre Tätigkeiten und veränderter Rekrutierungsinteressen von Arbeitgebern zu rechnen sein (Beck 1998, S. 15f.).

Internationalisierung von Arbeitsmärkten

In der sozialwissenschaftlichen Arbeitsmarktforschung ist es weitgehend unstrittig, dass Arbeitsmärkte national bzw. regional ausgerichtet und strukturiert sind. Bildungs- und Berufsbildungssysteme, staatliche Sozialpolitik, industrielle Beziehungen und Arbeitsrecht als entscheidende Regelungsbedingungen von Arbeitsmärkten liegen trotz fortschreitender Globalisierung und der internationalen Integration von Wirtschaftsräumen nach wie vor in hohem Maße in nationaler Hand. So ist wohl nach wie vor Düll und Bechtle

10 Zusammenfassend z.B. Osterloh/Oberholzer (1994), Gottschall (1995, S. 135ff.) und Geissler (2002, S. 378ff.).

11 Vgl. hierzu Offe/Hinrichs (1984, S. 70ff.), die die Arbeitsmarktlage bestimmter Problemgruppen auf gesellschaftlich zugeschriebene, „askriptive" Merkmale zurückführen. Die rollentypische Beeinträchtigung von Anpassungschancen auf dem Arbeitsmarkt, so die Autoren, müsse deshalb mit Bezug auf institutionelle Mechanismen erklärt werden.

zuzustimmen, dass Arbeitskraft im Unterschied zu Kapital und auch Technologie hochgradig „lokalisiert" sei (1991). Gleichwohl verweist die Arbeitsmarktforschung auch auf eine Reihe von strukturellen Veränderungen im Zuge der Globalisierung (Kap. 9), die eine internationale Öffnung von Arbeitsmärkten nach sich ziehen:[12]

Zum einen wird vermutet, dass sich im Rahmen einer grenzüberschreitenden Organisationsentwicklung und Personalpolitik internationaler Unternehmen ein interner Arbeitsmarkt mit spezifischen Regelungen und Qualifikationsmustern herausbildet, der von denen, die an den jeweiligen Unternehmensstandorten anzutreffen sind, abweicht und als ein Fall eines *transnationalen* Teilarbeitsmarktes bezeichnet werden kann.[13] Verwiesen wird besonders auf hoch qualifiziertes Personal und Manager, von denen zunehmend internationale Mobilität gefordert wird und deren Zahl kontinuierlich anwächst (z.B. Schwarzbach 2001; Stahl 2002).

Zum Zweiten wird auf die zunehmende und kontinuierliche Öffnung inländischer Teilarbeitsmärkte im Zuge der wachsenden Arbeitsmigration verwiesen. Ein Beispiel hierfür ist der faktisch unstrukturierte Arbeitsmarkt des Baugewerbes. Es wird davon gesprochen, dass es infolge der Migrationsströme und einer grenzüberschreitenden Subkontrakt- und Werkvertragspraxis in diesem Bereich teilweise zu einem Zusammenbruch nationaler Arbeitsmarktstrukturen gekommen sei (Groß 1999). Ähnliche Gegebenheiten finden sich vermutlich auch im Gaststättengewerbe oder im Logistikbereich. Ein anderes Beispiel sind die sich internationalisierenden berufsfachlichen Märkte für bestimmte hoch qualifizierte Arbeitskräfte etwa aus dem Wissenschaftsbereich oder aus in hohem Maße international ausgerichteten neuen Branchen wie der Werbe- und Medienindustrie.

Zum Dritten sind internationale Teilarbeitsmärkte Gegenstand der Forschung, die im Kontext sich neu bildender grenzüberschreitender Regionen etwa in Westeuropa im Begriffe sind, sich zu bilden (Janssen/Woltering 2004). Angesprochen werden hier Phänomene einer kleinräumigen regionalen Mobilität von Arbeitskräften höherer beruflicher Qualifikationen, die in der Lage sind, grenzüberschreitend kulturelle und strukturelle Barrieren zu überwinden. Freilich wird die Bedeutung grenzüberschreitender regionaler Arbeitsmärkte quantitativ bislang als recht unbedeutend eingeschätzt.

Resümierend spricht die sozialwissenschaftliche Arbeitsmarktforschung von einem wachsenden Spannungsverhältnis zwischen der nationalstaatlichen Verfasstheit der Arbeitsmärkte einerseits und der Zunahme internationaler Arbeitskräftemobilität andererseits. Der von der Internationalisierung der Wirtschaft ausgehende Druck in Richtung auf die Deregulierung von Arbeitsmärkten und die Angleichung arbeitspolitischer Regulationsformen sei zwar in einigen Wirtschaftsbereichen spürbar, doch bleiben die Arbeitsmarktstrukturen insgesamt bemerkenswert stabil und nationalspezifisch strukturiert (Deutschmann u.a. 1999).

12 Vgl. zusammenfassend hierzu z.B. die Aufsätze in Hönnekopp u.a. (2004).
13 Zum Begriff der Transnationalisierung vgl. Kap. 9.4.

7.3 Wandel des Arbeitsmarktes

Insgesamt hat die sozialwissenschaftliche Arbeitsmarktforschung die Gültigkeit des Modells des dreigeteilten Arbeitsmarktes weitgehend bestätigt (z.B. Szydlik 1990) und es wird von einer „Koexistenz" unternehmensinterner und -externer Beschäftigungssegmente ausgegangen (Köhler u.a. 2004). Zugleich aber wird gefragt, inwieweit dieses Modell neuere Entwicklungstendenzen des Arbeitsmarktes im Kontext der gegenwärtigen sozialen und ökonomischen Strukturveränderungen tatsächlich noch zureichend erfasst. Verschiedentlich wird von einer Tendenz zur „Entstrukturierung des Arbeitsmarktes" gesprochen (Deutschmann 2002, S. 152ff.).[14]

7.3.1 Erosion der Teilarbeitsmärkte

So gelten die Effizienz- und Funktionsvoraussetzungen betriebsinterner Teilarbeitsmärkte infolge veränderter Unternehmensstrategien zunehmend als gefährdet (Schmid 2000; Deutschmann 2002; Lutz 2002; Köhler u.a. 2004). Dezentralisierung mit Abflachung der Hierarchien, fortschreitendes Outsourcing von Unternehmensfunktionen und Netzwerkbildung, die damit verbundene wachsende Bedeutung kleiner Unternehmen und eine steigende Flexibilität der Personalpolitik vieler Betriebe bieten danach kaum mehr die organisatorischen Voraussetzungen für größere und damit funktionsfähige interne Arbeitsmärkte. Diese Situation, so resümiert Burkart Lutz (2002, S. 35), „... lässt kaum mehr Raum für schrittweisen Aufstieg in einer fest gefügten hierarchischen Arbeitsteilung, für nahezu beamtenmäßige, lebenslange Beschäftigungssicherheit und für lebenslangen Verbleib in einem ganz bestimmten Tätigkeitsfeld, in das man sich in vielen Jahren eingearbeitet hat. Vor allem ist nunmehr und auf absehbare Zeit kaum mehr Raum dafür, vom Unternehmen benötigte Kompetenzen in einem langen, über verschiedene Stationen führenden Prozess im Arbeitsalltag heranzubilden."

Diese Entwicklung ist insbesondere in den traditionellen Industrien der Massenproduktion, deren Kernfunktionen fortschreitend verkleinert werden und die unter verstärkten Flexibilisierungsdruck der Absatzmärkte geraten sind, anzutreffen . Das hat zur Konsequenz, dass die früher weitgehend gegen Außeneinflüsse wie kurzfristige Auftragsschwankungen abgeschotteten internen Arbeitsmärkte unter Öffnungsdruck geraten. Greifbar wird dies beispielsweise an den verschiedentlich in der Automobilindustrie anzutreffenden neuen Arbeitsmodellen, die Personaleinsatz, Arbeitsgestaltung, Arbeitszeit und Teile des Einkommens der Beschäftigten nicht mehr entsprechend den über Jahre eingespielten Kriterien der Qualifikation oder Seniorität regeln, sondern in flexibler Weise an das je gegebene Produktions- und Auftragsvolumen binden.

In der arbeitsmarktsoziologischen Debatte wird aber auch auf den Bedeutungsverlust des traditionellen Herzstücks des deutschen Arbeitsmarktes,

---

14 Eine instruktive Zusammenfassung neuerer Forschungsergebnisse über den Strukturwandel des Arbeitsmarktes findet sich in: Köhler/Struck (2004).

nämlich seines berufsfachlichen Teilarbeitsmarktes und der industriellen Facharbeit verwiesen. Danach ist jener Arbeitskräftetypus im Begriff zu erodieren, der über viele Jahre hinweg die intensive Auseinandersetzung der industriesoziologischen Forschung mit Fragen der Qualifikationsentwicklung auf dem Shop Floor begründete.[15] Neueren Thesen zufolge weisen das duale Ausbildungssystem und die industrielle Facharbeit nur mehr geringe Zukunftschancen auf. Als die eine Ursache hierfür gilt die „Bildungsferne“ dieses Ausbildungssystems, mit dem sich angesichts der Expansion der weiterführenden Bildung immer unattraktivere Arbeits- und Berufsperspektiven für die meisten Jugendlichen verbinden. Als die andere Ursache werden seine hohen institutionellen Rigiditäten, die fest gefügten internen Demarkationslinien und externen Abgrenzungen angesehen. Gestützt werden damit, so neuere Analysen, überkommenes Spezialistentum, Verkrustungen und hierarchische Abschottungen, die ein wesentlicher Grund für oft diagnostizierte Wandlungsprobleme des deutschen Produktionsmodells sind (z.B. Kern/Sabel 1994; Lutz 1996). Diese Diagnose beschränkt sich keineswegs nur auf die Facharbeiterausbildung, sondern letztlich auf alle dualen Ausbildungsformen wie darüber hinaus auch auf die Ausbildungsgänge von Technikern und Ingenieuren. Neue Arbeits- und Unternehmensformen sind offensichtlich immer weniger mit ausgeprägt berufsfachlichen Qualifikationen und Mobilitätsorientierungen verträglich. Nicht zuletzt ist in diesem Zusammenhang auch offen, welche grundlegend neuen Aufstiegs- und Karrieremuster sich unter den Bedingungen dezentralisierter und projektförmig organisierter Unternehmen einspielen werden.

Damit in Zusammenhang stehen Hinweise, dass Berufe als institutionalisierter lebenslanger Orientierungsrahmen für individuelle Erwerbs- und Integrationsperspektiven an Bedeutung verlieren und das Berufsprinzip als organisierender Kern für Ausbildungs- und Arbeitsprozesse seine Funktionsfähigkeit zumindest einbüßt (z.B. Baethge/Baethge-Kinski 1998; Baethge 2001). Als ein Grund der Erosion des Berufsprinzips wird das offenbar wachsende Desinteresse vieler Unternehmen, in das öffentliche Gut Beruf zu investieren, angesehen. Auf Grund des vorhandenen Konkurrenz- und Kostendrucks suchen sie Ausbildungskosten zu vermeiden, um dadurch kurzfristig Wettbewerbsvorteile zu erreichen. Sie greifen aber gleichwohl auf vorhandene berufliche Qualifikationen auf dem Arbeitsmarkt zurück und setzen entsprechendes Personal ein. Ein solches opportunistisches Handeln droht einen Kreislauf einer sich verstärkenden Erosion beruflicher

15 Der Fokus auf die Frage nach der Qualifikationsentwicklung und der Zukunft von Facharbeit kann insbesondere im Unterschied zum angelsächsischen Diskurs als nationalspezifische Besonderheit der deutschen Industriesoziologie angesehen werden (Meil 1992; Olsen 2001).

Arbeitsmärkte in Gang zu setzen, was relativ schnell zu einem Zusammenbrechen dieses Teilarbeitsmarktes führen kann (Marsden 1999, S. 222f.).[16]

Als ein weiterer Grund für die Erosion des Berufsprinzips gilt der skizzierte Wandel der Arbeitsformen hin zu teilweise selbstorganisierten und prozessorientierten Strukturen, die auf hohe Flexibilität und funktionsübergreifende Arbeitsleistungen setzen. Fach- und berufsspezifische Formen von Tätigkeiten, Gratifizierung und eingespielte Karrieremuster sind in vielen Wirtschaftssektoren immer weniger klar erkennbar. Berufe verlieren damit nicht unbedingt ihren fachlichen Kern, wohl aber wandeln sich früher eindeutige Berufsprofile zu hybriden Qualifikationsbündeln, die eine flexiblere und betriebsspezifischere Nutzung erlauben. Berufsbildung gerät dadurch in einen nur schwer lösbaren Widerspruch: einerseits muss sie wie bisher fachliche Grundlagen vermitteln, andererseits aber muss sie auch die Fähigkeit zur permanenten Weiterqualifizierung und zur Offenheit gegenüber fremdem Wissen im Kontext neuer Tätigkeiten und Arbeitsprozesse vermitteln (Lutz 2002, S. 36).

Damit korreliert der Umstand, dass in neu etablierten Tätigkeitsfeldern wie der Informations- und Kommunikationstechnik und der Multimedia-Branche, Beruflichkeit bislang nicht wirklich Fuß gefasst hat, obgleich sich hier große Anteile hoch qualifizierter Arbeitskräfte finden lassen. Die Qualifikationen werden hier oft auf der Basis einer hochwertigen allgemeinen und beruflichen Ausbildung über On-the-job-Trainingsphasen in Unternehmen und inner- und außerbetriebliche Weiterbildungsaktivitäten erworben. Sie sind nicht normiert und zertifiziert und oftmals stärker spezialisiert als berufliche Qualifikationsprofile (Köhler u.a. 2004, S. 70f.).

Die Koordination zwischen Nachfragern und Anbietern findet in diesen Sektoren weniger innerhalb relativ strukturierter Teilarbeitsmärkte statt als vielmehr im Kontext von sozialen Netzwerken, in denen die einzelnen Akteure verankert sind. Ein solcher *Netzwerkarbeitsmarkt* bietet einerseits eine hinreichende Flexibilität für die nur projektförmig organisierte Arbeit, andererseits bietet er ein Minimum an stabilen und kalkulierbaren sozialen Beziehungen, die Voraussetzung für koordiniertes Handeln sind. Dieses Argument wird von Haak und Schmid (2001) überzeugend am Beispiel der unstrukturierten Arbeitsmärkte für Künstler und Publizisten entwickelt.

7.3.2 Abnehmende Bedeutung des Normalarbeitsverhältnisses

Als empirischer Indikator für die Tendenz zur Entstrukturierung der Arbeitsmärkte und für den Trend zur Flexibilisierung der Arbeitsverhältnisse wird der reduzierte Stellenwert des so genannten *Normalarbeitsverhältnisses* angesehen. Gemeint ist damit ein Beschäftigungsverhältnis, das sich durch einen festen Arbeitsvertrag, eine unbefristete Vollzeitbeschäftigung,

16 Es handelt sich dabei um einen Mechanismus, der zu Beginn des 20. Jahrhunderts in den USA im Kontext der aufkommenden Massenproduktion zum schnellen Verschwinden des damals in der Industrie relativ weit verbreiteten Lehrlingssystems (apprenticeship system) geführt hat (s.o. – z.B. Piore/Sabel 1985, S. 124ff.).

Erwerbsarbeit in Organisationen (Unternehmen oder öffentlichen Dienststellen) und Sozialleistungen der verschiedensten Art, die an eine feste Betriebszugehörigkeit gekoppelt sind, auszeichnet. Alles Faktoren, die eine Voraussetzung für eine kontinuierliche Erwerbsbiographie sind (z.B. Mückenberger 1985; Bosch 1986).[17] Das Normalarbeitsverhältnis kann fraglos als die in der Nachkriegszeit in der Bundesrepublik wie auch anderen Ländern dominante Form der Beschäftigung angesehen werden. Sie findet sich in der Regel im Kontext interner und beruflicher Teilarbeitsmärkte. Mit Blick auf die Entstrukturierungstendenzen wird nun in der Arbeitsmarktforschung von einem Bedeutungsverlust des Normalarbeitsverhältnisses zugunsten verschiedener Formen *prekärer Beschäftigung* ausgegangen (zusammenfassend z.B. Schmid 2000; Köhler u.a. 2004). Indes wird die Reichweite dieses Wandlungsprozesses je nach Bezugsgröße und zu Grunde liegenden Daten unterschiedlich interpretiert.[18]

Folgt man der Analyse von Gerhard Bosch, so lässt sich für den Zeitraum seit Ende der 1980er Jahre Folgendes festhalten: In der alten Bundesrepublik stagniert die absolute Zahl der unbefristet Vollzeitbeschäftigten zwischen 1988 und 1998, wohingegen ihr Anteil an allen Erwerbstätigen von 67,4% auf 62,1%, d.h. um 5% abnimmt. Diese Entwicklung erklärt sich aus der Zunahme der absoluten Beschäftigungszahlen im gleichen Zeitraum um mehr als zwei Mio. Die relative Abnahme des Normalarbeitsverhältnisses wird unter anderem mit der starken Zunahme der Teilzeitbeschäftigung erklärt. Die Teilzeitquote (als Anteil an allen Erwerbstätigen) stieg in dem genannten Zeitraum um mehr als 6% von 11,3 auf 17,3%. Dies wird vor allem auf die kontinuierliche Erhöhung der Frauenbeschäftigung zurückgeführt, die zu größeren Teilen in Teilzeitarbeit tätig sind (s.o.). Ähnliche Tendenzen lassen sich in vielen anderen, vor allem westlichen Ländern bobachten (Bosch u.a. 2002, S. 29).

Unstrittig ist allerdings die Zunahme prekärer Beschäftigungsverhältnisse. Gemeint sind damit Formen unsicherer Beschäftigung „jenseits des Normalarbeitsverhältnisses“, die auch als „kontingent“, „atypisch“ oder „marginalisiert“ bezeichnet werden. Sie weisen nicht die Stabilitätsmechanismen des Normalarbeitsverhältnisses auf, vielmehr sind sie gekennzeichnet vor allem durch eine unkalkulierbare Beschäftigungsperspektive, unsichere und niedrige Einkommen und keine oder nur geringfügige Ansprüche an die Sozialversicherung. Beispiele sind die befristete Beschäftigung, die verschiedenen Formen von Teilzeitarbeit, Leih-, Zeit-, Heim-, Saison- und Ge-

17 Dieses Normalarbeitsverhältnis gilt bis heute vor allem im öffentlich-politischen Diskurs als Leitbild eines „gerechten“ Arbeitsverhältnisses. Übersehen wird dabei freilich häufig, dass dieses Beschäftigungsverhältnis über die Schließungsmechanismen der verschiedenen Teilarbeitsmärkte zugleich Ungleichheit und das sekundäre Machtgefälle zwischen verschiedenen Arbeitskräftegruppen zementierte und Arbeit dadurch einen exklusiven Charakter bekam (Mückenberger 1985).

18 So wird verschiedentlich dezidiert von der Erosion des Normalarbeitsverhältnisses gesprochen (Kommission für Zukunftsfragen 1996).

legenheitsarbeit, geringfügiger Beschäftigung, Scheinselbständigkeit und nicht zuletzt die zeitweise viel diskutierten „Ich-AGs“.

Die wachsende Bedeutung prekärer Beschäftigung lässt sich in den letzten Jahren in vielen Ländern beobachten. Ohne an dieser Stelle methodische und definitorische Probleme zu berücksichtigen, lässt sich für die alte Bundesrepublik für den Zeitraum von 1988 bis 1998 eine deutliche Zunahme dieser Beschäftigungsformen von 19,7% auf 27% (als Anteil an den Erwerbstätigen insgesamt) beobachten (Hoffmann/Walwei 2000). Dabei hat offensichtlich insbesondere die Zahl der geringfügig Beschäftigten wie auch der Teilzeitbeschäftigten beträchtlich zugenommen.

Als Ursachen für die Zunahme prekärer Beschäftigung wird, folgt man der Arbeitsmarktforschung (Schmid 2000; Bosch 2001), insgesamt eine gewandelte Interessenlage der beteiligten Akteure angesehen: Auf der Seite der Unternehmen richten sich die Interessen auf Grund wachsender Flexibilitätsanforderungen von Märkten, enger werdenden Terminen, lagerlosen Produktionsverfahren und Prozessen unternehmensinterner Vermarktlichung vermehrt auf flexible Arbeitsformen. Eine Umgehung des Normalarbeitsverhältnisses mit seinen dafür teilweise zu rigiden Regelungen und Kosten ist daher vielfach anzutreffen. Auf der Seite der Anbieter bzw. Arbeitsuchenden drängt naturgemäß der Mangel an Beschäftigungsmöglichkeiten zur Annahme prekärer Tätigkeiten. Hinzu kommt die zunehmende Erwerbsquote von Frauen mit einem rollenbedingten Interesse an Teilzeitarbeit (s.o.) sowie die Ausweitung der tertiären Bildungsgänge, die durch Nebentätigkeiten mit zwangsläufig atypischem Charakter finanziert wird. Schließlich wird verschiedentlich auf wechselnde und häufig nur mehr wenig eindeutige Berufsorientierungen infolge des viel diskutierten Wertewandels in entwickelten Gesellschaften verwiesen (Schmid 2000, S. 282).

7.3.3 Marktförmige Beschäftigungsverhältnisse als Perspektive?

In generalisierender Perspektive begreift Marsden (1999, S. 236f.) die Tendenzen der Entstrukturierung des Arbeitsmarktes als die wachsende Bedeutung völlig ungeregelter Beschäftigungsverhältnisse, die er pauschal als *Selbständigkeit* (self-employment) bezeichnet. Charakteristisch für diese Arbeitsformen sei, dass das Austauschverhältnis zwischen Nachfrager und Anbieter hier ohne jegliche institutionalisierte Regelungen ausschließlich markt- und preisförmig koordiniert ist, indem die zu erbringende Arbeitsleistung im Unterschied zu den herkömmlichen Formen der Beschäftigung im Rahmen der verschiedenen Teilarbeitsmärkte ex ante sachlich und zeitlich genau definiert ist. Selbst generelle institutionelle Regelungen des Beschäftigungsverhältnisses wie Tarifnormen, Kündigungsschutz und Arbeitszeitregelungen greifen unter diesen Bedingungen der Selbständigkeit nicht. Das Beschäftigungsverhältnis regelt sich in diesem Fall auch nicht über einen Arbeitsvertrag, dessen Offenheit immer nur eine Ex-post-Spezifikation der Leistung erlaubt, sondern der Austausch von Leistung und Gegenleistung regelt sich über einen Vertrag mit dem Charakter eines

Kaufvertrages, in dem der Austausch ex ante so genau wie möglich definiert ist. Als typisch hierfür können die erwähnten kurzfristig und saisonal Beschäftigten, freie Mitarbeiter, sog. Scheinselbständige[19], Heimarbeiter oder auch Telearbeiter angesehen werden. Für diese Beschäftigtengruppen sind die zu erbringende Arbeitsleistung und das entsprechende Entgelt vor dem Abschluss eines Beschäftigungsvertrages sehr genau bestimmt und die Ausführung der Arbeit erfolgt in hohem Maße selbst organisiert.

Ähnlich argumentieren die beiden Industriesoziologen Voß und Pongratz (1998), die die These vom *Arbeitskraft-Unternehmer* formuliert haben. Danach wandelt sich der traditionelle Arbeitnehmer hin zu einem Arbeitskräftetypus, der seine Arbeitskraft eigenständig, aus eigener Kraft und ohne Bezug zu den institutionalisierten Regeln des Arbeitsmarktes vermarktet. Die Autoren begreifen den Arbeitskraft-Unternehmer als neue Schlüsselfigur der kapitalistischen Wirtschaft. Als seine wichtigsten Merkmale werden eine erweiterte Selbstkontrolle, die flexible Ausrichtung an den sich schnell wandelnden Arbeits- und Einsatzbedingungen und eine damit verbundene Tendenz zur Ausrichtung der alltäglichen Lebensführung an ökonomischen Erfordernissen angesehen. Gemeint sind damit allerdings nicht nur Selbständige und Scheinselbständige, sondern auch fest angestellte Arbeitnehmer, deren Tätigkeiten unter einem hohen Flexibilitätsdruck stehen. Anders formuliert, das Transformationsproblem des Arbeitsvermögens in konkrete Arbeitsleistung (Kap. 3.2) stellt sich in dem Fall der Selbständigkeit wie dem des Arbeitskraft-Unternehmers nicht oder in spezifischer Weise. Gemeint sind damit die in der neueren industriesoziologischen Debatte hervorgehobenen Tendenzen der Subjektivierung von Arbeit (Kap. 3.4.3), wonach Beschäftigte ihre Arbeit marktorientiert nur mehr ausschließlich selbst organisieren und dabei insbesondere die damit verbundenen ökonomischen Risiken zu übernehmen gezwungen sind.

Ohne Zweifel bezeichnen diese Thesen den Trend zu einer forcierten Ausrichtung der Arbeitsfähigkeit an ökonomischen Erfordernissen, mit dem eine Entstrukturierung des Arbeitsmarktes und der Beschäftigungsbeziehungen einhergeht. Zugleich aber dürfen strukturelle Grenzen dieser Entwicklung nicht übersehen werden. Grundlegend resultieren sie aus den Erfordernissen der institutionellen Regelung wirtschaftlichen Handelns, ohne die dauerhaft koordiniertes und damit wechselseitig kalkulierbares Handeln nicht zu Stande käme (Kap. 2). Für den Arbeitsmarkt bedeutet dies, dass durch die skizzierten Tendenzen die bisherigen Koordinationsmuster von Angebot und Nachfrage auf den verschiedenen Teilarbeitsmärkten zwar ihre Funktionsfähigkeit einzubüßen beginnen, doch bleiben hierfür institutionelle Arrangements letztlich unverzichtbar, sollen, wie oben ausgeführt

19 Es handelt sich dabei um Arbeitnehmer, die meist wirtschaftlich von einem Auftraggeber abhängig sind, Aufträge aber auf eigenes Risiko durchführen. Beispiele hierfür sind Lkw-Fahrer oder Propagandisten für Kosmetikartikel in Warenhäusern.

(Kap. 7.1), konfliktfreie und produktive Beschäftigungsverhältnisse gewährleistet bleiben. Zudem sind institutionelle Regelungen Voraussetzung für den Erhalt des öffentlichen Gutes Qualifikation, da allein dadurch die hierfür erforderlichen längerfristigen Handlungsperspektiven sowohl für die Arbeitnehmer als auch die Arbeitgeber gesichert werden können. Einerseits müssen mit individuellen Entscheidungen der Arbeitnehmer für bestimmte Berufe und Qualifikationen begründete Erwartungen auf ihre Zukunftsfähigkeit einhergehen, andererseits benötigen die Arbeitgeber ein Minimum an Kalkulierbarkeit der Risiken, Kosten und Erträge, die mit ihren Investitionen in die betriebliche Ausbildung einhergehen. Denn die Erträge solcher Investitionen, sei es die volle Leistungsfähigkeit eines Arbeitnehmers, sei es eine als angemessen zu betrachtende Bezahlung für eine bestimmte Qualifikation, stellen sich oftmals erst am Ende einer Ausbildungszeit wirklich ein. Auf einem weitgehend „de-institutionalisierten" Arbeitsmarkt würde die Gefahr opportunistischen Verhaltens auf beiden Seiten eine solche Situation ziemlich unmöglich machen. Die Nachfrager würden ihre Investitionen zu vermeiden suchen und kurzfristig auf schon vorhandene Qualifikationen zurückgreifen, während die Arbeitnehmer nach Abschluss einer Qualifizierungsphase ihr Einkommen durch einen schnellen Arbeitsplatzwechsel versuchen würden zu steigern (Marsden 1999, S. 222ff.). Schließlich ist festzuhalten, dass die Institutionen des Arbeitsmarktes Such- und Informationskosten für alle Beteiligten gering halten und auch daher ein großes Interesse an ihrem Erhalt besteht. Insofern lässt sich konstatieren, dass zwar ein Druck zur Entstrukturierung und Flexibilisierung der Arbeitsmärkte nicht zu leugnen ist, jedoch dürfen stabilisierende Gegenkräfte nicht unterschätzt werden (Deutschmann 2002, S. 158).

7.4 Massenarbeitslosigkeit: Das Ende der Erwerbsarbeit?

7.4.1 Einige Daten

Die Frage nach der Entwicklungsdynamik des Arbeitsmarktes lässt sich nur dann halbwegs vollständig beantworten, wenn man das seit Jahrzehnten anhaltende Phänomen der hohen Arbeitslosigkeit nicht aus der Analyse ausklammert. Als Arbeitslosigkeit ist dabei eine Situation zu begreifen, in der das Angebot an Arbeitskräften, das heißt der Erwerbspersonen, von der Nachfrage nach Arbeitskräften, dem Angebot an Arbeitsplätzen nicht vollständig ausgeschöpft wird und daher die Allokationsfunktion des Arbeitsmarktes nur suboptimal erfüllt wird. Die einschlägigen Daten sind bekannt: spätestens seit Beginn der 80er Jahre des letzten Jahrhunderts ist eine kontinuierlich steigende Arbeitslosigkeit beobachtbar, die lediglich Ende der 1980er Jahre in der Phase eines Konjunkturaufschwungs begrenzt zurückging, ohne dass allerdings das erreichte Niveau der Arbeitslosigkeit grundlegend reduziert wurde. Seit der Rezession Anfang der 1990er Jahre stieg die Arbeitslosigkeit wieder kontinuierlich an und spätestens seit Mitte der 1990er Jahre weist Deutschland im internationalen Vergleich eine überdurchschnittliche Arbeitslosenquote auf.

Tab. 5: Standardisierte Arbeitslosenquoten in ausgewählten Ländern[20]

	1979	1983	1987	1991	1995	1999	2001	2003
Deutschl.	3,2	8,0	6,2	5,6	8,2	8,4	7,8	9,3
GB	5,0	12,4	10,3	8,8	8,5	5,9	5,0	5,0
Frankr.	8,2	8,3	11,2	9,5	11,7	10,7	8,5	9,4
NL	5,4	12,0	9,6	5,8	6,9	3,2	2,5	3,8
Spanien	8,5	17,2	20,1	16,4	22,9	12,8	10,6	11,3
Schweden	2,1	3,5	1,9	3,1	8,8	6,7	4,9	5,6
USA	5,8	9,5	6,1	6,8	5,6	4,2	4,7	6,0

(ab 1991 Deutschland gesamt)

In absoluten Zahlen ausgedrückt: In Deutschland waren im Jahr 2003 fast 4,38 Mio. Menschen offiziell arbeitslos. Hinzuzurechnen sind noch rd. 800 Tausend Personen, die sich in den verschiedensten Maßnahmen zur beruflichen Weiterbildung befanden, und rd. 1,9 Mio. der sog. *stillen Reserve*. Es handelt sich dabei um jene Personen, die an Arbeit interessiert sind, ohne sich formal als arbeitslos registrieren zu lassen, und jene, die sich aus Mangel an aktuellen Arbeitsangeboten passiv verhalten, bei verbesserter Arbeitsmarktsituation aber wieder als Arbeitsuchende auftreten würden. Das heißt, insgesamt beläuft sich die Zahl der Arbeitsuchenden in dem genannten Jahr auf mindestens 6,1 Mio. Personen (IAB 2004).

Dabei betrifft die Arbeitslosigkeit keineswegs, wie etwa Ende der 20er Jahre des letzten Jahrhunderts, alle Erwerbstätigkeiten, sondern bevorzugt einzelne Gruppen: Personen ohne abgeschlossene Berufsausbildung, solche in fortgeschrittenem Lebensalter, Personen mit gesundheitlichen Einschränkungen und Ausländer. Anders gewendet, jung, gesund, deutsch und gut ausgebildet zu sein, ist zwar keine Garantie gegen Arbeitslosigkeit, aber doch ein wirksamer Schutz, insbesondere gegen Langzeitarbeitslosigkeit. Hinzu kommen regionale Besonderheiten, insbesondere eine deutlich höhere Arbeitslosigkeit in den neuen Bundesländern; im Jahr 2003 betrug die durchschnittliche Arbeitslosenquote in Westdeutschland 8,4% und in Ostdeutschland 18,5%.

Unübersehbares Phänomen ist zudem, dass sich in den letzten Jahren in Deutschland ein stabiler und zeitweise steigender Sockel von Langzeitarbeitslosen herausgebildet hat; es handelt sich hierbei um Personen, die länger als ein Jahr arbeitslos waren.

Im Jahr 2003 umfasst die Langzeitarbeitslosigkeit 50% aller Arbeitslosen. Im internationalen Vergleich nimmt Deutschland dabei eine Spitzenposition nach Italien

20 Vgl. OECD (1990, S. 36; 2004, S. 293); die international gebräuchliche, standardisierte Arbeitslosenquote wird definiert als der Anteil der Arbeitslosen an den zivilen Erwerbspersonen insgesamt.

(58,2%) und Griechenland (56,5%) ein. Im Vergleich dazu lauten die entsprechenden Zahlen für die USA 11,8%, für Schweden 19,6%, für die Niederlande 29,2%, für Frankreich 33,8% (für 2002) und für Spanien 39,8%; der OECD-Durchschnittswert liegt bei 30,1% (OECD 2004, S. 315).

Die Dauer der Arbeitslosigkeit dieser Gruppe nimmt tendenziell zu, da mit fortschreitender Arbeitslosigkeit die Probleme, einen Arbeitsplatz zu finden, zunehmen. Verfügbare Qualifikationen werden entwertet und die Arbeitsorientierung und -fähigkeiten schwinden. Der Ausschluss der Langzeitarbeitslosen vom Arbeitsmarkt hat sich ganz offensichtlich dauerhaft in der Gesellschaft verankert (Schumann 2001, S. 94). Betroffen sind dabei nicht mehr nur Unqualifizierte, Angelernte und Arbeiter, sondern auch Angestellte, Höherqualifizierte, Selbständige. Es handelt sich hierbei um jene Bevölkerungsgruppen, die Robert Castel in seiner großen historischen Studie über die Metamorphosen der sozialen Frage zu den „Überzähligen" zählt, die zunehmend unnütz seien (2000, S. 19); verschiedentlich wird von einer „neuen Unterklasse" der Marginalisierten und Ausgeschlossenen gesprochen (Herkommer 2001). Sie fallen weitgehend aus relevanten ökonomischen und sozialen Bezügen heraus und der gegenwärtige gesellschaftliche Wandel läuft an ihnen völlig vorbei, wodurch ihre ausgrenzte Situation verstärkt und vertieft wird.

Der Indikator der Arbeitslosenquote gibt die Allokationsleistung des Arbeitsmarktes auf einer generellen Ebene wieder. Er misst den Erfolg oder eben Misserfolg der Koordination von Angebot und Nachfrage. Um allerdings die Struktur des Arbeitsangebots und die Intensität der Teilhabe der Bevölkerung eines Landes am Erwerbsleben genauer einschätzen zu können, wird auf die *Erwerbsquote* (definiert als Anteil der Erwerbspersonen an der Bevölkerung im erwerbsfähigen Alter zwischen 15 und 64 Jahren) zurückgegriffen. Die Erwerbsquote ermöglicht eine Einschätzung des Ausschöpfungsgrads der Ressource Arbeit in einer Volkswirtschaft (Eichorst u.a. 2001, S. 62). Deutschland weist danach im Jahr 2003 eine Erwerbsquote von 71,3% auf und liegt damit etwas über dem OECD-Schnitt von 69,8%. Die Daten für die genannten Vergleichsländer betragen: Frankreich 68,2%; Spanien 68,5%, USA 75,8%, Niederlande 76,4% und Schweden 78,9% (OECD 2004, S. 294).[21]

7.4.2 Zu den Ursachen der Arbeitslosigkeit

Die Ursachen für die kontinuierlich steigende Massenarbeitslosigkeit liegen sicherlich grundlegend in dem angesprochen krisenhaften Strukturwandel der gegenwärtigen Gesellschaft, der gekennzeichnet ist durch eine stagnie-

---

21 Die Erwerbsquote bezeichnet allerdings nur die eine Seite der Austauschprozesse auf dem Arbeitsmarkt. Hinzu kommt die Nachfrage nach Arbeitskräften. Als Indikator der Arbeitsnachfrage gilt die Beschäftigungsquote als Anteil der abhängig und selbständig Erwerbstätigen an der erwerbsfähigen Bevölkerung. Im Grunde bezeichnen erst beide Indikatoren die tatsächliche „Arbeitsmarktperformance" (Heinze/Streeck 1999, S. 235ff.).

rende Nachfrage, eine wachsende internationale Konkurrenz, einen schnellen technologischen Wandel, dem sektoralen Strukturwandel hin zur Dienstleistungsökonomie und den damit veränderten Formen der Arbeit (z.B. Kap. 3.4.3). Darin ist sich die nur schwer überschaubare ökonomische und sozialwissenschaftliche Arbeitsmarktforschung weitgehend einig.[22] Im Einzelnen ist die Diagnose jedoch umstritten, denn ihre Ergebnisse legen immer auch Therapievorschläge nahe, die hochgradig politischen Charakter haben.

Grundsätzlich wird zwischen saisonaler, konjunktureller, technologischer und struktureller Arbeitslosigkeit unterschieden, wobei diese verschiedenen Formen realiter nur schwer voneinander zu trennen sind. Saisonale Arbeitslosigkeit ist in der Regel Folge jahreszeitlich bedingter Nachfrageschwankungen, die besonders in bestimmten Branchen wie dem Baugewerbe oder der Forstwirtschaft auftreten. Als konjunkturelle Arbeitslosigkeit wird jene bezeichnet, die infolge zu geringer gesamtwirtschaftlicher Güternachfrage entsteht; das heißt die Güterproduktion wird reduziert, was zu einer ebenso zurückgehenden Nachfrage nach Arbeitskräften führt. Der Begriff der technologischen Arbeitslosigkeit bezeichnet das bekannte Phänomen der Verdrängung menschlicher Arbeit aus dem Arbeitsprozess durch seine fortschreitende Automatisierung. Die These vom *jobless growth*, wonach auf Grund fortschreitender technischer Rationalisierung insbesondere im industriellen Sektor immer weniger menschliche Arbeitskraft benötigt werde, findet hier ihre Begründung (z.B. Rifkin 1995).

Im Unterschied dazu wird von struktureller Arbeitslosigkeit dann gesprochen, wenn Arbeitslosigkeit infolge des Wandels der Wirtschaftsstruktur auftritt. Hierzu kann zunächst die friktionelle bzw. Fluktuationsarbeitslosigkeit gerechnet werden, die dann anzutreffen ist, wenn ein Arbeitsloser auf der vergeblichen Suche nach einer neuen Beschäftigung ist, weil für ihn die Arbeitsmarktsituation insgesamt intransparent ist. Die Bewältigung dieser Form der Arbeitslosigkeit wird von der Qualität der Informationen über neue Beschäftigungsmöglichkeiten, generell von der Transparenz des jeweiligen Teilarbeitsmarktes beeinflusst. Weiterer Aspekt der strukturellen Arbeitslosigkeit ist die sog. Mismatch-Arbeitslosigkeit. Bezeichnet wird damit eine Situation, in der Angebot und Nachfrage auf dem Arbeitsmarkt nicht zusammenpassen, weil qualifikatorische, sektorale oder räumliche Disparitäten zwischen Angebot und Nachfrage existieren. Hier spielen unter Umständen die Grenzen zwischen verschiedenen Teilarbeitsmärkten, die der Arbeitskräftemobilität entgegenstehen, eine große Rolle. Auf dieses Problem lässt sich vielfach auch der paradoxe Befund zurückführen, dass trotz Massenarbeitslosigkeit in vielen Tätigkeitsbereichen ein ungedeckter Bedarf an spezifisch qualifizierten Arbeitskräften, wie Ende der 1990er Jah-

22 Vgl. hierzu beispielsweise Willke (1990), Baur (2001) oder Eichhorst u.a. (2001) und die jeweils dort angegebene Literatur.

re im Bereich der Informations- und Kommunikationstechnologie, herrscht (Schmid 2000, S. 282). Die Arbeitsmarktforschung geht dabei davon aus, dass konjunkturelle Arbeitslosigkeit sich zu struktureller Arbeitslosigkeit mit der Folge verfestigen kann, dass sie in einem Aufschwung nicht mehr problemlos abgebaut werden kann. Mismatch kann hierbei dadurch entstehen, dass einerseits durch zwischenzeitlich erfolgte Rationalisierungsmaßnahmen und den Einsatz neuer Technologien gewandelte Anforderungen an das Arbeitsvermögen entstehen, die von den zuvor entlassenen Arbeitskräfte mit ihren Erfahrungen und Qualifikationen kaum mehr bewältigt werden können.

Obgleich die Arbeitsmarktforschung übereinstimmend monokausale Erklärungen der Arbeitslosigkeit verwirft, verweist sie relativ übereinstimmend darauf, dass ein Teil der Probleme des deutschen Arbeitsmarktes auf strukturelle Ursachen zurückgeführt werden müsse (zusammenfassend: Eichorst u.a. 2001, S. 87). Angesprochen werden damit institutionelle Anpassungsprobleme des Arbeitsmarktes an gewandelte Beschäftigungserfordernisse, die als eine der zentralen Ursachen für die im internationalen Vergleich hohe Arbeitslosigkeit in Deutschland angesehen werden.[23] Danach sind die institutionellen und gesellschaftlichen Regelungsmechanismen zu stark an der bisherigen industriell geprägten Produktionsweise ausgerichtet und werden den gewandelten Anforderungen des wirtschaftlichen Lebens wie die steigende Flexibilität, Dynamik, Dienstleistungsorientierung und Wissensintensität nicht gerecht (z.B. Appelbaum/Schettkat 1996; Baethge 2000; Streeck 1997; Heinze/Streeck 2000):

So wird von einer zunehmenden und nur schwer bewältigbaren Disparität zwischen den Marktanforderungen an Unternehmen und den gewachsenen und herkömmlichen Formen der Arbeit und Beschäftigung ausgegangen. Dies gilt insbesondere für die großen Bereiche der unmittelbar marktorientiert arbeitenden Dienstleistungsbereiche, deren Erfordernisse mit denen des vorherrschenden Normalarbeitsverhältnisses immer weniger kompatibel sind. Auch wird verschiedentlich betont, dass die Potentiale neuer Technologien mit den herkömmlichen Formen der Arbeit nur begrenzt ausgeschöpft werden können; verwiesen wird etwa auf die nur zögerliche Verbreitung von internetbasierten Formen der Arbeit wie Telearbeit. Weiterhin wird die mangelnde Passung zwischen Anforderungen der Unternehmen und verfügbaren beruflichen Qualifikationen hervorgehoben, die einem flexiblen und polyvalenten Personaleinsatz entgegensteht. Schließlich wird die Stabilität gesellschaftlich-kultureller Verhaltensmuster betont,

---

23 Nicht zu vernachlässigen sind freilich die Transformationsprobleme in den neuen Bundesländern, die aus einer Vielzahl von Gründen zu einer nur schwer zu bewältigenden Hypothek für die Arbeitsmarktentwicklung in Deutschland geworden sind. Ob die wirtschaftliche Krise in Deutschland in den 1990er Jahren allerdings in besonderer Weise auf diese Situation zurückgeführt werden kann, kann kaum endgültig beantwortet werden (z.B. Streeck 1997, S. 47ff.).

die trotz aller Wandlungstendenzen wie wachsendes Bildungsniveau, Pluralisierung der Familienverhältnisse etc. sich in Deutschland nach wie vor an den bürgerlich-industriegesellschaftlichen Traditionen orientieren. Die in Deutschland im internationalen Vergleich hinterherhinkende Frauenerwerbsquote gilt hierfür als wichtiges Indiz.

Konkretisiert werden kann dieses letztgenannte Argument mit dem Hinweis auf den empirischen Befund, dass es eine eindeutige Korrelation zwischen dem Ausbau des Dienstleistungssektors und der Frauenerwerbsquote gibt. Im internationalen Vergleich zeigt sich nämlich der Tatbestand, dass eine hohe Frauenerwerbsquote mit einer vergleichsweise geringen Arbeitslosenquote bzw. umgekehrt einem relativ hohen Volumen an personenorientierten und sozialen Dienstleistungen einhergeht. Dies trifft beispielsweise auf die skandinavischen Länder, das Vereinigte Königreich und die USA mit ihrer im Vergleich zu Deutschland höheren Frauenerwerbsquote zu. Was zunächst als paradox erscheint, dass nämlich die Erhöhung des Angebots an Arbeitskraft nicht nur Arbeit „frisst", sondern auch Arbeit schafft, wird plausibel, wenn man sich klarmacht, dass eine ansteigende Frauenerwerbsquote Lebensstile und eingeschliffene kollektive Verhaltensmuster nachhaltig ändert. Denn eine erhöhte Frauenerwerbsbeteiligung führt in der Regel dazu, dass viele der bisher privat erbrachten Dienstleistungsarbeiten jetzt kommerzialisiert werden und dafür neue Arbeitsplätze erforderlich sind. So wird davon ausgegangen, dass die Nachfrage nach haushaltsbezogenen Diensten, Betreuung von Kindern, neuen Bildungsangeboten sowie Gaststättenangeboten deutlich steigt (Baethge 2000, S. 154f.; Bosch/ Wagner 2003, S. 490ff.).

Die konkreten Schlussfolgerungen, die aus dieser Diagnose gezogen werden, sind sehr verschiedener Natur (zusammenfassend z.B.: Koch u.a. 2002). Nur verweist sie grundsätzlich darauf, dass die Bewältigung der Arbeitslosigkeit keineswegs, wie vielfach in der öffentlichen Debatte angenommen, als eine ausschließlich ökonomische (Kosten-) Frage betrachtet werden kann. Vielmehr handelt es sich ganz offensichtlich primär um ein Problem der institutionellen und politischen Koordination des Arbeitsmarktes und der eingespielten Handlungsmuster der beteiligten Akteure, die angesichts gewandelter sozialer und ökonomischer Strukturbedingungen insbesondere in Deutschland ihre Funktionsfähigkeit in hohem Maße eingebüßt haben.

7.4.3 Geht der Gesellschaft die Arbeit aus?

Die sozialwissenschaftliche Debatte hat die Entwicklung der Arbeitslosigkeit in den 1980er Jahren mit der These vom „Ende der Erwerbsarbeit" aufgegriffen. Ihr Kern ist der Zweifel, dass Erwerbsarbeit auch in Zukunft bestimmend für Verteilung von sozialen Positionen, Handlungschancen und sozialstruktureller Entwicklung sei.[24] Neben dem Verweis auf die geradezu

24 „Wenn der Arbeitsgesellschaft die Arbeit ausgeht", so der pointierte Titel eines Vortrages von Ralf Dahrendorf beim Soziologentag 1982, der damit einen Gedanken Hannah Arendts aufgreift (Dahrendorf 1983).

dramatische Verkürzung der Lebensarbeitszeit seit Beginn der Industrialisierung findet diese Sichtweise ihre Hauptbegründungen in der These vom jobless growth infolge der fortschreitenden Automatisierung von Arbeitsprozessen. Dies betreffe gleichermaßen die Industrie und die meisten Teile des Dienstleistungssektors. Allein in bestimmten wissensintensiven Beschäftigungsbereichen kann danach mit Arbeitsplatzzuwächsen gerechnet werden, die allerdings nur einer kleinen Schicht von besonders qualifizierten Arbeitskräften zugute käme (z.B. Rifkin 1995). Hinzu käme, dass aus der Sicht vieler Arbeitnehmer die Bedeutung von Arbeit nachhaltig insofern relativiert werde, als kürzere Arbeitszeiten und mehr Freizeit zu einer Neuorientierung von Handlungsmöglichkeiten und Interessen führe, möglicherweise die verschiedensten Formen nicht-marktförmig organisierter Erwerbsarbeit im sog. informellen Sektor, im Bereich der Eigenarbeit oder der Schattenwirtschaft an Bedeutung gewinnen. Insgesamt, so die Thesen, habe Arbeit ihre kategoriale Zentralität für die Analyse kapitalistischer Gesellschaften eingebüßt (Offe 1983).

Diesen Thesen wird allerdings seit geraumer Zeit überzeugend widersprochen, wobei die folgenden Argumente hervorzuheben sind:[25] Zum einen ist die Debatte um die Tendenzen des jobless growth und der technologischen Arbeitslosigkeit beileibe nicht neu, doch sie ist bis heute weit von eindeutigen Aussagen entfernt. Denn wie gerade die historische Entwicklung im Industriesektor zeigt, wurden und werden durch die technische Entwicklung zweifellos kontinuierlich Arbeitsplätze ersetzt. Zugleich aber werden damit neue Produkte und Absatzmöglichkeiten geschaffen, mit denen die Entstehung neuer Arbeitsplätze einhergeht. Volkswirtschaftlich gesehen lässt sich daher kein signifikanter Zusammenhang zwischen Technikeinsatz und Beschäftigungsentwicklung ausmachen (z.B. Castells 2000, S. 267ff.). Zum Zweiten ist für die Verteilung des gesellschaftlichen Reichtums und der damit verbundenen Lebenschancen Erwerbsarbeit die nach wie vor wichtigste Voraussetzung. Denn der überwiegende Teil der Bevölkerung ist auf Erwerbstätigkeit zur Sicherung der Existenz angewiesen, weil alternative Quellen wie ein ausreichend großes Vermögen nicht zur Verfügung stehen. Zum Dritten belegen alle Daten über die langfristige Arbeitsmarktentwicklung eine wachsende Erwerbsorientierung. So ist die Zahl der Erwerbstätigen in Westdeutschland seit Mitte der 1970er Jahre bis 2002 um fast ein Fünftel angestiegen; 1976 belief sich diese Zahl auf rd. 25,7 Mio. und 2002 auf rd. 30,1 Mio. (IWD 2004). Auch sind die sehr unterschiedlichen Erwerbsquoten in verschiedenen Ländern zu sehen, die mit der Vorstellung einer begrenzten oder gar schrumpfenden Menge verfügbarer Erwerbsarbeit überhaupt nicht kompatibel sind. Vielmehr deutet dieser Befund darauf hin, dass es unterschiedliche gesellschaftliche und politische Wege gibt, Arbeitslosigkeit zu bekämpfen (Heinze/Streeck 1999, S. 249). Zum Vierten ist

25 Vgl. zusammenfassend z.B. Bosch u.a. (2002, S.15ff.).

die These von den geänderten individuellen Handlungsorientierungen nicht haltbar. Angenommen werden kann eher der umgekehrte Fall, denn Arbeit nimmt für sehr viele Menschen, insbesondere für Frauen und auch für sehr viele Jugendliche einen zunehmend hohen Stellenwert in den Lebenskonzepten und der Identitätsbildung ein und es wird ein hohes Anspruchsniveau an Arbeit sichtbar, für dessen Realisierung sie ein großes Engagement zu bringen bereit sind (z.B. Baethge u.a. 1988). Hinzu kommt, dass angesichts der Erosion familiärer Zusammenhänge und weiterer sozialer Milieus Erwerbsarbeit für eine wachsende Zahl von Menschen zu einem zunehmend wichtigeren sozialen Ort für Lern- und Sozialisationsprozesse wird (Crouch/Streeck 1997, S. 17). Insgesamt, so lässt sich festhalten, bleibt die Bedeutung von Erwerbsarbeit nicht nur erhalten, sondern sie wird in Zeiten hoher Arbeitslosigkeit zu einem knappen und deshalb zunehmend wertvolleren Gut.

Weiterführende Literatur zu Kapitel 7

Deutschmann, C. 2002: Postindustrielle Industriesoziologie. Weinheim/ München, S. 144-159

Marsden, D. 1999: A Theory of Employment Systems. Oxford, Kap. 8 und 9

Offe, C.; Hinrichs, K. 1984: Sozialökonomie des Arbeitsmarktes: Primäres und sekundäres Machtgefälle. In: Offe, C. (Hrsg.): Arbeitsgesellschaft: Strukturprobleme und Zukunftsperspektiven. Frankfurt/New York, S. 100-121

Schmid, G. 2000: Arbeitsplätze der Zukunft: Von standardisierten zu variablen Arbeitsverhältnissen. In: Kocka, J.; Offe, C. (Hrsg.): Geschichte und Zukunft der Arbeit. Frankfurt/New York, S. 269-292

Sengenberger, W. 1987: Struktur und Funktionsweise von Arbeitsmärkten. Frankfurt/New York, Teil B

Sesselmeier, W.; Blauermel, G. 1997: Arbeitsmarkttheorien. Ein Überblick. Heidelberg

Tilly, C.; Tilly, Ch. 1994: Capitalist Work and Labor Markets. In: Smelser, N. J.; Swedberg, R. (Hrsg.): The Handbook of Economic Sociology. Princeton/New York, S. 283-312

8. Innovation und Wissen

8.1 Grundlagen

Die Frage nach der Rolle, die technische Innovationen in der gesellschaftlichen Entwicklung spielen, beschäftigt die Sozialwissenschaften im Grunde seit es sie gibt. Denn wie oben schon betont (Kap. 2.2.1), sind soziale Systeme eng verschränkt mit Prozessen technischer Innovationen. Sie können zum einen Triebkraft des Wandels bestehender Systeme oder gar Auslöser für die Entwicklung gänzlicher neuer Funktionssysteme sein. Ein Beispiel hierfür ist die Einführung neuer Produktionstechniken, die Veränderungen von Arbeitssystemen, der Struktur der Arbeitsteilung und dem Qualifikationsniveau der Beschäftigten nach sich zieht. Dadurch können aber auch neue Arbeitsbereiche entstehen, weil mit neuen Techniken völlig neue Funktionserfordernisse etwa in Hinblick auf ihre Planung, Steuerung und Überwachung einhergehen. Zum anderen können aber auch Probleme und Engpässe bestehender sozialer Systeme Anstoß für die Entwicklung neuer Techniken geben. Ein typisches Beispiel hierfür sind Arbeitssysteme, deren Effizienz als zu niedrig angesehen wird und die durch die Einführung technischer Anlagen gesteigert werden soll.

Besonders deutlich wird dieser Zusammenhang in historischer Perspektive, denn der Prozess der Industrialisierung und der damit verbundene tief gehende Wandel sozio-ökonomischer Strukturen ist untrennbar mit technischen Entwicklungsschüben verbunden (Kap. 3.5.1). So begriff Karl Marx die Entwicklung der Produktivkräfte, ein Begriff, mit dem er vor allem die Produktionstechniken der Industrialisierung bezeichnete, als eine der zentralen Triebkräfte gesellschaftlicher Veränderung. Er spitzt diese Auffassung in zu Formulierung zu: „Die Handmühle ergibt eine Gesellschaft mit Feudalherren, die Dampfmühle eine Gesellschaft mit industriellen Kapitalisten." (Marx 1969, S. 130) Der kapitalismuskritische Ökonom Joseph Schumpeter sah in dem durch technische Innovationen angestoßenen Prozess der „schöpferischen Zerstörung" bestehender Industrien die entscheidende Voraussetzung für die Dynamik der kapitalistischen Entwicklung. Die Wirtschafts- und Technikgeschichte spricht daher auch von verschiedenen Phasen der Industrialisierung (z.B. Paulinyi 1989, S. 7ff.; Freeman/ Soete 1997, S. 35ff.).[1] Weit verbreitet ist eine Dreiteilung: so wird die sog.

1 Vgl. hierzu auch das auf den russischen Wirtschaftswissenschaftler Nikolai D. Kontradieff zurückgehende Konzept der „langen Wellen" aus den 1920er Jahren, das nach

erste industrielle Revolution zu Beginn des 19. Jahrhunderts mit dem Aufkommen der Dampfmaschine verbunden, die zweite industrielle Revolution gegen Ende des 19. Jahrhunderts mit der breiten Anwendung der Elektrizität und als besonderes Merkmal einer dritten Phase ab den 1950er Jahren gilt die zivile Nutzung der Atomenergie; verschiedentlich wird von einer vierten industriellen Revolution ab den 1970er Jahren gesprochen, die auf die damals beginnende Verbreitung der Informations- und Kommunikationstechnologien bezogen wird. Gegenwärtig, zu Anfang des 21. Jahrhunderts, wird in den Sozialwissenschaften von der weiter schnell wachsenden Bedeutung von Wissen und Technologien und von einem damit verbundenen erneuten Umbruch sozialer und ökonomischer Strukturen, nämlich dem Aufkommen der *Wissensgesellschaft* gesprochen (Kap. 8.4). Und nicht überraschend ist, dass in der öffentlichen und politischen Debatte technische Innovationen als das zentrale Mittel dafür angesehen werden, die gegenwärtige krisenhafte ökonomische Entwicklung zu überwinden, ökonomisches Wachstum zu stimulieren und neue Arbeitsplätze zu schaffen.[2]

Diese Zusammenhänge sind Gegenstand der Wissenschafts- und Techniksoziologie (z.B. Rammert 2000; Degele 2002), der Innovationsökonomie (z.B. Freeman/Soete 1997) und auch der Industriesoziologie (z.B. Düll/Lutz 1989; Bieber 1997). Sie haben freilich auch eine unabweisbare Bedeutung für die Fragen und Themen der Wirtschaftssoziologie. Versucht man diese relativ breite Debatte zusammenzufassen, so sind einige Begriffsklärungen angezeigt. Unter *Technik* sind „... die Gesamtheit derjenigen ... kunstfertig hervorgebrachten Verfahren und Einrichtungen zu verstehen, die in Handlungszusammenhänge als Mittler eingebaut werden, um die Tätigkeiten in ihrer Wirksamkeit zu steigern..." (Rammert 2000, S. 42). Konkreter ist Technik als Artefakt zu verstehen, ein Fahrrad, eine Werkzeugmaschine oder ein Flugzeug, und sie ist sachlich greifbar und sichtbar, umfasst bestimmte Funktionszusammenhänge und findet in einem spezifischen Anwendungskontext Verwendung. Technik besteht allerdings nicht immer nur aus einzelnen Artefakten, sondern umfasst oft mehrere miteinander verbundene Artefakte, die ein technisches System bilden. Darüber hinaus bezieht sich der Begriff Technik immer auch auf Wissen, welches für Technik relevant ist und mit dem der jeweiligen „Stand der Technik" fixiert ist. Gebräuchlich für diesen Aspekt von Technik ist auch der Begriff *Technologie*, als das systematisierte Wissen von und über Technik. Der Begriff der

---

dem Zusammenhang technischer Innovationen und ökonomischen Wachstum in einer historisch-langfristigen Perspektive fragt (zusammenfassend z.B. Rosenberg/Frischtak 1994).

2 Vgl. etwa die alljährlich erscheinenden Berichte des Bundesministeriums für Bildung und Forschung (z.B. BMBF 2002) über die technologische Leistungsfähigkeit Deutschlands oder auch die regelmäßig erscheinenden Berichte der OECD über die wissenschaftliche und technologische Entwicklung im internationalen Vergleich (z.B. OECD 1999).

Technologie umfasst das verfügbare Know-how, seien es Ideen, Konstruktionskonzepte, Patentschriften, technische Normen etc. wie auch systematisch entwickelten Verfahrensweisen und Prinzipien, das für Technikentwicklung genutzt wird. Die Entwicklung von Technologie wird danach von der Technik auf der einen Seite, von der Wissenschaft auf der anderen Seite gespeist. Als Technologie können beispielsweise die Ingenieurwissenschaften bezeichnet werden, die einerseits selektiv Erkenntnisse von Grundlagenforschung aufgreifen und andererseits sehr eng verwoben sind mit praktischen Anforderungen und Bedingungen des Einsatzes konkreter Techniken.

Im Folgenden soll allerdings diese Unterscheidung zwischen Technik und Technologie aufgegeben werden und dem angelsächsischen Sprachgebrauch folgend generell von Technologie gesprochen werden.[3] Die Gründe hierfür sind zweifacher Art: Zum einen sind insbesondere im industriellen Bereich eindeutig abgrenzbare Techniken nur selten anzutreffen, sondern es handelt sich dabei oftmals um ein Geflecht verschiedener technischer Artefakte, dessen effiziente Nutzung untrennbar mit bestimmtem Wissen und Erfahrungen, der Einhaltung bestimmter technischer Standards etc. verbunden ist. Zum Zweiten handelt es sich bei den sog. neuen Techniken wie Computer und Software um einen ganzen Komplex materialisierter Techniken und immaterieller Informations- und Wissensbestände, die ebenso untrennbar miteinander verquickt sind.

Es ist noch auf den hier implizit angesprochenen Unterschied zwischen Technik bzw. Technologie einerseits und Wissenschaft andererseits hinzuweisen: Grundsätzlich unterliegen Technik und Wissenschaft verschiedenen „Bewährungsregeln“, die die Produktion von Wissen bzw. die Entwicklung von Technik regulieren, selegieren und strukturieren und die gesellschaftlich in unterschiedlichen Bereichen institutionalisiert sind (Weingart 1976, S. 394f.). Wissenschaft richtet sich nach solchen Regeln, die mit theoretischer Relevanz, Verallgemeinerbarkeit, Innovativität von Erkenntnis und Universalität gefasst werden können. Technische Entwicklung hingegen folgt Regeln und Kriterien wie praktische Nutzbarkeit, Funktionalität, Effizienz und Störungsfreiheit. Selbst bei hoher Problem- und Anwendungsorientierung sind die Voraussetzungen von Wissenschaft immanente Relevanzkriterien, Erkenntnisinteressen und spezifische theoretische und professionelle Standards sowie arbeitsprozessuale Autonomiespielräume, die Voraussetzungen für Kreativität und wissenschaftliche Produktivität sind. Wissenschaft ist prinzipiell in der Lage, Fragestellungen und Entwicklungsansätze aus sich selbst, d.h. aus wissenschaftlicher Erkenntnis heraus zu generieren (ebd.). Technische Entwicklung hingegen verläuft grosso modo in eher strukturierten, vorbestimmten und kontrollierten arbeitsprozessualen Kontexten und ihre Bewährungskriterien sind nicht immanenter Natur, sondern sie werden vom jeweiligen Anwendungs- und Nutzungskontext bestimmt (Krohn/Rammert 1985).

3 Im Angelsächsischen wird der Terminus „technology“ in der Regel weit gefasst ist und bezieht auch technische Artefakte ein.

Der Begriff des *Wissens* ist nur schwer zu fassen. Wissen kann keinesfalls allein durch seine Immaterialität definiert oder als eine Menge allgemein gültiger, wahrer Aussagen über die Welt begriffen werden. Die landläufige Vorstellung, dass ein Unternehmensberater oder ein IT-Experte über mehr Wissen verfügt als ein Handwerker oder dass ein Notebook mehr Wissen enthält als ein Faustkeil ist sinnlos, da diese Vorstellung objektive Maßstäbe für die Gültigkeit und die Art und die jeweils relevante Menge von Wissen voraussetzt. Mit dem Begriff Wissen soll vielmehr auf Kenntnisse spezifischer Handlungs- und Sachzusammenhänge abgestellt werden, also auf eine Gebundenheit von Wissen an eine bestimmte soziale Situation (Kap. 1.4). „Als Wissen können ... lernbereite Deutungsschemata bezeichnet werden, die den natürlichen und sozialen Lebensbedingungen der Menschen einen Sinn geben und die ihr praktisches Verhalten regeln." (Heidenreich 2003, S. 26f.) Allerdings heißt das nicht, dass Wissen subjektiv und beliebig konstruierbar sei. Der Wissensbegriff ist stets auch mit überprüfbaren Wahrheitsansprüchen verbunden, die auf intersubjektiv geteilten, überprüfbaren und falsifizierbaren Aussagen basieren.

Zugleich ist freilich die auf den Naturwissenschaftler und Wissenschaftsphilosophen Michael Polanyi (1985) zurückgehende Unterscheidung zwischen explizitem und implizitem (tacit) Wissen zu berücksichtigen. Während mit explizitem Wissen kodifiziertes, formalisiertes und transferierbares Wissen gemeint ist, das typischerweise in Lehrbüchern, Patenten oder Konstruktionszeichnungen repräsentiert ist, hat implizites Wissen einen intuitiven und nur schwer artikulierbaren Charakter. Immer wieder erwähntes Beispiel hierfür ist, dass ein erfahrener Mechaniker sehr präzise Maschinenprobleme diagnostizieren und beheben kann, ohne wirklich begründen zu können, warum er so und nicht anders gehandelt hat. Weiterhin kann explizites Wissen durch logische Deduktion gewonnen werden, implizites Wissen ist hingegen eng mit praktischer Erfahrung und Handeln verknüpft – Prozesse des *learning by doing* und *learning by using* stellen auf eine typische Form des Erwerbs von implizitem Wissen ab. Schließlich kann explizites Wissen in unpersönlicher Form gespeichert und benutzt werden, während implizites Wissen in hohem Maße an Personen und soziale Prozesse, beispielsweise die ungeschriebenen, aber von den Beteiligten akzeptierten Regeln und Normen eines Arbeitsprozesses, gebunden ist.[4] Stets ist Wissen auf einen bestimmten Systemkontext bezogen, der durch Erfahrungen, der Geschichte eines Systems und, wie im Fall eines Arbeitssystems, einer bestimmten Zweckorientierung, generell seinem Sinn und seiner Logik, charakterisiert wird (Willke 1998, S. 11f.). Wissen basiert auf *Informationen* und *Daten*, beide Aspekte sind grundsätzlich von Wissen zu unterscheiden.

---

4 Zusammenfassend z.B. Lam (2000); zur sozialwissenschaftlichen Debatte um den Begriff des Wissens vgl. weiterhin z.B. Steinmüller (1993) und Nonaka u.a. (2001).

Der Unterschied zwischen Daten, Informationen und Wissen lässt sich durch eine Bedeutungshierarchie verdeutlichen, die den Wissensbegriff noch zu präzisieren erlaubt. Daten können grob als nach bestimmte Regeln codierte Zeichen und Beobachtungen angesehen werden. Informationen hingegen gelten als systemspezifisch eingebundene und objektivierte Daten, während Wissen viele Informationen zweckorientiert miteinander verknüpft und seine spezifische Bedeutung aus der Logik eines bestimmten Systemzusammenhangs bezieht.

Ein Beispiel hierzu: Als Datum kann die Angabe über die Größe, Materialqualität und Tragfähigkeit eines Stahlträgers gelten. Eine Mitteilung, die zunächst keine weiteren Konsequenzen nach sich zieht. Daraus wird eine Information, wenn ein Konstrukteur diese Daten nutzt und den Stahlträger als Teil für eine Gerüstkonstruktion verwendet, um eine bestimmte Stabilität des Gerüsts insgesamt zu erreichen. Daraus wird schließlich Wissen, wenn der Konstrukteur diese Information mit seinen langjährigen Erfahrungen über die Haltbarkeit solcher Gerüstkonstruktionen etwa unter den Bedingungen bestimmter Formen von Dauerbelastung einzuschätzen versucht. Ohne Frage kann man solche Belastungseffekte berechnen. Wie aber jeder erfahrene Konstrukteur weiß, sind die Ergebnisse solcher Berechnungen oft mit Vorsicht zu genießen, da die tatsächlich eintretenden Belastungen schwer zu prognostizieren sind. Technisches „Fingerspitzengefühl" und subjektive Erfahrungen mit den Eigenschaften einer solchen Konstruktion sind daher oft unverzichtbar, um ihre tatsächliche Haltbarkeit einschätzen und misstrauische Auftraggeber beruhigen zu können.

Schließlich soll der Begriff *Innovation* genauer definiert werden. Er kann Schumpeter und der innovationsökonomischen Debatte folgend grundsätzlich als eine „neue Kombination" von Ressourcen wie insbesondere verfügbares Wissen und produktive Kräfte bezeichnet werden. Konkret geht es um neue Produkte, Produktionsverfahren und Dienstleistungen, die zumeist von Unternehmen entwickelt werden und die wirtschaftlich genutzt werden. In Anschluss an die Innovationsforschung können drei unterschiedlich weitgehende Typen technologischer Innovationen unterschieden werden (Werle 2003, S. 9f.):

- *Inkrementelle Innovationen:* Mehr oder weniger kontinuierlich auftretende Neuerungen und schrittweise Verbesserung einer existierenden technischen Entwicklungslinie, auch als *technological trajectory* bezeichnet (Dosi 1982; 1984). Die Automobilindustrie und die stetige Weiterentwicklung der Ende des 19. Jahrhunderts erfundenen Grundlagen der Automobiltechnik kann hierfür als Beispiel angesehen werden.
- *Radikale Innovationen:* Diskontinuierliche technische Entwicklungen, die existierende Entwicklungslinien entwerten, weil sie wirksamere technische Lösungen für bestimmte Probleme bieten. Ein viel zitiertes Beispiel hierfür ist die Entwicklung von Passagierflugzeugen, die über Jahrzehnte bis weit in die 1950er Jahre hinein vom Prinzip des Propellerantriebs geprägt war und erst dann den schon Ende der 1930er Jahre erfolgreich erprobten Turbinenantrieb übernommen hat (Sahal 1985).

- *Wandel technologischer Paradigmen:*[5] „Revolutionäre“ technologische Veränderungen, die inkrementelle und radikale Innovationsschritte einschließen und Auswirkungen auf eine gesamte Volkswirtschaft haben können. Neue Produkte und Verfahren entstehen, Branchen verändern sich nachhaltig bzw. entstehen neu – generell, es etablieren sich neue soziale, ökonomische und technologische Systeme, die sich über lange Zeit erhalten und die gesellschaftliche Entwicklung nachhaltig prägen. Als Beispiel hierfür kann wiederum die Erfindung des Automobils gelten, die nicht nur das Verkehrswesen grundlegend veränderte, sondern auch die Entstehung neuer Branchen, Berufs- und Tätigkeitsstrukturen, ja den Wandel gesellschaftlicher Wertvorstellungen nach sich zog.

Wie man nicht nur am Beispiel Autoindustrie zeigen kann, können innerhalb eines einmal etablierten technologischen Paradigmas durchaus unterschiedliche technische Entwicklungspfade verlaufen. Verwiesen sei hier auf die bis heute teilweise völlig unterschiedlichen Entwicklungsverläufe der deutschen und US-amerikanischen Automobile. Anders formuliert, technische Entwicklungspfade sind stets Element eines konkreten sozialen Systems, hier die deutschen und dort die amerikanischen Industriestrukturen und ihre Akteure, verlaufen innerhalb seiner Grenzen und weisen auf Grund ihrer etablierten Interessen- und Akteurskonstellationen und der eingespielten Strukturbedingungen ein hohes Beharrungsvermögen auf. Es liegt daher auf der Hand, dass sich neue technologische Entwicklungspfade oder gar neue techno-ökonomische Paradigmen nur schwer gegen existierende durchsetzen können (Kap. 8.2.2). Wie sich indes Interdependenzen zwischen technischen, sozialen und ökonomischen Bedingungen ausprägen, bedarf der genaueren Klärung. Die sozialwissenschaftliche Technik- und Innovationsforschung bietet hierzu eine ganze Reihe von Konzepten an, die diesen Zusammenhang in unterschiedlicher Weise thematisieren. Sie sollen im Folgenden in der hier gebotenen Kürze resümiert werden.

8.2 Sozialwissenschaftliche Innovationskonzepte

8.2.1 Kaskadenmodell des Innovationsprozesses

Ein über lange Zeit prominentes Konzept der sozialwissenschaftlichen Technikforschung basiert auf der Vorstellung, dass technischer Wandel Ergebnis von immer neuen Entdeckungen und Erfindungen ist und die da-

5 Dieser wissenschaftstheoretische Begriff ist von der innovationsökonomischen Forschung aufgegriffen worden und meint: „... a model and a pattern of solution of selected technological problems, based on selected principles derived from natural sciences and on selected material technologies.“ Bezeichnet werden sollen damit bestimmte generelle „cluster of technologies“ wie die Automobiltechnologie, die Halbleitertechnologie oder die Nukleartechnologie, die gleichsam den Rahmen für konkrete Entwicklungsvorhaben abstecken (Dosi 1984, S. 83f.).

durch hervorgebrachten technischen Geräte, Maschinen und Anlagen in soziale Zusammenhänge eindringen und auf diese Weise neue Formen sozialen Handelns und sozialer Systeme bedingen. Diese Vorstellung steht im Kontext eines Modells, das in der Innovationstheorie als *„technology-push"*-Konzept bekannt geworden ist und das unter anderem auf Schumpeter zurückgeht. Danach sind es einzelne Erfinder oder auch risikofreudige und „dynamische" Unternehmer, die neue Technologien aufgreifen und entwickeln und mit ihren Produkt- und Prozessinnovationen kontinuierlich Anstöße zum Wandel von Produkt-, Produktions- und Wirtschaftsstrukturen geben. Kern dieses Modells ist die Annahme, dass der Ausgangspunkt jeglicher Innovationen Forschungs- und Entwicklungsaktivitäten sind und wissenschaftlich generiertes Wissen Anstöße für die Entwicklung neuer Technologien gibt. Forschung und Entwicklung werden als elementare und notwendige, funktional und zeitlich dem industriellen Prozess vorausgehende Innovationsstufen angesehen. Es wird davon ausgegangen, dass es einen klar strukturieren Ablauf gibt, in dem Wissen von der Grundlagenforschung über die angewandte Forschung schrittweise übertragen, spezifiziert und genutzt und schließlich umgesetzt in ganz konkrete Techniken einem bestimmten Anwendungskontext Einsatz findet. Daher kann man auch von einem Kaskadenmodell oder einem linear-sequentiellen Modell (Gerybadze 2004, S. 23f.) des Innovationsprozesses sprechen.

Abb. 9: Kaskadenmodell des Innovationsprozesses

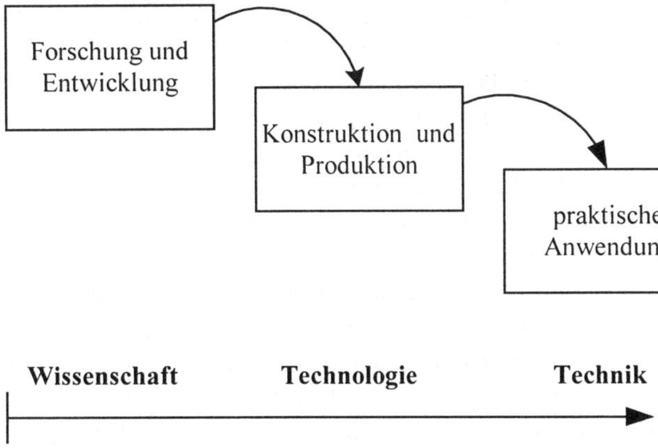

Die Frage nach dem Verhältnis zwischen technologischen bzw. technischen und sozialen Bedingungen kann auf der Basis dieses Modells relativ eindeutig beantwortet werden. Ganz in der Logik dieses als linear angenommenen Ablaufs ist die wissenschaftliche und technische Entwicklung die treibende Kraft sozialer Veränderungen. Die auf der Basis wissenschaftlicher Erkenntnisse entwickelten Technologien erzwingen gleichsam neue Formen sozialer Organisation und sozialen Handelns. Oder in einer eingängigen Formulierung von Burkhart Lutz: „Gesellschaftliche Modernisierung und sozialer

Wandel sind demzufolge letztendlich nichts anderes als die – freilich oft durch Trägheit, Borniertheit oder kurzsichtige Interessen verzögerte – Anpassung der sozioökonomischen und soziopsychischen Strukturen an die Bedingungen, Zwänge und Möglichkeiten, die entweder vom technischen Fortschritt unmittelbar geschaffen und eröffnet werden oder in Konsequenz seiner Umsetzung in Produktivitätssteigerung und Wirtschaftswachstum sind.“ (Lutz 1987, S. 35)

8.2.2 Zum Konzept der Technikfolgenabschätzung

Dieser Auffassung entspricht ein Analysekonzept, das unter dem Label *Technikfolgenabschätzung* (TA – Technology Assessment) seit den 1960er Jahren auch im öffentlich-politischen Bereich bekannt und einflussreich geworden ist. Mit seiner Ursprungskonzeption verbinden sich die folgenden grundlegenden Ziele: Den „gesetzmäßigen“ Verlauf technischer Entwicklungen, also Stadien, Stufen und ihre Aufeinanderfolge zu analysieren und zu beschreiben; typische Formen der Durchsetzung neuer Technologien zu bestimmen; ihre zukünftigen Wirkungen herauszuarbeiten, die von ihnen jeweils in verschiedenen gesellschaftliche Funktions- und Lebensbereichen ausgelöst werden, und die hemmenden oder fördernden Faktoren der Durchsetzungen neuer Technologien und die Anpassung an ihre Bedingungen und Erfordernisse zu identifizieren (z.B. Degele 2002, S. 39ff.). Basis des TA-Konzeptes ist die Annahme, dass die sozialen Folgen der Entwicklungen und des Einsatzes neuer Techniken direkt aus dem Charakter und den Besonderheiten der Technik selbst erschlossen werden können. In gesellschaftspolitischer Hinsicht soll es damit möglich sein, nicht erwünschte gesellschaftliche Folgen neuer Technologien möglichst zu vermeiden, auf sie schnell reagieren zu können oder gar erwünschte Konsequenzen herbeizuführen und nicht zuletzt auch technische Alternativen bewerten zu können. Unbestreitbar ist, dass dieses Konzept ein hohes Maß an Schlüssigkeit aufweist. Dies war sicherlich einer der wesentlichen Gründe dafür, dass dieses Konzept angesichts des wachsenden öffentlichen Misstrauens gegenüber den Risiken vieler Technologien, insbesondere gegenüber der Kernenergie, seit den 1970er Jahren im staatlich-politischen Bereich aufgegriffen wurde und eine ganze Reihe von Einrichtungen der Technikfolgenabschätzung gegründet wurden. Sie sollten einen wissenschaftlich fundierten Beitrag zu politischen Entscheidungsprozessen, die neue Technologien in irgendeiner Form berühren, erbringen.[6]

---

6 Besonders prominent war das Office of Technology Assessment (OTA) in Washington, das als Beratungsinstitution der US-amerikanischen Regierung fungierte. Es wurde 1972 auf der Basis des „Technology Assessment Act“ gegründet und 1995 von der damaligen republikanischen Mehrheit im US-Kongress geschlossen. In der Bundesrepublik wurde 1985 eine Enquetekommission des Bundestages zur Technik-

Die Kritik an dem Kaskadenmodell und damit auch an den Grundannahmen des TA-Konzepts[7] lässt sich auf verschiedene Punkte zuspitzen: Zunächst bleiben die eigentlichen Ursachen der technischen Entwicklung ungeklärt. Sie werden auf wissenschaftliche Erkenntnis und die Initiative einzelner Akteure wie den „dynamische“ Unternehmer reduziert, ohne zu klären, welche Faktoren und Mechanismen die Anstöße, die Richtung und Verbreitung von Innovationen beeinflussen; der amerikanische Wirtschafts- und Technikhistoriker Nathan Rosenberg hat hierzu kritisch angemerkt, dass der technische Wandel als „Blackbox“ betrachtet werde (1982). Weiterhin wird dieses Modell als „technologischer Determinismus“ kritisiert (Lutz 1987). Denn übersehen werde dabei, dass – wie etwa Untersuchungen über das Verhältnis von Technik und Arbeit (Kap. 3.3.3) immer wieder belegt haben – mit in verschiedenster Hinsicht identischen Techniken durchaus verschiedene „soziale Folgen“ einhergehen können. Zudem müsse davon ausgegangen werden, dass Technikentwicklung in einem hohem Maße von Offenheiten, Redundanz und Selektionsprozessen geprägt sei, die der Dominanz und Wirkung einer wissenschaftlich-technologischen Entwicklungslogik nicht entsprechen. Auch werden technische Innovationen oft nicht durch neues wissenschaftliches Wissen, sondern von praxisorientierten Anwendungsproblemen angestoßen.[8] Hingegen unterstellt das Modell die hohe Relevanz wissenschaftlichen Wissens für Innovationsprozesse, ohne systematisch zu berücksichtigen, dass anwendungsorientiertes praktisches Wissen u.U. eine essentielle Voraussetzung für eine technische Innovation sein kann. Schließlich zeigen empirische Untersuchungen industrieller Innovationsprozesse immer wieder eindrücklich, dass, von wenigen Ausnahmen abgesehen, die wenigsten dem sequentiell-linearen Muster folgen, sondern von vielfältigen Rückkopplungsprozessen geprägt sind.

Als typisches Beispiel für die Relevanz solcher Rückkopplungsprozesse kann wiederum die Automobilindustrie angesehen werden. Zwar waren traditionell die Entwicklungsprozesse großer Automobilfirmen sequentiell in Forschung, Vorentwicklung, Serienentwicklung und Produktion gegliedert. Faktisch jedoch waren, um Konstruktionsmängel zu beheben, Änderungen zu realisieren etc. stets Rückkopplungen und Feedbackprozesse zwischen den verschiedenen Bereichen notwendig. Hinzu kommen neue Methoden der Organisation von Entwicklungsprozessen wie „Simultaneous Engineering“ oder „Concurrent Engineering“, die auf eine Parallelisierung und enge Verschränkung von Produktentwicklungsprozessen hinauslaufen,

---

folgenabschätzung einberufen und 1990 das Büro für Technikfolgenabschätzung beim Bundestag fest institutionalisiert.

7 Zum TA-Konzept und seinen im Einzelnen sehr ausdifferenzierten Grundlagen, Methoden und Institutionen vgl. das dreibändige Handbuch von Bröchler u.a. (1999).

8 Diesen Aspekt berücksichtigt das „Demand-pull“-Konzept, ein hier nicht behandeltes ökonomisches orientiertes Innovationsmodell, das ausschließlich auf marktinduzierte Innovationsanstöße abstellt und dabei die Allokationseffizienz des Marktes in den Vordergrund rückt; zur Zusammenfassung und Kritik vgl. z.B. Kowol (1998, S. 13ff.).

um kostenträchtige Fehler zu vermeiden und die Entwicklungszeiten zu beschleunigen (z.B. Tidd u.a. 2001). In anderen Branchen wie etwa der kundenorientierten Einzelfertigung des Maschinenbaus entstehen Innovationen in der Regel im Kontext der Anwendungsprobleme potentieller Kunden. Gerade dabei spielen langjährige praktische Erfahrungen in bestimmten Produktionsprozessen eine ganz entscheidende Rolle. Ingenieurwissenschaftliches Wissen wird dabei stets gezielt für die jeweils zu lösenden Praxisprobleme genutzt, d.h. in einem ganz konkreten Anwendungskontext verwendet.

Grundsätzlich lässt sich daher festhalten, dass das Konzept der Technikfolgenabschätzung, gemessen an seinen Zielsetzungen, als unzureichend für die Analyse von Innovationsprozessen angesehen werden kann. Denn wollte man beispielsweise sozial unerwünschte Folgen bestimmter Technologien vermeiden, so reicht es kaum aus, diese Folgen auf der Basis einer schon existierenden Technologie zu prognostizieren und dann etwa Maßnahmen politischer Art zu ergreifen. Vielmehr wird auch daran deutlich, dass man dafür den Innovationsprozess selbst, also die erwähnte Blackbox analysieren und beeinflussen müsste.

Trotz dieser Kritik und konzeptionellen Konsequenzen, die daraus gezogen worden sind (s.u.), kommt dem Kaskadenmodell des Innovationsprozesses vor allem in der öffentlichen Diskussion bis heute die Rolle eines innovationspolitischen Leitbildes zu (Gerybadze 2004, S. 23), das das Denken von Managern, Politikern und Organisationen der Wirtschafts- und Forschungspolitik wie die der OECD und dem Bundesministerium für Bildung und Forschung (BMBF) in Deutschland stark prägt. Konsequenz sind dann beispielsweise staatliche forschungs- und technologiepolitische Maßnahmen, die zur Verbesserung der industriellen Innovationsfähigkeit zum einen an der Förderung von Forschung und Spitzentechnologien ansetzen und zum anderen auf die Verbesserung des Transfers von Wissen aus dem Forschungsbereich in die industrielle Produktion setzen, etwa ohne Interdependenzen und Rückkopplungsprozesse zwischen den verschiedenen Bereichen wirklich zu thematisieren. Zudem wird vernachlässigt, dass technische Innovationen auch ohne jeglichen Einfluss und Anstoß durch Wissenschaft und Forschung, allein im Kontext praktischer Erfahrungen, durch Kundenaufträge oder einfach durch gute Ideen im Arbeitsalltag angestoßen werden können.

8.2.3 Rekursionsmodell des Innovationsprozesses

Ganz offensichtlich lassen sich Innovationsprozesse kaum als sequentiell und unidirektional verlaufendes Modell konzipieren. Vielmehr sind vielfältige Ausprägungen und Zusammenhänge, mannigfaltige Verflechtungen und Lernprozesse bei Innovationen zu beobachten, die komplexere Modelle erfordern. Stichworte sind hier „rekursiv", „interaktiv" und „evolutorisch", wie sie für verschiedene Modellansätze aus unterschiedlichen disziplinären Diskursen wie der Innovationsökonomie und der Techniksoziologie gelten.

Innovationsökonomische Überlegungen betonen grundlegend den evolutionären Charakter von Innovationen. Sie zeigen, an welche institutionellen und organisatorischen Bedingungen eine erfolgreiche Innovation geknüpft ist, welche Akteure hierbei eine Rolle spielen und welche Selektionsprozesse hierfür relevant und welche Wissenskombinationen jeweils von Bedeutung sind.[9] Mit dem Begriff evolutionär soll der dynamische und zielgerichtete Prozess von Innovationen betont werden, dessen Ausgang allerdings grundsätzlich ungewiss ist. Entscheidend für die sich jeweils einspielenden Verlaufsmuster von Innovationen sind zum einen die Erarbeitung und Variation technologisch möglicher Entwicklungspotentiale, zum anderen ihre Selektion im Lichte von Anwendungserfordernissen und Vermarktungschancen neuer Produkte. Besondere Aufmerksamkeit wird dabei der Wechselwirkung zwischen Entwicklungs- und Anwendungsbereichen und den dabei relevanten Prozessen des Wissenstransfers geschenkt. Es wird davon ausgegangen, dass sich technische Innovationen über Rückkopplungsprozesse zwischen Entwicklung, Herstellung und Anwendung einspielen, stabilisieren und entlang einmal erfolgreich eingeschlagener Entwicklungspfade kontinuierlich und inkrementell weiterentwickelt werden. Solche Prozesse können innerhalb eines Unternehmens zwischen verschiedenen Abteilungen – von der Forschung und Entwicklung, über die Konstruktion und den Bau von Prototypen bis hin zur Fertigung und dem Vertrieb – verlaufen, sie können sich aber auch zwischen verschiedenen Unternehmen und weiteren Organisationen, etwa Herstellern, Anwendern und wissenschaftlichen Einrichtungen, einspielen. Dabei verknüpfen diese Rückkopplungsprozesse unterschiedliche Formen von Wissen miteinander: einerseits *wissenschaftliches Wissen* aus Forschung und Entwicklung, andererseits *praktisches Wissen* aus Anwendungsbereichen, das oft über Prozesse des learning by doing und learning by using gewonnen wird (Kowol/Krohn 1995, S. 83).[10]

Wissenschaftliches und praktisches Wissen unterscheiden sich, wie oben im Zusammenhang mit den Begriffen Wissenschaft und Technik schon angedeutet, vor allem durch ihre unterschiedlichen Bewährungsregeln (Weingart 1976). Wissenschaftliches Wissen richtet sich nach Regeln, die mit theoretischer Relevanz, Verallgemeinerbarkeit, Innovativität von Erkenntnis und Universalität gefasst werden können. Praktisches Wissen hingegen folgt Regeln und Kriterien wie praktische Nutzbarkeit, Funktionalität, Effizienz und Störungsfreiheit. Selbst bei hoher Problem- und Anwendungsorientierung sind die Voraussetzungen von wissenschaftlichem Wissen die Existenz immanenter Relevanzkriterien, Erkenntnisinteressen und spezifischer theoretischer und professioneller Standards. Praktisches Wissen hingegen wird in arbeitsprozessualen Kontexten generiert und ihre Bewährungskriterien

---

9 Zu nennen sind hier besonders die Arbeiten aus dem Umfeld der „Sussex-Schule“: Nelson/Winter (1977), Dosi (1982), Kline/Rosenberg (1986), Freeman/Soete (1997); vgl. dazu z.B. die Zusammenfassung bei Kowol (1998, S. 31ff.).

10 Der Transfer und die Integration unterschiedlicher Wissensformen ist ein schwieriger und voraussetzungsvoller Prozess, denn zu überwinden sind dabei oftmals Kommunikationsprobleme wie Verständigungsschwierigkeiten, Blockaden und Widerstände der beteiligten Akteure. Auf die Bewältigung dieser Probleme und die Steigerung der Effizienz der Wissensintegration und der Wissensnutzung richten sich die Instrumente und Methoden des Wissensmanagements (Willke 1998; Kap. 8.4).

sind nicht immanenter Natur, sondern sie werden vom jeweiligen Anwendungs- und Nutzungskontext bestimmt.

Aufgegriffen werden muss in diesem Zusammenhang zudem die Unterscheidung zwischen explizitem und implizitem Wissen (s.o.). Wie sozialwissenschaftliche Wissensforschung betont, sind beide Wissenstypen unverzichtbare Elemente sowohl des wissenschaftlichen als auch des praktischen Wissens. Bezogen auf wissenschaftliches Wissen zeigt Michael Polanyi überzeugend, dass eine Einschätzung und Bewertung wissenschaftlichen Wissens wie eines theoretischen Modells entscheidend vom „impliziten Vorwissen" eines Wissenschaftlers bestimmt werde. Dieses bestimme seine Fähigkeit, ein Problem richtig zu erkennen und sich bei der Annäherung an die Problemlösung von seinem Orientierungssinn leiten zu lassen, der oft unverzichtbar sei, die schwer erkennbaren Implikationen einer Entdeckung einschätzen zu können (1985, S. 30).

Bezogen auf praktisches Wissen liegen diese Zusammenhänge sehr viel unmittelbarer auf der Hand: Entscheidend sind hier jene Wissenskomponenten, die sich auf die nie vollständig antizipierbaren Bedingungen der praktischen Anwendung und Nutzung technischer Systeme: der Komplexität und Kontingenz stofflicher, sozialer und ökonomischer Faktoren der Anwendungssituation und der Unwägbarkeiten der aufwendigen technischen Systeme selbst richten. Unverzichtbar hierfür sind Erfahrungen, ja „Fingerspitzengefühl", die selten oder mit großem Aufwand explizierbar sind. Diese Argumente verdeutlichen, dass das Zusammenspiel von explizitem und implizitem Wissen grundsätzlich unverzichtbar ist für erfolgreiche Innovationsprozesse.[11]

Über diese Rückkopplungsprozesse begründen sich technological trajectories, die sich einspielen und über längere Zeit verfestigen. Sie weisen ein unter Umständen hohes Beharrungsvermögen auf: erstens, weil sie sich als erfolgreich zur Lösung bestimmter Anwendungsprobleme erwiesen haben; zweitens, weil die Routinen, Orientierungen und Interessen der beteiligten Akteure daran ausgerichtet sind; drittens, weil Investitionen in technisch-organisatorische Infrastrukturen wie Herstellungsanlagen getätigt worden sind und Wissensbestände und Kompetenzen akkumuliert worden sind, viertens, weil ab einem bestimmten Entwicklungsniveau kontinuierlich Skalenerträge realisiert werden konnten, die beim Verlassen der bisher verfolgten Entwicklungspfade verloren gehen, und fünftens, weil die potentiellen Innovationsverlierer sich gegen Neuentwicklungen wehren. Es kann von Selbstverstärkungsprozessen innerhalb eines Entwicklungspfades gesprochen werden, die die Innovationsaktivitäten in eine bestimmte Richtung lenken und kanalisieren. Ein Wechsel zu neuen und alternativen Entwick-

11 Anders formuliert, es ist im Prozess technischer Innovationen von einem stets prekären Spannungsverhältnis zwischen explizitem und impliziten Wissen auszugehen, das je nach konkretem Innovations- und Arbeitsprozess in spezifischer Weise austariert werden muss. Von der industrie- und techniksoziologischen Forschung wird mit überzeugenden Ergebnissen gezeigt, dass die Bedeutung nicht-expliziten Wissens besonders infolge fortschreitender Verwissenschaftlichung gesellschaftlicher Zusammenhänge anwächst (z.B. Böhle 1992; Rammert 2003).

lungspfaden ist daher stets mit hohen Kosten verbunden, weil das akkumulierte Wissen, etablierte technische Normen und Standards, getätigte Investitionen und erzielte Spezialisierungsgewinne entwertet und ganz oder teilweise verloren gehen. Kurz, es handelt sich hierbei wiederum um Prozesse der sozialen Schließung, über die sich soziale Ordnungen nachhaltig stabilisieren und ein hohes Beharrungsvermögen entwickeln. Radikale Innovationen und Entwicklungssprünge – die erwähnten technologischen Paradigmenwechsel –, werden daher auch als selten angesehen. Angestoßen werden sie beispielsweise durch neue wissenschaftliche und technologische Entwicklungspotentiale, spezifische Anwendungsprobleme der bisher verfolgten Technologien oder auch, durchaus im Sinne Schumpeters, durch neue Ideen von Außenseitern wie einzelne „dynamische Unternehmer", die sie gegen den Widerstand der etablierten Technikhersteller durchsetzen.

Die Auffassung evolutionär verlaufender Innovationspfade lässt sich mit zwei grundlegenden Thesen techniksoziologischer Provenienz verbinden: Die erste These ist, dass technische Innovationen als rekursiver Prozess zu begreifen sind, der zwischen den verschiedenen daran beteiligten Akteuren und sozialen Systemen verläuft (Asdonk u.a. 1991; Kowol 1998). Gemeint ist damit der angesprochene Rückkopplungsprozess zwischen Entwicklung, Herstellung, Anwendung und Weiterentwicklung. Dieser Rückkopplungsprozess verknüpft je nach Technologiefeld und Innovationsvorhaben unterschiedliche Funktionsbereiche und Wissensbestände miteinander, das heißt Innovationsprozesse verlaufen in unterschiedlicher Weise. Hier existiert ein breites Spektrum sehr verschiedener Situationen: Auf der einen Seite finden sich „science based" Innovationsprozesse, bei denen wie etwa in der Pharmaindustrie die Gewinnung wissenschaftlicher Erkenntnisse nahezu unmittelbar mit neuen Produkten, die sich auf die Lösung eines spezifischen „Anwendungsproblem" richten, zusammenfallen. Auf der anderen Seite sind Innovationsprozesse zu verorten, deren Anstöße von praktischen Anwendungsproblemen ausgehen; wie gezeigt, ist ein typisches Beispiel hierfür der Maschinenbau. Vereinfacht lassen sich diese Zusammenhänge in der nachfolgender Abbildung (2) darstellen.

Die zweite grundlegende These ist, dass technische Innovationen als sozialer Prozess zu begreifen sind – prominent zugespitzt in der Formel von „social shaping of technology".[12] Ohne die damit verbundenen teilweise disparaten Untersuchungsansätze und Erklärungskonzepte ausführen zu können,[13] geht es dabei im Kern darum, die Wechselwirkung zwischen technischen Inno-

---

12 So der programmatische Titel eines Aufsatzes von MacKenzie und Wajcman (1985) über die Prämissen sozialwissenschaftlicher Technikforschung.

13 Z.B. die sozialwissenschaftliche „Technikgeneseforschung", die in Deutschland seit Mitte der 1980er Jahre eine Vielzahl von Forschungsergebnissen mit sehr differenzierten Einsichten in die soziale Bedingtheit technischer Innovationen vorgelegt hat; vgl. zusammenfassend z.B. Rammert (1992). Die internationale Debatte ist zusammengefasst in: Sörensen/Williams (2002).

vationen und dem Wandel sozialer Systeme der Analyse zugänglich zu machen und zu erklären, warum technische Innovationen in bestimmten Entwicklungspfaden verlaufen. Thematisiert wird der Zusammenhang zwischen bestehenden sozialen Bedingungen und technischen Innovationen, Technologie und Technik werden in diesem Konzept als sozial bestimmte abhängige Variable begriffen. Zugleich wird hierbei auch der umgekehrte Zusammenhang thematisiert, dass nämlich durch technische Innovationen neue Systemstrukturen, spezifisches Wissen und Kompetenzen, spezialisierte Unternehmen und Anwender, institutionelle Regelungen etc. erst geschaffen werden. Dies gilt insbesondere für radikale Innovationen, die einen neuen technologischen Entwicklungspfad begründen und die sich erst im Verlauf ihres Entwicklungsprozesses stabilisieren und sich dabei unter Umständen gegen nachhaltige Widerstände durchsetzen müssen.

Abb. 10: Rekursionsmodell technischer Innovationen[14]

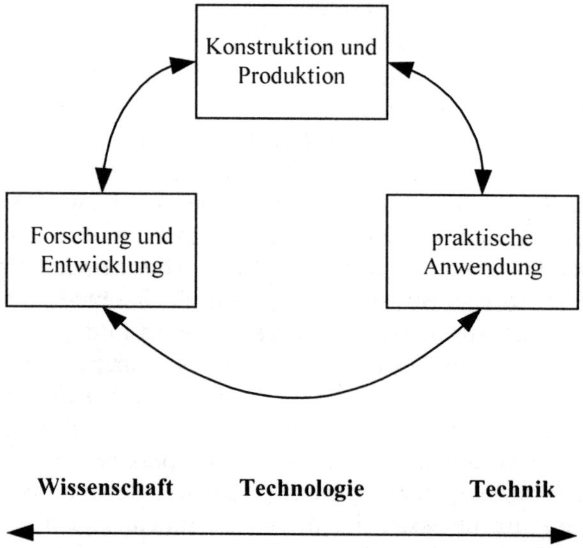

Dies belegt überzeugend eine Studie, in der die langwierige Durchsetzung der Kraftmaschine Dieselmotor gegen die etablierte Dampfmaschinentechnik am Ende des 19. Jahrhunderts untersucht wird (Knie 1991). Wie gezeigt wird, spielt insbesondere jener Tatbestand eine bedeutende Rolle, der mit der Formel vom allgemeinen anerkannten „Stand der Technik" umschrieben wird, welcher bestimmte Standards für die Weiterentwicklung existierender technischer Lösungen wie insbesondere die Spielräume für die Akzeptanz neuer technologischer Ideen festschreibt. Hinter dieser Formel verbergen sich nicht nur abgesicherte Wissensbestände und durch Normen

14 Vgl. hierzu auch das „Chain-Link-Modell" des Innovationsprozesses von Kline/Rosenberg (1986), das den hier skizzierten grundlegenden Zusammenhang präzisiert (zusammenfassend z.B. Gerybadze 2004, S. 25ff.).

sanktionierte Entwicklungs- und Entscheidungsregeln, sondern auch das Beharrungsvermögen institutioneller Strukturen, Interessen, Orientierungen und Leitbilder entsprechender Communities und Akteure sowie in aller Regel massive ökonomische Interessen. Anders formuliert, im Verlauf eines Innovationsprozesses müssen die unterschiedlichsten Akteure, seien es unternehmensintern unterschiedliche Abteilungen, seien es unternehmensübergreifend unterschiedlichste Unternehmen und Organisationen, mit sehr verschiedenen Interessen und Orientierungen, u.U. im Kontext sehr divergierender Situationen zumindest so lange so friktionslos aufeinander abgestimmt werden, dass das Innovationsziel möglichst erreicht wird.

8.3 Technologieentwicklung als Koordinationsproblem

Nach dem Gesagten lässt sich festhalten, dass Prozesse technischer Innovationen auch als Koordinationsproblem verstanden werden können. Das zentrale Problem von Innovationen ist die Bewältigung ihrer oft großen Unsicherheiten: die Ungewissheit in Hinblick auf den erreichbaren technischen und ökonomischen Erfolg einer Innovation, den in der Regel immer nur begrenzt vorausplanbaren Ablauf des Innovationsprozesses mit seinen Zwischenschritten und unerwartet auftretenden Entscheidungssituationen und schließlich die daher nur schwer kalkulierbaren Innovationskosten. Der Versuch, diese Unsicherheiten zu reduzieren, erfolgt in der Regel unter der Restriktion knapper Zeiten, Kosten und Kapazitäten, die Resultat des ökonomischen Drucks sind, unter dem industrielle Innovationen meistens verlaufen. In dieser Situation müssen nun heterogene Akteure zu einem abgestimmten Handeln veranlasst werden. Dies können die unterschiedlichen Abteilungen mit ihrem jeweiligen Personal innerhalb eines Unternehmens wie Konstruktion, Arbeitsvorbereitung, Fertigung und Marketing sein, zwischen denen es auf Grund unterschiedlicher Interessen, Arbeitsmethoden und über Jahre eingespielter Abteilungsroutinen und Abgrenzungen gegenüber anderen Unternehmensbereichen oft genug Kommunikations- und Kooperationsblockaden gibt. Dies können auch verschiedene Unternehmen sein, die gemeinsam ein Entwicklungsvorhaben angehen, ohne zu berücksichtigen, dass auch hierbei bei den einzelnen Partnern vielfach große Hemmnisse und Widerstände gegen eine Zusammenarbeit zu überwinden sind. Nicht umsonst sprechen Betriebspraktiker häufig vom „Not-invented-here"-Syndrom, in dem sich Abschottung und Abwehr gegenüber neuen von außen kommenden Entwicklungen bündeln. Damit verbunden ist oftmals auch die Furcht vor der unkontrollierbaren Weitergabe von wichtigem Wissen an mögliche Konkurrenten, eben die Befürchtung, dass ein Innovationspartner opportunistisch handelt. Anders formuliert, es finden sich hier alle jene der in Kapitel 1.1 skizzierten Koordinationsprobleme heterogener Akteure wieder. Und es stellt sich die Frage, wie sich arbeitsteilige Innovationsprozesse einspielen und technische Entwicklungen erfolgreich realisiert werden können. Dies erfordert ohne Frage spezifische Management- und Organisationsleistungen der am Innovationsprozess beteiligten Akteure, insbesondere aber institutionelle und regulative Faktoren, die als unverzichtbare Voraussetzung für die Entstehung stabiler Koordinationsformen anzusehen sind.

Als Koordinationsformen technischer Innovationen kommen zunächst alle oben skizzierten Typen in Frage (Kap. 2.3): Die erste Variante ist, dass Innovationen von einzelnen Akteuren, typischerweise Unternehmen, in der Weise durchgeführt werden, dass sie alle erforderlichen Leistungen und Komponenten sowie das notwendige Wissen für eine Neuentwicklung auf dem Markt einkaufen und diese letztlich unverändert zusammenfügen – der Innovationsprozess wird in diesem Fall fast ausschließlich marktförmig koordiniert. Eine zweite Variante ist, dass Innovationen hauptsächlich unternehmensintern durchgeführt werden, indem die hierfür erforderlichen Leistungen, das Wissen und die technischen Komponenten im Unternehmen selbst generiert und geschaffen werden – der Innovationsprozess wird in diesem Fall „in-house" hierarchisch koordiniert. Als dritte Variante bieten sich Netzwerklösungen an.

8.3.1 Zur Bedeutung von Innovationsnetzwerken

Die neuere sozialwissenschaftliche Innovationsdebatte geht davon aus, dass die Koordinationsformen technischer Innovationen zunehmend netzwerkförmigen Charakter aufweisen. Der Mainstream dieser Debatte kann folgendermaßen resümiert werden: „Eine Innovation der Innovation ist in Gang gekommen und fordert ein neues institutionelles Arrangement, ein Innovationsregime nach Schumpeter und jenseits der ersten Moderne" (Rammert 1997, S. 398). Folgt man dieser These, ist heute mit einem neuen Innovationstypus, nämlich der „Innovation im Netz" zu rechnen. Unter diesen Bedingungen hängt der technologische Wandel nicht mehr primär von der Leistungsfähigkeit einzelner Institutionen und Akteure ab, sondern es sind Netzwerke verschiedenster Akteure, die „in den Rang eines zentralen Agenten aufrücken" (ebd. S. 399). Postuliert wird damit auch, dass Netzwerke neuartige Formen der Bearbeitung von Innovationsproblemen und in besonderem Maße geeignet seien, die Turbulenzen der Krisen- und Umbruchsituation seit den 1980ern zu beherrschen.[15] Unter solchen Innovationsnetzwerken werden, dem generellen Netzwerkbegriff folgend (Kap. 2.3.3), geregelte dynamische Beziehungen zwischen Technikherstellern, Nutzern, Zulieferern und weiteren, regelsetzenden Akteuren wie wissenschaftlichen Instituten, Normungsausschüssen, Fachcommunities etc. verstanden (Kowol/Krohn 1995, S. 78). Die vorherrschenden Austauschmechanismen basieren auf dem Prinzip der Selbstorganisation und folgen Reziprozitäts- und Vertrauensnormen, die opportunistisches Handeln Einzel-

15 Vgl. hierzu und zum Folgenden die breite Debatte über die verschiedenen Aspekte von Innovationsnetzwerken; z.B. DeBresson/Amesse (1991), Freeman (1991), Kowol/Krohn (1995), Weyer (1997).

ner sanktionieren und möglichst verhindern sollen, sie sind nach außen hin abgegrenzt und zeichnen sich aber zugleich durch ein relativ hohes Maß an Offenheit und Durchlässigkeit für neues Wissen und neue Innovationsanstöße von außen aus.

In der Innovationsforschung werden besonders die folgenden Gründe für die hohe Bedeutung von Innovationsnetzwerken hervorgehoben:

- eine Steigerung der Komplexität von Innovationen; gesprochen wird verschiedentlich von der „Transdisziplinarität" des für Innovationen relevanten Wissens und der Technologien, weshalb disziplinäre, aber auch sektorale Grenzen bei Innovationsprozessen überschritten werden müssen;
- eine Reduzierung der Leistungspalette jeweils einzelner Unternehmen auf einige wenige Stärken und Kompetenzen, um die erforderlichen Bearbeitungsschritte in der geforderten Effizienz leisten zu können;
- eine zunehmende Innovationskonkurrenz bei teilweise erheblich verkürzten Produktlebenszyklen, die eine ausgeprägte Flexibilität und Offenheit für neue Innovationen erfordern;
- eine im Zuge der Globalisierung fortschreitende internationale Ausrichtung von Innovationsaktivitäten, um konkurrenzrelevante Wissensbestände und Innovationsanstöße nutzen zu können.

Zahlreiche empirische Studien belegen die wachsende Bedeutung von Innovationsnetzwerken spätestens seit Beginn der 1990er Jahre. Zum einen sind diese vor allem in neuen Hightech-Branchen wie IT, Biotechnologie und Mikrotechnologien von besonderer Bedeutung, wo Unternehmen schnell auf neues Wissen und neue Technologien zugreifen müssen. Zum anderen ist ihre Bedeutung aber auch in alten Industrien wie etwa der Automobilindustrie oder den elektrotechnischen Branchen auf Grund wachsenden Innovationsdrucks unübersehbar. Nach dem sog. Global Benchmark Survey on Strategic Management of Technology haben sich beispielsweise international gesehen unternehmensübergreifende Innovationsprozesse im Zeitraum zwischen 1995 und 2001 im Vergleich zu dem vorangehenden Zeitraum seit 1992 verdoppelt (zit. n. Gerybadze 2004, S. 192). Unterscheiden kann man dabei zwischen vertikalen Netzwerkbeziehungen zwischen Partnern entlang der Wertschöpfungskette, die durch Zulieferbeziehungen miteinander verbunden sind, und horizontalen Netzwerken zwischen Partnern auf derselben Wertschöpfungsstufe – auch *Strategische Allianzen* genannt (Kap. 4.3.2). Der Wandel der Koordinationsformen industrieller Innovationen hin zu Netzwerkstrukturen lässt sich insbesondere auch an der Entwicklung der großindustriellen Forschung und Entwicklung belegen, die auf den verschiedenen Stufen eines Innovationsprozesses von unterschiedlichen Kooperations- und Netzwerkbeziehungen geprägt ist.[16]

Die These von der wachsenden Relevanz von Innovationsnetzwerken begründet sich zudem in Argumenten, die gleichermaßen auf das Versagen

16 Vgl. hierzu z.B. die sehr breit angelegte und instruktive Studie von Lothar Hack über die Geschichte der Forschungsorganisation des Unternehmens Siemens (1998).

von Märkten und von Organisationen für die Koordination von Innovationen verweisen (z.B. Fritsch 1996; Gerybadze 2004). Als Gründe für das Versagen von Märkten bei Innovationen gelten, dass zum einen viele der benötigten Informationen oftmals nur wenig explizierbar sind und daher kaum als standardisierte Ware auf einem Markt austauschbar sind und dass zum anderen die Gefahr asymmetrischer Informationsverteilung mit allen ihren unkalkulierbaren Konsequenzen auftreten kann. Zudem versagen Marktprozesse oftmals auf Grund der Ungewissheit von Innovationen. Wie oben ausgeführt (Kap. 1.2.2) ist damit einerseits eine Situation gemeint, in der ein Akteur nicht die mit verschiedenen Handlungsalternativen verbundenen Kosten und Nutzen abwägen und daher keine optimalen Entscheidungen treffen kann. Andererseits können die Transaktionskosten, die bei der Beschaffung der erforderlichen Informationen und der Bewertung von Entscheidungsalternativen anfallen, so hoch sein, dass ein Akteur auf seine Teilnahme an einer Innovation verzichtet.

Demgegenüber werden hierarchisch-organisatorische Lösungen des Koordinationsproblems oft als zu starr und zu zeitaufwendig angesehen. Unternehmen sind als spezifische soziale Teilsysteme mit der ihnen eigenen manchmal tief verwurzelten Kultur, d.h. Systemlogik, zu stark abgeschottet gegenüber neuem Wissen und Innovationsanstößen, die von außen an sie herangetragen werden. Ihre früher getätigten Investitionen, eine bestehende Qualifikationsstruktur des technischen Personals und eingespielte und in der Vergangenheit durchaus erfolgreiche Innovationsroutinen und -methoden, kurz ihr Spezialisierungsmuster, hindern sie an einer schnellen Umorientierung ihrer Innovationsstrategien.

Damit sind die besonderen Qualitäten von Innovationsnetzwerken eigentlich recht genau bezeichnet: überwunden werden die Engpässe und der Ressourcenmangel eines einzelnen Unternehmens; durch Netzwerkbildung wird der Zugang zu externem neuem Wissen möglich; damit wird für einzelne Unternehmen der Einstieg in ein neues von ihm allein kaum zu bewältigendes Technologiefeld möglich; durch netzwerkförmige Kooperationsbeziehungen werden Größen- und Spezialisierungsvorteile für den Gesamtverbund realisierbar; es können neue Märkte und Absatzfelder erschlossen werden, insbesondere wenn von Anbeginn an potentielle Anwender in die Netzwerke einbezogen sind. Grundlegend zielen Innovationsnetzwerke darauf, die prinzipielle Unsicherheit von Prozessen, die in eine nur sehr bedingt prognostizierbare Zukunft gerichtet sind, für die beteiligten Partner zu reduzieren und kalkulierbar zu machen. Neben ihren bestimmenden Merkmalen wie Personengebundenheit, Reziprozität und Vertrauen gilt als eines ihrer entscheidenden Erfolgskriterien die Qualität der Kommunikation und die „Dichte“ der Interaktionen aller beteiligten Akteure, wobei zugleich eine zureichende Offenheit und Flexibilität der Beziehungen gewährleistet sein muss (Lundvall 1992).

8.3.2 *Differenzierungen*

Grundlegende Eigenart von Netzwerken ist, dass der Erfolg eigennütziger Strategien einzelner Akteure in hohem Maße vom Erfolg des gesamten Netzwerks abhängt. Ein Netzwerk ist deshalb durch eine doppelte Handlungsorientierung der beteiligten Akteure charakterisiert: Ihre Aktivitäten müssen stets auf den individuellen Gewinn wie auf den Nutzen des Netzwerks insgesamt gerichtet sein, beziehungsweise eine Balance zwischen beidem anstreben. Wie oben ausführlich diskutiert (Kap. 4.3.2), gelingt die Lösung der damit zusammenhängenden Koordinationsprobleme nicht immer. Dies gilt insbesondere auch für Innovationsprozesse, weshalb eindeutige Muster der Koordination von Innovationsprozessen nicht angenommen werden können, schon gar nicht ein genereller Trend hin zur „Innovation im Netz". Welche Muster mit je spezifischen institutionellen Strukturen und Akteurskonstellationen sich herausbilden, ist vermutlich abhängig von einer Reihe von Zusatzbedingungen, die eine konkrete Innovationssituation konstituieren.

Resümiert man hierzu Überlegungen aus der sozialwissenschaftlichen Innovationsforschung, so ist zunächst einmal die je konkrete Phase einer Innovation in Rechnung zu stellen. Danach wandelt sich die Dichte der Austauschbeziehungen zwischen den jeweils beteiligten Akteuren von relativ unstrukturierten Beziehungen in der Entstehungsphase einer neuen Technologie über eine enge Vernetzung der Akteure in ihrer Stabilisierungsphase bis hin zu flexiblen und vergleichsweise offenen Netzwerken im Verlauf ihrer Implementation und Diffusion (Weyer 1997; Weyer u.a. 1997).

Orientiert an den Argumenten von Johannes Weyer kann diese Sichtweise wie folgt präzisiert werden: In der Anfangsphase einer Entwicklung werden oftmals eher zufällige Erfindungen von innovativen Akteuren in ein allgemeines Konstruktionsmodell mit grundlegenden Spezifikationen der Architektur, Herstellung und Nutzung einer Technologie überführt. Es bildet sich ein Netzwerk von potentiell interessierten Akteuren. In der nächsten Phase vernetzen sich strategiefähige Akteure zum Zecke der Förderung der Technologie im eigenen Interesse. So wird Unsicherheit absorbiert, was die weitere Entwicklung der Innovation ermöglicht. Aus der innovativen Idee und einem allgemeinen Modell wird ein technischer Prototyp. In der Durchsetzungsphase schließlich öffnet sich das Netzwerk für neue Mitglieder wie Nutzer, Betroffene, Betreiber, gegebenenfalls auch Kritiker. In dieser Phase werden auch neue Verwendungszusammenhänge und Nutzungsformen einer Innovation erfunden (Werle 2003, S. 35).

Eine weiter gehende Perspektive öffnet der Blick auf den Lebenszyklus einer Technologie wie er auch mit der oben genannten Kategorie der technological trajectories gefasst werden kann (Robertson/Langlois 1995, S. 557ff.). Der damit angesprochene Wandel von ursprünglich neuen und radikalen Innovationen hin zu etablierten und nur mehr inkrementell weiterentwickelten Technologien ist keineswegs ein trivialer Aspekt. Denn es liegt auf der Hand, dass entlang des Lebenszyklus einer Technologie der Grad der Standardisierung ihrer Komponenten und der Kodifizierung des Wissen deutlich zunehmen, wodurch die Möglichkeiten ihrer Verfügbarkeit und Nutzung erleichtert und letztlich Innovationsrisiken reduziert werden (Teece 1986; Chesbrough/Teece 1996). Die Konsequenzen für die Koordinationsformen von solchen Innovationsprozessen lassen sich sicherlich nicht eindeutig deduzieren. Doch kann vermutet werden, dass sich damit das Spektrum der möglichen Koordinationsformen deutlich verbreitert und weit über die Perspektive der „Innovation im Netz“ hinausgeht

Zusammenfassend lässt sich Folgendes festhalten: Prozesse technischer Innovationen bezeichnen nicht allein die Entwicklung technischer Artefakte und Systeme in einem gegebenen Kontext sozialer Systeme, sondern sie umfassen einen Gesamtkomplex von Akteurshandeln, Wissensgenese und sozialen Strukturen. Es ist davon auszugehen, dass durch Technologieentwicklung Regelsysteme, Normen, spezifische Muster der Interaktion etc. – alles Momente bestimmter sozialer Systeme – verändert oder gar neu geschaffen werden. Kurz, der Wandel und der Aufbau institutioneller Arrangements und sich damit verbindender Koordinationsmuster geschieht vielfach durch und als Technologieentwicklung und es kann von einer „Coevolution of Technologies and Institutions“ gesprochen werden (Nelson 1994; Bender 1999). In diesem Sinn sind technische Innovationen wie die Bildung von Institutionen generell als Moment des Wandels sozialer Ordnungen zu begreifen. Einerseits wird dabei an bestehende Technologien und damit verwobene Bedingungen sozialer Teilsysteme, beispielsweise den erwähnten „Stand der Technik“ und die sich darauf beziehenden Handlungen und Orientierungen technischer Fachcommunities angeknüpft. Andererseits wird dieser insbesondere bei weitreichenden Basisinnovationen unter Umständen grundlegend in Frage gestellt und durch neue Wissens- und Technologiestrukturen abgelöst. Dabei richten sich technische Innovationen wie Institutionenbildung generell auf die Bewältigung gesellschaftlicher Probleme; beides sind von Menschen geschaffene Mittel der Daseinsbewältigung (Schneider/Mayntz 1995, S. 111).

8.3.3 Innovationssysteme

Die Analyse von Innovationsprozessen darf sich allerdings nicht nur auf die Interaktion der unmittelbar beteiligten korporativen, kollektiven wie auch individuellen Akteure und ihrer Teilsysteme beschränken, sondern muss, wie die Analyse wirtschaftlichen Handelns generell, weitere Systemebenen in die Betrachtung einbeziehen. Erst dann können bestimmte Verlaufsformen und Koordinationsmodi von Innovationen zureichend erklärt werden. Die sozialwissenschaftliche Innovationsforschung spricht hier, durchaus auch in Anlehnung an die Governancedebatte, von *Innovationssystemen*. Sie können als wesentliches Element umfassender sozialer Systeme der Produktion angesehen werden (Kap. 2.4). Dem Mainstream der Debatte folgend[17] umfasst der Begriff Innovationssysteme die „Verflechtung" all jener Institutionen und Akteurskonstellationen, die wissenschaftlich forschen, Wissen akkumulieren und vermitteln, die Arbeitskräfte ausbilden, die neue Produkte und technische Verfahren entwickeln und anwenden. Hierzu gehören neben staatlichen Aktivitäten auch institutionalisierte Regelungen der verschiedensten Art wie Normen, Standards, rechtliche Regelungen etc. Innovationssysteme erstrecken sich danach über Ausbildungseinrichtungen, Forschungsinstitute, Verbände, Unternehmen, politisch-administrative Einrichtungen und sie zeichnen sich durch ein bestimmtes Innovationsmilieu aus. Die entsprechende Forschung weist aus, dass der technische Wandel, die Innovationsfähigkeit von Unternehmen und weiterer Organisationen in erheblichem Maße von den jeweiligen institutionellen Systembedingungen beeinflusst werden. Solchermaßen verstandene Innovationssysteme können dabei auf unterschiedlichen sozio-ökonomischen Ebenen verortet werden: sektoral, regional, national und auch transnational.

Das Augenmerk der Innovationsforschung richtet sich zum einen auf die Leistungsfähigkeit national spezifischer Systeme der Innovation. Unter der Überschrift *National Systems of Innovation (NSI)* lassen sich eine Reihe von Studien zusammenfassen, die die Unterschiede zwischen einzelnen Staaten in Hinblick auf ihre Innovationsfähigkeit und Innovationsschwerpunkte analysieren. Innovationen werden hierbei als Prozess betrachtet, der vor allem auch durch die jeweiligen länderspezifischen Institutionen und Strukturen bedingt wird und sich deshalb von Land zu Land unterscheidet (zusammenfassend Werle 2003, S. 6ff.).

Zum anderen hat die Innovationsforschung insbesondere auf die Bedeutung *regionaler Innovationssysteme* für den Verlauf und den Erfolg technologischer Innovationen aufmerksam gemacht. Mit unterschiedlichen Konnotationen wird auch von *Clustern*, *industriellen Distrikten* und *innovativen Milieus* gesprochen. In verschiedener Analyseperspektive und mit unterschiedlichem disziplinären Hintergrund liegen hierzu vielfältige Forschungsergebnisse vor, die nicht zuletzt der Frage nachgehen, durch welche politischen Maßnahmen regionale Entwicklungsbedingungen verbessert werden können und wie dadurch wirtschaftliches Wachstum und Beschäftigung gefördert werden können. Daher kommt der regionalen Innovationsforschung gerade auch in der öffentlichen Debatte um Wirtschaftsentwicklung und Wirtschaftsförderung eine bedeutende Rolle zu. Die Forschungsergebnisse lassen sich auf den folgenden Kern zuspitzen (Heidenreich 1997, S. 503f.):[18]

17 Vgl. hierzu z.B. Lundvall (1992), Edquist (1997), zusammenfassend z.B. Giesecke (2000).

18 Mit der Frage nach der Innovationsfähigkeit von Regionen beschäftigen sich durchaus mit ähnlichen Schwerpunkten und Analysekonzepten z.B.: die Wirtschafts- und Industriesoziologie (z.B. Piore/Sabel 1984), die sozialwissenschaftliche Regionalforschung (z.B. Brazcyk u.a. 1998), die Wirtschaftsgeographie und Regionalökonomie (z.B. Storper/Salais 1997) und nicht zuletzt die ökonomisch orientierte Innova-

Voraussetzungen für innovative Wirtschaftsregionen sind in der Regel weder natürliche Ressourcen, Transportkostenersparnisse, verfügbare Kapitalien, noch komparative Kostenvorteile. Wichtiger sind vielmehr die mit der räumlichen und sozialen Nähe verbundenen Möglichkeiten zu einer engen und dynamischen Vernetzung der dort ansässigen Unternehmen und weiterer Organisationen wie wissenschaftlichen Einrichtungen, um Innovationen zielgerichtet vorantreiben zu können. Die Regionalforschung betont, dass die räumliche Nähe wechselseitiges Vertrauen der verschiedenen Akteure, ein gewachsenes Verständnis und die Kenntnis der Situation des anderen und schnelle technologische Lerneffekte fördert, Transaktionskosten verringert und Unsicherheiten durch gemeinsame Situationsdefinitionen abgebaut werden. Gefördert werden dadurch eine Vielfalt informeller Face-to-face-Beziehungen und ein hohes Maß zwischenbetrieblicher Mobilität.

Bekannte Beispiele für innovative Wirtschaftsregionen sind: Der industrielle Ballungsraum des Maschinenbaus, des Automobilbaus und der elektrotechnischen Industrie in Baden-Württemberg, von dem über Generationen bedeutende Neuentwicklungen ausgingen; der kleinbetrieblich strukturierte und hochgradig vernetzte Maschinenbau und die Metallbearbeitung in der norditalienischen Emilia-Romagna, die sich bislang auf dem Weltmarkt auf Grund des hohen Entwicklungsstandes ihrer Produkte als äußerst konkurrenzfähig erwiesen haben, oder auch das kalifornische Silicon Valley mit seiner ausgeprägten Konzentration kleiner Software- und Halbleiterhersteller, die insbesondere in den 1990er Jahren hochinnovative Entwicklungsprozesse angestoßen haben.[19]

In der Debatte über regionale Innovationssysteme wird besonders auch auf Faktoren hingewiesen, die die Bildung von Innovationsnetzwerken unterstützen (z.B. Porter 1991): relativ leistungsstarke, teilweise konkurrierende Industrie- und Dienstleistungsunternehmen die mit dem jeweiligen Innovationsnetzwerk nicht unmittelbar verbunden sind, von denen jedoch Ressourcen zur Verfügung gestellt werden und Innovationsanstöße ausgehen; der regionale Arbeitsmarkt mit spezifischen, den jeweiligen Innovationserfordernissen angepassten Qualifikation und Arbeitskräften sowie den entsprechenden Aus- und Weiterbildungseinrichtungen; die Existenz regionaler Verbände, die Interessen ausgleichen und Netzwerke knüpfen, die verfügbaren Kompetenzen regionaler Wissenschaftseinrichtungen und schließlich regionalpolitische Unterstützungsaktivitäten. Abgesichert wird diese Situation zudem durch institutionelle Strukturen, die einer solchen Situation Stabilität verleihen. Gemeint sind hiermit etwa gewachsene Berufs- und Kompetenzstrukturen, die im Zusammenhang mit regionalen spezialisierten Bildungseinrichtungen und deren zertifizierten Ausbildungswegen stehen,

---

tionsforschung (z.B. Fritsch u.a. 1998; Fritsch 2000). In weiter gehender Perspektive geht es dabei auch um die Frage nach den Entwicklungschancen von Regionen im Prozess der Globalisierung – vgl. dazu Kap. 9.

19 Vgl. zusammenfassend die ausführliche Darstellung sehr verschiedener Regionen bei Braczyk u.a. (1998).

bestimmte soziokulturelle Werte, Traditionen und allgemein akzeptierte Selbstverständlichkeiten und schließlich eine spezifische *industrielle Atmosphäre*,[20] die die Handlungsweisen einzelner Akteure prägt, sie für andere kalkulierbar macht und opportunistisches Handeln sanktioniert. Umgekehrt sind Beiträge zum kollektiven Wissens- und Erfahrungspool einer Region der Unternehmen und anderen regionalen Akteuren unverzichtbar zum Erhalt des „öffentliches Gutes" regionaler Innovationsfähigkeit.

Ein viel beschriebenes Beispiel für die vom Wissenschaftssystem zur Verfügung gestellten Ressourcen ist wiederum das Silicon Valley, wo die Nähe der renommierten kalifornischen Universitäten Stanford und Berkeley eine ganz zentrale Voraussetzung für die Innovationsfähigkeit darstellt. Durch sie werden die dortigen Kleinunternehmen nicht nur kontinuierlich mit hoch qualifiziertem Personal, sondern auch mit einem stetigen Fluss neuer Ideen versorgt (Saxenian 1996). Ein Beispiel für den Einfluss staatlicher Industriepolitik auf die Handlungsfähigkeit regionaler Unternehmen findet sich in Baden-Württemberg, wo die staatlich geförderte Steinbeisstiftung seit Jahren Unterstützungsaktivitäten in Form von Beratung für die kleineren und mittleren Betriebe des Maschinenbau anbietet. Auch spielen hier immer wieder gemeinsame industriepolitische Aktivitäten von Gewerkschaften und Arbeitgebern und Unternehmen wie Gesprächskreise über industrielle Entwicklungsperspektiven u. Ä. eine nicht unwichtige Rolle für den Erhalt und den Ausbau einer spezifischen industriellen Atmosphäre.

Allerdings verbindet sich mit solchen Gegebenheiten nicht zwangsläufig eine dauerhafte Innovativitätsfähigkeit einer Region und ihrer vernetzten Akteure. Vielmehr ist auch hier zu differenzieren, denn die Situation kann sich je nach den Besonderheiten eines Innovationssystems sowie der Art und dem Reifegrad der jeweiligen Technologie sehr stark unterscheiden. Innovationssysteme können hoch innovativ oder weniger innovativ sein, die Innovationen können inkrementeller oder radikaler Art sein und sie können sich auf neu entstandene Hightech-Sektoren oder schon länger existierende reife Industrien beziehen (Heidenreich 1997, S. 505f.; Werle 2003, S. 17). So sind in einer relativ stabilen technologischen Situation in der Regel institutionell abgesicherte stabile Innovationsnetzwerke mit zumeist inkrementellen Innovationen anzutreffen. Typischerweise findet sich diese Situation in Wirtschaftsregionen wie Baden-Württemberg mit der Produktion komplexer, technologisch ausgereifter Produkte. In einer dynamischen technologischen Situation hingegen, etwa am Anfang oder am Ende eines Produktlebenszyklus, ist die Fähigkeit zur beständigen Neukombination von Wissen und zum damit verbundenen Wandel der Systembedingungen von großer Bedeutung. Typisch ist hier die Situation des Silicon Valley. Eingespielte Netzwerkbeziehungen und institutionelle Regelungen sind hier eher

---

20 Den Begriff der „industrial atmosphere" wie auch den des „industrial districts" prägte der englische Ökonom Alfred Marshall gegen Ende des 19. Jahrhunderts am Beispiel der Schneidewarenindustrie, die sich damals in Solingen und in Sheffield konzentrierte.

hinderlich, vielmehr ist in diesen Fällen ein hochflexibles Arrangement von Unternehmen und Institutionen anzutreffen.

Grosso modo weist die Forschung allerdings auch hier darauf hin, dass Innovationssysteme wie technologische Entwicklungspfade (s.o.) – im Prinzip unabhängig von ihrer nationalen, regionalen oder sektoralen Verortung – stets von der Gefahr der Verfestigung und Abschottung nach außen bedroht sind, denn zu enge Vernetzungen können zu Wahrnehmungsbarrieren und sozialer Schließung führen. Die Folge ist, dass einmal eingeschlagene und inzwischen überholte Innovationspfade nicht mehr verlassen und neue Erfordernisse und Entwicklungsmöglichkeiten nicht aufgegriffen werden. Diese Gefahr besteht insbesondere dann, wenn sich bestimmte Entwicklungspfade in der Vergangenheit als erfolgreich erwiesen haben und damit verbundene institutionelle Strukturen, Akteurskonstellationen, Handlungsmuster und Interessen so nachhaltig geprägt haben, dass ihr Wandel nur um den Preis eines grundlegenden und konfliktträchtigen Systembruchs möglich wäre.[21] Genereller formuliert, Innovationssysteme zeichnen sich durch die Paradoxie aus, dass eine einmal erreichte innovative Leistungsfähigkeit immer auch den Keim für strukturelle Erstarrung und abnehmende Innovationsfähigkeit in sich trägt.

Ein Beispiel für die Beharrungskräfte etablierter Innovationssysteme mit ihren technologischen Entwicklungspfaden ist, dass es bislang nicht gelungen ist, eine Vereinheitlichung der nationalen Bahnsysteme in Europa zumindest so weit zu erreichen, dass die Entwicklung eines europäischen Hochgeschwindigkeitszugs (Highspeed Train Europe – HTE) mit Aussicht auf Erfolg begonnen werden kann. Vor allem aus Gründen der Kostenersparnis sollte ein solcher Zug europaweit in möglichst vielen Ländern Verwendung finden. Im Jahr 2004 wurden nun die Planungsgespräche für dieses Vorhaben von der deutschen, französischen und italienischen Bahngesellschaft abgebrochen. Als Grund hierfür wird offiziell angeführt, dass in den einzelnen Staaten über Jahrzehnte ganz unterschiedliche Bahnstrukturen gewachsen seien, die nicht von heute auf morgen aufzubrechen seien. Dabei handele es sich keineswegs nur um Anpassungsprobleme technischer Art, sondern vor allem um Schwierigkeiten völlig unterschiedliche betriebliche Abläufe und rechtliche Regelungen anzugleichen (Wille 2004). Hinzu kommen vermutlich Widerstände vor allem der deutschen und französischen Hersteller von Hochgeschwindigkeitszügen gegen ein gemeinsames Produkt, das die bisherigen Investitionen in das jeweils eigene Produkt zu größeren Teilen wohl entwerten würde.

---

21 Dies belegt eindrucksvoll die Studie von Gernot Grabher (1993) über die Schwierigkeiten des Ruhrgebiets den Niedergang der Montanindustrie durch eine wirtschaftliche und technologische Neuorientierung zu kompensieren.

8.4 Wissensgesellschaft und neue Formen der Wissensproduktion

Die Begriffe Wissen und Innovation stehen spätestens seit den 1990er Jahren im Kontext einer wissenschaftlichen und auch politischen Debatte, die die gesellschaftliche Entwicklung hin zu einer *Wissensgesellschaft* thematisiert. Nicht nur in den Sozialwissenschaften, sondern auch in den Wirtschaftswissenschaften (z.B. Grossmann/Helpman 1991) und in den Managementwissenschaften (z.B. Drucker 1994) wird von der wachsenden Bedeutung von Wissensarbeit, Wissensmanagement und wissensbasierten Organisationen im Kontext sich nachhaltig verändernder sozialer und ökonomischer Gesellschaftsstrukturen gesprochen.[22] Und seit dem Lissaboner Gipfel der Europäischen Union im Jahr 2000, bei dem die Entwicklung der EU hin zum „wettbewerbsfähigsten und dynamischsten wissensbasierten Wirtschaftsraum in der Welt" beschlossen wurde, hat das Thema Wissensgesellschaft seinen Platz auch in der öffentlichen Diskussion, gerade auch in den Sonntagsreden vieler Politiker, gefunden (Heidenreich 2003).

Insbesondere in der öffentlichen Debatte werden die Begriffe Wissensgesellschaft und Dienstleistungsgesellschaft oftmals völlig undifferenziert in einem Atemzug genannt, einfach um das Ende der Industriegesellschaft zu proklamieren. Angesprochen sind damit jedoch zwei gesellschaftstheoretisch orientierte Diskurse, die weitgehend unabhängig voneinander verlaufen sind. Die Debatte um die Dienstleistungsgesellschaft reicht, wie im Kap. 3.5.3 angesprochen, bis weit in die 40er Jahre des letzten Jahrhunderts zurück und basiert auf den Arbeiten der Sozialwissenschaftler Colin Clark und Jean Fourastié (zusammenfassend: Häußermann/Siebel 1995, S. 27ff.). Gegen das Konzept der Dienstleistungsgesellschaft lässt sich einwenden, dass es im Grunde nur eine Verschiebung der Wirtschaftssektoren thematisiert und die von ihm damit begründeten Strukturveränderungen moderner Gesellschaften in Richtung einer krisenfreien Entwicklung sich als nicht haltbar erwiesen haben. Das Konzept der Wissensgesellschaft hingegen beansprucht, sich mit einem sehr viel grundlegenderen Strukturwandel moderner Gesellschaften, der mit der generell zunehmenden Bedeutung von Wissen zusammenhängt und der gleichermaßen in allen Wirtschaftssektoren zu beobachten sei, auseinander zu setzen (Stehr 1994, S. 148ff.).

Der Beginn der Debatte um die Wissensgesellschaft wird gemeinhin mit dem Namen Daniel Bell verknüpft, der 1973 seine These vom „Heraufziehen" der postindustriellen Gesellschaft damit begründete, dass wissenschaftlich-theoretisches Wissen und mit ihm die Einrichtungen der Wissenschafts- und Wissensproduktion zum „axialen Prinzip", d.h. treibenden Moment der gesellschaftlichen Entwicklung geworden sei. Grosso modo verbindet sich in einer gesellschaftspolitischen Perspektive mit beiden Konzepten die Hoffnung auf neue Wachstums- und Beschäftigungschancen und auf eine krisenfreie Zukunft. Insbesondere mit der wachsenden Bedeutung von Wissen soll eine sozial gerechtere, effizientere und politisch rationalere Gesellschaft als die bisherige entstehen.

---

22 Für die neuere sozialwissenschaftliche Diskussion vgl. z.B.: Stehr (1994), Willke (1998), Weingart (2001).

Resümiert man die sozialwissenschaftliche Debatte, so lässt sich Wissensgesellschaft mit Helmut Willke in einer ersten Näherung wie folgt fassen:

> „Von einer Wissensgesellschaft oder einer wissensbasierten Gesellschaft lässt sich sprechen, wenn zum einen die Strukturen und Prozesse der materiellen und symbolischen Reproduktion einer Gesellschaft so von wissensabhängigen Operationen durchdrungen sind, dass Informationsverarbeitung, symbolische Analyse und Expertensysteme gegenüber anderen Faktoren vorrangig werden. Eine entscheidende zusätzliche Voraussetzung der Wissensgesellschaft ist, dass Wissen und Expertise einem Prozess der *kontinuierlichen Revision* unterworfen sind und damit Innovationen zum alltäglichen Bestandteil der Wissensarbeit werden." (Willke 1998, S. 355 – Hervorheb. im Orig.)

Wissen avanciert danach zum zentralen Produktionsfaktor moderner Gesellschaften, der, so die Auffassung der genannten Autoren, tendenziell Kapital und Arbeit ersetzt. Die Infrastruktur hierfür bilden Informations- und Kommunikationstechnologien, die einen geradezu radikalen Wandel in den Formen der Produktion und der Nutzung von Wissen ermöglichten. Als ein zentrales Merkmal der neuen Gesellschaftsform wird die zunehmende Bedeutung von *Wissensarbeit* angesehen. Mit dieser Kategorie sollen nicht jene Tätigkeiten erfasst werden, für die das erforderliche Wissen ein Mal im Leben durch Erfahrungen, Lehre oder akademische Ausbildung erworben und dann angewendet wird – typisch etwa die traditionellen wissensbasierten Tätigkeiten wie Facharbeit und akademische Professionen. Vielmehr meint Wissensarbeit: Erstens muss das relevante Wissen kontinuierlich revidiert und als permanent verbesserungsfähig angesehen werden. Hierbei geht es um den viel diskutierten Umstand des zunehmend notwendigen „lebenslangen Lernens" und der vermuteten immer schnelleren „Verfallszeit" einmal erlernter Kenntnisse und Erfahrungen. Zweitens wird Wissen nicht im wissenschaftlichen Sinn als Wahrheit, sondern als Ressource für wirtschaftliches Handeln betrachtet. Drittens wird Wissensarbeit als Moment sich schnell verändernder Organisationen angesehen, die auch als „intelligente Firma" oder „lernende Organisationen" bezeichnet werden. Als charakteristisch gilt, dass beide Ebenen – Arbeit und Organisation – in einem kontinuierlichen Prozess des Wissensaustauschs eingebunden sind, um sich schnell ändernden Markt- und Konkurrenzbedingungen anpassen zu können. Es wird daher auch von *organisierter Wissensarbeit* gesprochen, da der Zusammenhang von personengebundenen Tätigkeiten mit organisatorischen Strukturen und dem fortschreitenden Einsatz von Informations- und Kommunikationstechnologien als essentiell für die wachsende Bedeutung von Wissen für ökonomische Prozesse angesehen wird. Es werden deshalb auch Unternehmen wie Softwarefirmen, Investmentbanken, Beratungsfirmen, Filmstudios, aber auch Forschungsinstitute, Verlage und Redaktionen als besonders typische Organisationen mit Wissensarbeit angesehen (Willke 1998, S. 19ff.).

Mit dieser Verknüpfung von personengebundenem Wissen und organisatorischen Strukturen wird die große Bedeutung des *Wissensmanagements* für moderne Arbeitsprozesse und Organisationen begründet – ein Thema, das insbesondere in der Betriebswirtschaftslehre und den Managementwissenschaften, oftmals allerdings verkürzt auf Fragen von IT-Einsatz, Datenorganisation und Datenbanken, intensiv bearbeitet wird. Als das zentrale Problem wird hierbei die Schwierigkeit angesehen, den jederzeitigen Übergang zwischen explizitem und implizitem Wissen zu bewerkstelligen. Denn einerseits kann implizites Wissen auf Grund seines spezifischen nur schwer artikulierbaren Charakters nicht unmittelbar weitergegeben werden, sondern erfordert u.U. langwierige und aufwendige Prozesse der Wissensvermittlung. Andererseits aber kann gerade, wie oben ausgeführt (8.2.2), das implizite Wissen besonders bedeutsam für die Innovativität etwa eines Unternehmens angesehen werden. Als weiteres damit zusammenhängendes Problem gilt, dass Wissen nicht allein als ein personelles Phänomen betrachtet werden kann, sondern dass auch Organisationen mit ihren formalen und informellen Regeln, ihren Datenbanken und den in ihrer spezifischen Kultur verankerten kollektiven Routinen über spezifische Formen von Wissen verfügen. Als ein zentrales Problem von Wissensmanagement wird nun gesehen, wie das Zusammenspiel von individuellem und organisationalem Wissen und die darauf basierenden Innovationsprozesse angestoßen und auf Dauer gestellt werden können.[23]

Neben dem Thema des Wandels der Arbeit ist ein weiterer zentraler Topos der sozialwissenschaftlichen Debatte um die Wissensgesellschaft die Frage nach neuen Formen der Erzeugung und Nutzung von Wissen. Nahezu durchgängig wird hierbei behauptet, dass zwar wissenschaftliches Wissen einen zentralen Charakter für die gesellschaftliche Entwicklung gewinne, jedoch sei dies nicht gleichbedeutend mit einem Bedeutungszuwachs des Wissenschaftssystems generell. Das akademische System der Wissenschaft, in dem Grundlagenforschung vor allem an Universitäten betrieben wird, befinde sich vielmehr in Auflösung. Die Wissenschaft löse sich aus ihrer früheren sozialen Isolation und diffundiere in die unterschiedlichsten gesellschaftlichen Bereiche und der Zugang zu wissenschaftlichem Wissen wird prinzipiell für alle gesellschaftlichen Gruppen geöffnet (Weingart 2001, S. 14f.). Allerdings wird die Frage, welche Systemveränderungen sich konkret damit verbinden, recht unterschiedlich diskutiert (Bender 2004).

Ein sehr weitgehendes Konzept zu dieser Frage wurde von Michael Gibbons, Helga Nowotny und anderen 1994 in ihrem sozialwissenschaftlichen Bestseller *The New Production of Knowledge* vorgelegt (auch Nowotny u.a. 2001). Die Autoren diagnostizieren einen neuen Erzeugungsmodus von Wissen, als „Mode 2“ der Wissensproduktion im Unterschied zum traditio-

23 Eine systemtheoretisch inspirierte Zusammenfassung der Debatte um Wissensmanagement findet sich bei Willke (1998, S. 39ff.). In eher managementorientierter Sicht kann die Studie von Nonaka und Takeuchi (1997) als grundlegend angesehen werden.

nellen wissenschaftsbestimmten „Mode 1“ bezeichnet, der durch vier wesentliche Merkmale charakterisiert ist:

- Die wachsende Bedeutung eines Anwendungskontextes für die Generierung auch von theoretischem Grundlagenwissen;
- die *Transdisziplinarität* des generierten Wissens und der Technologien, das heißt ein systematisches Überschreiten disziplinärer, aber auch sektoraler etc. Grenzen bei der Wissenserzeugung;
- die organisatorische Vielfalt und Heterogenität der Formen, in denen Wissen erzeugt wird; beteiligt ist eine Vielzahl unterschiedlicher Akteure im Rahmen einer Vielzahl sehr unterschiedlicher Organisations- und Koordinationsformen;
- die zumindest teilweise Verlagerung der Erzeugung von systematisiertem (auch wissenschaftlichem) Wissen aus akademisch und disziplinär bestimmten Kontexten in breiter definierte soziale Zusammenhänge.

Charakteristisch für diesen neuen Modus der Wissens- und Technologieproduktion ist demnach, dass unterschiedlich qualifizierte Akteure auf Zeit gemeinsam an Problemen arbeiten, die nicht nach innerwissenschaftlichen, disziplinären Relevanzkriterien, sondern ausgehend von antizipierten Anwendungen spezifiziert werden. Damit verändert sich nicht nur die Art und Zahl der Kriterien, nach denen man bestimmt, was „gute“ Wissenschaft ist, sondern es multipliziert sich auch die Zahl der sozialen Orte, an denen solches Wissen produziert wird. Dazu gehören nicht bloß verschiedene wissenschaftliche und technologische Gemeinschaften, sondern international agierende Konzerne ebenso wie regionale kleine Hightech-Firmen, Regierungsinstitutionen genauso wie Consultants und nationale und internationale Forschungsprogramme.

Die Bedeutung dieser neuen, transdisziplinären und sozial verteilten Formen der Wissenserzeugung nimmt den Autoren zufolge gerade in solchen Bereichen zu, die als besonders innovativ gelten. Also etwa Biotechnologien, die neuen Materialwissenschaften und natürlich die IuK-Technologien. Das Aufkommen dieser neuen Formen der Wissensgenese weise aber über sich hinaus: es sei ein Indikator für einen grundlegenden Strukturwandel der gesamten Gesellschaft. Charakteristisch für die neue Epoche ist demnach, dass über lange Zeit etablierte Systemgrenzen durchlässiger werden, dass Akteure und Wissensbestände ständig zwischen verschiedenen Teilsystemen wie Wissenschaft und Industrie wechseln (Bender 2004, S. 7). Daher verliert auch das Wissenschaftssystem seine traditionelle Sonderstellung und seinen Status als Hort von Objektivität und Erkenntnis. Den Thesen von Gibbons u.a. zufolge entwickeln sich offene Systeme der Wissensproduktion, die nicht nur die institutionalisierten Abgrenzungen der disziplinär organisierten Wissenschaften übergreifen, sondern auch die zwischen Wissenschaften und praktischen Nutzungskontexten, ohne dass die Prinzipien wissenschaftlichen Arbeitens dadurch verletzt werden.

Diese Thesen verweisen, trotz aller Kritik,[24] auf wichtige Strukturmerkmale entwickelter Gesellschaften: erstens handelt es sich nicht um Wissenschaftsgesellschaften, in denen das Teilsystem der Wissenschaft über die ihm immanenten Rationalitätskriterien dominanten Einfluss auf die gesellschaftliche Reproduktion insgesamt nimmt, sondern über die Grenzen diverser Teilsysteme hinweg verfügbares wissenschaftliches Wissen gewinnt an Bedeutung; zweitens wird das auf diese Weise verfügbare Wissen zu einer überaus wichtigen Ressource für die Entwicklung einer Gesellschaft als ganzer, wobei die Erzeugungs- und die Umschlagsgeschwindigkeit von Wissen ganz offensichtlich rapide zunehmen; drittens wird systematisch betriebener technologischer Wandel, eben technische Innovationen, zur gesellschaftlichen Normalität. Anders formuliert, dieser skizzierte neue Modus der Wissensproduktion radikalisiert das oben skizzierte Rekursionsmodell von Innovationsprozessen in gesellschaftstheoretischer Perspektive.

Die Diskussion um die Wissensgesellschaft weist allerdings deutlich über die Fragen der Wissensarbeit und der neuen Formen der Wissensproduktion hinaus. Die wachsende Bedeutung von Wissen wird in enger Verschränkung mit gesellschaftlichen Strukturveränderungen gesehen, die sich nur durch neues und permanent weiterentwickeltes Wissen bewältigen lassen und die teilweise in deutlichem Widerspruch zu der optimistisch gefärbten öffentlichen und gesellschaftspolitischen Debatte stehen. Nahezu übereinstimmend wird in den verschiedenen Konzepten der Wissensgesellschaft (Stehr 1994) nicht nur konstatiert, dass Wissen hinsichtlich der gesellschaftlichen Funktion und Bedeutung an die Stelle materieller Produktionsmittel tritt, sondern auch dass sich damit auch gesellschaftliche Macht- und Statusstrukturen zugunsten jener, die Zugang zu relevantem Wissen haben und in der Lage sind, dieses in ihrem Interesse zu nutzen, verschieben. Denn die Machtstrukturen der alten Industriegesellschaft waren durch das Eigentum an und die Verfügung über die Produktionsmittel bestimmt, die nun durch die gesellschaftlich sehr viel weiter verteilte Verfügbarkeit über die Ressource Wissen nachhaltig verändert würden (Weingart 2001, S. 14). Weiterhin werden die schon oben im Zusammenhang mit der Analyse der Arbeitsmarktentwicklung dargestellten Tendenzen der Flexibilisierung von Arbeit, der Erosion der Teilarbeitsmärkte und der abnehmenden Bedeutung des Normalarbeitsverhältnisses – kurz, der Pluralisierung von Arbeitsformen thematisiert (Kap. 7.3; z.B. Heidenreich/Töpsch 1998; Schumm 1999). Behauptet wird eine zunehmende und tief gehende Segmentierung der Arbeits- und Sozialstrukturen und damit einhergehender neuer Formen sozialer Ungleichheit: einem unteren Segment gering oder nicht qualifizierter Arbeitskräfte, die immer weniger mit den wachsenden Anforderungen der Wissensgesellschaft Schritt halten können, einem großen mittleren Segment, dessen Merkmal, vereinfacht gesprochen, ein flexibilisiertes Normal-

24 Vgl. z.B. Weingart 1999, Rip 1998 und die Beiträge in Bender 2001.

arbeitsverhältnis ist, und ein oberes Segment der hoch qualifizierten Wissensarbeiter (Willke 1998, S. 359ff.). Letztere weisen alle jene Besonderheiten auf, die oben in Anschluss an Voß und Pongratz (1998) mit dem Begriff des Arbeitskraft-Unternehmers gefasst worden sind (Kap. 7.3.3) und die sich durch eine sehr starke Position auf dem Arbeitsmarkt auszeichnen. Willke (1998, S. 365) spitzt dieses Argument noch zu: Da die Wissensarbeiter exklusiv über das Produktionsmittel Wissen verfügten, lässt sich insbesondere auf diesem Segment des Arbeitsmarktes die Umkehrung gesellschaftlicher Machtverhältnisses zwischen Kapital und Arbeit zugunsten der Wissensarbeiter beobachten.

Fraglos ist diese These wie auch die damit verbundene generelle Annahme, dass Wissen zum zentralen Produktionsfaktor gegenüber Arbeit und Kapital avanciert, überzogen. Mehrere Kritikpunkte können hier hervorgehoben werden: Zum einen werden dabei die unveränderten grundlegenden Strukturbedingungen kapitalistischer Gesellschaften vernachlässigt, dass nämlich Wissen stets an Kapital und Investitionen, sei es in Form neuer Produkt- und Prozesstechnologien, von FuE-Aktivitäten und von Personalrekrutierung und Qualifizierung gebunden ist. Und die Verfügung über Kapital ist nach wie vor privat organisiert, weshalb sich die grundlegenden gesellschaftlichen Machtstrukturen letztlich nicht verändern. Zum Zweiten kann, wie schon die einleitenden Ausführungen zu diesem Kapitel deutlich machen, die hohe Bedeutung von Wissen und Innovation keineswegs nur der gegenwärtigen Gesellschaft zugeschrieben werden. Wie eine Vielzahl wirtschafts- und technikhistorischer Studien eindrucksvoll belegen, waren die verschiedenen Phasen der Industrialisierung stets durch ausgeprägte Innovations- und Technologiesprünge charakterisiert. Daher kann Wissen weder von gesellschaftlicher Entwicklung noch von Arbeit als getrennter Faktor betrachtet werden. Denn keine Arbeit, auch die einfachste Knochenarbeit, kommt ohne Wissen aus, sie wäre andernfalls nicht von instinktgesteuertem Verhalten zu unterscheiden (Deutschmann 2002, S. 9). Zum Dritten werden in der Debatte um die Wissensgesellschaft die Bestimmungsfaktoren der sozialen und wirtschaftlichen Entwicklung nicht selten auf den Einfluss neuer Technologien, generell auf die Bedeutung sog. wissensintensiver Wirtschaftsbereiche wie die IT-Industrie, die Pharmaindustrie und den Multimediasektor verkürzt. Nicht betrachtet werden hingegen traditionelle Wirtschaftssektoren wie die Holz- und die Möbelindustrie, die Papierindustrie, die Nahrungsmittelindustrie und viele andere. Indes erweist sich bei genauerer Analyse der wirtschaftlichen Entwicklung, dass solche Sektoren schon rein quantitativ ein essentieller Bestandteil der Wirtschaftsstrukturen auch fortgeschrittener Gesellschaften sind und dass ihre Produkte unter Umständen unverzichtbares Element für die Entwicklung neuer Technologien sein können (Hirsch-Kreinsen u.a. 2003). Zum Vierten bleibt trotz aller definitorischer Anstrengungen der Wissensbegriff selbst unscharf: So lässt sich die behauptete wachsende Bedeutung von wissenschaftlichem

Wissen empirisch ganz offensichtlich nicht eindeutig belegen und die Rolle der IuK-Technologien wird in Hinblick auf die Genese neuen Wissens wohl überschätzt, denn es handelt sich dabei vielfach nur um die Speicherung und Verwaltung von Informationen und Daten (Stehr 1994, S. 11; Smith 2003). Außerdem muss der Fokus auf wissenschaftliches Wissen als zu eng kritisiert werden, vernachlässigt er doch weitere Wissensformen wie praktisches Wissens und mit ihm hohe und möglicherweise wachsende Bedeutung der verschiedenen Formen impliziten Wissens für Arbeits- und Innovationsprozesse. Ein Argument, das, wie schon ausgeführt (Kap. 8.2.2), gerade auch von der sozialwissenschaftlichen Innovationsforschung mit Nachdruck vertreten wird. Gleichwohl lässt sich summa summarum festhalten, dass es trotz aller Kritik sinnvoll ist, das Konzept der Wissensgesellschaft als Heuristik zu nutzen. Denn es richtet die Aufmerksamkeit auf gegenwärtige sozio-ökonomische Strukturveränderungen wie die Erosion der fest gefügten Strukturen und Koordinationsformen der Industriegesellschaft, eine ausgeprägte technologische Innovationsdynamik und die hohe Fragilität von Gegenwartsgesellschaften insgesamt.

Weiterführende Literatur zu Kapitel 8

Degele, N. 2002: Einführung in die Techniksoziologie. München

Heidenreich, M. 1997: Wirtschaftsregionen im weltweiten Innovationswettbewerb. In: Kölner Zeitschrift für Soziologie und Sozialpsychologie, Jg. 49, H. 3, S. 500-527

Kowol, U.; Krohn, W. 1995: Innovationsnetzwerke. Ein Modell der Technikgenese. In: Bechmann, G.; Rammert, W. (Hrsg.): Technik und Gesellschaft. Jahrbuch 8: Theoriebausteine der Techniksoziologie. Frankfurt/New York, S. 77-105

Rammert, W.: 2000: Technik aus soziologischer Perspektive 2. Wiesbaden, insbesondere Kap. 1

Schumm, W. 1999: Kapitalistische Rationalisierung und die Entwicklung wissensbasierter Arbeit. In: Konrad, W.; Schumm, W. (Hrsg.): Wissen und Arbeit. Neue Konturen von Wissensarbeit. Münster, S. 152-183

Stehr, N. 1994: Arbeit, Eigentum und Wissen. Zur Theorie von Wissensgesellschaften. Frankfurt/M., insbesondere Kap. 1

9. Globalisierung wirtschaftlicher Beziehungen

9.1 Ausgangssituation

Kaum ein Thema beschäftigt die sozialwissenschaftliche und auch öffentlich-politische Diskussion seit längerem so intensiv wie das der Globalisierung. Versucht man, den aktuellen Stand der Forschung zu diesem Thema zu resümieren, wird man von der unüberschaubaren Fülle von Publikationen schier überrollt. Überzeugende und halbwegs systematische Zusammenfassungen der Diskussion sind denn auch eher die Ausnahme.[1] Die Erklärung für diesen Boom sind sicherlich die unübersehbaren Internationalisierungstendenzen vor allem wirtschaftlicher Prozesse. Ausgewählte empirische Indikatoren sprechen eine scheinbar eindeutige Sprache:[2]

- Zum einen verdreifachte sich der Welthandel, hier der weltweite Export, in den ungefähr 20 Jahren zwischen 1980 und 2001; er wuchs von ca. 2.031 auf 6.112 Mrd. Dollar.
- Zum Zweiten erhöhte sich im gleichen Zeitraum der Fluss der internationalen Direktinvestitionen ins Ausland – etwa Beteiligungen an ausländischen Unternehmen und Investitionen in neuen Unternehmensstandorten – um mehr als das Elffache von rd. 54 auf 621 Mrd. Dollar.
- Zum Dritten nahm das Volumen des internationalen Devisenhandels im Zeitraum zwischen 1979 und 1998 um mehr als das Zwölffache zu; der Umsatz des Devisenhandels pro Arbeitstag steigerte sich von etwa 120 Mrd. Dollar auf 1.490 Mrd. Dollar.

Indes sind sich weder die sozialwissenschaftliche Forschung, noch die öffentliche Debatte sonderlich einig in der Interpretation dieser Daten. Vielfach werden sie als eindeutige Indikatoren für einen ungebremst fortschreitenden Globalisierungsprozess begriffen, der bestehende soziale, ökonomische und politische Verhältnisse nachhaltig verändert und ein neues Stadium gesellschaftlicher Modernisierung einleitet (z.B. Beck 1997; Castells 2000). Zugespitzt wird diese Sicht in der öffentlichen Rede vom „L'horreur

1 Für den deutschsprachigen Raum vgl. z.B. die überaus materialreiche Zusammenfassung des Themas von Altvater und Mahnkopf (1997), die zusammenfassende Darstellung der angelsächsischen Debatte von Dürrschmidt (2002) sowie die breit angelegte von Schmidt und Trinczek (1999) herausgegebene Aufsatzsammlung.

2 Vgl. UNCTAD (2002, S. 2 und 274), Huffschmidt (1999, S. 44).

économique" (Forrester 1996), wonach die fortschreitende Globalisierung eine zunehmende Massenarbeitslosigkeit, einen beschleunigten Abbau sozialstaatlicher Sicherungssysteme sowie eine wachsende soziale Ungleichheit in einzelnen Ländern wie auf dem Globus generell nach sich ziehe. Als die treibenden Kräfte für diese Entwicklung werden internationale Konzerne, die viel zitierten „Global players" mit Umsätzen größer als das Sozialprodukt ganzer Länder angesehen. Als die infrastrukturellen Voraussetzungen hierfür gelten die modernen IuK-Technologien und immer billigere Transport- und Logistiksysteme, die eine globale Vernetzung und einen rasanten Austausch von Daten, Kapital und Waren erlauben.

Zugleich aber hat die sozialwissenschaftliche Forschung in den letzten Jahren konzeptionell wie empirisch eine ganze Reihe von Ergebnissen vorgelegt, die diese Sichtweise differenzieren, ja ganz erheblich modifizieren. Sie sprechen gegen eine überzogene Dramatisierung des gegenwärtigen Globalisierungsniveaus und relativieren die ökonomischen Indikatoren. Ein Argument ist, dass der gegenwärtige Stand der Globalisierung verglichen etwa mit der Zeit vor dem Ersten Weltkrieg historisch nicht so neu sei, wie oft unterstellt.

Trotz einer insgesamt recht unsicheren Datenlage wird als Indikator für diese historische Relativierung beispielsweise der Welthandel herangezogen. Danach lagen die durchschnittlichen Exportquoten der westlichen entwickelten Industrieländer im Jahr 1992 mit 14,3% des BIP nur wenig über denen des Jahres 1913 mit ca. 12,9%. Ähnlich die Daten für internationale Direktinvestitionen: So wird der Anteil des Bestandes ausländischer Direktinvestitionen an der gesamten Weltproduktion im Jahr 1913 von ca. 9% erst nach dem Jahr 1991 wieder erreicht. In Hinblick auf die internationale Mobilität des Kapitals wird davon ausgegangen, dass sie in den Jahren zwischen 1900 und 1914 deutlich höher war als Mitte der 1990er Jahre. Freilich dürfen die Strukturunterschiede zwischen den beiden historischen Phasen nicht übersehen werden. So verändert sich der Welthandel vom intersektoralen hin zum intrasektoralen Handel, d.h. der Handel verläuft zunehmend zwischen den gleichen Wirtschaftssektoren in verschiedenen Ländern. Es stiegen eine ganze Reihe von Entwicklungsländern zu gewichtigen Exporteuren auf und es ist ein schnell wachsender Handel innerhalb international ausgedehnter Wertschöpfungsketten einzelner Unternehmen zu beobachten. Zudem flossen die Direktinvestitionen vor 1913 hauptsächlich in den primären Sektor der Rohstofferzeugung und in die damaligen Kolonien, während ab den 1960er Jahren die Direktinvestitionen sich hauptsächlich auf den sekundären und tertiären Sektor in den entwickelten Industrieländern richteten.[3]

Ein weiteres relativierendes Argument ist, dass das wirtschaftliche Gewicht der Globalisierung im Vergleich zur Größe der Inlandsmärkte und dem jeweils inländischen Investitionsvolumen deutlich überschätzt würde (z.B. Krugman 1994). Als Indikator hierfür gilt, dass immer noch rund 85% aller

---

3 Alle Daten und Argumente finden sich in der zusammenfassenden Darstellung der historischen Entwicklung des Globalisierungsprozesses bei Hübner (1998, S. 57ff.).

Investitionen deutscher Unternehmen im Inland getätigt werden. Freilich dürfen die großen Differenzen zwischen einzelnen Branchen und Sektoren nicht übersehen werden. So beliefen sich die deutschen Direktinvestitionen des verarbeitenden Gewerbes im Ausland im Zeitraum zwischen 1995 und 2000 auf jährlich rund 39% der gesamten Bruttoanlageinvestitionen; die Automobilindustrie lag mit einem entsprechenden Anteil von 70% allerdings noch deutlich über diesem Durchschnittswert (Siebert 2002).

Grosso modo wird von einer „Unübersichtlichkeit" der sozialwissenschaftlichen Globalisierungsdebatte gesprochen. Sie interpretiert nicht nur die empirischen Daten sehr unterschiedlich, sondern auch die Analysekonzepte sind recht disparat und die hierbei verwendete Begrifflichkeit ist unscharf (Dürrschmidt 2002, S. 9f.). Dies gilt in besonderer Weise für die wirtschafts- und industriesoziologische Debatte, die ihre Aufmerksamkeit bislang allenfalls selektiv auf Fragen, die mit Globalisierungsprozessen zusammenhängen, gerichtet hat.

9.2 Begriffe und Zusammenhänge

„Die Moderne ist in ihrem inneren Wesen auf Globalisierung angelegt" (Giddens 1995, S. 84). Theoretisch ist die Globalisierung der ökonomischen Beziehungen Ausdruck des grundlegend grenzüberschreitenden Charakters kapitalistischer Produktion. Der Druck der Konkurrenz, die Produktion beständig zu rationalisieren und neue Absatzfelder zu erschließen, treibt zur Ausdehnung des Marktes und zur Überschreitung regionaler und nationaler Grenzen. Insofern kann die industriell-kapitalistische Produktionsweise seit ihren historischen Anfängen im 18. Jahrhundert als global orientiert begriffen werden. Diesen Zusammenhang beleuchtet eindringlich ein nach wie vor aktuelles Zitat von Karl Marx und Friedrich Engels aus dem Kommunistischen Manifest des Jahres 1848:

> „Die Bourgeoisie hat durch ihre Exploitation des Weltmarktes die Produktion und die Konsumtion aller Länder kosmopolitisch gestaltet. Sie hat zum großen Bedauern der Reaktionäre den nationalen Boden der Industrie unter den Füßen weggezogen. Die uralten nationalen Industrien sind vernichtet worden und werden täglich vernichtet. Sie werden verdrängt durch neue Industrien, die nicht mehr einheimische Rohstoffe, sondern den entlegendsten Zonen angehörige Rohstoffe verarbeiten und deren Fabrikate nicht nur im Lande selbst, sondern in allen Weltteilen zugleich verbraucht werden. An die Stelle der alten, durch Landeserzeugnisse befriedigten Bedürfnisse treten neue, welche die Produkte der entferntesten Länder und Klimate zu ihrer Befriedigung erheischen. An die Stelle der alten lokalen und nationalen Selbstgenügsamkeit und Abgeschlossenheit tritt ein allseitiger Verkehr, eine allseitige Abhängigkeit der Nationen voneinander." (Marx/Engels 1975, S. 420)

Begriff der Globalisierung

Angesprochen sind in diesem Zitat einige Aspekte, mit denen man den Begriff der Globalisierung präzisieren kann. Folgt man dabei insbesondere auch Giddens (1995, S. 85f.), so lässt sich Globalisierung als Prozess mit folgenden Eigentümlichkeiten begreifen: zum einen verbindet sich mit ihm die ständige *räumliche und zeitliche Ausdehnung* der sozialen Beziehungen zwischen verschiedenen Orten und ihren jeweils spezifischen Handlungssituationen; zum Zweiten kann von der fortlaufenden *Intensivierung* der sozialen Beziehungen zwischen den verschiedenen Orten gesprochen werden; zum Dritten besteht eine *Wechselwirkung* zwischen den voneinander entfernten Orten dergestalt, dass Ereignisse an einem Ort durch Vorgänge geprägt werden, die sich an einem viele Kilometer entfernten Ort abspielen und umgekehrt. Diese Wechselwirkung bedeutet, dass sowohl an verschiedenen Orten gleichsinnige und jeweils voneinander abhängige Veränderungen stattfinden können wie auch wechselseitig entgegengesetzte Tendenzen anzutreffen sind.

Als Beispiel für gleichsinnige Veränderungstendenzen mag hier das Beispiel der Aktienbewegungen an verschiedenen Börsen angeführt werden. Empirisch lässt sich wohl eindeutig zeigen, dass Kursverluste an der New York Stock Exchange in der Regel auf Grund hier nicht weiter zu diskutierender Mechanismen relativ direkt auch einen Fall der Aktienkurse in Frankfurt nach sich ziehen. Für den umgekehrten Fall kann das Beispiel des Aufstiegs der indischen Stahlindustrie dienen, deren besonders konkurrenzfähigen Produkte sicherlich eine der Ursachen für den Niedergang der Stahlindustrie im Ruhrgebiet war, deren Produkte im Vergleich zu teuer geworden waren.

Der hier verwendete Begriff der Globalisierung stellt insgesamt gesehen auf die Beschreibung realgeschichtlicher Entwicklungsprozesse grenzüberschreitender und internationaler Vernetzungen und Interdependenzen ab. Weder werden damit Ursachen der damit verbundenen sozio-ökonomischen Veränderungen angesprochen, noch verbinden sich damit normative Konnotationen der Art, dass Globalisierung mit einer bestimmten Auffassung über Entwicklungstendenzen verbunden wird. Zudem müssen verschiedene Funktionsebenen von Globalisierung auseinander gehalten werden, die jeweils unterschiedliche Wirkungs- und Handlungslogiken aufweisen. Wichtig ist hier die Unterscheidung zwischen der politischen, der ökonomischen, der kulturellen und der ökologischen Ebene.[4]

Globalität und Globalismus

Freilich ist die Verwendung der Begrifflichkeit in der sozialwissenschaftlichen Debatte höchst unscharf. Vor allem ist der Unterschied zu den häufig

4 Verschiedentlich wird im Folgenden auch der Begriff der Internationalisierung verwendet. Dieser soll als unspezifischer Ober- und Sammelbegriff für alle präziseren teilweise noch zu klärenden Begriffe wie Globalismus, Glokalisierung und auch Transnationalisierung verwendet werden.

verwendeten Begriffen *Globalität* und *Globalismus* deutlich zu machen. Versucht man hier eine halbwegs plausible Lesart zu finden,[5] so lässt sich etwa mit Ronald Robertson und Ulrich Beck festhalten, dass mit dem Begriff Globalismus der wissenschaftlich und öffentlich-politische Diskurs angesprochen wird, der oft hochgradig ideologisch den komplexen und widersprüchlichen Globalisierungsprozess mit einer monokausal ökonomisch verkürzten Sichtweise gleichsetzt und gesellschaftspolitisch im Positiven wie im Negativen von einer ungebrochenen Dominanz des Weltmarktes über nahezu alle sozialen Prozesse ausgeht. Demgegenüber wird mit Globalität auf das Bewusstsein über die reale und inzwischen unübergehbare Existenz einer vernetzten Welt, die kaum mehr voneinander abgeschottete Räume aufweist, abgehoben. Globalität ist demnach ein gegenwärtig immer wichtiger werdender Bezugsrahmen sozialen Handelns. Nicht zuletzt auf Grund der intensiven ökonomischen Verflechtungen ist Beck zufolge Globalität „unrevidierbar“ (1997, S. 29). Indes kreist die sozialwissenschaftliche Globalisierungsdebatte nach wie vor um Fragen wie die nach der Reichweite, der historischen Periodisierung und den treibenden Kräften der Globalisierung (Dürrschmidt 2002, S. 10). Dazu werden eine Reihe teilweise sehr disparater soziologischer Erklärungskonzepte angeboten.

Konzept des Weltsystems

In Hinblick auf ökonomische Prozesse gewann insbesondere das Konzept des Weltsystems des amerikanischen Wirtschaftshistorikers und Soziologen Immanuel Wallerstein (u.a. 1974; 1984) relativ großen Einfluss. Knapp zusammengefasst entwirft Wallerstein das Bild eines Weltsystems, in dem sich alle Gesellschaften und ihre relevanten Akteure wie Unternehmen und politische Organisationen in einer weltweit strukturierten Arbeitsteilung positionieren müssen. Dieses System, so Wallerstein, setzte sich mit dem Aufkommen des Kapitalismus und seiner globalen Entwicklungslogik durch. Es hat seinen Ursprung im 16. Jahrhundert mit den damals neuen internationalen ausgreifenden Waren- und Handelsketten, die immer neue Räume und Kontinente erfassen und die Struktur der grenzüberschreitenden Arbeitsteilung grundlegend verändern. Der Ausgangspunkt ist die Entdeckung Amerikas und die Unterwerfung des Aztekenreichs durch die Spanier 1521. Damit begann die Entwicklung einer umfassenden „kapitalistischen Weltökonomie“, die sich, resümiert man die Argumente von Wallerstein, durch drei Grundelemente charakterisieren lässt (z.B. Beck 1997, S. 65f.): Erstens umfasst sie nur einen einzigen weltweiten Markt, der vom Prinzip der unbegrenzten kapitalistischen Akkumulation geprägt ist. Zweitens existieren staatliche Strukturen und unterschiedliche Weltanschauungen, die relativ unabhängig vom ökonomischen Weltsystem existieren und sein Funktionieren allenfalls behindern oder bestimmte Gruppeninteressen fördern. Drittens ist die Weltökonomie durch ein Ausbeutungsverhältnis geprägt,

5 Vgl. hierzu insbesondere Dürrschmidt (2002, S. 12ff.).

und zwar besonders durch ein räumliches: Wallerstein unterscheidet zwischen dem ökonomischen Zentrum des Systems (core states) mit den führenden ökonomischen und politischen Staaten wie den USA, Japan und der EU, der Halbperipherie (semiperipheral areas) mit sich entwickelnden Regionen und Staaten wie jene in Südostasien und der Peripherie (peripherial areas) mit der großen Zahl vor allem von Entwicklungsländern. Dabei wird zum einen eine zunehmende Ungleichheit und Machtasymmetrie zwischen diesen Räumen und ihren Ländern, zum anderen eine hohe ökonomische Abhängigkeit der Peripherie und Semi-Peripherie von den Kernländern des Weltsystems unterstellt. Es spielt sich, so das Argument, eine internationale Arbeitsteilung ein, in der sich anspruchsvolle, kapital- und qualifikationsintensive Wirtschaftssektoren im Zentrum konzentrieren, während Sektoren mit arbeitsintensiven und traditionellen Produktionen in die Länder der Halbperipherie und Peripherie wandern. Diese Ungleichheiten führen zu periodisch auftretenden Krisen zwischen dem Zentrum und der Peripherie und es werden dadurch globale Widerstände gegen den Prozess der Globalisierung wie etwa fundamentalistische und anti-moderne Bewegungen sowie neue Nationalismen provoziert. Dem Konzept Wallersteins folgend ist daher das Weltsystem durch zwei einander widersprechende Logiken gekennzeichnet: einerseits die der ökonomisch getriebenen Weltintegration, andererseits die der Desintegration durch Krisen und Widerstände.

Die Kritik an dieser Sicht der Globalisierung kann in mehreren Punkten gebündelt werden (z.B. Giddens 1995, S. 90ff.; Beck 1997, S. 66f.): Zum einen erklärt sie Globalisierung mit dem Verweis auf eindeutig zu identifizierende Ursachen und zum Zweiten argumentiert sie ausschließlich ökonomisch, beide Argumente werden der Komplexität des Phänomens nicht gerecht; beispielsweise bleiben der Einfluss politischer Institutionen und Akteure sowie kulturelle Orientierungen ausgeblendet. Außerdem fasst Wallerstein Globalisierung historisch sehr weit und daher können die Besonderheiten und das historisch Neue begrifflich nicht wirklich bestimmt werden. Zum Dritten ist zu fragen, ob das Bild der internationalen Arbeitsteilung, wonach traditionelle und arbeitsintensive Produkte zunehmend in Ländern der Peripherie hergestellt werden, angesichts der widersprüchlichen Dynamik der wirtschaftlichen Prozesse (s.u.) wirklich haltbar ist.[6] Angezeigt ist daher, im Lichte dieser kritischen Argumente die vorliegenden Ergebnisse der sozialwissenschaftlichen Globalisierungsdebatte genauer zu resümieren.

6 Dazu liegen überraschende empirische Hinweise über die ökonomische Bedeutung von traditionellen „alten Industrien“ in entwickelten und fortgeschrittenen Industrieländern vor (z.B. The Economist 1998; Smith 2003).

9.3 Forschungsergebnisse und Entwicklungstendenzen

9.3.1 Weitreichende Globalisierung: die Finanzmärkte

Eine Position in der sozialwissenschaftlichen Globalisierungsdebatte vertritt nachdrücklich die These, dass seit Jahren ein weitreichender Globalisierungsschub ökonomischer Prozesse im Gange sei. Als Beleg hierfür wird nicht nur auf die eingangs angeführten ökonomischen Indikatoren verwiesen, sondern auch auf Trends wie die Zunahme des internationalen Massentourismus, auf die rasante weltweite Verbreitung des Internets und seiner Informationsflut und insbesondere auch auf die ins Auge springenden kulturellen Konsequenzen der Aktivitäten internationaler Unternehmen: nämlich die weltweite Vereinheitlichung von Lebensstilen, die Angleichung des Konsumentenverhaltens und die Konvergenz kultureller Normen und Symbole – zugespitzt mit dem Stichwort der McDonaldisierung der Welt. Resümiert man diese Auffassung über die neue Qualität der Globalisierung wirtschaftlicher Beziehungen, so lässt sich hier vor allem ein Argument herausdestillieren, nämlich der Verweis auf die weltweite Deregulierung der Finanzmärkte.[7]

Unter dem Begriff Finanzmarkt werden üblicherweise der Kapitalmarkt und der Geldmarkt zusammengefasst. Der erste bezieht sich traditionell auf die Finanzierung privater und öffentlicher Investitionen, der zweite im Wesentlichen auf Kreditvergabe und Geldbeziehungen zwischen Banken (Huffschmidt 1999, S. 16). Unstrittig ist, dass die internationalen Verflechtungen in diesen Bereichen seit Jahrhunderten relativ intensiv sind, man denke nur an die europaweiten Geld- und Kreditströme zu Zeiten der Renaissance, über die die Herrscherhäuser ihren Luxus und ihre Kriege finanziert haben. Indes sind die Finanzmärkte seit den 1970er Jahren von einer schnell fortschreitenden internationalen Ausdehnung und dem Abbau von Barrieren des Kapitaltransfers gekennzeichnet. Indikatoren hierfür sind die gigantischen Steigerungen der Devisenumsätze mit ihren unvorstellbar hohen Tagesumsätzen – diese betrugen, wie oben schon erwähnt, Mitte 1998 ungefähr 1,5 Billionen Dollar (BIZ 2001) – und den hohen Geschwindigkeiten, mit denen diese Umsätze getätigt werden.[8] Das hohe Niveau der globalen Verflechtungen lässt sich zudem immer wieder am Beispiel der weitreichenden Konsequenzen von Finanzkrisen zeigen, seien es die einzelner Banken oder auch solcher, bei denen einzelne Länder oder auch Ländergruppen im Zentrum stehen und die in den 1990ern nicht selten waren. Sie führten regelmäßig zu nachhaltigen weltweiten Erschütterungen auf den Finanzmärkten und zu hektischen Aktivitäten der direkt oder auch indirekt betroffenen Akteure. Finanzkrisen sind historisch kein neues Phäno-

7 Vgl. hierzu in unterschiedlicher Perspektive ausführlich z.B.: Strange (1986), Hübner (1998, S, 37ff.) und Huffschmidt (1999) und die dort angegebene Literatur.

8 Zu einigen Umsatzzahlen aus dem internationalen Finanzsystem vgl. z.B. Altvater/Mahnkopf (1997, S. 159ff.).

men, doch traten sie seit dem Beginn der 1980er Jahre in kurzen Abständen mit teilweise massiven Konsequenzen für einzelne Länder oder Ländergruppen wie etwa im Fall der sog. Asienkrise 1997/98 auf.[9]

Der Hinweis auf die unerbittlichen Konsequenzen der globalen Finanzmärkte für jene, die sich nicht an ihre Regeln halten, ist eine der Hauptbegründungen für die These von der neuen Qualität des gegenwärtigen Globalisierungsprozesses (Trinczek 1999, S. 58). Verwiesen wird dabei vor allem auf Regierungen, die, verfolgen sie eine als zu defizitär erachtete Finanz- und Geldpolitik, von den Finanzmärkten mit Zinszuschlägen und Währungsabwertungen gnadenlos abgestraft würden. Ebenso wird auf die Unternehmen verwiesen, die zunehmend unter den Druck des globalen Kapitalmarktes geraten und ihre Strategien auf die Steigerung des „Shareholder values" und den Renditeerwartungen internationaler Kapitalgeber ausrichten müssten (z.B. Hall/Soskice 2001, S. 60ff.). Würden diese nicht erfüllt, so würde dies zu einem kontinuierlichen Wertverlust der Aktien führen, der Erwerb größerer Aktienpakete würde günstiger und das Unternehmen könne daher zu einem Übernahmekandidaten etwa für Konkurrenzunternehmen werden.

Strukturveränderungen
Der Globalisierungsschub der Finanzmärkte ist indes keineswegs nur als ein marktvermittelter, sich naturwüchsig durchsetzender Prozess zu begreifen, vielmehr ist er Ergebnis politisch-strategischen Handelns einiger einflussreicher westlicher Regierungen.[10] Die frühen 1970er Jahre stellen dabei die entscheidende Zäsur dar, als es zum Zusammenbruch des Nachkriegsfinanzsystems von Bretton Woods kam.[11] Die wesentliche Grundlage dieses Systems waren die stabilen und regulierten Wechselkurse, die an der Leitwährung, dem Dollar, ausgerichtet waren. Jeder Staat hatte bei seinem Beitritt zu diesem System eine bestimmte Parität seiner Landeswährung zum Dollar festzulegen, der seinerseits in ein festes Verhältnis zum Gold gesetzt wurde. Die Währungsparitäten mussten innerhalb einer sehr engen Marge ggf. durch eine Intervention der beteiligten Zentralbanken garantiert werden. Darüber hinausgehende Änderungen von Wechselkursen waren nur unter bestimmten Bedingungen eines fundamentalen Ungleichgewichts zentraler ökonomischer Daten möglich und bedurften der internationalen Zustimmung. Die hierfür zuständige Institution war der Internationale Wäh-

9 Zu dem typischen Ablauf von Finanzkrisen und ihren Ursachen vgl. Huffschmidt (1999, S. 146ff.).

10 Vgl. hierzu und zum Folgenden die Zusammenfassung bei Trinczek (1999, S. 58ff.) sowie Huffschmidt (1999, S. 100ff.).

11 In Bretton Woods/New Hampshire fand im Juli 1944 die Konferenz zur Neuordnung der internationalen Währungsbeziehungen nach dem Zweiten Weltkrieg statt. Sie war nicht zuletzt geprägt von den Erfahrungen der Weltwirtschaftskrise der späten 1920er Jahre und der Absicht, eine solche Krise durch die Schaffung eines international regulierten Systems von Wirtschaftsbeziehungen zukünftig zu vermeiden.

rungsfond (IWF). Der IWF konnte Mitgliedsländern, die von Währungs- und Leistungsbilanzproblemen betroffen waren, Kredite zur Abwehr des Währungsdrucks aus einem von allen Mitgliedsländern gespeisten Fond gewähren. Trotz einer ganzen Reihe von problematischen Konstruktionsmerkmalen wies das System bis zu Beginn der 1970er Jahre eine bemerkenswerte Stabilität auf. Und es garantierte den meisten Ländern ein beispielloses vornehmlich binnenwirtschaftlich ausgerichtetes Wirtschaftswachstum. Genauer genommen handelte sich bei diesem Währungssystem um die außenwirtschaftliche Absicherung der skizzierten fordistischen Prosperitätskonstellation (Kap. 3.4.2; 10.1).

Spätestens in der zweiten Hälfte der 1960er Jahre begann die Politik der damaligen Hegemonialmacht USA die Funktionsweise dieses Finanzsystems zu untergraben. Insbesondere die inflationär wirkenden Ausgaben für die damalige Hochrüstung und den Vietnamkrieg und ein schnell anwachsendes Zahlungsbilanzdefizit hatten zur Folge, dass die Bindung des Dollars an den Goldstandard im August 1971 aufgekündigt und dass das System der fixierten Wechselkurse im Sommer 1973 aufgegeben wurde.

Als ursächlich für diese Entwicklung lassen sich freilich Strukturverschiebungen auf dem Weltmarkt und im Verhältnis zwischen den damals führenden Industrieländern ansehen: Im Zuge der Durchsetzung des fordistischen Systems der Massenproduktion in den westlich-industrialisierten Ländern wandelte sich der Welthandel vom komplementären Austausch industriell gefertigter Waren aus Industrienationen sowie von Rohstoffen und Lebensmitteln aus nicht-industrialisierten Ländern hin zum Austausch industrieller Fertigwaren zwischen den Industrieländern; dabei veränderte der Handel zwischen den Industrieländern seinen Charakter von komplementären, auf die Hegemonialmacht USA ausgerichtete Warenbeziehungen hin zu substitutiven Handelsströmen (Thurow 1992, S. 28ff.). Dieser Wachstumsdynamik und der Ausweitung des internationalen Handels inhärent waren zugleich aber auch Widersprüche, deren Anwachsen Bestimmungsmomente der damals kommenden Krise waren. Der wachsende Handel und sein zunehmend substitutiver Charakter waren begleitet von einer sich ständig intensivierenden Konkurrenzsituation. Dies war Folge einmal der Angleichung der ökonomischen Leistungsfähigkeit der westlichen Industrieländer und der damit verbundenen Erosion der ökonomischen Hegemonialposition der USA. Weiterhin spielte insbesondere auf den Märkten für einfache, in arbeitsintensiven Produktionsprozessen herstellbare Produkte die wachsende Konkurrenz von Schwellenländern mit niedrigem Kostenniveau eine konkurrenzverstärkende Rolle. Schließlich führte der gestiegene Massenwohlstand in den Industrieländern zu einer Sättigung wichtiger Konsumgütermärkte mit der Folge von verringerter Nachfrage, häufigen Nachfrageschwankungen und raschem Produktwandel (Bechtle/Lutz 1989, S. 12f.). Dies implizierte konkurrenzbedingt eine zunehmende Instabilität der Währungsrelationen und ausgesprochene Volatilität der Devisenkurse, was wiederum seit den 1970er Jahren zu einer ganzen Reihe hoch dramatischer Wirtschaftskrisen einzelner Länder führte.

Beschleunigt wurde diese Entwicklung von dem sich bei den Regierungen vor allem der USA und dem Vereinigten Königreich durchsetzenden Wandel wirtschaftspolitischer Konzepte, die neoklassischen Markttheorien folgend eine nachhaltige Deregulierung und Liberalisierung der internationalen Finanzmärkte in den 1970er und 1980er Jahren durchsetzten.[12] Dies betraf zum einen die Öffnung der nationalen Finanzmärkte durch die massive Erleichterung des Geld- und Kapitaltransfers. Zum Zweiten geht es hierbei um eine Änderung der Politik der internationalen Währungsinstitutionen, dem IWF und der Weltbank, die ihre internationale Kreditpolitik in der Regel mit Auflagen verbinden, die in die nationale Wirtschafts- und Sozialpolitik von Schuldnerländern tief eingreifen und z.B. den drastischen Abbau der Defizite öffentlicher Haushalte, veränderte Steuersysteme und die nachhaltige Liberalisierung des Außenhandels verlangen. Die oft kritisierten Folgen sind beispielsweise eine rezessive Wirtschaftsentwicklung, ein Abbau von Sozialstandards und eine zunehmend ungleiche Einkommensentwicklung (z.B. Müller 2002, S. 103ff.).

Die weiteren Folgen sind schon angedeutet worden: Mit der Liberalisierung der Finanzmärkte ergab sich die vorher nicht da gewesene Möglichkeit, Währungsschwankungen zu Spekulationszwecken auszunutzen und damit die Volatilität der Währungsrelationen anzuheizen. Hinzu kam die Möglichkeit, international neue Formen von Geld- und Kreditgeschäften zu entwickeln, z.B. in Form so genannter Notes, Futures und diverser Arten von Derivaten und Optionen, die teilweise hoch spekulativen Charakter haben und die das globale Finanzsystem seit der Mitte der 1970er radikal verändert haben. Insgesamt entstand ein global ausgedehnter „undurchsichtiger Komplex" ausdifferenzierter Finanzteilmärkte, deren Funktionen und Akteure kaum mehr sauber voneinander zu trennen sind (Huffschmidt 1999, S. 16ff.). Beschleunigt wurden die Austauschprozesse durch die modernen Informations- und Kommunikationstechnologien, die offensichtlich in atemberaubender Schnelle gigantische Devisentransfers um den Globus herum erlauben. Ihre Bedeutung für die Entwicklung und die Funktionsfähigkeit der globalen Finanzmärkte kann nicht hoch genug eingeschätzt werden, sind doch erst dadurch die schnelle Reaktion der Anleger, der Wechsel von Kapitalanlagen und damit hohe Spekulationsgewinne möglich. Die grundlegende Bedingung hierfür, nämlich der spezifische abstrakte Charakter des Geldes als hier gehandelter Ware, darf allerdings nicht übersehen werden: „Geld hat ... den entscheidenden Vorteil gegenüber anderen Gütern, dass es an keine spezifische Stofflichkeit gebunden ist, sondern virtuell in Zahlenform transformiert werden kann und deswegen ‚real time' weltweit problemlos verschoben werden kann." (Trinczek

12 Zum Wandel der Wirtschaftspolitik in den USA seit den 1960er Jahren vgl. die instruktive Studie von Scherrer (1999).

1999, S. 59) Zu den entscheidenden Akteuren des globalen Finanzmarktes entwickelten sich neben den internationalen Finanzinstitutionen wie dem IWF oder der Weltbank vor allem internationale Großbanken und Investmentbanken, die in den frühen 1990er Jahren durch einige spektakuläre Großfusionen entstanden waren, und die großen institutionellen Anleger und Verwalter von Kapital wie Versicherungskonzerne, Investment- und Pensionsfonds.

Der Markt für Unternehmenskontrolle

Es kann davon ausgegangen werden, dass die Entwicklungstendenzen der Finanz- und Kapitalmärkte auch erhebliche Auswirkungen auf die jeweils nationalen Systeme der Corporate Governance, das heißt der Art und Weise der Unternehmensfinanzierung und der damit zusammenhängenden Eigentumsstrukturen von Unternehmen haben und möglicherweise eine Tendenz zur internationalen Angleichung der verschiedenen Systeme zu beobachten ist. Die vorliegenden Forschungsergebnisse zeigen, dass der internationale Kapitalmarkt eine zunehmend wichtigere Bedeutung für die Kapitalbeschaffung vor allem großer und international agierender Unternehmen gewinnt. Eine unmittelbare Konsequenz ist, dass Unternehmen unter den Druck geraten, international akzeptierte Bilanzstandards und Managemententscheidungsregeln einzuführen und kapitalmarktorientierte Renditen zu erwirtschaften, insgesamt eine Strategie zu verfolgen, die gemeinhin mit dem Label „Shareholder value“ subsumiert wird (Hall/Soskice 2001, S. 60).[13] Damit, so wird weiter angenommen, entsteht ein globaler *Markt für Unternehmenskontrolle*, auf dem Unternehmen oder einzelne Unternehmensbereiche gekauft oder verkauft werden (z.B. Gröner 1992). In ausgeprägter Form entstand dieser Markt in den USA in den 1980er Jahren im Verlauf der damaligen Welle der „mergers & acquisitions“ und er dehnte sich im Zuge der wachsenden Bedeutung grenzüberschreitender Unternehmensfusionen zunehmend international aus (UNCTAD 2001). Maßgebliche Akteure hierbei sind institutionelle Anleger, z.B. Pensionsfonds, Investmentfonds, Versicherungen und international agierende Großbanken. Besonders einflussreich sind in diesem Kontext Investmentbanken und ihre „Analysten“, die zwischen den Kapitalanlegern und den kapitalsuchenden Großunternehmen vermitteln. Mit ihren Urteilen über Unternehmen beeinflussen sie einerseits die Anlagestrategien der Kapitaleigner, andererseits beeinflussen sie in hohem Maße die Strategien der Unternehmen, die sich an tendenziell weltweit akzeptierten und als gültig erachteten Bewertungskriterien ihrer „performance“ ausrichten. Der Einfluss der Investmentbanken erstreckt sich aber weit über ihre Kapitalmarktgeschäfte hinaus. Sie sind ganz offensichtlich einer der wichtigsten Akteure in einem global operierenden finanzpolitischen Netzwerk, das massiv auf die fortschreitende

13 Zu den Grundzügen des Managementkonzepts des Shareholder value vgl. z.B. Rappaport (1985).

De-Regulierung und Liberalisierung der weltweiten Kapital- und Finanzmärkte drängt, nicht zuletzt um damit die eigenen Geschäftsaussichten zu verbessern (z.B. Bhagwatti 1998).

Insbesondere die bislang relativ abgeschotteten deutschen Kapitalmarktverhältnisse stehen dadurch unter einem zunehmenden Druck auf ihre internationale Öffnung, die verschiedentlich als Tendenz zu ihrer „Amerikanisierung" gedeutet wird (Carr 1996). Im Unterschied zu angelsächsischen Gegebenheiten finden sich in Deutschland traditionell Formen der Corporate Governance, die durch stabile „kreisförmige" Kapitalverflechtungen zwischen Industrie, Versicherungen, Banken sowie weiteren korporativen Akteuren wie Stiftungen gekennzeichnet sind. Dies bedeutet beispielsweise ein eng aufeinander abgestimmtes Handeln der Beteiligten, die Existenz eingespielter, für Außenseiter nur schwer durchschaubarer Handlungs- und Entscheidungsregeln und eine hohe Autonomie der Manager auf Grund ihrer vielfältigen Positionsverflechtungen und ihres Informationsvorsprungs gegenüber den weiteren Akteuren. Unternehmenskontrolle und Entscheidungsprozesse liegen faktisch in der Hand der gleichen Gruppe innerhalb eines Beteiligungsnetzwerkes, in dem Unternehmen dominieren, die im Unterschied zu den USA vielfach keine Finanzunternehmen sind (Windolf/ Beyer 1995). Mit dem Begriff der *Network Governance* wird diese Situation relativ präzise auf den Punkt gebracht (Heinze 2004). Nicht überraschend ist indes, dass sich Veränderungen dieser Finanzierungs- und Verflechtungsstrukturen abzeichnen, und es haben sich ganz offensichtlich die angedeuteten Verflechtungsstrukturen deutlich reduziert. Ein Indiz hierfür ist, dass der Anteil des Aktienbestandes, der von institutionellen Anlegern gehalten wird, in den 1990er Jahren deutlich angestiegen ist. Auch ist offensichtlich das Netzwerk der Kapitalbeteiligungen zwischen den großen Unternehmen deutlich ausgedünnt worden (Höpner/Jackson 2001; Heinze 2004).

Umstritten ist in der aktuellen Forschung freilich, wie weit die skizzierten Veränderungen reichen und ob sich damit tatsächlich ein nachhaltiger Bruch der bisherigen Strukturen der Formen der Corporate Governance verbindet (z.B. Lane 2000; 2003). Es scheint aber nicht überzogen zu sein, von einer langfristig wirksamen Tendenz zur international orientierten „Vermarktlichung" bislang stark nationalspezifischer Formen der Corporate Governance auszugehen. Dies betrifft nicht nur Deutschland, sondern cum grano salis auch andere Länder wie Frankreich (Schmidt 2003). Gemeint ist mit Vermarktlichung, dass sich Managemententscheidungen verstärkt an den Interessen von Kapitalgebern, den vermittelnden Investmentbanken und den Preisen für Anlagekapital orientieren. Diese Preise bilden sich dabei in Konkurrenz zu anderen Anlagemöglichkeiten für Kapital wie etwa den genannten Möglichkeiten hoch verzinster spekulativer Kapitalanlagen, die sich im Zuge der Globalisierung deutlich erweitern.

9.3.2 Gebremste Globalisierung: internationale Unternehmen

In der sozialwissenschaftlichen Globalisierungsdebatte wird weiterhin auf die international agierenden Unternehmen[14] als die treibenden Akteure der fortschreitenden Globalisierung verwiesen; sie seien als die zentralen Akteure in einer weltweiten „interlinked economy“ anzusehen (z.B. Ohmae 1990; Dunning 1993). Es wird vom Aufkommen einer globalisierten Produktion gesprochen, deren Hauptkennzeichen internationale Direktinvestitionen, die technologische Zusammenarbeit zwischen internationalen Konzernen und die Entstehung von globalen Netzwerken, in denen neue Technologien entwickelt und implementiert werden, sind (Altvater/Mahnkopf 1997, S. 23).

Die international ausgerichtete Organisations- und Unternehmensforschung präzisiert diese Annahme über den Wandel der Strukturen und Strategien internationaler Unternehmen.[15] Knapp zusammengefasst, wird hier davon ausgegangen, dass im Zuge der ansteigenden internationalen Direktinvestitionen die traditionellen, teilweise bis in das letzte Jahrhundert zurückreichenden Internationalisierungsstrategien vieler Unternehmen ihre Bedeutung einbüßen. Einmal handelt es sich dabei um *exportorientierte Unternehmen*, die wie früher viele deutsche Maschinenbaubetriebe ausschließlich von einem national lokalisierten Standort aus operieren. Dieser Unternehmenstyp spielt fraglos bis heute eine große Rolle, doch wird er kaum mehr in der Ausschließlichkeit wie früher anzutreffen sein. Vielmehr ist davon auszugehen, dass Exportstrategien stets im Kontext international ausdifferenzierter Unternehmen verfolgt werden. Eine anderer, früher häufig anzutreffender Unternehmenstyp kann als *multinational* begriffen werden; er ist gekennzeichnet von einem losen, über Jahrzehnte gewachsenen Konglomerat von Zentrale und starken Auslandsgesellschaften eines Konzerns. Solche Strategien fanden sich vornehmlich in Europa bei Konzernen der elektrotechnischen Industrie und der Nahrungsmittelindustrie, aber auch bei amerikanischen Automobilkonzernen wie General Motors und Ford. Ausgegangen wird nun von einem Wandlungsprozess dieser Strategien, der sich durch ein Kontinuum mit zwei Polen skizzieren lässt:

Auf der einen Seite findet sich der Typus eines *globalen Unternehmens*, das auf weltweit homogene Marktsegmente abzielt und Integration auf dem Weg einer tendenziell weltweiten Standardisierung von Produktion und Produkten und einer möglichst weitgehenden Zentralisierung von Entscheidungen und Funktionen anstrebt. Konkurrenzvorteile sollen hier auf der Ba-

---

14 Der Begriff internationales Unternehmen wird im Folgenden als Oberbegriff für alle verschiedenen Formen grenzüberschreitender Unternehmensaktivitäten verwendet.

15 Vgl. zum Folgenden insbesondere die Forschungsergebnisse aus der international vergleichenden Managementforschung, deren Begrifflichkeit allerdings nicht immer eindeutig oder einheitlich ist, z.B.: Bartlett (1986), Porter (1986), Bartlett/Goshal (1989), Welge und Holtbrügge (2001).

sis der „economies of scale“, einer deutlichen Verringerung der Fertigungstiefe in den einzelnen Produktionsstätten und einer gezielten Nutzung regionaler und länderspezifischer Kostenvorteile durch den Aufbau globaler Zulieferbeziehungen erreicht werden. Bezeichnet wird damit ein Typus von Unternehmen, der beispielsweise seit dem Ende der 1970er Jahre in der international ausgerichteten japanischen Fotoindustrie und Unterhaltungselektronik anzutreffen war.

Das von Düll und Bechtle (1991) am Beispiel eines europäischen Konzerns der Unterhaltungselektronik beschriebene Modell einer „simulierten Fabrik“ mit einem hohen Grad von Entscheidungszentralisierung und der EDV-gestützten Steuerung und Kontrolle standardisierter Produktionsabläufe in den Konzernbetrieben verschiedener Länder kommt dem Typus des globalen Unternehmens sehr nahe. Durch einen Abgleich der Produktionskapazitäten der einzelnen Betriebe und eine modellhafte Abbildung des konzernweiten Material- und Produktionsflusses sollen die Störungsfreiheit und Kontinuität der Produktionsprozesse insgesamt gesichert und ihre Geschwindigkeiten gesteigert werden. Teilweise findet er sich aber auch in der Automobilindustrie; einige große Automobilhersteller wie z.B. Ford, General Motors oder auch Toyota können als Beispiele für diesen Unternehmenstyp angesehen werden (z.B. Boyer u.a. 1998).

Auf der anderen Seite lässt sich der Typus eines *transnationalen Unternehmens* identifizieren. Als zentrales Merkmal dieses Unternehmenstypus gilt die Ausdifferenzierung bislang integrierter, auf einzelne Länder konzentrierter Unternehmen und die Lokalisierung von Produktionsstätten in den wichtigsten Weltregionen und Segmenten des Weltmarktes. Zum einen sollen dadurch Kostendifferenzen zwischen verschiedenen Ländern und Regionen für eine global orientierte Produktivitätssteigerung genutzt werden. Zum Zweiten können damit die risikoreichen Währungsturbulenzen und weitere unkalkulierbaren Barrieren des Welthandels[16] umgangen und durch die räumliche und soziale Nähe der Produktion zu den Käufern in den verschiedenen Segmenten des Weltmarktes bisherige Absatzchancen gesichert und neue erschlossen werden. Zum Dritten wird mit dieser Form der Internationalisierung die Voraussetzung dafür geschaffen, Innovationsprozesse im internationalen Maßstab zu reorganisieren und zu rationalisieren, um sie nachhaltig zu beschleunigen; einschlägiges Stichwort ist die kontinuierliche Verkürzung der „time to market“, d.h. Produktinnovationen schneller als Konkurrenzunternehmen auf den Markt zu bringen.

Diese Zielsetzungen erfordern, so weitere Merkmale dieses Unternehmenstypus, eine tendenziell weltweit verteilte, zugleich elastische wie aber auch

---

16 Gemeint sind hiermit die immer wieder diskutierten „non-tariff-barriers“ wie beispielsweise Preis- oder Volumenkontingentierungen von Importen, länderspezifische Auslegung technischer Standards zum Schutze der jeweils eigenen Industrie, Anti-Subventionsregeln bei bestimmten Warengruppen und „local-content“-Auflagen, d.h. das staatliche Gebot bestimmte Anteile importierter Produkte im Importland selbst herzustellen.

steuerbare Unternehmens- und Produktionsstruktur. Organisatorisch verbindet sich daher mit der transnationalen Strategie ein Netzwerk ausdifferenzierter Produktions- und Wertschöpfungseinheiten, deren Funktionen durch neuartige Formen informationstechnisch gestützter Koordinations- und Steuerungsmechanismen aufeinander abgestimmt und integriert werden. Als wesentliches Merkmal gilt daher auch die Ausweitung und Intensivierung regionaler und lokaler Aktivitäten und zugleich ihre umfassende Abstimmung und Integration auf der Ebene einer international agierenden Produktions- und Wertschöpfungskette.

Prominentes Beispiel für ein transnationales Unternehmens war in den 1990er Jahren das schwedisch-schweizerische elektrotechnische Unternehmen Asea Brown Boveri (ABB AG). ABB entstand 1988 durch die Fusion der beiden Unternehmen Asea/Schweden und Brown Boveri/Schweiz (BBC). Sehr schnell galt ABB als Modell für einen überaus erfolgreichen „Global Player". Ständige Produktionsverlagerung, Dezentralisierung, kontinuierliche Rationalisierung, insgesamt eine äußerst hohe Organisationsdynamik waren seine Besonderheiten. Das zentrale Merkmal dieses Unternehmens war seine spezielle Organisationsstruktur, eine Matrix, durch die offensichtlich ein permanenter Wandel und schnelle Anpassung des Unternehmens an neue Bedingungen möglich war. Einerseits war das Unternehmen 1996 weltweit in vier Produktsparten mit rd. 45 Geschäftsfeldern gegliedert. Andererseits umfasste ABB – gleichsam quer zu den Produktsparten – Regional- und Landesgesellschaften in mehr als 100 Ländern. In den Schnittpunkten beider Dimensionen befanden sich mehr als 1000 Einzelunternehmen mit ca. 5000 Profit-Centern. Entsprechend dieser Matrix fanden sich im Management zum einen internationale Positionen, von denen aus die weltweite Strategie des Gesamtkonzerns festgelegt wurde. Es handelte sich um die Leitung der Produktsparten wie auch der Geschäftsfelder. Zum anderen gab es das Management der Regionen und Ländergesellschaften, das das operative Tagesgeschäft koordinierte. Die Leiter einzelner Produktionswerke berichteten mithin an zwei übergeordnete Stellen: einmal an das Management der jeweiligen Regional- oder Landesgesellschaft, zum anderen an den Chef seines internationalen Geschäftsbereichs. Geleitet wurde das Gesamtunternehmen von einem zahlenmäßig kleinen „Executive Committee" in Zürich.

In Anlehnung an die Ergebnisse aus der international vergleichenden Managementforschung[17] kann das skizzierte Spektrum der verschiedenen Unternehmenstypen mit den beiden Dimensionen des organisatorischen und unternehmensstrategischen Integrationsgrads einerseits und dem Grad der regionalen Differenzierung von Unternehmen auf dem Weltmarkt andererseits in der folgenden schematischen Abbildung (Abb. 11) zusammengefasst werden. Wie schon angesprochen, wird damit zugleich eine Entwicklungshypothese verbunden. Ausgegangen wird davon, dass die verschiedenen Unternehmenstypen Phasen eines Entwicklungsprozesses internationaler Unternehmen bezeichnen.

---

17 Zusammenfassend z.B. Welge/Holtbrügge 2001, S. 132ff. und die dort angegebene Literatur.

Abb. 11: Typen internationaler Unternehmen

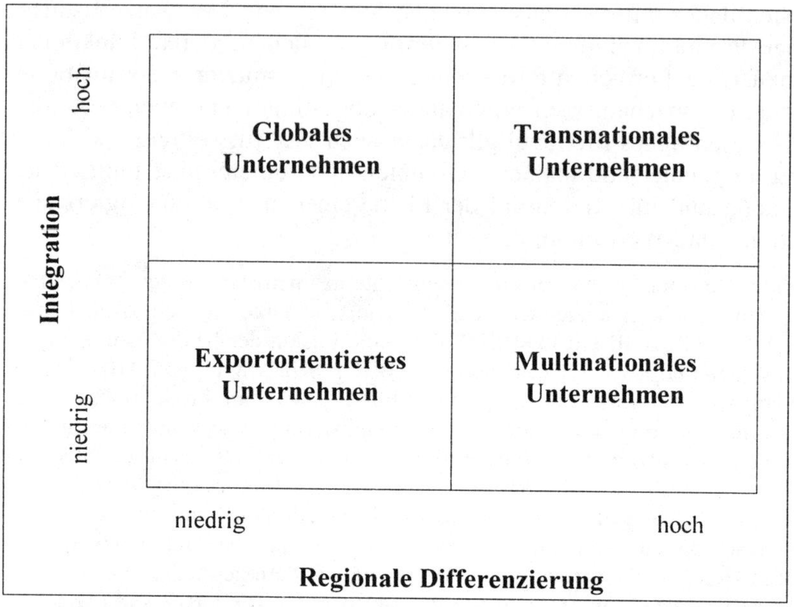

Differenzierte Unternehmensstrukturen
Eine Reihe neuerer Untersuchungsergebnisse bestätigen nun einerseits ein abnehmendes Gewicht exportorientierter Unternehmen, die ausschließlich von nationalen Standorten aus operieren und eine anwachsende Bedeutung ausdifferenzierter, netzwerkförmiger Unternehmensstrukturen insbesondere bei größeren international agierenden Unternehmen.[18] Andererseits aber wird deutlich, dass sie sich je nach Branche, Unternehmensgröße und Stellung des Unternehmens in der Wertschöpfungskette organisatorisch, vor allem in Hinblick auf den Grad ihrer internationalen Dezentralisierung, erkennbar unterscheiden. Eine Konvergenz der Organisationsstrukturen internationaler Unternehmen ist allen vorliegenden Befunden zufolge nicht erkennbar; es finden sich etwa bei Großunternehmen sowohl funktional gegliederte Unternehmen als auch verschiedene Formen einer divisionalen Struktur bis zur Matrixstruktur, ja manche Autoren gehen sogar von einer Tendenz hin zu einer zunehmenden Varietät der Organisationsstrukturen internationaler Unternehmen aus (Beyer 2001). Zudem sind große Differenzen in Hinblick auf die Reichweite der internationalen Ausdehnung zu beobachten. Während Unternehmen beispielsweise aus der Automobil- und Chemieindustrie versuchen, ihre Produktionsstätten in allen wichtigen Regionen des Weltmarktes zu lokalisieren, konzentrieren Unternehmen aus

18 Vgl. zum Folgenden mit unterschiedlichen Perspektiven z.B.: Ruigrok/van Tulder (1996), Boyer u.a. (1998), von Behr/Hirsch-Kreinsen (1998), Bélanger u.a. (1999), Eckardt u.a. (1999), Dörrenbacher (1999), Pries (2000), Kinkel/Lay (2000), Beyer (2001), Hirsch-Kreinsen/Wannöffel (2003).

anderen Branchen wie etwa viele mittelständische Unternehmen aus dem Maschinenbau ihre Aktivitäten nur auf bestimmte Regionen. Ein Grund hierfür sind sicherlich unterschiedliche Nachfrage- und Absatzstrukturen wie aber auch unterschiedliche Ressourcen, die, wie oben angesprochen (Kap. 4.1.2), mit der Unternehmensgröße erheblich differieren und insbesondere kleineren Unternehmen geringere Handlungsspielräume eröffnen. Diese schlagen sich naturgemäß auch in zurückhaltenderen internationalen Aktivitäten dieses Unternehmenstyps nieder.

Koordinationsprobleme

Je nach konkreter Struktur, Differenziertheit und geographischer Ausdehnung eines Unternehmensnetzwerkes können eine ganze Reihe von Koordinations- und Managementproblemen auftreten. Sie haben oft den Charakter unerwarteter Folgen und können nachhaltige kontraproduktive Effekte entfalten. Es handelt sich dabei um jenen Problemkomplex, der auf die in den vorangehenden Kapiteln immer wieder thematisierte grundlegende Frage verweist, wie sich aufeinander abgestimmtes koordiniertes Handeln heterogener Akteure einspielt. Wie gezeigt, stellen sich diese Probleme besonders bei Netzwerken der verschiedensten Art (Kap 4.3). In ausgeprägter Weise tauchen diese Probleme im Kontext grenzüberschreitender Unternehmensbeziehungen auf, da hier sehr unterschiedliche länderspezifische Unternehmenstypen und Arbeitssysteme abgestimmt werden müssen.

Diese Koordinationsprobleme umfassen beispielsweise: Schwierigkeiten beim länderübergreifenden Transport und der Logistik, Abstimmungs- und Integrationsbarrieren zwischen den Standorten aus verschiedenen Ländern auf Grund unterschiedlicher Organisationsstrukturen, Arbeitsmethoden, Managementpraktiken, generell Unternehmenstraditionen[19], Widerstände und Beharrungskräfte gegen die Internationalisierung und Integration verschiedener Standorte in einen länderübergreifenden Unternehmensverbund und schließlich die Schwierigkeit die unterschiedlichen politischen und gesellschaftlichen Bedingungen der einzelnen Standorte wie etwa die Regelungen der länderspezifischen Systeme der industriellen Beziehungen auf Unternehmensebene miteinander kompatibel zu machen. Diese Koordinations- und Managementprobleme können die Internationalisierung von Unternehmen nicht nur bremsen, sondern sie können auch Gegentendenzen der Rückverlagerung ausländischer Produktionsstätten anstoßen. Nicht wenige Unternehmen versuchen durch eine Rückverlagerung, übermäßige Kosten eines Auslandsengagements, die alle damit möglichen und erhofften Vorteile zunichte gemacht haben, zu vermeiden (Schulte 2002).

---

19 Ideologien von Unternehmen im Sinne Mintzbergs (Kap. 4.1.1), die naturgemäß in Ländern mit unterschiedlichen gesellschaftlichen, industriellen und wirtschaftlichen Kulturen sehr verschieden sein können.

Standortbindungen

Der sozialwissenschaftlichen Unternehmensforschung zufolge lassen sich die turbulenten und häufig unkalkulierbaren Anforderungen des Weltmarktes, die auf eine Steigerung der Flexibilität, Verbreiterung der Produktpalette und Beschleunigung der Innovationen drängen, nur dann bewältigen, wenn die internationalen Unternehmen über relativ stabile lokale Bindungen verfügen. In diesem Sinn werden lokale Bindungen geradezu als Voraussetzung einer erfolgreichen Globalisierung angesehen (Scott 1996, S. 397f.). Die Bedeutung lokaler Bindungen ergibt sich daraus, dass über eingespielte und enge Beziehungen zu anderen in der gleichen Region angesiedelten Unternehmen und Institutionen ein relativ problemloser Zugriff auf zusätzliche, für Internationalisierungsaktivitäten benötigte Ressourcen wie etwa Arbeitskräfte mit speziellen Qualifikationen, Beratung und Wissen wie aber auch finanzieller Unterstützung möglich ist. Häufig sind diese Standortfaktoren Teil eines umfassenderen regionalen Strukturzusammenhangs mit weiteren Industriebranchen, Zulieferbetrieben und wichtigen Kunden, in dem die Unternehmen eingebettet sind. Solchermaßen verstandene territoriale Bindungen realisieren sich in der Regel innerhalb geographisch mehr oder weniger eingrenzbarer Regionen, die unterhalb oder oftmals auch quer zu nationalstaatlichen Grenzen angesiedelt sind.

Die internationale Ausrichtung der Unternehmen wird daher auch als Wechselspiel zwischen ihrer fortschreitenden internationalen Ausdehnung einerseits und dem Wandel und Erhalt lokaler Bindungen andererseits aufgefasst. Die Forschungsergebnisse verdeutlichen, dass die „Home Base" der internationalen Unternehmen eine wesentliche Voraussetzung für erfolgreiche Internationalisierungsaktivitäten darstellt und dass gerade auch internationale Großunternehmen bis heute vergleichsweise stark lokal bzw. national eingebunden sind. Empirisch festmachen lässt sich dies beispielsweise an der vielfach beobachtbaren Dominanz von Managern aus dem Herkunftsland besonders im Topmanagement der Unternehmen (Hartmann 1999) und dem Erhalt nationalspezifisch eingefahrener Praktiken der Arbeitspolitik und der industriellen Beziehungen. Es wird weiterhin deutlich, dass internationale Unternehmen gerade auch an ihren Auslandsstandorten den Bezug zu den dort herrschenden regionalen und nationalen Bedingungen herstellen müssen, wenn sie kontraproduktive Nebenfolgen ihres Auslandsengagements vermeiden und wirkliche Konkurrenzvorteile erzielen wollen.

Das grundlegende Problem der Verankerung von Betrieben in den jeweiligen lokalen Gegebenheiten des Gastlandes bezeichnete im Rahmen einer Studie über die Internationalisierung von kleineren Unternehmen (Schulte 2002) ein erfahrener Unternehmensberater recht präzise: das Management vieler Unternehmen unterschätze die Bedeutung des „Netzes vor Ort". Neben einem funktionierenden Dienstleistungsumfeld wie insbesondere Rechts- und Steuerberatung gehörten dazu vor allem Lieferanten, deren Leistungen von der Beschaffung einfachster Teile wie zerbrochener Fensterscheiben bis hin zur zuverlässigen Lieferung wichtiger Ersatzteile für

Anlagen reiche. Denn „keine Firma existiert aus sich selbst heraus." So sei bei vielen Misserfolgen des Auslandsengagements auf die Notwendigkeit für den Aufbau solcher überlebensnotwendiger Netze nicht geachtet worden.

Insgesamt bleibt festzuhalten, dass das gängige Bild von der „footloose company", die sich zu jeder Zeit an jedem Ort niederlassen und Orte beliebig zu jeder Zeit wechseln kann, den realen Verhältnissen nicht angemessen ist. Nicht zufällig wird daher in den Managementwissenschaften auch vom *Standortparadoxon* gesprochen (Porter 1998). Danach hat der Standort von Unternehmen trotz aller informationstechnologisch gestützten weltweiten Kommunikations- und Kooperationsmöglichkeiten und der zweifellos massiv erhöhten geographischen Mobilität von Produktionsfaktoren eine zunehmende Bedeutung für die Wettbewerbsfähigkeit von Unternehmen.

9.3.3 Widersprüche der Globalisierung: Die hohe Bedeutung von Regionen

Damit deutet sich eine Widersprüchlichkeit des Globalisierungsprozesses an, die in Anlehnung an die kulturtheoretischen Untersuchungen von Robert Robertson mit der Wortschöpfung *Glokalisierung* – eine Wortverbindung von Globalisierung und Lokalisierung – bezeichnet werden kann (Robertson 1998). Danach wirkt Globalisierung in gegenläufige Richtungen: einerseits lässt sie sich als die globale Ausdehnung sozio-ökonomischer Beziehungen begreifen, die lokale, räumlich und zeitlich gebundene Handlungssituationen erodieren lassen. Andererseits lösen sich damit räumlich und zeitlich gebundene Handlungssituationen nicht auf, sondern sie gewinnen einen veränderten und neuen Zuschnitt im Rahmen der transnationalen Zusammenhänge; lokale Handlungssituationen verändern sich und entstehen neu.[20] Anders formuliert, der Glokalisierungsthese zufolge erhalten Regionen nicht nur ihre Relevanz im Globalisierungsprozess, sondern sie können ihre Position sogar noch ausbauen.

Entscheidenden Einfluss hierauf haben fraglos die skizzierten Unternehmensstrategien, die sich oft zugleich global und lokal orientieren (müssen). Darüber hinaus spielen aber auch weitere Faktoren eine Rolle (Beck 1997, S. 80ff.): Auf der politischen Ebene finden sich oftmals abwehrende Reaktionen auf anonyme Prozesse der Weltmarktintegration wie neue Formen der Vergemeinschaftung, fundamentalistische und nationalistische Strömungen sowie ein Besinnen der Regionen auf eigene Interessen und Traditionen. Damit zusammenhängend reproduzieren sich auf der kulturellen Ebene einer Region vielfach spezifische kulturelle Strömungen. Es ist offensichtlich kein Gegensatz, dass sich einerseits nahezu weltweit vereinheitlichte Verhaltensweisen, kulturelle Symbole und Moden finden – typisch hier Blue Jeans und aus europäischer Sicht Ikea und H&M. Andererseits entwickeln sich spezifische kulturelle Institutionen und positionieren sich neu; die Musikszene wird stän-

20 Diese Widersprüchlichkeit der Globalisierung kann auch als „Dis-embedding" sozialer Beziehungen aus ortsgebundenen Gegebenheiten und ihr „Re-embedding" in neue lokale Bindungen begriffen werden (Giddens 1995, S. 33ff.).

dig durcheinander gemischt, es etabliert sich ein afrikanischer Karneval in London, mit zunehmender Integration in den Weltmarkt gewinnt in den osteuropäischen Ländern die katholische Kirche neuen und massiven Einfluss etc. Schließlich entwickeln sich die Nachfragestrukturen und das Konsumentenverhalten keineswegs homogen. Die Nachfrage wird nicht weltweit standardisiert, sondern es finden sich in den unterschiedlichsten Marktsegmenten stets spezifische nationale und lokale Besonderheiten. Auch Coca-Cola und McDonald's müssen sich bekanntlich an den jeweiligen „local taste" anpassen und das von verschiedenen Automobilkonzernen immer wieder aufgelegte, hoch standardisierte Weltauto ist in der Regel gescheitert und hat seine Produzenten fast in den Ruin getrieben.

Wie allerdings die sozialwissenschaftliche Regionalforschung zeigt, finden sich hier konkret sehr differenzierte Entwicklungsverläufe (Trinczek 1999, S. 68). Dabei kann, wie schon im Zusammenhang mit regionalen Innovationssystemen diskutiert (Kap. 8.3.3), je nach Offenheit und Flexibilität des regionalen Wirtschaftssystem zwischen „lernenden" Regionen wie dem schon erwähnten Silicon Valley und „erstarrten" Regionen wie den alten westeuropäischen Montanregionen mit ihren ungewissen Zukunftsperspektiven unterschieden werden (Heidenreich 1997).[21]

Die Glokalisierungsthese öffnet aber auch den Blick auf weiter gehende Zusammenhänge jenseits der hier angesprochenen Bedeutung regionaler Teilsysteme. Die aggregierten Daten über den Verlauf der Ströme des Welthandels und der internationalen Direktinvestitionen zeigen, dass die wirtschaftlichen Verflechtungen sich in hohem Maße auf die Zentren der Weltwirtschaft, Westeuropa, Nordamerika und Südostasien – der so genannten *Triade* – konzentrieren. Gestärkt werden dadurch die großen supranationalen Wirtschaftsblöcke wie die NAFTA (North American Free Trade Agreement), die Asian Free Trade Area und die EU, die ihrerseits wiederum in bestimmten Wirtschaftssektoren, wie insbesondere im Bereich der Landwirtschaft, ausgeprägt protektionistisch agieren und ihre Position gegenüber Konkurrenten aus anderen Weltgegenden abschotten. Es kommt dadurch zu Exklusionstendenzen im weltweiten Wirtschaftssystem, was sich beispielsweise an der marginalen Position Schwarzafrikas ablesen lässt. In der einschlägigen Debatte wird nicht ausgeschlossen, dass sich diese Entwicklungstrends infolge der fortschreitenden Binnenintegration der großen Wirtschaftsblöcke verstärken (Trinczek 1999, S. 64f.).

21 Auf die wirtschafts- und regionalpolitischen Implikationen dieser Forschungsergebnisse sei hier nicht weiter eingegangen. Nur so viel: nahe gelegt wird damit naturgemäß der vielfach beobachtbare Versuch politischer Akteure, durch gezielte politische Fördermaßnahmen, öffentliche Investitionen, Subventionen der verschiedensten Art, Verbesserung von sog. weichen Standortfaktoren wie der kulturellen Infrastruktur einer Region regionale Wirtschaftsprozesse zu stimulieren. Mit dieser Absicht fördert im Jahr 2004 allein die Bundesregierung regionale Wirtschaftsentwicklung im Rahmen von mindestens sechs verschiedenen Förderprogrammen (BMWA 2004).

Folgt man den vorliegenden Daten, so weisen diese ungleichen Relationen in den letzten Jahrzehnten eine ausgeprägte Konstanz auf. Im Jahr 2000, in dem die internationalen Direktinvestitionen ihren bisherigen Spitzenstand erreicht haben, drückte sich diese Relation wie folgt aus: Ungefähr 71% der in die Länder fließenden und 82% der nach außen fließenden Direktinvestitionen betrafen die Triade. Der Anteil Afrikas an den gesamten Investitionsflüssen betrug demgegenüber weniger als ein Prozent. Der entsprechende Anteil der Länder Zentral- und Osteuropas betrug beispielsweise rd. zwei Prozent (UNCTAD 2001). Im gleichen Jahr entfielen 49,2% des Weltexports auf den intra-regionalen Warenaustausch innerhalb dieser Großregionen (WTO 2001).

9.4 Das Konzept der Transnationalisierung

Fasst man die skizzierten Entwicklungstendenzen zusammen, so wird deutlich, dass keineswegs, wie etwa in der Theorie des Weltsystems von einer unidirektionalen, von einer tendenziell alle Bereiche des Globus subsumierenden Ausdehnung der kapitalistischen Produktionsweise ausgegangen werden kann. Die skizzierte Widersprüchlichkeit und die Dynamik des Globalisierungsprozesses lassen vielmehr keine eindeutigen Aussagen zu. Generell kann weder eine fortlaufende Ausdifferenzierung und Entstehung neuer Teilsysteme sowie eine Verfestigung der Grenzen der schon existierenden Systeme, noch eine Erosion von Systemgrenzen und der Verschmelzung verschiedener bislang voneinander getrennter Systeme oder gar eine Aggregation verschiedener Teilsysteme angenommen werden. Vielmehr lässt sich auf einer allgemeinen Ebene festhalten: Die Grenzen der verschiedenen sozialen Teilsysteme bewegten sich bislang innerhalb bestimmter nationalstaatlich verfasster Gesellschaften und konstituierten Gesellschaft als soziales Mehrebenen-System. Dieser Zusammenhang bestimmte sich über die Reichweite staatlicher Macht und Regulation, die in der Regel mit einem bestimmten geographischen Flächenraum in eins gesetzt wird. Im Alltag und auch in der Wissenschaft spricht man von der „amerikanischen“, „englischen“ und „deutschen“ Gesellschaft. Der größte Teil der Koordination sozialen und wirtschaftlichen Handelns und seine Verankerung in bestimmten funktionellen Teilsystemen vollzieht sich innerhalb dieses gesellschaftlichen Rahmens. Die Frage ist, inwieweit diese Vorstellung, metaphorisch auch als „Container-Theorie“ der Gesellschaft bezeichnet (Taylor 1994; Beck 1997), angesichts des Globalisierungsprozesses noch haltbar ist. Denn unübersehbar ist, dass sich die bisher relativ eindeutigen nationalstaatlich verfassten, flächenräumlich und damit in der Regel auch zeitlich definierten Grenzen in vielerlei Hinsicht aufzulösen beginnen, zumindest ihre Funktionen und Handlungsmöglichkeiten sich ändern. Allerdings verschiebt sich die bisherige Identität von Raum, Zeit und sozialen Prozessen nicht nur, sondern es entstehen neue raum-zeitliche und soziale Konstellationen; für die ein neues Mischungsverhältnis von Raum, Zeit und sozialen Prozessen charakteristisch ist.[22] Auf der politischen Ebene ist in Europa in Form der EU die Entstehung eines neuen Regulationssystems zu beobachten, das die bisherigen Grenzen vieler Teilsysteme überwölbt, ja sprengt. Im ökonomischen Bereich entstehen neue und vielfältige Verflechtungsbeziehungen, die die bisherigen Systemgrenzen ebenfalls überschreiten.

Einen diesen wenig eindeutigen Entwicklungstendenzen angemessenen analytischen Zugriff verspricht ein Konzept, das unter dem Label *Transnationalisierung* bekannt geworden ist.[23] Darunter werden die Ausweitung und Vertiefung plurilokaler und grenzüberschreitender – ökonomischer, politisch-rechtlicher, sozial-kultureller etc. – Austauschbeziehungen verstanden, die „... qualitativ neue soziale Wirklichkeiten jenseits der gewohnten Ortsgebundenheiten von Ankunfts- und Zielregion entstehen lässt." (Pries 1996, S. 465f.) Der Begriff zielt auf Systemzusammenhänge, die grenzüberschreitenden Charakter haben, die sich auf bestimmte soziale und ökonomische Bereiche und Funktionszusammenhänge beziehen und die ein Mindestmaß an Dauerhaftigkeit und Stabilität aufweisen.

Ein Beispiel hierfür ist der oben beschriebene Fall eines transnationalen Unternehmens. Die Netzwerkstrukturen eines solchen Unternehmens können bildlich auch als Korridore angesehen werden, innerhalb denen nach unternehmensspezifischen Regeln grenzüberschreitend die verschiedenen Unternehmensstandorte miteinander verbunden sind und koordiniert werden. Dies erfordert zum einen die Festlegung von Schnittstellen zwischen den verschiedenen Standorten, zum Zweiten die Entwicklung bestimmter Regeln der laufenden Kooperation, Kommunikation, Entscheidung etc. und schließlich erfordert dies in gewisser Hinsicht die wechselseitige Anpassung der verschiedenen Standorte an das übergreifende Regelsystem. Damit entsteht ein neues grenzüberschreitendes Unternehmen mit einer ihm eigenen Struktur und Handlungslogik, die sich konkret etwa festmachen lassen an der Tendenz zur unternehmensspezifischen Vereinheitlichung der Arbeitsorganisation in bestimmten Unternehmensbereichen oder einer unternehmensweit abgestimmten Personalpolitik.

Unter einem transnationalen System kann daher, ganz im Sinne eines allgemeinen sozialen Systems (Kap. 2.2), ein Ineinandergreifen von institutionalisierten Regeln und Handeln mit einem bestimmten Sinn einer bestimmten Handlungslogik verstanden werden. Es lässt sich wie folgt präzisieren:

---

22 Dieses Argument wird neuerdings auch in der sozialwissenschaftlichen Regional- und Stadtforschung mit Nachdruck vertreten, z.B. Amin (2002).

23 Dieses Konzept hat seinen Ursprung einmal in den Politik- und Geschichtswissenschaften zur Kennzeichnung bestimmter, nationalstaatliche Grenzen überschreitender politischer Beziehungen und zum anderen in der angelsächsischen Migrationsforschung zur Charakterisierung grenzüberschreitender Gemeinschaften (zusammenfassend z.B. Pries 1996; 2001).

(a) Es umfasst eine Konstellation von grenzüberschreitend handelnden Akteuren, die dauerhaft nach bestimmten Mustern interagieren, kommunizieren etc.; dies kann beispielsweise das Management eines internationalen Großunternehmens sein, das nach bestimmten Entscheidungsregeln und -kriterien handelt und das spezifischen geographisch hoch mobilen Karriere- und Aufstiegsmustern folgt, die als besonderes Merkmal des jeweiligen Unternehmens anzusehen sind und die sich deutlich von denen unterscheiden, die traditionell in einzelnen Unternehmenseinheiten in den verschiedenen Ländern praktiziert worden sind.

(b) Über die Interaktionen bzw. Austauschprozesse zwischen den verschiedenen transnationalen Akteuren bzw. ihren Untereinheiten etabliert sich dauerhaft ein koordinierter Fluss von Waren, Wissen und Kapital; typisches Beispiel hierfür sind die länderübergreifenden Handelsströme innerhalb internationaler Großunternehmen, die einen zunehmenden Anteil am Welthandel insgesamt ausmachen.

(c) Diese Austauschbeziehungen sind eingebettet in Arrangements relativ dauerhafter Regeln und Normen, z.B. unternehmensübergreifende Controlling- und Steuerungssysteme, Planungs- und Logistiksysteme, einheitliche organisatorische Regelungen und die damit verbundene unternehmensübergreifende Ideologie bzw. Kultur.

(d) Voraussetzung transnationaler Systemstrukturen ist eine spezifische materiale Infrastruktur, beispielsweise IuK-Technologien, Transport- und Logistiksysteme, die den Fluss von Waren, Wissen und Kapital erst ermöglichen und die Unternehmensstandorte in verschiedenen Ländern „systemisch" zu einem transnationalen System der Produktion miteinander verknüpfen.

Solchermaßen zu fassende transnationale Systemstrukturen stehen in enger Wechselwirkung mit weiteren gesellschaftlichen Bedingungen, die sie einerseits beeinflussen, die andererseits durch transnationale Austauschprozesse verändert werden. Zu nennen sind hier besonders die jeweiligen regionalen Ausgangs- und Endpunkte sowie zwischenstaatliche, internationale Regelungen und Beziehungen, die oftmals transnationale Systeme erst ermöglichen. So werden transnationale Unternehmen und ihre internationalen Investitionen ganz ohne Frage durch zwischenstaatliche Regelungen der Möglichkeiten des Kapitaltransfers und der wechselseitigen Besteuerung unter Umständen gefördert oder auch behindert. Der besondere Charakter transnationaler sozialer Systeme kann durch folgendes Schema verdeutlicht werden:

Abb. 12: Transnationales System (nach Pries 1996)

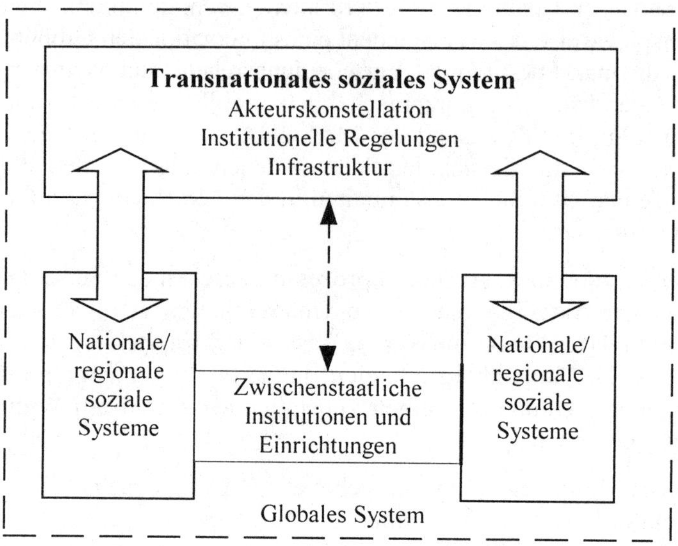

Das Konzept der Transnationalisierung erfasst allerdings keineswegs alle denkbaren Verlaufsmuster sozialer, politischer und ökonomischer Prozesse der Globalisierung, vielmehr bezeichnet es einen spezifischen, vermutlich zunehmend wichtigeren Fall. Davon zu unterscheiden sind einerseits jene skizzierten Prozesse einer weitreichenden Globalisierung wie bei den Finanz- und Kapitalbeziehungen und die der Supra-Nationalisierung, das heißt das Aufkommen neuer politischer Souveränitätsbereiche wie etwa die EU. Andererseits dürfen die beschriebenen Tendenzen hin zu einer Aufwertung von Regionen und Wirtschaftsclustern oder auch politisch der Zerfall und relative Bedeutungsverlust bisheriger nationalstaatlicher Zusammenhänge zugunsten sub-nationaler, regionaler und ethnischer Bewegungen als Phänomene und Konsequenzen der Globalisierung nicht übersehen werden.

Weiterführende Literatur zu Kapitel 9

Dürrschmidt, J. 2002: Globalisierung. Bielefeld

Behr von, M.; Hirsch-Kreinsen, H. (Hrsg.) 1998: Globale Produktion und Industriearbeit. Arbeitsorganisation und Kooperation in Produktionsnetzwerken. Frankfurt/New York

Porter, M. E. 1998: Clusters and the New Economics of Competition. In: Harvard Business Review, November-December, S. 77-90

Pries, L. 1996: Transnationale Soziale Räume. In: Zeitschrift für Soziologie, Jg. 25, H. 6, S. 456-472

Robertson, R. 1998: Glokalisierung: Homogenität und Heterogenität in Raum und Zeit. In: Beck, U. (Hrsg.): Perspektiven der Weltgesellschaft. Frankfurt/M., S. 192-220

10. Resümee: „Varianten des Kapitalismus“

Abschließend soll gefragt werden, wie die in den vorangehenden Kapiteln beschriebenen Ergebnisse der wirtschafts- und industriesoziologischen Forschung zu einem halbwegs stimmigen Bild über die Entwicklungstendenzen von Arbeit zusammengefasst werden können. Ausgangspunkt muss dabei die These sein, dass Arbeit in ihren verschiedenen Dimensionen von deutlichen Tendenzen der Flexibilisierung und Ökonomisierung geprägt ist. Dies gilt in verschiedener Hinsicht:

(1) Mit im Einzelnen sehr verschiedenen Effekten ist von dieser Tendenz das breite Spektrum aller Arbeitssysteme von (neo-)tayloristischen bis hin zu integrativen Formen betroffen. Beobachtbar ist eine zunehmend direktere Kopplung der Arbeitssysteme und ihrer Koordinationsformen an die wechselnden Anforderungen der Konkurrenz und des Absatzmarktes und seine Risiken und Turbulenzen schlagen verstärkt auf die Arbeit durch. Dies gilt nicht nur für den weiten Bereich der Dienstleistungsarbeit, der vielfach strukturell unmittelbar mit Marktanforderungen verkoppelt ist, sondern in zunehmendem Maße auch für Produktionsarbeit (Kap. 3).

(2) Eingebettet sind diese Veränderungen der Arbeit in den Wandel der Unternehmensorganisation, der von einer wachsenden Bedeutung dezentraler und netzwerkförmiger Strukturen geprägt ist. Damit sollen Flexibilität, Innovativität und Marktnähe der Unternehmen gesteigert und die aufwendigen Planungsbereiche zentralistischer Unternehmen reduziert werden. Freilich handelt es sich dabei keineswegs um eine eindeutige Entwicklungstendenz, vielmehr legt der vielfach hohe Organisations- und Managementaufwand ausdifferenzierter Unternehmen unter Umständen die Rückkehr zu eher zentralisierten Unternehmensstrukturen nahe. Anzutreffen sind daher sowohl relativ zentralisierte divisional strukturierte Unternehmen als auch jener hoch flexible und wenig formalisierte Unternehmenstypus, der als „Adhocracy“ charakterisiert wurde. Vor dem Hintergrund der skizzierten Befunde ist daher die Annahme plausibel, dass die viel diskutierten Unternehmensnetzwerke als Moment einer generellen Pluralisierung ökonomischer Koordinationsformen anzusehen sind. Auszugehen ist davon, dass neben den zweifelsohne weit verbreiteten Formen der Netzwerkkooperation auch ungesteuerte Marktprozesse wie die Alleingänge ressourcenstarker Großunternehmen und nicht zuletzt auch historische Zufälligkeiten für die jeweils sich konkret durchsetzende Koordinationsform ökonomischer Austauschprozesse eine wichtige Rolle spielen (Kap. 4).

(3) Treibender Akteur dieser Veränderungsprozessen ist das Management. Zugleich allerdings schlägt der absichtsvoll angestoßene Wandel der Unternehmensstrukturen auf das Management selbst zurück und er verändert die eingespielten Managementrollen, -funktionen und -praktiken. Die Forschungsergebnisse belegen zunächst einen komplexen Umbau bisheriger Positionen und Rollen – Stichwort ist hier der „Intrapreneur" im dezentralisierten Unternehmen. Zugleich kann aber von einem generellen Abbau von Managementstellen vor allem im Bereich mittlerer Hierarchieebenen gesprochen werden, der von einer Erosion bisheriger relativ stabiler Karrieremuster und von einer verschärften internen und externen Arbeitsmarktkonkurrenz um die knapper werdenden Stellen begleitet ist. Insgesamt sind die Führungskräfte nicht nur treibendes Subjekt, sondern auch betroffenes Objekt der Strukturveränderungen von Unternehmen (Kap. 5).

(4) Begleitet sind diese Trends von einem Wandel des Systems der industriellen Beziehungen, der zugespitzt wird in der widersprüchlichen Formel von der Verbetrieblichung: Betriebsräte kommen einerseits krisenbedingt gegenüber dem Management zunehmend unter Konzessionsdruck, andererseits erfährt ihre Position infolge der Erosion der überbetrieblichen Regelungssysteme eine tendenzielle Aufwertung, so dass davon gesprochen werden kann, dass die Positionen und Handlungsmöglichkeiten der Betriebsräte von einer widersprüchlichen Stabilität gekennzeichnet sind. Hingegen verliert die überbetriebliche Systemebene ganz offensichtlich weit stärker als die betriebliche Ebene ihre bisherige Regulationsstärke und Bindungskraft. Indikatoren hierfür sind der zurückgehende Organisationsgrad sowohl bei den Gewerkschaften und als auch auf der Arbeitgeberseite und die Öffnung, zumindest ein Funktionswandel der Tarifverträge. Die industriesoziologische Forschung charakterisiert daher die Entwicklung des Systems der industriellen Beziehungen insgesamt als Parallelität von Kontinuität und Wandel (Kap. 6).

(5) Damit zusammenhängend erodieren die Institutionensysteme des Arbeitsmarktes festgemacht vor allem am Bedeutungsverlust des Normalarbeitsverhältnisses, der zunehmenden Verbreitung prekärer Beschäftigungsverhältnisse und der Entstrukturierung betriebsinterner und fachlicher Teilarbeitsmärkte. Generell kann davon gesprochen werden, dass sich sowohl die primären Machtverhältnisse zwischen Arbeitgebern und Arbeitnehmern zugunsten der Arbeitgeber als auch die sekundären Machtbeziehungen zwischen verschiedenen Gruppen von Arbeitnehmern verschieben. Ob indes davon gesprochen werden kann, dass sich mit dem sog. Arbeitskraft-Unternehmer, der seine Arbeitskraft eigenständig und ohne Bezug auf institutionalisierte Koordinationsmechanismen zu vermarkten in der Lage ist, ein neuer grundlegender Arbeitskräftetypus im Kapitalismus durchzusetzen beginnt, steht zu bezweifeln. Die Forschungsergebnisse verweisen nämlich zugleich darauf, dass die strukturellen Grenzen einer De-Institutionalisierung des Arbeitsmarktes nicht übersehen werden dürfen. Institutionelle Arrange-

ments bleiben letztlich unverzichtbar dafür, dass die Allokationsfunktion des Arbeitsmarktes erfüllt wird und das insbesondere das öffentliche Gut Qualifikation erhalten bleibt (Kap. 7).

(6) Als ein zentrales Antriebsmoment der skizzierten Veränderungstendenzen wird die hohe technologische Entwicklungsdynamik und der damit einhergehende Bedeutungszuwachs wissensbasierter Arbeitsformen angesehen. Die sozialwissenschaftliche Innovationsforschung macht allerdings deutlich, dass Entwicklungsprozesse neuer Technologien keineswegs wissenschaftsgetrieben verlaufen müssen, sondern als rekursive Prozesse zu begreifen sind, die je nach Technologiefeld sehr unterschiedliche Akteure, institutionelle Strukturen und Wissensformen – von Wissenschaft bis Anwendungspraxis – einschließen können. Mit dieser Sichtweise kann durchaus die Annahme begründet werden, dass Wissen in den unterschiedlichsten Kontexten von Arbeit an Bedeutung gewinnt und gesellschaftstheoretisch von einer aufkommenden Wissensgesellschaft gesprochen werden kann. Doch macht die Forschung zugleich deutlich, dass sich damit keinesfalls grundlegende gesellschaftliche Strukturveränderungen etwa in Richtung einer „post-kapitalistischen" Gesellschaft verbinden (Kap. 8).

(7) Schließlich ist auf den Globalisierungsprozess und seine differenzierten Verlaufsformen zu verweisen. Wie man sie im Einzelnen auch einschätzen mag, in jedem Fall ziehen sie veränderte Markt- und Konkurrenzsituationen, neue Anforderungen an die Unternehmensstrategien und geänderte ökonomische Handlungsspielräume für die arbeitspolitischen Akteure nach sich. Wie gezeigt, wird mit dem Begriff der Globalisierung allein im ökonomischen Bereich auf ein weites Spektrum sehr unterschiedlicher Entwicklungstendenzen abgestellt: Sie reichen von einer ausgesprochen weitreichenden Globalisierung der Finanz- und Kapitalmärkte, über eine eher gebremste Globalisierung international aktiver Unternehmen bis hin zu einer anwachsenden Bedeutung vieler regionaler Wirtschaftssysteme. Eine vermutlich wichtiger werdende Verlaufsform der Globalisierung bezeichnet hierbei das Konzept der Transnationalisierung, das auf die Entstehung eines spezifischen grenzüberschreitenden Handlungssystem eigener Logik abstellt (Kap. 9).

Wie immer wieder betont, beziehen sich diese Forschungsergebnisse dabei stets auf die Entwicklung in Deutschland und es ist davon auszugehen, dass sich insgesamt gesehen das deutsche System der Produktion nachhaltig wandelt. Wie aber zugleich auch immer wieder betont, dürfen dabei weitere Analysedimensionen nicht außer Acht gelassen werden: Zum einen die historische, zum anderen die international vergleichende Dimension. Beide sollen abschließend aufgegriffen werden.

10.1 Vom Fordismus zum Post-Fordismus

In historischer Perspektive thematisiert die Industriesoziologie die Wandlungsprozesse als die Erosion des fordistischen Systems der Massenproduktion (Kap. 3.5.3; 4.4.2). Um diesen Strukturbruch mit seinen grundlegenden Merkmalen zu verdeutlichen, seien im Folgenden die zentralen Argumente dieser Debatte zusammengefasst:[1] Die historische Phase von 1950 bis etwa Mitte der 1970er Jahre kann als das „goldene Zeitalter" industriell-kapitalistischer Entwicklung bezeichnet werden. Sie wurde bestimmt von hohen Wachstumsraten des Sozialprodukts, einer stetigen Zunahme von Arbeitsplätzen, Vollbeschäftigung und spürbaren zumeist jährlichen Einkommenssteigerungen. Basis hierfür waren jene beschriebenen hoch arbeitsteiligen Unternehmens- und Arbeitssysteme, mit denen sich nach dem Vorbild von Henry Ford die Durchsetzung des Systems der Massenproduktion in Schlüsselbranchen der Industrie verband.

Zwar fand sich dieses Produktionssystem in seinen Grundzügen in allen westlichen Ländern, doch waren zugleich beträchtlich nationalspezifische Unterschiede, etwa zwischen den USA, Deutschland und Frankreich, zu beobachten. Das fordistische System der Nachkriegszeit war einerseits gekennzeichnet von der ökonomischen und politischen Hegemonie der USA und dem dollarbasierten System der festen Wechselkurse. Andererseits waren durch die damit verbundene institutionalisierte Stabilität der internationalen ökonomischen Beziehungen die Voraussetzungen für je spezifische nationale Wachstums- und Entwicklungspfade gegeben (Kap. 10.2). Durchgesetzt wurde das System der Massenproduktion in Deutschland in den 1950er Jahren vor allem in Schlüsselbranchen der Industrie wie dem Automobilbau, der Elektrotechnischen Industrie, der Nahrungs- und Genussmittelindustrie und Teilen der Investitionsgüterindustrie. Realisiert wurde damit eine „economy of scale", d.h. die maximale Nutzung der serienabhängigen Kostendegression und der kontinuierlichen Produktivitätssteigerung. Voraussetzung für die tayloristisch-fordistischen Unternehmensstrategien war die Rekrutierbarkeit von Arbeitskräften, die häufig nur kurzfristig angelernt, problemlos in den Prozess der Massenproduktion eingegliedert werden konnten und die vor allem bereit waren, die vorherrschenden restriktiven Arbeitsbedingungen zu akzeptieren. Diese Arbeitskräfte stammten vornehmlich aus traditionellen Sektoren wie der Landwirtschaft, dem Kleinhandel und der Hauswirtschaft.

Wirtschaftspolitisch war diese ökonomischen Entwicklungsphase vom Keynesianismus bestimmt: einer binnenwirtschaftlich ausgerichteten Politik der aktiven Stimulierung des ökonomischen Wachstums durch eine abgestimmte Finanz-, Steuer- und Währungspolitik sowie gezielter staatlicher

---

1 Vgl. zum Folgenden insbesondere die historisch-theoretische Studie von Burkart Lutz über die Dynamik der industriell-kapitalistischen Entwicklung in der zweiten Hälfte des 20. Jahrhunderts (1984) sowie zusammenfassend Bechtle/Lutz (1989).

Investitionen. Das Ziel war die gesamtwirtschaftliche Nachfrage trotz temporärer Konjunkturkrisen auf einem hohen Niveau zu halten. Ein zusätzliches Instrument der Nachfragestützung waren die kontinuierlich ausgebauten sozialpolitischen Leistungen des Staates. Sie kompensierten die Arbeits- und Einkommensrisiken der abhängig Beschäftigten, die durch Krankheit oder Arbeitslosigkeit entstehen können, und neutralisierten die Gefahr einer Altersarmut. Diese spezifisch historische Rolle des Staates wird daher auch als wohlfahrtsstaatliche Politik gekennzeichnet. Komplement dieser staatlichen Politik war in Deutschland die sozialpartnerschaftliche Tarif- und Lohnpolitik der Gewerkschaften, die faktisch an der gesamtwirtschaftlichen Produktivitätsentwicklung ausgerichtete Lohnsteigerungen durchsetzte und damit einen stetigen Zuwachs der Masseneinkommen erreichte, der wiederum eine kontinuierlich steigende Nachfrage nach sich zog. Die Voraussetzung hierfür waren die kontinuierlichen Produktivitätssteigerungen und die degressive Kostenentwicklung der Massenproduktion, mit denen sich ein konfliktfreier Verteilungsspielraum für ständige Lohnerhöhungen verband.

Theoretischen Deutungen zufolge kann die fordistische Wachstumsphase als Resultat eines Mechanismus positiver Rückkopplung (Bechtle/Lutz 1989) zwischen den genannten Faktoren begriffen werden, in dem die Wirkungen der Veränderungsimpulse zugleich ihre Ursachen verstärken. Deutlich wird dieser Rückkopplungsprozess vor allem am Zusammenspiel von steigender Nachfrage, Ausweitung der Massenproduktion, damit realisierter Kostendegression und wachsenden Einkommen, die wiederum zu steigender Nachfrage führen.

Dieser Wachstumsprozess verlor spätestens in der zweiten Hälfte der 1970er Jahre seine Wirksamkeit. Die Zuwachsraten des Sozialproduktes, der Produktivität und der Einkommen reduzierten sich deutlich und es kam zu einer kontinuierlich steigenden Arbeitslosigkeit. Als zentrale Ursachen hierfür werden die folgenden angesehen: eine Sättigung der Nachfrage in vielen Marktsegmenten und damit Überkapazitäten in vielen Wirtschaftsbranchen; die wachsende Konkurrenz im internationalen Maßstab, vor allem durch Unternehmen aus neu industrialisierten Ländern; ein immer schnellerer und nur in besonderen Situationen noch beherrschbarer technologischer Wandel; immer engere Grenzen für eine nachfrageorientierte staatliche Politik infolge der globalen ökonomischen Verflechtungen der Finanzmärkte und vor allem auch auf Grund einer wachsenden Staatsverschuldung.

In der sozialwissenschaftlichen Debatte wird von der Phase des *Post-Fordismus* gesprochen, ohne indes die sich einspielenden neuen Zusammenhänge genauer bestimmen zu können.[2] Allenfalls lässt sich eine Reihe

---

2 Zu einer Präzisierung dessen, was als post-fordistisches Produktionssystem verstanden werden kann vgl. z.B. die empirisch und theoretisch breit angelegte Studie von Klaus Dörre (2002, insbesondere S. 380ff.).

von Merkmalen benennen, die auf Wandlungsprozesse des Produktionssystems hindeutet, so dass es kaum mehr als fordistisch apostrophiert werden kann: Das System der Massenproduktion lässt sich in seiner ausgeprägten Form nur noch in sehr engen Grenzen etwa in Sektoren traditioneller Industrien wie der Nahrungsmittelindustrie oder Teilen der Metall- und Kunststoffindustrie realisieren. An Bedeutung gewinnt jener Typus eines Produktionssystems, bei dem im Rahmen wenig arbeitsteiliger Arbeitssysteme mit qualifiziertem Personal und dezentralisierten Unternehmensstrukturen flexibel in kleinen und höchstens mittleren Serien ein breites Spektrum kundenspezifischer Produkte besonderer Qualität und hoher Innovativität hergestellt wird. In der wirtschaftssoziologischen Debatte wird dieses Produktionstyp auch als System *flexibler Spezialisierung* bezeichnet (Piore/Sabel 1985; Kap. 3.4.3). Begleitet ist diese Entwicklung vom beschriebenen Aufstieg des Dienstleistungssektors, der zum einen auf die wachsende Bedeutung unternehmens- und produktionsorientierter Dienstleistungen, die die Voraussetzungen für immer komplexere Prozesse, schnellere Innovationen und konkurrenzintensivere Absatzstrategien sind und der zum anderen auf die wachsende Zahl konsumorientierter Dienste im Kontext sich schnell verändernder Nachfragmuster zurückzuführen ist. Generelle Konsequenz ist die immer weiter Platz greifende Tendenz der Flexibilisierung und Ökonomisierung der Arbeit durch ihre verstärkte Kopplung an die Risiken und Turbulenzen der Märkte.

10.2 Nationalspezifische Systeme der Produktion

Der Wandlungsprozess vom Fordismus zum Post-Fordismus betrifft zwar mehr oder weniger ausgeprägt alle westlichen Industrieländer, jedoch wird damit zugleich die Frage aufgeworfen, wie von diesen Veränderungstendenzen nun einzelne konkrete Nationen bzw. nationalspezifische Systeme der Produktion betroffen sind. Denn es ist davon auszugehen, dass ein soziales System der Produktion mehr oder weniger identisch ist mit dem Raum einer nationalstaatlich verfassten Gesellschaft und dass sich damit historisch und politisch begründet sehr unterschiedliche institutionelle Regelungen und Koordinationsformen wirtschaftlichen Handelns teilweise sehr verschiedener Akteure verbinden (Kap. 2.4).

Dass die Entwicklungstendenzen in verschiedenen Ländern unterschiedlich verlaufen, signalisieren allein schon die statistischen Daten über die soziale und ökonomische Entwicklung. Besonders ins Auge stechen hier die international verschiedenen Quoten der Erwerbstätigkeit, insbesondere der Frauenerwerbstätigkeit und die verschiedenen Entwicklungsverläufe der Systeme der industriellen Beziehungen festgemacht etwa an dem stark variierenden Grad der Zugehörigkeit der Erwerbstätigen zu den Gewerkschaften, der, wie gezeigt, im Jahr 2001 zwischen rd. 83% in Dänemark und ca. 8% in Frankreich liegt (Kap. 6, Exkurs). Ganz offensichtlich finden sich in einzelnen Ländern verschiedene Produktionssysteme und sie entwickeln sich möglicherweise in sehr verschiedener Richtung.

Zur Frage der länderspezifischen Entwicklung kapitalistischer Produktionssysteme hat seit einigen Jahren die sozialwissenschaftliche Governanceforschung eine ganze Reihe interessanter Beiträge vorgelegt.[3] Ausgehend vom Konzept des Sozialen Systems der Produktion wird unter der Überschrift „Varieties of Capitalism" die sozio-ökonomische Entwicklung verschiedener Länder vergleichend analysiert. Die grundlegende These ist, dass es nationalspezifisch unterscheidbare Verlaufsformen der Entwicklung gibt, für die je spezifische Strukturen ihres vorherrschenden Systems der Produktion charakteristisch seien (Hall 1999, S. 143). Konstitutiv für ein je gegebenes soziales System der Produktion wird dabei die Ausprägung und das Zusammenspiel seiner verschiedenen Teilsysteme und die damit einhergehende dominante Koordinationsform der wirtschaftlichen Prozesse angesehen, also wie beschrieben (Kap. 2.4): die Gestaltung des Arbeitsprozesses und der Einsatz von Personal, die Strukturen des Arbeitsmarktes und das Schul- und Berufsbildungssystem, das System der industriellen Beziehungen, das System der Finanzierung von Unternehmen und die Form der unternehmensübergreifenden Beziehungen im Rahmen von Absatz- und Beschaffungsmärkten. Eher am Rande findet in diesem Konzept das staatlich-administrative System als Regelungsinstanz (z.B. Wettbewerbspolitik, Sozial- und Wirtschaftspolitik) wirtschaftlicher Prozesse Berücksichtigung.[4] Davon ausgehend werden in der Debatte idealtypisch zwei Extremtypen sozialer Systeme der Produktion unterschieden (Hall/Soskice 2001, S. 8ff.): Liberale Marktwirtschaften (liberal market economies) und koordinierte Marktwirtschaften (coordinated market economies). Als zumindest bis weit in die 1990er Jahre hinein besonders ausgeprägte Beispiele gelten für den ersten Typus die USA und für den zweiten Deutschland. Es handelt sich um eine Unterscheidung, die sehr stark jener ähnelt, die schon Anfang der 1990er Jahre Michel Albert in seinem großen Essay über die kapitalistische Entwicklung mit den Begriffen „Angelsächsischer" und „Rheinischer" Kapitalismus geprägt hat (1991). Die Besonderheiten der beiden Typen seien hier in Anlehnung an die beiden Politikwissenschaftler Peter Hall und David Soskice knapp skizziert:[5]

---

3 Vgl. hierzu z.B. Hollingsworth/Boyer (1997) und insbesondere Soskice (1999) sowie Hall/Soskice (2001).

4 Im Konzept der Varieties of Capitalism stehen Unternehmen und deren Koordinationsmodi im Zentrum. Daher wird der Aspekt der Staatsfunktionen allenfalls am Rande thematisiert (Kap. 2.3). Die Bedeutung des staatlich-administrativen Systems als normsetzende und koordinierende Instanz ist für die Konstitution sozialer Systeme der Produktion naturgemäß essentiell. Im weiteren Gang der Argumentation wird daher der länderspezifisch durchaus sehr unterschiedliche Staatseinfluss zumindest angedeutet.

5 Vgl. dazu auch das in seinen Grundzügen ähnlich argumentierende, jedoch differenziertere Konzept der Business Systems von Richard Whitley (1992; 1999).

Liberale Marktwirtschaften

In liberalen Marktwirtschaften koordinieren Unternehmen ihre Aktivitäten primär in hierarchischer und marktförmiger Weise (ebd. 27ff.). Die Marktbeziehungen zeichnen sich in hohem Maße durch die bekannten Merkmale aus: Konkurrenz, formale Verträge und Koordination durch den Preismechanismus. Begleitet werden diese hoch konkurrenziellen Beziehungen auf den Absatz- und Beschaffungsmärkten von einem spezifischen System der Corporate Governance, das von einer Dominanz des Kapitalmarktes und den hier agierenden institutionellen Anlegern verbunden mit einer im internationalen Vergleich hohen Eigenfinanzierungsquote geprägt ist. Weit mehr als in anderen Ländern ist beispielsweise in den USA der Gradmesser des Unternehmenserfolgs die Bewertung des Unternehmens auf dem Kapitalmarkt und der vierteljährliche Ausweis des Unternehmenserfolges, eines möglichst hohen „quarterly profits". Diese Bewertung basiert auf formalmessbaren Kriterien, eben der Aktienwerte und der laufenden Profitabilität eines Unternehmens, und nicht auf Einschätzungen und personellen Beziehungen, die im Rahmen enger langjährig gewachsener Verflechtungsbeziehungen, wie sie in Deutschland oft noch anzutreffen sind, entstanden sind. Entsprechend sind in den USA managerielle Entscheidungen relativ stark an die Interessen von Investoren und Kapitalgebern zurückgekoppelt.

Die industrielle Produktion ist in den USA in besonderer Weise von einem konkurrenz- und marktkoordinierten System der Massenproduktion geprägt. Dieses System begann sich schon in der zweiten Hälfte des 19. Jahrhunderts durchzusetzen und es erweist sich in vielen industriellen Teilbereichen bis heute als bemerkenswert stabil. Basis dieser Entwicklung sind die klassischen Branchen der Massen- und Großserienfertigung wie beispielsweise im vorletzten Jahrhundert die Waffenherstellung, der Nähmaschinenbau, die Fahrradproduktion und der Landmaschinenbau, später die Automobilindustrie und die Elektrotechnische Industrie. Demgegenüber kommt Unternehmen der komplexen und flexiblen Fertigung kleinerer bis mittlerer Serien, wie sie sich in der Investitionsgüterindustrie finden, eine vergleichsweise nachgeordnete Stellung zu (Hounshell 1991). Nichtmarktförmige Koordinationsformen wie Kooperationen und Netzwerke zwischen verschiedenen Unternehmen sind selten und sie werden von der rigorosen Anti-Trust-Gesetzgebung in den USA bis heute sehr behindert.[6]

Besonderes Merkmal dieses US-amerikanischen Produktionssystems sind zudem Arbeitmarktstrukturen, die kaum auf beruflichen Qualifikationen basieren, die im Rahmen eines öffentlichen Systems der beruflichen Bildung erworben werden können. Vorherrschend sind betriebsinterne und vor allem unstrukturierte Teilarbeitsmärkte (Kap. 7.2), mit denen ein hohes Maß an marktorientierter Flexibilität einhergeht. Diese Situation korreliert mit

---

6 Zu den vorherrschenden Formen der Koordination industrieller Prozesse in den USA vgl. genauer Hollingsworth (1991).

dem skizzierten System der industriellen Beziehungen, bei dem die betriebliche Ebene die entscheidende Verhandlungsarena darstellt. Die Verhandlungsthemen sind ungeregelt, es herrscht das Prinzip der „arm's length relationship", das heißt ihre Thematisierung wird von der jeweiligen Macht- und Verhandlungsposition der Gewerkschaftsvertreter bestimmt und kann von Unternehmen zu Unternehmen sehr deutlich variieren (Kap. 6, Exkurs). Neben den USA finden sich mehr oder weniger ausgeprägte Formen der Liberalen Marktökonomie mit in ihren Grundzügen vergleichbaren Produktionssystemen auch in Großbritannien, Irland, Kanada, Neuseeland und Australien.

Koordinierte Marktwirtschaften
Als besonderes Merkmal koordinierter Marktwirtschaften werden hingegen „strategische Interaktionen" der Unternehmen und vielfältige Formen institutioneller Regulation und Unterstützung der wirtschaftlichen Prozesse angesehen (Hall/Soskice 2001, S. 21ff.). Hervorgehoben wird die Existenz ausgeprägter Netzwerke in den verschiedensten Bereichen wirtschaftlichen Handelns. So etwa bei Zulieferer-Abnehmer-Beziehungen, den vielfältigen Formen durch Industrieverbände und staatliche Stellen vermittelter Prozesse des Wissensaustauschs und Technologietransfers zwischen den verschiedenen Unternehmen und den Finanzierungsbeziehungen, die traditionell aus einem engem Kreditverbund zwischen Banken und Unternehmen bestehen. Im Unterschied zum Typus der liberalen Marktökonomie finden sich hier vor allem auch jene Formen der Corporate Governance, die durch stabile „kreisförmige" Kapitalverflechtungen zwischen Industrie, Versicherungen, Banken sowie weiteren korporativen Akteuren wie Stiftungen gekennzeichnet sind.

Zwar waren bis weit in die 1980er Jahre auch koordinierte Marktwirtschaften von der Dominanz fordistischer Produktionsprinzipien geprägt, jedoch zeigen sich im Vergleich zu den USA mindestens zwei grundlegende Differenzen: zum einen war und ist die industrielle Entwicklung insbesondere in Deutschland weit stärker als die in den USA von einer ausgeprägten Ungleichzeitigkeit geprägt; neben den fordistischen Industrien der Massenproduktion wie der Automobil- und Elektrotechnischen Industrie finden sich große Sektoren einer kundenspezifischen Klein- und Mittelserienfertigung mit flexiblen und integrativen Arbeitssystemen und anspruchsvollen Tätigkeiten (Kap. 3.5.2). Zum Zweiten korrespondieren damit Arbeitsmarktstrukturen und ein System der industriellen Beziehungen, für die, wie in den vorangehenden Kapiteln detailliert beschrieben, Koordinationsmechanismen charakteristisch sind, die in hohem Maße institutionalisiert sind und durch korporativ und staatlich-administrativ begründete Regelungen abgesichert werden. Damit zusammen hängen schließlich auch die langjährige Stabilität des Systems der beruflichen Bildung, die hohe Bedeutung des von ihm erzeugten öffentlichen Guts der beruflichen Qualifikationen und letztlich die Existenz berufsfachlicher Teilarbeitsmärkte. Markt- und Konkurrenzbeziehungen verlaufen, idealtypisch zugespitzt, im Rahmen dieses Systems in hohem Maße institutionell reguliert und sie sind auf Grund der vergleichsweise hohen Stabilität der Austauschbeziehungen im Unterschied zum System der liberalen Ökonomie eher langfristig ausgerichtet. Neben Deutschland werden dem Typus der koordinierten Marktökonomie Japan, die Benelux-Staaten und Skandinavien hinzugerechnet.

Betrachtet man die beiden Typen als Endpunkte eines Kontinuums, so finden sich dazwischen eine Reihe von Ländern, deren ökonomisches System einen im Vergleich mehrdeutigen Charakter aufweist. Hervorgehoben werden hier besonders die romanischen Staaten wie Frankreich, Italien, Spanien, Portugal etc. Sie weisen relativ wenig strukturierte Arbeitsmärkte, sehr verschieden geregelte Systeme der industriellen Beziehungen und vor allem einen teilweise ausgeprägten Staatseinfluss auf die wirtschaftlichen Prozesse, typisch ist hier Frankreich (z.B. Schmidt 2003), auf.[7]

Insgesamt macht das Konzept der verschiedenen Spielarten des Kapitalismus deutlich, dass die ökonomische Entwicklung auf sehr unterschiedlichen gesellschaftlich und institutionell geprägten Pfaden verläuft – mithin in einen gesellschaftlichen Rahmen eingebettet ist. Für die Frage, was unter wirtschaftlicher Effizienz zu verstehen ist, hat dieser Umstand zwei Konsequenzen (Kern 1989, 261f.): Zum einen lässt sich kaum ein generell gültiger und abstrakter Begriff von dem, was unter Effizienz zu verstehen ist, definieren. Vielmehr ist Effizienz ein komplexer, ständig sozialer Entwicklung unterliegender Sachverhalt und immer klafft eine mehr oder weniger große Lücke zwischen einer theoretischen Maximaleffizienz und dem, was tatsächlich möglich ist und als sinnvoll angesehen wird. Zum Zweiten kann Effizienz auf sehr unterschiedlichem Wege erreicht werden. Welches der richtige und angemessene ist, entscheidet sich situationsspezifisch, d.h. beispielsweise je nach den gegebenen Bedingungen eines sozialen Systems der Produktion. Einen „one-best-way“ gibt es hierbei nicht.

10.3 Konvergenz oder Divergenz?

Die abschließende Frage ist nun, wie sich im Zuge der wirtschaftlichen Entwicklung der letzten Jahrzehnte, insbesondere im Kontext des Globalisierungsprozesses die verschiedenen Spielarten des Kapitalismus verändern. Inwieweit wandeln sich ihre Binnenstrukturen, in welche Richtung

7 Wenn, wie schon angedeutet, die Rolle des Staates systematisch in die Analyse einbezogen werden würde, ergäben sich weiter gehende Differenzierungsmöglichkeiten, denen hier allerdings nicht weiter nachgegangen werden kann; vgl. hierzu das Konzept der Business Systems von Richard Whitley, welches explizit auch unterschiedliche Staatsfunktionen einbezieht (1992; 1999), sowie die international vergleichende Diskussion über die verschiedenen Typen des Wohlfahrtsstaates (z.B. Esping-Andersen 1990; Kaufmann 2003).

entwickeln sie sich und kann, eine der Kernfragen der Globalisierungsdebatte, von einer Konvergenz oder Divergenz der länderspezifischen Gegebenheiten gesprochen werden?

Die Argumente des Konzepts der Varieties of Capitalism verweisen zunächst darauf, dass die nationalen Systeme der Produktion in den letzten Jahrzehnten zwar einem unübersehbaren Wandlungsprozess unterliegen, jedoch dieser Prozess auf Grund des hohen Beharrungsvermögens der Systeme sehr stark pfadabhängig verläuft (Boyer/Hollingsworth 1997, S. 462f.): Zum einen wird die tief gehende, strukturell verfestigte Differenz der Systeme in den einzelnen Ländern betont. Zwar müsse von einem Druck auf die Angleichung bestimmter ökonomischer Handlungsparameter wie Kosten und Löhne ausgegangen werden, jedoch legen unterschiedliche Teilsysteme, wie die industriellen Beziehungen, Ausbildungssysteme und Arbeitsmärkte, verschiedene politisch-administrative Regelungen wie insbesondere auch unterschiedliche gesellschaftliche Normen und Wertsysteme je spezifische Antworten und Lösungen auf die im Prinzip gleichen Probleme und Herausforderungen in der globalisierten Ökonomie nahe. Die Akteure orientieren sich in der Regel an den gegebenen Systemstrukturen und ihre damit verwobenen Positionsinteressen stehen weit reichenden Systemveränderungen entgegen. Konkret greifbar werden diese Zusammenhänge am Beispiel der international sehr unterschiedlichen Entwicklungstendenzen der Systeme der industriellen Beziehungen. So werden Lösungen für die Probleme des von der internationalen Konkurrenz ausgehenden Kostendrucks auf viele Bereichen der Industrie in Deutschland naturgemäß im Rahmen des eingespielten korporatistischen Systems gesucht.

Zum Zweiten wird davon ausgegangen, dass sich aus diesen Gründen soziale Systeme der Produktion nur sehr langsam verändern. Der Wandel ihrer institutionalisierten Strukturen vollzieht sich, wenn überhaupt nur schrittweise und allmählich und er ist in der Regel selbst von den Entscheidungen einflussreicher kollektiver, korporativer oder staatlicher Akteure kaum direkt und kurzfristig beeinflussbar. Der Wandel von Systemstrukturen ist ein sehr langwieriges und stets emergentes Phänomen, das heißt er ist immer auch unbeabsichtigtes Ergebnis des sozialen Handelns vieler einzelner Akteure. Daher lässt sich die Annahme nicht von der Hand weisen, dass existierende nationale oder auch regionale Produktionssysteme eine hohe Prägekraft für wirtschaftliches Handeln haben und daher in den einzelnen Ländern unterschiedliche, mit den jeweiligen institutionellen Gegebenheiten kompatible Lösungs- und Entwicklungspfade im Kontext der fortschreitenden ökonomischen Globalisierung verfolgt werden.

Diese Sichtweise pfadabhängiger Entwicklungsverläufe ist allerdings zu differenzieren. Denn unabweisbar sind der weltweite Druck auf Kostensenkung und Produktivitätssteigerungen und die Konkurrenz ganzer Länder und Regionen um das international floatierende Kapital und die Investitionen der Global Players. Diese sich kontinuierlich verschärfende „Standortkonkurrenz“ drängt die verschiedenen Länder in eine Situation, die schon vor längerem folgerichtig mit der Formel des „Nationalen Wettbewerbsstaates“ zusammengefasst worden ist (Hirsch 1995). Der Druck auf kostenrelevante wirtschafts- und finanzpolitische, insbesondere sozial- und tarifpolitische Regelungen wie Lohnhöhe, die viel diskutierten Lohnnebenkosten, Arbeitszeitnormen, aber auch Arbeitsschutzbestimmungen wächst. Tendenziell führt dies zu einem Kostenwettlauf zwischen Ländern und Regionen und einem daran ausgerichteten Wandlungsprozess der Produktions- und Arbeitssysteme in Richtung eines in weiten Bereichen sinkenden Kosten- und Wohlstandsniveaus und steigender sozialer Ungleichheiten. Solche Prozesse des „Sozial- und Lohndumping“ finden zweifellos innerhalb einzelner Regionen und Ländergruppen wie auch zwischen ihnen statt. Ein typisches Beispiel hierfür sind viele traditionelle Industrien und generell arbeitsintensive Wirtschaftssektoren, die in nahezu allen westlichen Ländern einem massiven Konkurrenzdruck aus Ländern mit niedrigerem Kosten- und Lohnniveau ausgesetzt sind und mit Strategien der Personalkostenminimierung und der Verlagerung von Produktionsstandorten in Länder mit niedrigen Kostenniveaus versuchen diesem Druck auszuweichen. Ein weiteres Beispiel sind aber auch die bisherigen sozialstaatlichen Regelungssysteme vieler Länder, die gleichermaßen unter Anpassungs- und Finanzierungsdruck geraten (z.B. Södersten 2004).

Die Annahme eines internationalen Kostenwettlaufs zwischen Ländern, Regionen und Unternehmen und einer damit verbundenen Konvergenz bestimmter Systembedingungen bezeichnet aber nur eine mögliche Entwicklungsvariante. Eine andere lässt sich als fortschreitende „sektorale Spezialisierung“ bezeichnen (Streeck 2004). Sie zielt auf die Nutzung und den Ausbau von Spezialisierungsvorteilen mit der Konsequenz, dass sich Divergenzen entlang der bisher verfolgten Entwicklungspfade verstärken. Es handelt sich dabei um jenen Prozess, der wie skizziert die wachsende Bedeutung regionaler Agglomerationen im Kontext der Globalisierung begründet und Unternehmen wie auch gesamten Regionen komparative Wettbewerbsvorteile auf Grund einer vertieften regionalen Spezialisierung verschafft (Porter 1991; 1998). Über die hohe Kompatibilität verschiedener Teilsysteme wie einem regionalen Arbeitsmarkt, wissenschaftlichen und politischen Unterstützungseinrichtungen und vernetzten regionalen Unternehmen können Transaktionskosten gering gehalten, Lerneffekte und Innovationsfähigkeit gefördert und ein hohes Maß zwischenbetrieblicher Mobilität und Flexibilität erreicht werden. Vorangetrieben wird er von Unternehmen, die sich dadurch Konkurrenzvorteile verschaffen wollen, wie auch von politischen Stellen, die diesen Prozess fördern. Dies erfordert wirtschafts-, technologie-, sozial- und bildungspolitische Maßnahmen, die auf den Ausbau der Spezialisierungsvorteile ausgerichtet sind, sowie entsprechend angepasste institutionelle Regelwerke, wie etwa die des Arbeitsmarktes und der industriellen

Beziehungen. Insgesamt zielt dies auf die möglichst optimale Ausschöpfung der nationalen und regionalen Ressourcen.

Insgesamt gesehen kann davon ausgegangen werden, dass jene nationalen und regionalen Produktionssysteme Entwicklungschancen entlang ihrer eingespielten Strukturen haben, die auf Grund ihrer Spezialisierung komparative Wettbewerbsvorteile im Kontext einer fortschreitenden Weltmarktverflechtung erwarten lassen, während andere unter den Druck einer verschärften Konkurrenz geraten und langfristig nur mehr geringe Entwicklungschancen haben. Resultat ist eine zunehmende Ungleichheit zwischen verschiedenen Regionen und Ländern. Sie unterscheiden sich je nach ihren wirtschaftlichen Kernsektoren, ihren dominanten Branchen und Technologien und ihren damit verbundenen Positionen und Entwicklungspotentialen in der internationalen Arbeitsteilung. Daher ist „... heute nicht *Konvergenz* die beherrschende Tendenz der Globalisierung, sondern *Konvergenz in Wechselwirkung mit Divergenz*." (Streeck 2004, S. 7 – Hervorheb. im Orig.).

In Hinblick auf die Entwicklung der verschiedenen Spielarten des Kapitalismus impliziert dies einerseits die Erosion der bisherigen vorherrschenden Systemstrukturen. Dies betrifft insbesondere die oftmals hoch regulierten und abgeschotteten Institutionen und Verhandlungssysteme der koordinierten Marktökonomien wie Deutschland mit ihren ausgeprägten sozialstaatlichen Regelwerken. Fraglos ist hier in vielen Bereichen eine zunehmende Durchsetzung marktförmiger Koordinationsformen zu Lasten bisher existierender vernetzter und hierarchisch koordinierter Austauschprozesse zu beobachten. Typisches Beispiel ist der Wandel der Systeme der Corporate Governance und der Strukturen vieler Großunternehmen, die bezogen auf Deutschland verschiedentlich mit dem Schlagwort von der „Amerikanisierung" des Kapitalmarktes charakterisiert werden. Auch erzwingen hohe Kosten- und Flexibilitätsanforderungen an die Unternehmen oftmals Neuorientierungen von Entscheidungen und schnelle Strategiewechsel, die mit den eingespielten vernetzten Strukturen zwischen verschiedenen Unternehmen, Kapitalgebern und staatlichen Stellen oder auch langwierigen arbeitspolitischen Verhandlungsprozessen immer weniger kompatibel sind und auf ihre Änderung in Richtung der in vielerlei Hinsicht flexibleren „arm's length nature of relationships" angelsächsischer Länder drängen (Whitley 1999). Andererseits aber bieten auf Grund der wachsenden Bedeutung von Spezialisierungsvorteilen gerade institutionell verdichtete Systemzusammenhänge wie die der koordinierten Marktwirtschaften Chancen und Konkurrenzvorteile, da diese die beschriebenen Prozesse einer sich selbst verstärkenden räumlich und sektoral verdichteten Entwicklung fördern. Die generellen Entwicklungstendenzen umfassen daher sehr unterschiedliche Koordinationsformen wirtschaftlichen Handelns, die letztlich das ganze denkbare Spektrum von Markt über Netzwerke bis hin zu Hierarchie abdecken. Insofern bestätigt sich das bekannte Bild vom „patchwork" verschiedener Systemtypen mit ihren spezifischen Koordinationsformen, das als ein zentrales Merkmal der gegenwärtigen sozialen und ökonomischen Situation angesehen werden muss.

Weiterführende Literatur zu Kapitel 10

Hall, P. A.; Soskice, D. 2001: An Introduction to Varieties of Capitalism. In: Dies. (Hrsg.): Varieties of Capitalisms. The Institutional Foundations of Comparative Advantage. Oxford, S. 1-70

Hollingsworth, J. R. 1991: Die Logik der Koordination des verarbeitenden Gewerbes in Amerika. In: Kölner Zeitschrift für Soziologie und Sozialpsychologie, Jg. 43, H. 1, S. 18-43

Lutz, B. 1984: Der kurze Traum immer währender Prosperität. Frankfurt/ New York

Streeck, W. 1997: German capitalism: Does it exist? Can it survive? In: Crouch, C.; Streeck, W. (Hrsg.): Political Economy of Modern Capitalism. London, S. 33-54

Literatur

Abrahamson, E. 1996: Management fashion. In: Academy of Management Review, Vol. 21, S. 254-285

Adorno, T. W. 1993: Einleitung in die Soziologie. Frankfurt/M.

Albert, M. 1991: Capitalisme contre Capitalisme. Paris

Alewell, D. 1993: Interne Arbeitsmärkte. Eine informationsökonomische Analyse. Hamburg

Allmendinger, J.; Hinz, T. 2002: Perspektiven der Organisationssoziologie. In: Dies. (Hrsg.): Organisationssoziologie. Opladen, S. 9-28. Serie: Kölner Zeitschrift für Soziologie und Sozialpsychologie, Sonderheft Nr. 42

Altmann, N.; Binkelmann, P.; Düll, K.; Stück, H. 1982: Grenzen neuer Arbeitsformen. Frankfurt/New York

Altmann, N.; Deiß, M.; Döhl, V.; Sauer, D. 1986: Ein „Neuer Rationalisierungstyp“ – neue Anforderungen an die Industriesoziologie. In: Soziale Welt, Jg. 37, H. 2/3, S. 191-206

Altmann, N.; Düll, K. 1987: Die Krise des normierten Verhandlungssystems. In: WSI Mitteilungen, Jg. 40, H. 5, S. 261-269

Altvater, E.; Mahnkopf, B. 1997: Grenzen der Globalisierung. 3. Aufl., Münster

Amin, A. 2002: Spatialities of Globalisation. In: Environment and Planning A, Vol. 34, H. 3, S. 385-399

Amit, R.; Glosten, L.; Mulle, E. 1993: Challenges to Theory Development in Entrepreneurship Research. In: Journal of Management Studies, Vol. 30, September, S. 815-834

Antoni, C. H. (Hrsg.) 1996: Gruppenarbeit in Unternehmen. 2. Aufl., Weinheim

Appelbaum, E.; Schettkat, R. 1996: The Increasing Importance of Institutions for Employment Performance. In: Schmid, G.; O'Reilly, J.; Schömann, K. (Hrsg.): International Handbook of Labour Market Policy and Policy Evaluation. London, S. 781-810

Artus, I. 2001: Krise des deutschen Tarifsystems. Die Erosion des Flächentarifvertrages in Ost und West. Wiesbaden

Asdonk, J.; Bredeweg, U.; Kowol, U. 1991: Innovation als rekursiver Prozess. In: Zeitschrift für Soziologie, Jg. 20, H. 4, S. 290-304

Axelrod, R. 1987: Die Evolution der Kooperation. München

Baden, C.; Kober, T.; Schmid, A. 1996: Arbeitsmarktsegmentation im technologischen Wandel. Berlin

Bhagwatti, J. 1998: The Capital Myth. In: Foreign Affairs, Vol. 77/3, S. 7-13

Baethge, M. 2000: Der unendlich langsame Abschied vom Industrialismus und die Zukunft der Dienstleistungsbeschäftigung. In: WSI Mitteilungen, H. 3, S. 149-156

Baethge, M. 2001: Beruf – Ende oder Transformation eines erfolgreichen Ausbildungskonzepts? In: Kurtz, T. (Hrsg.): Aspekte des Berufs in der Moderne. Opladen, S. 85-106

Baethge, M.; Oberbeck, H. 1985: Zukunft der Angestellten. Neue Technologien und berufliche Perspektiven in Büro und Verwaltung. Frankfurt/New York

Baethge, M.; Kern, H.; Schumann, M. 1988: Arbeit und Gesellschaft – Rückblicke und Ausblicke aus 25 Jahren Göttinger soziologischer Forschung. In: Mitteilungen, Februar, Soziologisches Forschungsinstitut Göttingen

Baethge, M.; Baethge-Kinski, V. 1998: Jenseits von Beruf und Beruflichkeit? – Neue Formen von Arbeitsorganisation und Beschäftigung und ihre Bedeutung für eine zentrale Kategorie gesellschaftlicher Integration. In: Mitteilungen aus der Arbeitsmarkt- und Berufsforschung, Jg. 31, H. 3, S. 461-472

Baethge, M.; Wilkens, I. (Hrsg.) 2001: Die große Hoffnung für das 21. Jahrhundert. Opladen

Bahnmüller, R. 2002: Diesseits und jenseits des Flächentarifvertrages. Entgeltfindung und Entgeltstrukturen in tarifgebundenen und nicht tarifgebundenen Unternehmen. In: Industrielle Beziehungen, Jg. 9, H. 4, S. 402-424

Bahrdt, H. P. 1987: Schlüsselbegriffe der Soziologie. 3. Aufl., München

Baldamus, W. 1960: Der gerechte Lohn. Eine industriesoziologische Analyse. Berlin

Bartlett, C. A. 1986: Building and Managing the Transnational – The New Organizational Challenge. In: Porter, M. E. (Hrsg.): Competition in Global Industries. Boston, S. 367-401

Bartlett, C. A.; Ghoshal, S. 1989: Managing Across Boarders. Boston

Baur, N. 2001: Soziologische und ökonomische Theorien der Erwerbsarbeit. Eine Einführung. Frankfurt/New York

Bechtle, G.; Lutz, B. 1989: Die Unbestimmtheit post-tayloristischer Rationalisierungsstrategie und die ungewisse Zukunft industrieller Arbeit – Überlegungen zur Begründung eines Forschungsprogramms. In: Düll, K.; Lutz, B. (Hrsg.): Technikentwicklung und Arbeitsteilung im internationalen Vergleich. Frankfurt/New York, S. 9-91

Beck, B. 1998: Survey: Women and Work. In: The Economist, July 18th

Beck, U. 1997: Was ist Globalisierung? Frankfurt/M.

Beck, U.; Brater, M. 1978: Berufliche Arbeitsteilung und soziale Ungleichheit. Eine gesellschafts-historische Theorie der Berufe. Frankfurt/M.

Beckenbach, N.; van Treeck, W. (Hrsg.) 1994: Umbrüche gesellschaftlicher Arbeit. In: Soziale Welt, Sonderband 9, Göttingen

Beckert, J. 1996: Was ist soziologisch an der Wirtschaftssoziologie? In: Zeitschrift für Soziologie, Jg. 25. H. 2, S. 125-146

Beckert, J. 1997: Grenzen des Marktes. Die sozialen Grundlagen wirtschaftlicher Effizienz. Frankfurt/New York

Behr, M. von; Hirsch-Kreinsen, H. (Hrsg.) 1998: Globale Produktion und Industriearbeit. Arbeitsorganisation und Kooperation in Produktionsnetzwerken. Frankfurt/New York

Bélanger, J.; Berggren, C.; Björkman, T.; Köhler, C. (Hrsg.) 1999: Being Local Worldwide. ABB and the Challenge of Global Management. Ithaca/London

Bell, D. 1973: The Coming of Post-Industrial Society. New York

Bellmann, L.; Hilpert, M.; Kistler, E. 1999: Technik und Beschäftigung. In: Jahrbuch sozialwissenschaftliche Technikberichterstattung 1998/99, Schwerpunkt: Arbeitsmarkt. Berlin, S. 215-254

Bender, G. 1997: Lohnarbeit zwischen Autonomie und Zwang. Neue Entlohnungsformen als Element veränderter Leistungspolitik. Frankfurt/New York

Bender, G. 1999: Technologische Innovation als Form der europäischen Integration. Zur Entwicklung des europäischen Mobilfunkstandards GSM. In: Zeitschrift für Soziologie, Jg. 28, H. 2, S. 77-92
Bender, G. (Hrsg.) 2001: Neue Formen der Wissenserzeugung. Frankfurt/New York
Bender, G. 2004: Ist die Wissensgesellschaft High-tech basiert? Konzeptionelle Überlegungen zu Innovationen in Low-tech Sektoren. Vortragsmanuskript, Universität Dortmund
Bennet, J. T.; De Cenzo, D. 1992: Essentials of Labor Relations. New Jersey
Benz, A. 2001: Der moderne Staat. München
Benz-Overhage, K; Brumlop, E.; v. Freyberg, T.; Papadimitriou, Z. 1982: Neue Technologien und alternative Arbeitsgestaltung. Frankfurt/New York
Berg, H.; Cassel, D.; Hartwig, K. H. 2003: Theorie der Wirtschaftspolitik. In: Bender, D. u.a.: Vahlens Kompendium der Wirtschaftstheorie und Wirtschaftspolitik. Bd. 2., 8. Aufl., München, S. 173-295
Berger, J. 1978: Soziologische Handlungstheorie und politische Ökonomie. In: Hondrich, K. O.; Matthes, J. (Hrsg.): Theorievergleich in den Sozialwissenschaften. Darmstadt/Neuwied, S. 146-157
Berger, J. 1992: Der Konsensbedarf der Wirtschaft. In: Giegel, H.-J. (Hrsg.): Kommunikation und Konsens in modernen Gesellschaften. Frankfurt/M., S. 151-196
Berger, J. 1995: Warum arbeiten die Arbeiter? Neomarxistische und neodurkheimianische Erklärungen. In: Zeitschrift für Soziologie, Jg. 24, H. 6, S. 407-421
Berger, P. L.; Luckmann, T. 1977: Die gesellschaftliche Konstruktion der Wirklichkeit. Frankfurt/M.
Berger, U.; Offe, C. 1981: Das Rationalisierungsdilemma der Abgestelltenarbeit. In: Kocka, J. (Hrsg.): Angestellte im europäischen Vergleich. Göttingen, S. 39-58
Bergmann, J. 1979: Organisationsstruktur und innergewerkschaftliche Demokratie. In: Ders. (Hrsg.): Beiträge zur Soziologie der Gewerkschaften. Frankfurt/M., S. 210-239
Bergmann, J. 1995: Einführung in die Industriesoziologie. Vorlesungsmanuskript. Inst. für Soziologie, TH Darmstadt
Bergmann, J.; Hirsch-Kreinsen, H.; Springer, R.; Wolf, H. 1985: Rationalisierung, Technisierung und Kontrolle des Arbeitsprozesses. Die Einführung der CNC-Technologie in Betrieben des Maschinenbaus. Frankfurt/New York
Bergmann, J.; Bürckmann, E.; Dabrowski, H. 1998: Reform des Flächentarifvertrags? Betriebliche Realitäten – Verhandlungssysteme – gewerkschaftliche Politik. Supplement der Zeitschrift Sozialismus, H. 1, Hamburg
Beyer, J. 2001: „One best way" oder Varietät? Strategischer und organisatorischer Wandel von Großunternehmen im Prozess der Internationalisierung. Köln: Max-Planck-Institut für Gesellschaftsforschung, Discussion Paper 01/2
Bieber, D. 1992: Systemische Rationalisierung und Produktionsnetzwerke. In: Malsch. T.; Mill, U. (Hrsg.): ArByte. Modernisierung der Industriesoziologie? Berlin, S. 271-294
Bieber, D. (Hrsg.) 1997: Technikentwicklung und Industriearbeit. Frankfurt/New York

Bispinck, R.; Schulten, T. 2003: Verbetrieblichung der Tarifpolitik? Aktuelle Tendenzen und Einschätzungen aus Sicht von Betriebs- und Personalräten. In: WSI Mitteilungen, H. 3, S. 157-166

BIZ (Bank für Internationalen Zahlungsausgleich) 2001: 71. Jahresbericht. Basel, März

BMBF (Bundesministerium für Bildung und Forschung) (Hrsg.) 2002: Zur technologischen Leistungsfähigkeit Deutschlands, mimeo. Bonn

BMWA (Bundesministerium für Wirtschaft und Arbeit) 2004: Wirtschaftliche Förderung. Hilfen für Investitionen und Arbeitsplätze, mimeo. Berlin

Böhle, F. 1992: Grenzen und Widersprüche der Verwissenschaftlichung von Produktionsprozessen – Zur industriesoziologischen Verortung von Erfahrungswissen. In: Malsch, T.; Mill, U. (Hrsg.): ArBYTE – Modernisierung der Industriesoziologie? Berlin, S. 87-132

Bosch, G. 1986: Hat das Normalarbeitsverhältnis eine Zukunft? In: WSI Mitteilungen, H. 3, S. 163-176

Bosch, G. 2001: Konturen eines neuen Normalarbeitsverhältnisses. In: WSI Mitteilungen, H. 4, S. 219-230

Bosch, G.; Kalina, T.; Lehndorff, S.; Wagner, A.; Weinkopf, C. 2000: Zur Zukunft der Erwerbsarbeit. Hans-Böckler-Stiftung, Arbeitspapier Nr. 43, Mai

Bosch, G.; Wagner, A. 2003: Dienstleistungsgesellschaften in Europa und Ursachen für das Wachstum der Dienstleistungsbeschäftigung. In: Kölner Zeitschrift für Soziologie und Sozialpsychologie, Jg. 55, H. 3, S. 475-499

Boyer, R.; Hollingsworth, J. R. 1997: From National Embeddedness to Spatial and Institutional Nestedness. In: Hollingsworth, J. R.; Boyer, R. (Hrsg.): Contemporary Capitalism. Cambridge, S. 433-484

Boyer, R.; Charron, E.; Jurgens, U.; Tolliday, S. (Hrsg.) 1998: Between Imitation and Innovation. New York

Braczyk, H.-J. 1997: Organisation in industriesoziologischer Perspektive. In: Ortmann, G.; Sydow, J.; Türk, K. (Hrsg.): Theorien der Organisation. Opladen, S. 530-575

Braczyk, H.-J.; Cooke, P.; Heidenreich, M. (Hrsg.) 1998: Regional Innovation Systems. The role of governances in a globalized world. London

Brandt, G.; Kündig, B.; Papadimitriou, Z.; Thomae, J. 1978: Computer und Arbeitsprozess. Frankfurt/New York

Bravermann, H. 1977: Die Arbeit im modernen Produktionsprozess. Frankfurt/New York

Braun, W. M. 2002: Strategisches Management der industriellen Beziehungen. Zur Empirie und Theorie des Verhältnisses zwischen Management und Betriebsrat. München

Briefs, G. 1959: Betriebssoziologie. In: Vierkandt, A. (Hrsg.): Handwörterbuch der Soziologie. Neuaufl., Stuttgart, S. 31-52

Bröchler, S.; Simonis, G.; Sundermann, K. (Hrsg.) 1999: Handbuch Technikfolgenabschätzung. 3 Bände, Berlin

Buch, H. 1999: Ungeschützte Beschäftigungsverhältnisse, Scheinselbständigkeit und geringfügige Beschäftigung auf dem deutschen Arbeitsmarkt. Frankfurt/M.

Burawoy, M. 1979: Manufacturing Consent. Chicago

Burns, T; Stalker, G. M. 1961: The Management of Innovation. London

Buß, E. 1985: Lehrbuch der Wirtschaftssoziologie. Berlin/New York

Capelli, P. 1995: Rethinking Employment. In: British Journal of Industrial Relations, Vol. 33, No. 4, S. 563-602
Carr, E. 1996: Survey: Business in Europe. In: The Economist, November 23rd
Castel, R. 2000: Die Metamorphosen der sozialen Frage. Eine Chronik der Lohnarbeit. Konstanz
Castells, M. 2000: The Rise of the Network Society. 2. Aufl., Oxford/UK
Chandler, A.D. 1962: Strategy and Structure: Chapters in the History of the American Industrial Enterprise. Cambridge/MA
Chandler, A.D. 1977: The Visible Hand. The Managerial Revolution in American Business. Cambridge/MA
Chesbrough, H.W.; Teece, D. J. 1996: When is Virtual Virtous? Organizing for Innovation. In: Harvard Business Review, January/February, S.65-73
Child, J. 1972: Organizational Structure, Environment and Performance: The Role of Strategic Choice. In: Sociology 6, S. 1-22
Child, J. 1981: Culture, contingency and capitalism in the cross-national study of organizations. In: Cummings, L. L.; Staw, B. M. (Hrsg.): Research in Organizational Behavior, Vol. 3, S. 303-324
Child, J. 1997: Strategic Choice in the Analysis of Action, Structure, Organizations and Environment: Retrospect and Prospect. In: Organization Studies, Vol. 18, H. 1, S. 43-76
Coase, R.H. 1937: The Nature of the Firm. In: Economica, Vol. 4, No. 16, S. 386-405
Coase, R.H. 1984: The New Institutional Economics. In: Zeitschrift für die gesamte Staatswissenschaft, Nr. 140, S. 229-231
Cohen, S.S.; Zysman, J. 1987: Manufacturing matters. The Myth of the Post-Industrial Economy. New York
Coleman, J.S. 1995: Grundlagen der Sozialtheorie. München
Crouch, C. 1996: Revised Diversity: From the neo-liberal decade to beyond Maastricht. In: Ruysseveldt van, J.; Visser, J. (Hrsg.): Industrial Relations in Europe. Traditions and Transitions. London, S. 358-375
Crouch, C.; Streeck, W. (Hrsg.) 1997: Political Economy of Modern Capitalism. London
Crouch, C.; Streeck, W. 1997: Introduction: The future of capitalist diversity. In: Crouch, C.; Streeck, W. (Hrsg.): Political Economy of Modern Capitalism. London et al., S. 1-18
Crozier, M.; Friedberg, E. 1979: Macht und Organisation. Die Zwänge kollektiven Handelns. Königstein/Ts.
Cyert, R.M.; March, J. G. 1963: A behavioral theory of the firm. Englewood Cliffs/N.J.
Dahrendorf, R. 1956: Industrie- und Betriebssoziologie. Berlin
Dahrendorf, R. 1983: Wenn der Arbeitsgesellschaft die Arbeit ausgeht. In: Matthes, J. (Hrsg.): Krise der Arbeitsgesellschaft? Verhandlungen des 21. Deutschen Soziologentages in Bamberg 1982. Frankfurt/New York, S. 25-37
Davis, L.E.; Engelstad, P. H. 1966: Unit operations in sociotechnical systems: Analysis and Design. London
DeBresson, C.; Amesse, F. 1991: Networks of Innovators: A review and introduction to the issue. In: Research Policy, Vol. 20, S. 363-379
Degele, N. 2002: Einführung in die Techniksoziologie. München

Deiß, M.; Döhl, V. (Hrsg.) 1992: Vernetzte Produktion. Automobilzulieferer zwischen Kontrolle und Autonomie. Frankfurt/New York
Deutschmann, C. 1997: Die Mythenspirale. Eine wissenssoziologische Interpretation industrieller Rationalisierung. In: Soziale Welt, Jg. 47, H. 1, S. 55-70
Deutschmann, C. 2001: Die Gesellschaftskritik der Industriesoziologie – ein Anachronismus. In: Leviathan, Jg. 29, H. 1, S. 58-69
Deutschmann, C. 2002: Postindustrielle Industriesoziologie. Weinheim/München
Deutschmann, C.; Faust, M.; Jauch, P.; Notz, P. 1995: Veränderungen der Rolle des Managements im Prozess reflexiver Rationalisierung. In: Zeitschrift für Soziologie, Jg. 24, H. 6, S. 436-450
Deutschmann, C.; Diekmann, A.; Flecker, J. 1999: Nationale Arbeitsverhältnisse – Internationale Arbeitsmärkte. Einleitung. In: Honegger, C.; Hradil, S. Traxler, F. (Hrsg.): Grenzenlose Gesellschaft? Verhandlungen des 29. Kongresses der Deutschen Gesellschaft für Soziologie 1998 in Freiburg. Opladen, S. 503-505
DiMaggio, P.J.; Powell, W. W. 2000: Das „stahlharte Gehäuse" neu betrachtet: Institutioneller Isomorphismus und kollektive Rationalität in organisationalen Feldern. In: Müller, H.-P.; Sigmund, S. (Hrsg.): Zeitgenössische amerikanische Soziologie. Opladen, S. 147–173
Doeringer, P. B.; Piore, M. J. 1971: Internal Labor Markets and Manpower Analysis. Lexington/MA
Dörre, K. 2002: Kampf um Beteiligung. Arbeit, Partizipation und industrielle Beziehungen im flexiblen Kapitalismus. Wiesbaden
Dörrenbächer, C. 1999: Vom Hoflieferanten zum Global Player. Berlin
Dosi, G. 1982: Technological Paradigms and Technological Trajectories. In: Research Policy, Vol. 11, S. 147-162
Dosi, G. 1984: Technological Paradigms and Technological Trajectories. In: Freeman, C. (Hrsg.): Long Waves in the World Economy. London/Dover, S. 78-101
Dostal, W. 2001: Quantitative Entwicklungen und neue Beschäftigungsformen im Dienstleistungsbereich. In: Baethge, M.; Wilkens, I. (Hrsg.): Die große Hoffnung für das 21. Jahrhundert. Opladen, S. 45-70
Drucker, P.F. 1994: Post-Capitalist Society. New York
Düll, K.; Lutz, B. (Hrsg.) 1989: Technikentwicklung und Arbeitsteilung im internationalen Vergleich. Frankfurt/New York
Düll, K.; Bechtle, G. 1991: Massenarbeiter und Personalpolitik in Deutschland und Frankreich. Frankfurt/New York
Düll, K.; Ellguth, P. 1999: Atypische Beschäftigung: Arbeit ohne betriebliche Interessenvertretung? In: WSI Mitteilungen, Jg. 52, H. 1, S. 165-176
Dürrschmidt, J. 2002: Globalisierung. Bielefeld
Dunn, M.H. 1998: Die Unternehmung als ein soziales System. Berlin
Dunning, J.H. 1993: Multinational Enterprises and the Global Economy. Wokingham
Ebbinghaus, B. o.J.: Gewerkschaftlicher Organisationsgrad. Sonderauswertung des Max-Planck Instituts für Gesellschaftsforschung in Köln
Eckard, A.; Köhler, H.D.; Pries, L. (Hrsg.) 1999: Global Players in lokalen Bindungen. Berlin

Edquist, C. (Hrsg.) 1997: Systems of Innovation. Technologies, Institutions and Organizations. London/New York
Edwards, R. 1981: Herrschaft im modernen Produktionsprozess. Frankfurt/M.
Eichhorst, W.; Profit, S.; Thode, E. 2001: Benchmarking Deutschland: Arbeitsmarkt und Beschäftigung. Bericht der Arbeitsgruppe Benchmarking und der Bertelsmann Stiftung. Berlin u.a.
Ellguth, P.; Liebold, R.; Trinczek, R. 1998: „Double Squeeze" – Manager zwischen veränderten beruflichen und privaten Anforderungen. In: Kölner Zeitschrift für Soziologie und Sozialpsychologie, Jg. 50, H. 3, S. 517-535
Ernst, B.; Kieser, A. 2002: Versuch, das unglaubliche Wachstum des Beratungsmarktes zu erklären. In: Schmidt, R.; Gergs, H. J.; Pohlmann, M. (Hrsg.): Managementsoziologie. München/Mering, S. 56-85
Esping-Andersen, G. 1990: The Three Worlds of Welfare Capitalism. Cambridge
Esser, H. 1993: Soziologie. Allgemeine Grundlagen. Frankfurt/New York
Esser, H. 1999: Soziologie. Spezielle Grundlagen, Bd. 1: Situationslogik und Handeln. Frankfurt/New York
Esser, H. 2000: Soziologie. Spezielle Grundlagen, Bd. 2: Die Konstruktion der Gesellschaft. Frankfurt/New York
Esser, H. 2000a: Soziologie. Spezielle Grundlagen, Bd. 3: Soziales Handeln. Frankfurt/New York
Esser, H. 2000b: Soziologie. Spezielle Grundlagen, Bd. 5: Institutionen. Frankfurt/New York
Esser, H. 2001: Soziologie. Spezielle Grundlagen, Bd. 6: Sinn und Kultur. Frankfurt/New York
Esser, H. 2002: Wo steht die Soziologie? In: Forum der Deutschen Gesellschaft für Soziologie, H. 4, S. 20-32
Etzioni, A. 1967: Soziologie der Organisation. München
Faselt, J. 2004: Die Entwicklung der industriellen Beziehungen in den U.S.A. Unveröffentl. Diplomarbeit, Lehrstuhl Wirtschafts- und Industriesoziologie, Universität Dortmund
Faust, M. 2003: „Subjektivierung der Arbeit" und ihre Leitfigur der „Arbeitskraftunternehmer" – eine Kritik auf der Grundlage geteilter Absichten. Ms., Göttingen
Faust, M.; Jauch, P.; Brünnecke, K.; Deutschmann, C. 1994: Dezentralisierung von Unternehmen. Bürokratie und Hierarchieabbau und die Rolle der betrieblichen Arbeitspolitik. München
Faust, M.; Jauch, P.; Deutschmann, C. 1998: Reorganisation des Managements: Mythos und Realität des „Intrapreneurs". In: Industrielle Beziehungen, Jg. 5, H. 1, S. 101–118
Faust, M.; Jauch, P.; Notz, P. 2000: Befreit und entwurzelt. Führungskräfte auf dem Weg zum „internen Unternehmer". München/Mering
Fischer, J. 1993: Der Meister. Ein Arbeitskräftetyp zwischen Erosion und Stabilisierung. Frankfurt/New York
Forrester, V. 1996: L'horreur économique. Paris
Fourastié, J. 1954: Die große Hoffnung des 20. Jahrhunderts. Köln
Frank, R.H. 1997: Microeconomics and Behavior. Boston
Freeman, C. 1991: Networks of innovators: A synthesis of research issues. In: Research Policy Vol. 20, S. 499-514

Freeman, C.; Soete, L. 1997: The Economics of Industrial Innovation. Cambridge/MA
Friedland, R.; Robertson, A. F. 1990: Beyond the Marketplace: Rethinking Economy and Society. New York
Fritsch, M. 1996: Arbeitsteilige Innovation – Ein Überblick über neuere Forschungsergebnisse. In: Sauer, D.; Hirsch-Kreinsen, H. (Hrsg.): Zwischenbetriebliche Arbeitsteilung und Kooperation. Frankfurt/New York, S. 15-47
Fritsch, M. 2000: Ansatzpunkte und Möglichkeiten zur Verbesserung regionaler Innovationsbedingungen – Ein Überblick über den Stand der Forschung. In: Hirsch-Kreinsen, H.; Schulte, A. (Hrsg.): Standortbindungen. Unternehmen zwischen Globalisierung und Regionalisierung. Berlin, S. 103-128
Fritsch, M.; Koschatzky, K.; Schätzl, L.; Sternberg, R. 1998: Innovationspotentiale und innovative Netzwerke – Zum Stand der Forschung. In: Raumforschung und Raumordnung, Jg. 57, S. 243-252
Fritsch, M.; Wein, T.; Ewers, H. J. 2003: Marktversagen und Wirtschaftspolitik. 5. Aufl., München
Fürstenberg, F. 2000: Berufsgesellschaft in der Krise. Auslaufmodell oder Zukunftspotential. Berlin
Funder, M. 1999: Paradoxien der Reorganisation. München/Mering
Galès, P.; Voelzkow, H. 2001: Introduction: The Governance of Local Economies. In: Crouch, C.; Galès, P.; Trigilia, C.; Voelzkow, H. (Hrsg.): Local Production Systems in Europe. Oxford, S. 1-24
Geissler, R. 2002: Die Sozialstruktur Deutschlands. Bonn/Wiesbaden
Gerybadze, A. 2004: Technologie- und Innovationsmanagement. München
Gibbons, M.; Limoges, C.; Nowotny, H.; Schwartzmann, S.; Scott, P.; Trow, M. 1994: The new production of knowledge. The dynamics of science and research in contemporary societies. London
Giddens, A. 1988: Die Konstitution der Gesellschaft. Frankfurt/New York
Giddens, A. 1995: Konsequenzen der Moderne. Frankfurt/M.
Giesecke, S. 2000: Innovationssysteme von Nationen, Regionen und Technologien – Ein Überblick über Literatur und Diskussion. In: Politische Vierteljahresschrift, Jg. 41, H. 1, S. 135-146
Gordon, D. M. 1972: Theories if Poverty and Unemployment. Orthodox, Radical and Dual Labor Market Perspectives. Lexington/MA
Gottschall, K. 1995: Geschlechterverhältnis und Arbeitsmarktsegregation. In: Becker-Schmidt, K.; Knapp, G.-A. (Hrsg.): Das Geschlechterverhältnis als Gegenstand der Sozialwissenschaften. Frankfurt/New York, S. 125-162
Grabher, G. 1993: The weakness of strong ties: the lock-in of regional development in the Ruhr area. In: Ders. (Hrsg.): The embedded firm. London/New York, S. 255-277
Grabher, G. 1994: Lob der Verschwendung. Berlin
Granovetter, M. 1973: The strength of weak ties. In: American Journal of Sociology, Vol. 78, S. 1360-1380
Granovetter, M. 2000: Ökonomisches Handeln und soziale Struktur: Das Problem der Einbettung. In: Müller, H.-P.; Sigmund, S. (Hrsg.): Zeitgenössische amerikanische Soziologie. Opladen, S. 175-207
Greshoff, R.; Schimank, U. 2003: Die integrative Soziatheorie von Hartmut Esser. Ms., Fernuniversität Hagen
Gröner, H. (Hrsg.) 1992: Der Markt für Unternehmenskontrolle, Berlin

Groß, E. 1999: Gleicher Lohn für gleiche Arbeit am gleichen Ort? In: Honegger, C.; Hradil, S; Traxler, F. (Hrsg.): Grenzenlose Gesellschaft? Verhandlungen des 29. Kongresses der Deutschen Gesellschaft für Soziologie 1998 in Freiburg. Opladen, S. 539-557
Grossman, G.; Helpman, E. 1991: Innovation and Growth in the Global Economy. Cambridge/MA
Gutenberg, E. 1983: Grundlagen der Betriebswirtschaftslehre. Bd. 1: Die Produktion. 24. unveränd. Aufl., Berlin/Heidelberg/New York
Haak, C.; Schmid, G. 2001: Arbeitsmärkte für Künstler und Publizisten: Modell der künftigen Arbeitswelt? In: Leviathan, Jg. 29, H. 2, S. 156-178
Hack, L. 1998: Technologietransfer und Wissenstransformation. Zur Globalisierung der Forschungsorganisation von Siemens. Münster
Hack, L.; Hack, I. 1985: Die Wirklichkeit, die Wissen schafft. Zum wechselseitigen Verhältnis von „Verwissenschaftlichung der Industrie“ und „Industrialisierung der Wissenschaft“. Frankfurt/New York
Hage, J.; Alter, C. 1997: A Typology of Interorganizational Relationships and Networks. In: Hollingsworth, S.; Rogers, J.; Boyer, R. (Hrsg.): Contemporary Capitalism. Cambridge, S. 94–126
Hall, P. A. 1999: The Political Economy of Europe in an Era of Interdependence. In: Kitschelt, H.; Lange, P.; Marks, G.; Stephens, J. D. (Hrsg.): Continuity and Change in Contemporary Capitalism. Cambridge, S. 135-163
Hall, P. A.; Soskice, D. 2001: An Introduction to Varieties of Capitalism. In: Dies. (Hrsg.): Varieties of Capitalisms. The Institutional Foundations of Comparative Advantage. Oxford, S. 1-70
Hammer, M.; Champy, J. 1995: Business Reengineering. 5. Aufl., Frankfurt/New York
Hartmann, M. 1995: Deutsche Topmanager: Klassenspezifischer Habitus als Karrierebasis. In: Soziale Welt, Jg. 46, H. 4, S. 440-468
Hartmann, M. 1999: Auf dem Weg zur transnationalen Bourgeoisie? In: Leviathan, H. 1, S. 112-141
Hartmann, M. 2001: Elitenselektion durch Bildung oder durch Herkunft? Promotion, soziale Herkunft und der Zugang zu Führungspositionen in der deutschen Wirtschaft. In: Kölner Zeitschrift für Soziologie und Sozialpsychologie, Jg. 53, H. 3, S. 436-466
Hasse, R.; Krücken, G. 1999: Neo-Institutionalismus. Bielefeld
Häußermann, H.; Siebel, W. 1995: Dienstleistungsgesellschaften. Frankfurt/M.
Hedström, P.; Swedberg, R. 1996: Social Mechanisms. In: Acta Sociologica, Vol. 39, No. 3, S. 281-308
Hedström, P.; Swedberg, R. 1998: Social Mechanisms: An Introductory Essay. In: Dies.. (Hrsg.): Social Mechanisms. Cambridge, S. 1-31
Heidenreich, M. 1997: Wirtschaftsregionen im weltweiten Innovationswettbewerb. In: Kölner Zeitschrift für Soziologie und Sozialpsychologie, Jg. 49, H. 3, S. 500-527
Heidenreich, M. 2003: Die Debatte um die Wissensgesellschaft. In: Böschen, S.; Schulz-Schaeffer, I. (Hrsg.): Wissenschaft in der Wissensgesellschaft. Opladen, S. 25-51
Heidenreich, M.; Töpsch, K. 1998: Die Organisation von Arbeit in der Wissensgesellschaft. In: Industrielle Beziehungen, H. 1, S. 13-44

Heinemann, K. 1987: Probleme der Konstituierung einer Wirtschaftssoziologie. In: Ders. (Hrsg.): Soziologie wirtschaftlichen Handelns. Sonderheft der Kölner Zeitschrift für Soziologie und Sozialpsychologie. Opladen, S. 7-39
Heintz, B.; Nadai, E.; Fischer, R.; Ummel, H. 1997: Ungleich unter Gleichen. Studien zur geschlechtsspezifischen Segregation des Arbeitsmarktes. Frankfurt/New York
Heinze, T. 2004: Dynamics in the German System of Corporate Governance? Empirical findings regarding interlocking directorates. In: Economy and Society, Jg. 33, H. 2, S. 218-238
Heinze, R.G.; Streeck, W. 2000: Institutionelle Modernisierung des Arbeitsmarktes: Für eine neue Beschäftigungspolitik. In: Kocka, J.; Offe, C. (Hrsg.): Geschichte und Zukunft der Arbeit. Frankfurt/New York, S. 234-261
Helfert, M.; Trautwein-Kalms, G. 2000: Arbeitspolitik unter den Bedingungen der Flexibilisierung und Globalisierung. In: WSI Mitteilungen, Jg. 53, H. 1, S. 1-5
Herkommer, S. 2001: Die Gesellschaft, in der wir leben. In: Arbeitspolitik, Klassentheorie, Geschlechterverhältnisse. Supplement der Zeitschrift Sozialismus 2. Hamburg
Herrigel, G. 1996: Industrial constructions: The source of German industrial power. Cambridge/MA
Hirsch, J. 1995: Der nationale Wettbewerbsstaat. Berlin/Amsterdam
Hirsch-Kreinsen, H. 1993: NC-Entwicklung als gesellschaftlicher Prozess – Amerikanische und deutsche Innovationsmuster der Fertigungstechnik. Frankfurt/New York
Hirsch-Kreinsen, H. 1995: Dezentralisierung: Unternehmen zwischen Stabilität und Desintegration. In: Zeitschrift für Soziologie, Jg. 24, H. 6, S. 422-435
Hirsch-Kreinsen, H. 1997: Weltmarkt und Wandel der Unternehmensstrategien – Probleme und Grenzen der Globalisierung. In: Hradil, S. (Hrsg.): Differenz und Integration. Verhandlungen des 28. Kongresses der Deutschen Gesellschaft für Soziologie in Dresden 1996. Frankfurt/New York, S. 726-739
Hirsch-Kreinsen, H. 2002: Unternehmensnetzwerke – revisited. In: Zeitschrift für Soziologie, Jg. 31, H. 2, S. 106-124
Hirsch-Kreinsen, H. 2003: Renaissance der Industriesoziologie? In: Orth, B.; Schwietring, T.; Weiß, J. (Hrsg.): Soziologische Forschung: Stand und Perspektiven. Opladen, S. 67-80
Hirsch-Kreinsen, H.; Schultz-Wild, R.; Köhler, C.; von Behr, M. 1990: Einstieg in die rechnerintegrierte Produktion. Frankfurt/New York
Hirsch-Kreinsen, H.; Wannöffel, M. (Hrsg.) 2003: Netzwerke kleiner Unternehmen. Praktiken und Besonderheiten internationaler Zusammenarbeit. Berlin
Hirsch-Kreinsen, H.; Jacobson, D.; Laestadius, S.; Smith, K. 2003: Low-Tech Industries and the Knowledge Economy: State of the Art and Research Challenges. Soziologisches Arbeitspapier Nr. 1, Universität Dortmund, August
Hirst, P.; Thompson, G. 1996: Globalization in Question. Cambridge/MA
Hobsbawn, E. 1998: Das Zeitalter der Extreme. Weltgeschichte des 20. Jahrhunderts. München

Hönnekopp, E.; Jungnickel, R.; Straubhaar, T. (Hrsg.) 2004: Internationalisierung der Arbeitsmärkte. Beiträge zur Arbeitsmarkt- und Berufsforschung Nr. 282, Nürnberg

Höpner, M.; Jackson, G. 2001: An Emerging Market for Corporate Control? The Mannesmann Takeover and German Corporate Governance, MPIfG Discussion Paper 01/4, Köln

Hoffmann, E.; Walwei, U. 2000: Strukturwandel der Erwerbsarbeit. Was ist eigentlich noch „normal"? IAB Kurzbericht Nr. 14. Nürnberg

Holler, M. J.; Illing, G. 2003: Einführung in die Spieltheorie. 5. überarb. Aufl., Berlin/Heidelberg

Hollingsworth, J. R. 1991: Die Logik der Koordination des verarbeitenden Gewerbes in Amerika. In: Kölner Zeitschrift für Soziologie und Sozialpsychologie, Jg. 43, H. 1, S. 18-43

Hollingsworth, J.R. 2000: Doing institutional analysis: implications for the study of innovations. In: Review of International Political Economy, Vol. 7, No. 4, S. 595-644

Hollingsworth, J.R.; Boyer, R. 1997: Coordination of Economic Actors and Social Systems of Production. In: Dies. (Hrsg.): Contemporary Capitalism. Cambridge, S. 1-48

Homann, K.; Suchanek, A. 2000: Ökonomik. Eine Einführung. Tübingen

Hounshell, D.A. 1984: From the American System to Mass Production, 1800-1932. Baltimore/London

Hradil, S. 1999: Soziale Ungleichheit in Deutschland. 7. Aufl., Opladen

Hübner, K. 1998: Der Globalisierungskomplex. Berlin

Huffschmidt, J. 1999: Politische Ökonomie der Finanzmärkte. Hamburg

Hunger, U. 2001: Globalisierung auf dem Bau. In: Leviathan, Jg. 29, H. 1, S. 70-82

IAB Kurzbericht (Institut für Arbeitsmarkt- und Berufsforschung) 2004: Der Arbeitsmarkt 2004 und 2005, Nr. 5

IMF (Institut für Mittelstandsforschung) 1999: Mind – Mittelstand in Deutschland. Köln

Israel, J. 1977: Die sozialen Beziehungen. Grundelemente der Sozialwissenschaft. Ein Leitfaden. Reinbek bei Hamburg

IWD (Informationsdienst des Instituts der deutschen Wirtschaft) 2003: Im Sinne der Arbeitsplätze gestalten. Köln, Jg. 29, Nr. 41, S. 7

IWD (Informationsdienst des Instituts der deutschen Wirtschaft) 2004: Vertrauensverlust. Köln, Jg. 30, Nr. 18, S. 1

IWD (Informationsdienst des Instituts der deutschen Wirtschaft) 2004: Die große Jobwanderung. Köln, Jg. 30, Nr. 27, S. 2

Jacobson, D.; Andréosso-O'Callaghan, B. 1996: Industrial Economics and Organization: A European Perspective. London

Janssen, M.; Woltering, M. 2004: Grenzüberschreitende regionale Arbeitsmärkte als Katalysatoren der Internationalisierung? In: Hönnekopp, E.; Jungnickel, R.; Straubhaar, T. (Hrsg.): Internationalisierung der Arbeitsmärkte. Beiträge zur Arbeitsmarkt- und Berufsforschung Nr. 282, Nürnberg, S. 183-208

Jürgens, U.; Naschold, F. (Hrsg.) 1984: Arbeitspolitik. In: Leviathan, Sonderheft 5/1985. Opladen

Jürgens, U.; Meissner, H.-R.; Renneke, L.; Sablowski, T.; Teipen, C. 2003: Paradigmenkonkurrenz der Industriegovernance zwischen alter und neuer Ökonomie. In: Industrielle Beziehungen, Jg. 10, H. 3, S. 393-417
Kaiser, L. C. 2001: Unbefristete Vollzeitbeschäftigung nach wie vor dominierende Erwerbsform in Europa. Wochenbericht des DIW Berlin 9/01
Kaufmann, F.-X. 2003: Varianten des Wohlfahrtsstaates. Der deutsche Sozialstaat im internationalen Vergleich. Frankfurt
Keller, B. 1997: Einführung in die Arbeitspolitik. München/Wien
Kern, H. 1989: Über die Gefahr, das Allgemeine im Besonderen zu sehr zu verallgemeinern. In: Soziale Welt, Jg. 39, H. 1/2, S. 259-268
Kern, H., Schumann, M. 1974 (1970): Industriearbeit und Arbeiterbewusstsein. 2 Bde., Frankfurt/M.
Kern, H.; Schumann, M. 1984: Das Ende der Arbeitsteilung? München
Kern, H.; Sabel, C. 1994: Verblasste Tugenden. Zur Krise des deutschen Produktionsmodells. In: Beckenbach, N.; van Treeck, W. (Hrsg.): Umbrüche gesellschaftlicher Arbeit. Soziale Welt, Sonderband 9, Göttingen, S. 605-624
Kieser, A. 1996: Moden & Mythen des Organisierens. In: DBW, Jg. 56, H. 1, S. 21-39
Kieser, A. (Hrsg.) 2002: Organisationstheorien. 5. Aufl., Stuttgart
Kieser, A.; Kubicek, H. 1992: Organisation. 3. Aufl., Berlin/New York
Kline, S.J.; Rosenberg, N. 1986: An overview of innovation. In: Landau, R.; Rosenberg, N. (Hrsg.): The Positive Sum Strategy – Harnessing Technology for Economic Growth. Washington, S. 275-305
Klönne, A.; Reese, M. 1984: Die deutsche Gewerkschaftsbewegung. Von den Anfängen bis zur Gegenwart. Hamburg
Knie, A. 1991: Diesel – Karriere einer Technik. Berlin
Knight, F.H. 1985 (1921): Risk, Uncertainty, and Profit. Chicago
Koch, S.; Walwei, U.; Wießner, F.; Zika, G. 2002: Wege aus der Arbeitsmarktkrise. IAB Werkstattbericht Nr. 11. Nürnberg
Kocka, J. 1969: Industrielle Management: Konzeptionen und Modelle in Deutschland vor 1914. In: Vierteljahresschrift für Sozial- und Wirtschaftsgeschichte, Bd. 56, S. 332-372
Kocka, J. 1975: Von der Manufaktur zur Fabrik. Technik und Werkstattverhältnisse bei Siemens 1847-1873. In: Rürup, R.; Hansen, K. (Hrsg.): Moderne Technikgeschichte. Köln, S. 267-290
Kocka, J. 2000: Erwerbsarbeit ist nur ein historisches Konstrukt. In: Frankfurter Rundschau, 9. Mai, S. 2
Kocka, J. 2000a: Management in der Industrialisierung – Die Entstehung und Entwicklung des klassischen Musters. In: Schreyögg, G. (Hrsg.): Funktionswandel im Management: Wege jenseits der Ordnung. Berlin, S. 33–51
Köhler, C. 1981: Betrieblicher Arbeitsmarkt und Gewerkschaftspolitik. Innerbetriebliche Mobilität und Arbeitsplatzrechte in der amerikanischen Automobilindustrie. Frankfurt/München
Köhler, C.; Sengenberger, W. 1983: Konjunktur und Personalanpassung – Betriebliche Beschäftigungspolitik in der deutschen und amerikanischen Automobilindustrie. Frankfurt/M.
Köhler, C.; Struck, O. (Hrsg.) 2004: Beschäftigungsstabilität im Wandel. München und Mering

Köhler, C.; Struck, O.; Bultemeier, A. 2004: Geschlossene, offene und marktförmige Beschäftigungssysteme – Überlegungen zu einer empiriegeleiteten Typologie. Mimeo, Institut für Soziologie, Universität Jena
Kohaut, S.; Schnabel, C. 2003: Zur Erosion des Flächentarifvertrages: Ausmaß, Einflussfaktoren und Gegenmaßnahmen. In: Industrielle Beziehungen, Jg.10, H. 2, S. 193-219
Kommission für Zukunftsfragen der Freistaaten Bayern und Sachsen (Hrsg.) 1996: Erwerbstätigkeit und Arbeitslosigkeit in Deutschland. Entwicklung, Ursachen und Maßnahmen. Teil I, Bonn
Kotthoff, H. 1994: Betriebsräte und Bürgerstatus. Wandel und Kontinuität betrieblicher Mitbestimmung. München
Kotthoff, H. 1997: Führungskräfte im Wandel der Firmenkultur. Berlin
Kotthoff, H. 1998: Mitbestimmung in Zeiten interessenpolitischer Rückschritte. Betriebsräte zwischen Beteiligungsofferten und „gnadenlosem Kostensenkungsdiktat". In: Industrielle Beziehungen, Jg. 5, H. 1, S. 76-100
Kotthoff, H.; Reindl. J. 1990: Die soziale Welt kleiner Betriebe. Wirtschaften, Arbeiten und Leben im mittelständischen Industriebetrieb. Göttingen
Kowol, U.; Krohn, W. 1995: Innovationsnetzwerke. Ein Modell der Technikgenese. In: Bechmann, G.; Rammert, W. (Hg): Technik und Gesellschaft. Jahrbuch 8: Theoriebausteine der Techniksoziologie. Frankfurt, New York, S. 77-105
Kowol, U. 1998: Innovationsnetzwerke. Wiesbaden
Krätke, M.R. 1999: Neoklassik als Weltreligion? In: Loccumer Initiative kritischer Wissenschaftlerinnen und Wissenschaftler (Hrsg.): Die Illusion der neuen Freiheit. Hannover, S. 100-144
Krohn, W.; Rammert, W. 1985: Technologieentwicklung – Autonomer Prozess und industrielle Strategie. In: Lutz, B. (Hrsg.): Soziologie und gesellschaftliche Entwicklung. Frankfurt/New York, S. 411-433
Krugman, P. 1994: Competitiveness. A Dangerous Obsession. In: Foreign Affairs, Vol. 73, No. 2; March/April, S. 28-43
Kühl, S. 1995: Wenn die Affen den Zoo regieren – Die Tücken der flachen Hierarchien. 2. Aufl., Frankfurt/New York
Kühl, S. 1998: Von der Suche nach Rationalität zur Arbeit an Dilemmata und Paradoxien. In: Howaldt, J.; Kopp, R. (Hrsg.): Sozialwissenschaftliche Organisationsberatung. Berlin, S. 303-324
Küpper, W.; Ortmann, G. 1986: Mikropolitik in Organisationen. In: Die Betriebswirtschaft, Jg. 46, H. 5, S. 590-602
Küpper, W.; Felsch, A. 1999: Organisation, Macht und Ökonomie. Mikropolitik und die Konstitution organisationaler Handlungssysteme. Wiesbaden
Kurz, C. 1999: Repititivarbeit – unbewältigt. Betriebliche und gesellschaftliche Entwicklungstendenzen eines beharrlichen Arbeitstyps. Berlin
Kutsch, T.; Wiswede, G. 1986: Wirtschaftssoziologie. Stuttgart
Lam, A. 2000: Tacit Knowledge, Organizational Learning and Societal Institutions: An Integrated Framework. Organization Studies, Vol. 21, No. 3, S. 487-513
Landes, D.S. 1973: Der entfesselte Prometheus. Technologischer Wandel und Industrielle Entwicklung in Westeuropa von 1750 bis zur Gegenwart. Köln
Lane, C. 2000: Globalization and the German Model of Capitalism – Erosion or Survivel? In: British Journal of Sociology, Vol. 51, S. 207-234

Lane, C. 2003: Changes in Corporate Governance of German Corporations: Covergence to the Anglo-American Model? In: Competition & Change, Vol. 7, S. 79-100
Lepsius, R.M. 1995: Institutionenanalyse und Institutionenpolitik. In: Nedelmann, B. (Hrsg.): Politische Institutionen im Wandel. In: Kölner Zeitschrift für Soziologie und Sozialpsychologie, Sonderheft 35, S. 392-403
List, J. 2003: Does Market Experience Eliminate Market Anomalies? In: Quarterly Journal of Economics, February, Vol. 118, S. 41-71
Lundvall, B.A. 1992: User-producer relationships, national systems of innovation and internationalisation. In: Ders. (Hrsg.): National systems of innovation – towards a theory of innovation and interactive learning. London, S. 45-67
Lutz, B. 1983: Technik und Arbeit. Stand, Perspektiven und Probleme industriesoziologischer Technikforschung. In: Schneider, C. (Hrsg.): Forschung in der Bundesrepublik Deutschland. Weinheim, S. 167-187
Lutz, B. 1984: Der kurze Traum immer währender Prosperität. Frankfurt/New York
Lutz, B. 1987: Arbeitsmarktstruktur und betriebliche Arbeitskräftestrategie. Frankfurt/New York
Lutz, B. 1987a: Das Ende des Technikdeterminismus und die Folgen – Soziologische Technikforschung vor neuen Aufgaben und neuen Problemen. In: Lutz, B. (Hrsg.): Technik und sozialer Wandel. Frankfurt/New York, S. 34-52
Lutz, B. 1996: Der zukünftige Arbeitsmarkt für Industriearbeit – Entwicklungstendenzen und Handlungsbedarf. In: Lutz, B.; Hartmann, M.; Hirsch-Kreinsen, H. (Hrsg.): Produzieren im 21. Jahrhundert. Frankfurt/New York, S. 103-144
Lutz, B. 2002: Employability – Wortblase oder neue Herausforderung für die Berufsbildung? In: Clement, U.; Lipsmeier, A. (Hrsg.): Berufsbildung zwischen Struktur und Innovation. Zeitschrift für Berufs- und Wirtschaftspädagogik. Beiheft 17, Stuttgart, S. 29-38
Lutz, B.; Friedeburg, L. von; Teschner, M.; Welteke, R.; Weltz, F. 1958: Mechanisierungsgrad und Entlohnungsform. Vervielf. Forschungsbericht
Lutz, B.; Schmidt, G. 1977: Industriesoziologie. In: König, R. (Hrsg.): Handbuch der empirischen Sozialforschung, Bd. 8: Beruf, Industrie, Sozialer Wandel. Stuttgart, S. 101-262
Lütz, S. 2003: Governance in der politischen Ökonomie. Max-Planck-Institut für Gesellschaftsforschung, Discussion Paper 03/5
MacKenzie, D. A.; Wajcman, J. (Hrsg.) 1985: The Social Shaping of Technology. Philadelphia
Mahnkopf, B. 1994: Markt, Hierarchie und soziale Beziehungen – Zur Bedeutung reziproker Beziehungsnetzwerke in modernen Marktgesellschaften. In: Beckenbach N.; van Treeck, W. (Hrsg.): Umbrüche der gesellschaftlichen Arbeit. Soziale Welt, Sonderband 9, Opladen, S. 65-84
Malone, T.W.; Laubacher, R. J. 1999: Vernetzt, klein und flexibel – die Firma des 21. Jahrhunderts. In: Harvard Business Manager, Vol. 21, No. 2, S. 28-36
Manz, T. 1993: Schöne neue Kleinbetriebswelt? Perspektiven kleiner und mittlerer Betriebe im industriellen Wandel. Berlin

Marsden, D. 1999: A Theory of Employment Systems. Oxford
Marx, K. 1969: Das Elend der Philosophie. In: Marx, K.; Engels, F. (Hrsg.): Werke. Bd. 4, Berlin, S. 63-182
Marx, K. 1972: Das Kapital. Kritik der politischen Ökonomie. Erster Band, Berlin (Ost)
Marx, K. 1974: Resultate des unmittelbaren Produktionsprozesses. 4. Aufl., Frankfurt/M.
Marx, K.; Engels, F. 1975: Ausgewählte Werke in sechs Bänden. Bd. 1, Berlin (Ost)
Matzner, E. 1995: Der sozioökonomische Kontext. Argumente für eine neue (wirtschafts)politische Denkform. In: Bentele, K.; Reissert, B.; Schettkat, R. (Hrsg.): Die Reformfähigkeit von Industriegesellschaften. Fritz W. Scharpf: Festschrift zu seinem 60. Geburtstag. Frankfurt/New York, S. 326-338
Maurice, S.; Sorge A. (Hrsg.) 2000: Embedding Organizations. Societal Analysis of Actors, Organizations and Socio-Economic Contexts. Amsterdam/ Philadelphia
Mayntz, R. 1963: Soziologie der Organisation. Reinbek b. Hamburg
Mayntz, R. 1988: Funktionelle Teilsysteme in der Theorie sozialer Differenzierung. In: Mayntz, R.; Rosewitz, B.; Schimank, U.; Stichweh, R. (Hrsg.): Differenzierung und Verselbständigung. Frankfurt/New York, S. 11-44
Mayntz, R. 1992: Modernisierung und die Logik von interorganisatorischen Netzwerken. In: Journal für Sozialforschung, Jg. 32, H. 1, S. 19-31
Mayntz, R. 1999: Rationalität in sozialwissenschaftlicher Perspektive. Vortragsreihe Lectiones Jenenses, H. 18, Schriftenreihe des Max-Planck-Institut zur Erforschung von Wirtschaftssystemen. Jena
Mayntz, R. 2002: Zur Theoriefähigkeit makro-sozialer Analysen. In: Mayntz, R. (Hrsg.): Akteure – Mechanismen – Modelle. Frankfurt/New York, S. 7-43
Mayntz, R. 2003: Mechanisms in the Analysis of Macro-Social Phenomena. Max-Planck-Institut für Gesellschaftsforschung, Working Paper 03/3
Mayntz, R.; Scharpf, F. 1995: Der Ansatz des akteurszentrierten Institutionalismus. In: Dies. (Hrsg.): Gesellschaftliche Selbstregelung und politische Steuerung. Frankfurt/New York, S. 39-72
Meil, P. 1992: Stranger in Paradise – An American's Perspective on German Industrial Sociology. In: Altmann, N.; Köhler, C.; Meil, P. (Hrsg.): Technology an Work in German Industry. London/New York, S. 12-25
Merton, R. K. 1936: The unanticipated consequences of purposive social action. In: American Sociological Review I, S. 894-904
Merton, R. K. 1995: Soziale Theorie und soziale Struktur. Berlin/New York
Meyer, J.W.; Rowan, B. 1977: Institutionalized Organizations: Formal Structure as Myth and Ceremony. In: American Journal of Sociology, Vol. 83, 2, S. 340-363
Mickler, O. 1981: Facharbeit im Wandel. Frankfurt/New York
Mikl-Horke, G. 1997: Industrie- und Arbeitssoziologie. 4. Aufl., München/Wien
Mikrozensus 2000: Leben und Arbeiten in Deutschland. Hrsg. vom Statistischen Bundesamt. Wiesbaden
Minssen, H. 1992: Die Rationalität von Rationalisierung. Betrieblicher Wandel und Industriesoziologie. Stuttgart

Minssen, H. 1999: Direkte Partizipation contra Mitbestimmung? Herausforderungen durch diskursive Koordinierung. In: Müller-Jentsch, W. (Hrsg.): Konfliktpartnerschaft. München/Mering, S. 129-156

Minssen, H. 2000 (Hrsg.): Begrenzte Entgrenzungen. Wandlungen von Organisation und Arbeit. Berlin

Mintzberg, H. 1989: Mintzberg on Management. Inside Our Strange World of Organizations. New York/London

Moldaschl, M. 1993: Restriktive Arbeit: Formen, Verbreitung, Tendenzen der Belastungsentwicklung. In: ISF-München u.a. (Hrsg.): Jahrbuch Sozialwissenschaftliche Technikberichterstattung 1993. Schwerpunkt: Produktionsarbeit. Berlin, S. 139-172

Moldaschl, M.; Sauer, D. 1999: Internalisierung des Marktes – Zur neuen Dialektik von Kooperation und Herrschaft. In: Minssen, H. (Hrsg.): Begrenzte Entgrenzungen. Wandlungen von Organisation und Arbeit. Berlin, S. 205-224

Moldaschl, M.; Voß, G. G. (Hrsg.) 2002: Subjektivierung von Arbeit. München/Mering

Mückenberger, U. 1985: Die Krise des Normalarbeitsverhältnisses. Hat das Arbeitsrecht noch Zukunft? In: Zeitschrift für Sozialreform, Jg. 31, H. 7, S. 415-434 und H. 8, S. 457-475

Müller, K. 2002: Globalisierung. Frankfurt/New York

Müller-Jentsch, W. 1995: Auf dem Prüfstand: Das deutsche Modell der industriellen Beziehungen. In: Industrielle Beziehungen, Jg. 2, H. 1, S. 11-24

Müller-Jentsch, W. 1997: Soziologie der Industriellen Beziehungen. Eine Einführung. 2. erw. Aufl., Frankfurt/New York

Müller-Jentsch, W. 1997a: Beziehungen zwischen Arbeitgebern und Arbeitnehmern. In: Luczak, H.; Volpert, W. (Hrsg.): Handbuch Arbeitswissenschaft. Stuttgart, S. 677-682

Müller-Jentsch, W. 2003: Organisationssoziologie. Frankfurt/New York

Müller-Jentsch, W.; Ittermann, P. 2000: Industrielle Beziehungen. Daten, Zeitreihen, Trends 1950–1999. Frankfurt/New York

Münch, R. 2003: Soziologische Theorie. Bd. 2: Handlungstheorie. Frankfurt/New York

Nelson, R. R. 1994: The Coevolution of technologies and Institutions. In: England, R. W. (Hrsg.): Evolutionary Concepts in Contempory Economics. Ann Arbor, S. 139-156

Nelson, R. R.; Winter, S. G. 1977: In Search of Useful Theory of Innovation. In: Research Policy, No. 6, S. 36-76

Neumark, D. (Hrsg.): On the Job – Is Long Term Employment a Thing of the Past? New York 2000

Nonaka, I.; Takeuchi, H. 1997: Die Organisation des Wissens. Frankfurt/New York

Nonaka, I.; Toyama, R.; Byosiere, P. 2001: A Theory of Organizational Knowledge Creation: Understanding the dynamic Process of Creating Knowledge. In: Dierkes, M.; Antal-Berthoin, A.; Child, J.; Nonaka, I. (Hrsg.): Handbook of Organizational Learning and Knowledge. Oxford

Nowotny, H.; Scott, P.; Gibbons, M. 2001: Re-Thinking Science. Cambridge

North, D.C. 1990: Institutions, Institutional Change and Economic Performance. Cambridge

OECD 1990: Employment Outlook 1990. Paris
OECD 1999: Benchmarking knowledge-based economies. Paris
OECD 2004: Employment Outlook 2004. Paris
Offe, C. 1983: Arbeit als soziologische Schlüsselkategorie. In: Matthes, J. (Hrsg.): Krise der Arbeitsgesellschaft? Verhandlungen des 21. Deutschen Soziologentages in Bamberg 1982. Frankfurt/New York, S. 38-65
Offe, C.; Hinrichs, K. 1984: Sozialökonomie des Arbeitsmarktes: Primäres und sekundäres Machtgefälle. In: Offe, C. (Hrsg.): Arbeitsgesellschaft: Strukturprobleme und Zukunftsperspektiven. Frankfurt/New York, S. 100-121
Olsen, O. J. 2001: Erosion der Facharbeit? Fragen und Einwände zu einer deutschen Debatte. In: Soziale Welt Jg. 52, H. 2, S. 151-179
Omae, K. 1990: The Borderless World: Power, Strategy in the Interlinked Economy. London
Orth, B.; Schwietring, T.; Weiß, J. (Hrsg.) 2003: Soziologische Forschung: Stand und Perspektiven. Opladen
Ortmann, G. 1995: Formen der Produktion. Organisation und Rekursivität. Opladen
Osterloh, M.; Oberholzer, K. 1994: Der geschlechtsspezifische Arbeitsmarkt: Ökonomische und soziologische Erklärungsansätze. In: Aus Politik und Zeitgeschichte, Bd. 6, S. 3-21
Ostermann, P. 1987: Choice of Employment systems in internal Labor Markets. In: Industrial Relations, Vol. 26, S. 46-67
Parsons, T. 1973: Die Motivierung wirtschaftlichen Handelns. In: Rüschemeyer, D. (Hrsg.): Beiträge zur soziologischen Theorie. Darmstadt/Neuwied, S. 136-159
Parsons, T.; Shils, E. 1951 (Hrsg.): Toward a General Theory of Action. Cambridge/MA
Patzak, M. 1993: Der Homo Oeconomicus im Lichte der traditionellen analytischen Philosophie. In: Homo Oeconomicus, Vol. 1, S. 54-75
Paulinyi, A. 1989: Industrielle Revolution. Vom Ursprung der modernen Technik. Reinbek bei Hamburg
Pekruhl, U. 2001: Partizipatives Management. Konzepte und Kulturen. München/Mering
Perrow, C. 1996: Eine Gesellschaft von Organisationen. In: Kenis, P.; Schneider, V. (Hrsg.): Organisation und Netzwerk. Institutionelle Steuerung in Wirtschaft und Politik. Frankfurt/New York, S. 75–121
Peters, T.; Waterman, R.H. 1983: Auf der Suche nach Spitzenleistungen. Landsberg/Lech
Picot, A.; Reichwald, R.; Wigand, R.T. 1996: Die grenzenlose Unternehmung. Wiesbaden
Pindyck, R.S.; Rubinfeld, D. L. 2001: Microeconomics. 5. Aufl., New York
Piore, M. J.; Sabel, C. 1985 (1984): Das Ende der Massenproduktion. Studie über die Requalifizierung der Arbeit und die Rückkehr der Ökonomie in die Gesellschaft. Berlin
Plumpe, W. 1996: Industrielle Beziehungen. In: Ambrosius, G.; Pettina, D.; Plumpe, W. (Hrsg.): Moderne Wirtschaftsgeschichte. Eine Einführung für Historiker und Ökonomen. München, S. 389-419
Pohlmann, M.C. 2002: Management, Organisation und Sozialstruktur – Zu neuen Fragestellungen und Konturen der Managementsoziologie. In:

Schmidt, R.; Gergs, H.J.; Pohlmann, M. (Hrsg.): Managementsoziologie. München/Mering, S. 227-244
Pohlmann, M.; Sauer, D.; Trautwein-Kalms, G. 2003: Dienstleistungsarbeit auf dem Boden der Tatsachen. Befunde aus Handel, Industrie und IT-Branche. Berlin
Polanyi, M. 1966: The Tacit Dimension. New York
Polanyi, K. 1979: Unser obsoletes marktwirtschaftliches Denken. In: ders.: Ökonomie und Gesellschaft. Frankfurt/M., S. 129-148
Polanyi, K. 1997: The Great Transformation. Politische und ökonomische Ursprünge von Gesellschaften und Wirtschaftssystemen. Frankfurt/M.
Popper, K.R. 1994: Models, Instruments, and Truth. In: Popper, K. R.; Nutturno, M.A. (Hrsg.): The Myth of the Framework. In: Defence of Science and Rationality. London, S. 154-184
Porter, M.E. 1986: Competition in global industries: a conceptual framework. In: Ders. (Hrsg.): Competition in Global Industries, Boston, S. 15-60
Porter, M.E. 1991: Nationale Wettbewerbsvorteile: Erfolgreich konkurrieren auf dem Weltmarkt. München
Porter, M.E. 1998: Clusters and the New Economics of Competition. In: Harvard Business Review, November-December, S. 77-90
Powell W.W. 1996: Weder Markt noch Hierarchie: Netzwerkartige Organisationsformen. In: Kenis, P.; Schneider, V. (Hrsg.): Organisation und Netzwerk. Institutionelle Steuerung in Wirtschaft und Politik. Frankfurt/New York, S. 213-272
Powell, W.W.; Smith-Doerr, L. 1994: Networks and Economic Life. In: Smelser, N.J.; Swedberg, R. (Hrsg.): The Handbook of Economic Sociology. Princeton/New York, S. 368-402
Preisendörfer, P. 1995: Vertrauen als soziologische Kategorie. In: Zeitschrift für Soziologie, Jg. 24, H. 4, S. 263-272
Pries, L. 1991: Betrieblicher Wandel in der Risikogesellschaft. Opladen
Pries, L. 1996: Transnationale Soziale Räume. In: Zeitschrift für Soziologie, Jg. 25, H. 6, S. 456-472
Pries, L. 2000: Globalisierung und Wandel internationaler Unternehmen. Konzeptionelle Überlegungen am Beispiel der deutschen Automobilindustrie. In: Kölner Zeitschrift für Soziologie und Sozialpsychologie, Jg. 52, H. 4, S. 670-695
Pries, L. 2001: The approach of transnational social spaces: responding to new configurations of the social and the spatial. In: Ders. (Hrsg.): New Transnational Social Spaces. London/ New York, S. 3-36
Rammert, W. 1992: Entstehung und Entwicklung der Technik: Der Stand der Forschung zur Technikgenese in Deutschland. In: Journal für Sozialforschung, Jg. 32, H. 2, S. 177-208
Rammert, W. 1997: Innovation im Netz. Neue Zeiten für technische Innovationen: heterogen verteilt und interaktiv vernetzt. In: Soziale Welt, Jg. 48, S. 397-416
Rammert, W. 2000: Technik aus soziologischer Perspektive. Bd. 2, Opladen
Rammert, W. 2003: Zwei Paradoxien einer innovationsorientierten Wissenspolitik: Die Verknüpfung heterogenen und die Verwertung impliziten Wissens. In: Soziale Welt, Jg. 54, H. 4, S. 483-508
Rappaport, A. 1985: Creating Shareholder Value, New York

Reichwald, R.; Möslein, K. 1995: Wertschöpfung und Produktivität von Dienstleitungen? – Innovationsstrategien für die Standortsicherung. In: Bullinger, H.-J. (Hrsg.): Dienstleistungen der Zukunft. Wiesbaden, S. 324-376
Reinhold, G. (Hrsg.) 1997: Wirtschaftssoziologie. München/Wien
Rifkin, J. 1995: Das Ende der Arbeit und ihre Zukunft. Frankfurt/New York
Rijkhoek, G. 2003: Der erste transatlantische Mega-Deal. In: Darmstädter E-cho, 13. März, S. 6
Rip, A. 1998: Modern and post-modern science policy. In: EASST Review 3, S. 13-16
Robertson, R. 1998: Glokalisierung: Homogenität und Heterogenität in Raum und Zeit. In: Beck, U. (Hrsg.): Perspektiven der Weltgesellschaft. Frankfurt/M., S. 192-220
Robertson, P. L.; Langlois, R. N. 1995: Innovation, networks, and vertical integration. In: Research Policy 24, S. 543-562
Rosdücher, J.; Stehle, O. 1996: Concession bargaining in den USA und beschäftigungssichernde Tarifpolitik in Deutschland: Ein Vergleich der tarifpolitischen Konzepte. In: Industrielle Beziehungen, Jg. 3, H. 4, S. 307-333
Rosenberg, N. 1975: Technischer Fortschritt in der Werkzeugmaschinenbauindustrie 1840-1910. In: Hausen, K.; Rürup, R. (Hrsg.): Moderne Technikgeschichte. Köln, S. 216-242
Rosenberg, N. 1982: Inside the Black Box – Technology and Economics. Cambridge et al.
Rosenberg, N.; Frischtak, C. 1994: Technological Innovation and long waves. In: Rosenberg, N. (Hrsg.): Exploring the Blackbox. Technology, economics, and history. Cambridge/MA, S. 62-84
Ruigrok, W.; van Tulder, R. 1995: The Logic of International Restructuring. London/New York
Ruysseveldt, J. van; Visser, J. (Hrsg.) 1996: Industrial Relations in Europe. Traditions and Transitions. London
Sahal, D. 1985: Technological guideposts and innovation avenues. In: Research Policy 14, S. 61-62
Samuelson, P. A.; Nordhaus, W. D. 1998: Volkswirtschaftslehre. Übersetzung der 15. Aufl., Frankfurt/Wien
Sauer, D.; Döhl, V. 1994: Arbeit an der Kette – Systemische Rationalisierung unternehmensübergreifender Produktion. In: Soziale Welt, Jg. 45, H. 2, S. 197-215
Sauer, D.; Döhl, V. 1997: Die Auflösung des Unternehmens? – Entwicklungstendenzen der Unternehmensreorganisation in den 90er Jahren. In: ISF-München u.a. (Hrsg.): Jahrbuch Sozialwissenschaftliche Technikberichterstattung 1996 – Schwerpunkt: Reorganisation. Berlin, S. 19-76
Saxenian, A. 196: Regional Advantage. Culture and Competition in Silicon Valley and Route 128. Boston
Scharpf, F. W. 2000: Interaktionsformen. Akteurzentrierter Institutionalismus in der Politikforschung. Opladen
Scherrer, C. 1999: Globalisierung wider Willen? Die Durchsetzung liberaler Außenwirtschaftspolitik in den USA. Berlin
Schimank, U. 2002: Organisationen: Akteurskonstellationen – korporative Akteure – Sozialsysteme. In: Allmendinger, J.; Hinz, T. (Hrsg.): Organisations-

soziologie. In: Kölner Zeitschrift für Soziologie und Sozialpsychologie, Sonderheft 42, S. 29-54
Schmid, G. 2000: Arbeitsplätze der Zukunft: Von standardisierten zu variablen Arbeitsverhältnissen. In: Kocka, J.; Offe, C. (Hrsg.): Geschichte und Zukunft der Arbeit. Frankfurt/New York, S. 269-292
Schmid, M.; Maurer, A. (Hrsg.) 2003: Ökonomischer und soziologischer Institutionalismus. Marburg
Schmidt, G. 1998: Industrie. In: Schäfers, B.; Zapf, W. (Hrsg.): Handwörterbuch zur Gesellschaft Deutschlands. Opladen, S. 300-312
Schmidt, G.; Trinczek, R. (Hrsg.) 1999: Globalisierung. Ökonomische und soziale Herausforderungen am Ende des zwanzigsten Jahrhunderts. Soziale Welt, Sonderband 13, Baden-Baden
Schmidt, V.A. 2003: French capitalism transformed, yet still a third variety of capitalism. In: Economy and Society, Vol. 32, S. 526-554
Schmiede, R.; Schudlich, E. 1976: Die Entwicklung der Leistungsentlohnung in Deutschland. Frankfurt/M.
Schmierl, K. 2001: Hybridisierung der industriellen Beziehungen in den Bundesrepublik – Übergangsphänomen oder neuer Regulationsmodus? In: Soziale Welt, Jg. 52, H. 4, S. 427-448
Schmitter, P.C.; Lehmbruch, G. (Hrsg.) 1979: Trends Towards Corporist Intermediation. London
Schneider, V.; Mayntz, R. 1995: Akteurszentrierter Institutionalismus in der Technikforschung. In: Bechmann, G.; Rammert, W. (Hrsg.): Technik und Gesellschaft. Jahrbuch 8: Theoriebausteine der Techniksoziologie. Frankfurt/New York, S. 107-130
Schneider, V.; Kenis, P. 1996: Verteilte Kontrolle: Institutionelle Steuerung in modernen Gesellschaften. In: Kenis, P.; Schneider, V.: Organisation und Netzwerk. Institutionelle Steuerung in Wirtschaft und Politik. Frankfurt/M., S. 9-43
Schönhoven, K. 2003: Geschichte der deutschen Gewerkschaften: Phasen und Probleme. In: Schröder, W.; Weßels, B. (Hrsg.): Die Gewerkschaften in Politik und Gesellschaft der Bundesrepublik Deutschland. Wiesbaden, S. 40-64
Schröder, W.; Sivia, S.J. 2003: Gewerkschaften und Arbeitgeberverbände. In: Schröder, W.; Weßels, B. (Hrsg.): Die Gewerkschaften in Politik und Gesellschaft der Bundesrepublik Deutschland. Wiesbaden, S. 244-270
Schröder, W.; Weinert, R. 2003: Zwischen Verbetrieblichung und Europäisierung. Oder „Can the German Model Survive?" In: Industrielle Beziehungen, Jg. 10, H. 1, S. 97-117
Schröder, W.; Weßels, B. (Hrsg.) 2003: Die Gewerkschaften in Politik und Gesellschaft der Bundesrepublik Deutschland. Wiesbaden
Schulte, A. 2002: Das Phänomen der Rückverlagerung. Wiesbaden
Schultz-Wild, R.; Asendorf, I.; Behr, M. von; Köhler, C.; Nuber, C. 1986: Flexible Fertigung und Industriearbeit. Frankfurt/New York
Schumann, M. 1998: Frisst die Shareholder Value-Ökonomie die Modernisierung der Arbeit? In: Hirsch-Kreinsen, H.; Wolf, H. (Hrsg.): Arbeit, Gesellschaft, Kritik. Orientierungen wider den Zeitgeist. Berlin, S. 19-30
Schumann, M. 2001: Sozialstrukturelle Ausdifferenzierung und Pluralisierung der Solidarität. In: WSI Mitteilungen, H. 9, S. 531-537

Schumann, M.; Baethge-Kinsky, V.; Kuhlmann, M.; Kurz, K.; Neumann, U. 1994: Trendreport Rationalisierung. Automobilindustrie, Werkzeugmaschinenbau, Chemische Industrie. Berlin
Schumm, W. 1999: Kapitalistische Rationalisierung und die Entwicklung wissensbasierter Arbeit. In: Konrad, W.; Schumm, W. (Hrsg.): Wissen und Arbeit. Neue Konturen von Wissensarbeit. Münster, S. 152-183
Schumpeter, J.A. 1908 (Nachdruck 1970): Das Wesen und der Hauptinhalt der theoretischen Nationaloekonomie. 2. Aufl., Berlin
Schwarzbach, F. 2001: Internationale Personalentwicklung und interkulturelles Management: Herausforderungen für Betriebe in der (zweiten) Moderne. In: Bellmann, L.; Minssen, H.; Wagner, P. (Hrsg.): Personalwirtschaft und Organisationskonzepte moderner Betriebe. Beiträge zur Arbeitsmarkt- und Berufsforschung Nr. 252, Nürnberg, S. 163-183
Scott, A.J. 1996: Regional Motors of the Global Economy. In: Futures 28/5, S. 391-411
Scott, R.W. 1986: Grundlagen der Organisationstheorie. Frankfurt/M.
Scott, R.W. 2001: Institutions and Organizations. 2. Aufl., Thousand Oaks
Selten, R. 2001: Die konzeptionellen Grundlagen der Spieltheorie einst und jetzt. In: Grüske, K.-D. (Hrsg.): Vademecum zu dem Klassiker der Spieltheorie. Düsseldorf, S. 81-101
Semlinger, K. 1988: Kleinbetriebliche Flexibilität zwischen „Aktiver Entwicklung“ und „Passiver Anpassung“. In: Internationales Gewerbearchiv. In: Zeitschrift für Klein- und Mittelunternehmen, Jg. 36, H. 4, S. 229-237
Sengenberger, W. 1987: Struktur und Funktionsweise von Arbeitsmärkten. Frankfurt/New York
Sesselmeier, W.; Blauermel, G. 1997: Arbeitsmarkttheorien. Ein Überblick. Heidelberg
Siebert, H. 2002: Verliert der deutsche Industriestandort? In: Frankfurter Allgemeine Zeitung, 9.7.02
Simon, H.A. 1945: Administrative Behavior. New York (deutsch 1981: Entscheidungsverhalten in Organisationen. Landsberg/Lech)
Simon, H.A. 1955: A Behavioral Model of Rational Choice. In: Quarterly Journal of Economics, Vol. 69, S. 99-118
Simon, H.A. 1960: The new science of management decision. New York
Simon, H.A. 1996: Organisation und Märkte. In: Kenis, P.; Schneider, V. (Hrsg.): Organisation und Netzwerk: Institutionelle Steuerung in Wirtschaft und Politik. Frankfurt/New York, S. 47-74
Smelser, N.J.; Swedberg, R. 1994: The Sociological Perspective on the Economy. In: Smelser, N.J.; Swedberg, R. (Hrsg.): The Handbook of Economic Sociology. Princeton/New York, S. 3-23
Smith, A. 1983: Der Wohlstand der Nationen. Eine Untersuchung seiner Natur und seiner Ursachen. München
Smith, K. 2003: What is the ‚knowledge economy'? Knowledge-intensive industries and distributed knowledge bases. Ms., STEP Group Oslo
Sörensen, K.H.; Williams, R. (Hrsg.) 2002: Shaping Technology, Guiding Policy: Concepts, Spaces and Tools. Cheltenham
Soskice, D. 1999: Divergent Production Systems: Coordinated and Uncoordinated Market Economies in the 1980s and 1990s. In: Kitschelt, H.; Lange,

P.; Marks, G.; Stephens, J. D. (Hrsg.): Continuity and Change in Contemporary Capitalism. Cambridge, S. 101-134
Springer, R. 1984: Strukturwandel von Meisterfunktionen. In: WSI Mitteilungen, H. 9, S. 545-550
Springer, R. 1987: Die Entkopplung von Produktions- und Arbeitsprozess. In: Zeitschrift für Soziologie, Jg. 16, H. 1, S. 33-43
Springer, R. 1999: Rückkehr zum Taylorismus? Arbeitspolitik in der Automobilindustrie am Scheideweg. Frankfurt/New York
Staehle, W.H. 1994: Management. 7. Aufl., München
Staehle, W.H. 1999: Management. 8. Aufl., München
Stahl, G.K. 2002: Internationaler Einsatz von Führungskräften. In: Krystek, U.; Zur, E. (Hrsg.): Handbuch Internationalisierung, Globalisierung – eine Herausforderung für die Unternehmensführung. 2. Aufl., Heidelberg u.a., S. 277-302
Stalk, G; Hout, T. M. 1991: Zeitwettbewerb. Schnelligkeit entscheidet auf den Märkten der Zukunft. Frankfurt/New York
Statistisches Bundesamt 2000: Leben und Arbeiten in Deutschland. Ergebnisse des Mikrozensus 2000. Wiesbaden
Statistisches Bundesamt 2003: Leben und Arbeiten in Deutschland. Ergebnisse des Mikrozensus 2003. Wiesbaden
Statistisches Bundesamt 2000: Datenreport 1999. Bonn
Statistisches Bundesamt 2004: Löhne und Gehälter. Wiesbaden
Stehr, N. 1994: Arbeit, Eigentum und Wissen. Zur Theorie von Wissensgesellschaften. Frankfurt/M.
Steinmüller, W. 1993: Informationstechnologie und Gesellschaft: Einführung in die Angewandte Informatik. Darmstadt
Storper, M. 1997: The Regional World. New York/London
Storper, M.; Salais, R. 1997: Worlds of Production. The Action Frameworks of the Economy. Cambridge/London
Strange, S. 1986: Casino Capitalism. Oxford
Streeck, W. 1997: German capitalism: Does it exist? Can it survive? In: Crouch, C.; Streeck, W. (Hrsg.): Political Economy of Modern Capitalism. London, S. 33-54
Streeck, W. 2001: Comment: High equality, low activity: The contribution of social welfare system to the stability of the German collective bargaining regime. In: Industrial and Labor Relations Review, Vol. 54, No. 3, S. 698-706
Streeck, W. 2004: Globalisierung: Mythos und Wirklichkeit. Max-Planck-Institut für Gesellschaftsforschung, Working Paper 04/4
Streeck, W.; Schmitter, P. C. 1985: Community, Market, State and Association? The Prospective Contribution of Interest Governance to Social Order. In: Dies. (Hrsg.): Private Interest Government: Beyond Market and State. London/Beverly Hills, S. 1-29
Streeck, W.; Rehder, B. 2003: Der Flächentarifvertrag, Krise, Stabilität und Wandel. In: Industrielle Beziehungen, Jg. 10, H. 3, S. 341-362
Sturgeon, T.J. 1999: Turnkey Production networks: The Organizational Delinking of production from Innovation. In: Jürgens, U. (Hrsg.): New Product Development and Production Networks. Berlin/Heidelberg, S. 67-84

Swedberg, R. 1994: Markets as Social Structures. In: Smelser, N. J.; Swedberg, R. (Hrsg.): The Handbook of Economic Sociology. Princeton/New York, S. 255-282

Swedberg, R.; Granovetter, M. 2001: Introduction to the Second Edition. In: Dies. (Hrsg.): The Sociology of Economic Life. 2. Aufl., Cambridge/MA, S. 1-31

Sydow, J. 1992: Strategische Netzwerke, Evolution und Organisation. Wiesbaden

Sydow, J. 1999: Quo Vadis Transaktionskostentheorie – Wege, Irrwege, Auswege. In: Edeling, T.; Jann, W.; Wagner, D. (Hrsg.): Institutionenökonomie und Neuer Institutionalismus. Opladen, S. 165-176

Sydow, J. 1999a: Management von Netzwerkorganisationen – Zum Stand der Forschung. In: Sydow, J. (Hrsg.): Management von Netzwerkorganisationen. Wiesbaden, S. 279-314

Szydlik, M. 1990: Die Segmentierung des Arbeitsmarktes in der Bundesrepublik Deutschland. Berlin

Taylor, F.W. 1913: Die Grundsätze wissenschaftlicher Betriebsführung. München

Taylor, P.L. 1994: The state as container: territoriality in the modern world system. In: Progress in Human Geography 18, S. 151-162

Teece, D.J. 1986: Profiting from technological Innovation. Implications for Integration, Collaboration, Licensing and Public Policy. Research Policy, Vol. 15. No. 6, S. 285-305

Teuteberg, H.J. 1961: Geschichte der industriellen Mitbestimmung in Deutschland. Ursprung und Entwicklung ihrer Vorläufer im Denken und in der Wirklichkeit des 19. Jahrhunderts. Tübingen

The Economist 1998: The strange life of low-tech America, October 17th, S. 85-86

The Economist 2003: Economist focus: Behaviorists at the gates. May 10th, S. 71

Thomas, I.W.; Znaniecki, F. 1927: The Polish Peasant in Europe and America. 2. Aufl., New York

Thurow, L. 1992: Head to Head. The Coming Economic Battle Among Japan, Europe, and America. New York

Tidd, J.; Bessant, J.; Pavitt, K. 2001: Managing Innovation: integrating technological, market and organizational change. 2. Aufl., Chichester

Tilly, C.; Tilly, Ch. 1994: Capitalist Work and Labor Markets. In: Smelser, N. J.; Swedberg, R. (Hrsg.): The Handbook of Economic Sociology. Princeton/New York, S. 283-312

Tönnies, F. 1887: Gemeinschaft und Gesellschaft. Leipzig

Trautwein-Kalms, G. 1995: Ein Kollektiv von Individualisten? Interessenvertretung neuer Beschäftigtengruppen. Berlin

Traxler, F.; Blaschke, S.; Kittel, B. 2001: National Labour Relations in Internationalized Markets. Oxford

Trinczek, R. 1999: „Es gibt sie, es gibt sie nicht, es gibt sie, es ...“ – Die Globalisierung der Wirtschaft im aktuellen sozialwissenschaftlichen Diskurs. In: Schmidt, G.; Trinczek, R. (Hrsg.): Globalisierung. Soziale Welt Sonderband 13, Baden-Baden, S. 55-74

UNCTAD (United Nations Conference on Trade and Development) 2001: World Investment Report 2001, Overview. New York and Geneva
UNCTAD (United Nations Conference on Trade and Development) 2002: UNCTAD Handbook of Statistics. New York and Geneva
Varian, H.R. 2001: Grundzüge der Mikroökonomik. 5. überarb. Aufl., München/Wien
VDI-Ausschuss Innovationsnetzwerke (Hrsg.) 2004: Innovationsnetzwerke. Ein anwendungsorientierter Leitfaden für das Netzwerkmanagement. Düsseldorf
Vring, T. von der 1999: Die Abwehr von Realität im Denken der Neoklassik. In: Loccumer Initiative kritischer Wissenschaftlerinnen und Wissenschaftler (Hrsg.): Die Illusion der neuen Freiheit. Hannover, S. 145-160
Voß, G.G.; Pongratz, H.J. 1998: Der Arbeitskraftunternehmer. In: Kölner Zeitschrift für Soziologie und Sozialpsychologie, Jg. 50, H. 1, S. 131-158
Wächter, H. 2002: Vielfältige Beschäftigungsmuster – einfältige Personalwirtschaftslehre? In: Zeitschrift für Personalforschung, Jg. 16, H. 4, S. 476-489
Wagner, T.; Jahn, E.J. 1997: Neue Arbeitsmarkttheorien. Düsseldorf
Wallerstein, I. 1974: The Modern World System. New York
Wallerstein, I. 1984: Der historische Kapitalismus. Berlin
Wannöffel, M. 2002: Renaissance der Wirtschaftsoziologie? Ms., Bochum
Wannöffel, M.; Le, P.; Campagna, S. 2003: Prozesse, Probleme und Praktiken der internationalen Kooperation zwischen kleinen und mittleren Unternehmen. In: Hirsch-Kreinsen, H.; Wannöffel, M. (Hrsg.): Netzwerke kleiner Unternehmen. Berlin, S. 207-227
Wassermann, W. 2002: Die Reform des Betriebsverfassungsgesetzes eröffnet Entwicklungschancen. In: WSI Mitteilungen, Jg. 55, H. 2, S. 84-90
Wassermann, W. 2002a: Betriebsräte. Münster
Webb, S. und B. 1895: Die Geschichte des Britischen Trade Unionismus. Stuttgart
Weber, M. 1976: Wirtschaft und Gesellschaft. Studienausgabe. Tübingen
Weber, M. 1988: Die protestantische Ethik und der Geist des Kapitalismus. In: Ders.: Gesammelte Aufsätze zur Religionssoziologie. Bd. 1, 9. Aufl., Tübingen, S. 17-206
Weingart, P. 1976: Das Verhältnis von Wissenschaft und Technik im Wandel ihrer Institutionen. In: Kölner Zeitschrift für Soziologie und Sozialpsychologie, Wissenschaftssoziologie, Sonderheft 18, S. 393-418
Weingart, P. 1999: Neue Formen der Wissensproduktion: Fakt, Fiktion und Mode. In: TA-Datenbank-Nachrichten, Jg. 8, Nr. 3/4, Dezember
Weingart, P. 2001: Die Stunde der Wahrheit. Zum Verhältnis der Wissenschaft zu Politik, Wirtschaft und Medien in der Wissensgesellschaft. Göttingen
Weitbrecht, H.; Braun, W.-M. 1999: Das Management als Akteur der industriellen Beziehungen. In: Müller-Jentsch, W. (Hrsg.): Konfliktpartnerschaft. 3. Aufl., München/Mering, S. 79-101
Welge, M.; Holtbrügge, D. 2001: Internationales Management. 2. Aufl., Landsberg/Lech
Weltz, F. 1977: Kooperative Konfliktverarbeitung. In: Gewerkschaftliche Monatshefte, Jg. 28, S. 291-301 und S. 489-494
Weltz, F. 1988: Die doppelte Wirklichkeit der Unternehmen und ihre Konsequenzen für die Industriesoziologie. In: Soziale Welt, Jg. 39, H. 1, S. 97-103

Werle, R. 2003: Institutionalistische Technikanalyse: Stand und Perspektiven. Max-Planck-Institut für Gesellschaftsforschung Max-Planck-Institut für Gesellschaftsforschung, Discussion Paper 03/8
Weyer, J. 1997: Vernetzte Innovationen – innovative Netzwerke. Airbus, Personal Computer, Transrapid. In: Rammert, W.; Bechmann, G. (Hrsg.): Technik und Gesellschaft Jahrbuch 9. Frankfurt/New York, S. 125-152
Weyer, J.; Kirchner, U.; Riedl, L.; Schmidt, J. 1997: Technik, die Gesellschaft schafft. Berlin.
Weyer, J. 2000: Zum Stand der Netzwerkforschung in den Sozialwissenschaften. In: Ders. (Hrsg.): Soziale Netzwerke. München/Wien, S. 1-34
Whitley, R. (Hrsg.) 1992: European Business Systems. Firms and Markets in their National Contexts. London
Whitley, R. 1999: Divergent Capitalism. The Social Structuring and Change of Business Systems. Oxford/New York
Wiedemann, H. 1967: Die Rationalisierung aus der Sicht des Arbeiters – Eine soziologische Untersuchung in der mechanischen Fertigung. Köln/Opladen
Wiesenthal, H. 1987: Rational Choice. In: Zeitschrift für Soziologie, Jg. 16, H. 6, S. 434-449
Wille, W. 2004: Der Zug der Zukunft ist schon auf dem Abstellgleis. In: Frankfurter Allgemeine Zeitung, 28.9.04, S. T 4
Williamson, O.E. 1975: Markets and Hierarchies. New York
Williamson, O.E. 1985: The economic institutions of capitalism. New York
Willke, G. 1990: Arbeitslosigkeit. Diagnosen und Therapien. Hannover
Willke, H. 1998: Systemisches Wissensmanagement. Stuttgart
Windeler, A. 2001: Unternehmungsnetzwerke. Konstitution und Strukturation. Opladen
Windolf, P.; Beyer, J. 1995: Kooperativer Kapitalismus. In: Kölner Zeitschrift für Soziologie und Sozialpsychologie, Jg. 47, H. 1, S. 1-36
Wittke, V. 1996: Wie entstand die industrielle Massenproduktion. Berlin
Wolf, H. 1999: Arbeit und Autonomie. Ein Versuch über Widersprüche und Metamorphosen kapitalistischer Produktion. Münster
Wolf, H. 2000: Das Netzwerk als Signatur der Epoche. In: Arbeit, Jg. 9, H. 2, S. 95-104
Womack, J.P.; Jones, D. T.; Roos, D. 1992: Die zweite Revolution in der Automobilindustrie. 4. Aufl., Frankfurt/New York
WTO (World Trade Organization) 2001: International Trade Statistics. Geneve

Register